LABel
   about
      a
    pop

EDITOR'S LETTER

END or ENDLESS

'사람이 하늘을 날아다니는 마차를 만들 수 있을까?'
'사람도 거북처럼 수백 미터 바닷속으로 들어가는 배를 만들 수 있을까?'
'사람이 달에 갈 수 있을까?'
300년 전에는 상상도 하지 못할 생각이었다. 만약 상상을 했다면 정신병자로 취급 받았을 것이다.

'전화기를 들고 다닐 수 없을까?'
'전화기와 컴퓨터를 합칠 수 없을까?'
'전화기 안에서 내 일상의 것들을 조정할 수 없을까?'
20년 전에는 생각해 볼 필요가 없는 질문이었다. 왜냐하면 이런 것들이 무엇인지도 몰랐기 때문이다.

'사람은 영원히 살 수 있을까?'
'사람이 세운 조직은 1,000년을 지속할 수 있을까?'
'사람이 지켜 온 가치와 구축한 문화를 지구 종말까지 지켜 낼 수 있을까?'

지금은 익숙하게 들리겠지만 '지속가능경영' 또한 10년 전만 해도 낯선 개념이었다. 그러나 최근 유니타스브랜드는 '브랜드를 통해서라면 기업과 문화를 영속시킬 수 있지 않을까' 하는 다소 '위험한 생각'을 '위대한 현실'로 바꿀 수 있는, 지속가능경영을 넘어선 '영속가능경영'의 가능성을 찾고 있다. 기업의 영속 DNA이자 궁극의 목적인 '브랜드'라는 개념을 찾아냈기 때문이다.

우리나라 기업의 평균 수명은 약 15년이고 미국의 경우는 약 20년이다. 그러나 시장에는 수백 년이 지나도 여전히 강력한 생명력과 지도력을 가진 브랜드들이 있다. 비록 주인(기업)은 수차례 바뀌었고, 그것을 만들어 내는 기술, 형태, 모양, 의미도 달라졌지만 브랜드만은 수백 년 동안 곧고 단단한 거목처럼 존재한다.

영생 불멸의 브랜드가 가지고 있는 생명 연장의 힘은 어디에 있는 것일까? 그것은 최고의 '품질'을 유지하는 것이 아니다. 자신들의 '다움'을 유지하는 것에 있으며 이를 위해 브랜더들은 자신들이 존재했음을 다음 세대에게 전달하고자 가장 영적인 방법을, 또 보이지 않는 방법을 사용하고 있다.

인간의 역사를 살펴보면 사람들은 보이지 않는 것의 '지속성과 영속성'을 유지하기 위해 '문화와 전통'이라는 대중 기억을 이용하였고, '생명력과 창조력'을 위해서 '명예와 가치'라는 대중 감성을 사용해 왔다. 많은 사람들을 통해 전달하고 싶은 것들을 이어지도록 한 것이다. 지금으로부터 3,000년 전의 별자리 이야기와 신화 속 주인공 이야기를 비롯해, 가치 있는 사건들은 아직까지도 이야기와 상징이나, 올림픽과 같은 인류의 문화로 이어지고 있는 것만 보아도 알 수 있다.

> 자신보다 오래 살아남는 브랜드를 원하는 리더라면
> 자기 한 사람으로 끝나는 초단기 영웅적인 리더십을
> 뛰어넘어야 한다. 즉 그 해답 역시 리더가 가지고 있다.

어떤 이야기의 경우는 이야기로 끝날 수도 있던 것이 브랜드로 남아 부활, 영생하기도 한다. '승리의 여신'인 나이키는 비록 국적을 바꿔 미국의 승리의 여신이 되었지만, 여전히 '승리'라는 명예와 가치로 문화, 오락, 게임, 패션 등으로 전쟁터를 바꿔 가며 연일 완승 행진을 이어 가고 있다.

나이키는 과연 언제까지 존재할까? 승리의 여신이 가진 스토리, 미국의 스토리, 미국의 명예, 미국의 존재감, 그리고 수많은 스포츠 스타들의 스토리를 가진 나이키의 수명을 가늠하기란 쉽지 않다. 혹시 나이키의 수명이 창업주인 필 나이트^{Philip H. Knight} 회장의 수명과 같다고 보는가? 비록 1964년에 세워진 '나이키라는 이름을 가진 기업'은 사라질지 몰라도 '브랜드 나이키'는 계속 존재할 것이다.

법적 혹은 일반적 통념으로 '나이키가 브랜드'라니까, 현재 자신이 상표출원을 통해 얻은 이름을 로고나 심벌로 만들어 상품에 붙여 팔고 있다고 '그것도 브랜드'라고 생각하면 큰 오해다. 브랜드는 상표등록을 마쳤다고 되는 것이 아니다. 인간의 가치와 문화의 '등본(베낄 등^謄, 근본 본^本 : 원본의 내용을 베낀 서류)' 역할을 할 수 있는 것만이 진정한 브랜드라고 말할 수 있다.

애플을 보자. 애플은 이 시대의 어떤 가치와 문화를 등본하고 있는 것일까? 달리 말해, 애플은 이 시대 사람들이 영속시키길 원하는 가치들 중 어떤 가치를 보유, 투영, 그리고 함축하고 있는 것일까? 이에 대한 명확한 답을 내릴 수 있을까? 지금으로부터 100년 후, 어떤 관을 열었을 때 미라가 된 그 주검의 손에 애플의 아이패드가 있다면, 2110년 사람은 이 사람이 어떤 사람이었을 것이라 추론할까? 다음 세대에 전해진 브랜드를 보고 지금의 문화를 이해할 수 있다면 (혹은 그것이 유지되고 있다면), 그것이야말로 진정한 브랜드라고 정의하고 싶다.

할인마트에 가서 1시간만 돌아보아도 최소 3만여 개의 브랜드를 만날 수 있다. 참고로 우리나라에 등록된 쌀 브랜드만 해도 약 3,000개가 된다고 한다. 시장에는 브랜드와 브랜드인 척하는 상표, 그리고 브랜드라고 우기는 상표들이 많다. 따라서 브랜드 경영이라고 말한다고 해서 모든 브랜드에 적용되는 말은 아니다.

'브랜드가 브랜드 되기' 위한 브랜딩, 즉 Brand Identity를 구축하는 것의 시초는 창업자의 아이덴티티^{Boss Identity}에서 시작된다. 브랜드 런칭 초기에는 창업자의 리더십이 브랜드의 가치, 성격, 기준, 철학, 문화, 전략 등 브랜드의 모든 영역을 관장하기 때문이다. 그렇기에 브랜드는 리더의 비전만큼 자라고, 리더십의 주도력만큼 생명력을 유지한다. 하지만 같은 이유로 대부분의 브랜드가 리더와 함께 생을 마감하기에 리더십은 중요하고도 위험하다. 자신보다 오래 살아남는 브랜드를 원하는 리더라면 자기 한 사람으로 끝나는 초단기 영웅적인 리더십을 뛰어넘어야 한다. 즉 그 해답 역시 리더가 가지고 있다.

해답을 알고 있는 리더들은 브랜드의 여러 속성 중 '영속성'을 간파하여 자신의 리더십을 브랜드십

"Simple create, easy to share!"

ezpress™는 세계 최고의 블로그 및 CMS 엔진으로 잘 알려진 WordPress를 기반으로, 미디어포스의 웹사이트 구축 경험과 기술이 결합되어 합리적인 비용과 빠른 제작기간으로 간편하게 만들고 쉽게 공유할 수 있는 웹사이트와 블로그를 제공합니다.

ezpress™

대상
소규모 예산으로
효과적인 웹사이트
구축을 필요로 하는
기업(개인)

용도
· 애플리케이션 홍보사이트
· 회사/제품/브랜드사이트
· 독립형 블로그 등

장점
· 간단한 웹사이트제작 과정
· 모바일웹 확장성
· SNS와의 연동
· 경제적인 비용
· 강력한 관리자 기능

대표번호
(02)536-0517

이메일
sales@ezpress.co.kr

All about online **Media4th**

Homepage_ www.media4th.co.kr Blog_ www.onlinefirst.co.kr Twitter_ www.twitter.com/media4th Tel_ 02. 536. 0517

브랜드를 구축하는 것은
경쟁력을 높이는 것이 아니라
다음 세대에게 전달하고 이어갈 지금
우리들의 삶의 가치를 높이는 것이다.

으로 전이시킨다. 전이 과정에서 사용하는 방법은 인간이 지금까지 사용한 고전적인 '그 방법'과 같다. '그 방법'은 종교, 철학, 그리고 신화에서 익히 사용한 방법인데, 히틀러처럼 악하게 사용하는 리더들도 있다. 반면 만델라와 마틴 루터 킹은 사뭇 다른 목적으로 '그 방법'을 사용했다.

유니타스브랜드는 '그 방법'에 대해서는 정의하지 않았다. 느낌만 가지고 정의하는 경우 섣불리 일반화 시키는 경향이 있기 때문이다. 대신 브랜드에 있어서 '그 방법'은 '브랜드십'이라 명명했다. 그리고 그 브랜드십 개념을 소개하고자 칸트의 '정언명령', 물리학의 '초전도체', 종교인의 순교에서나 볼 수 있는 '초월적 책임감'과 사랑의 결정체라는 '페어런트십'을 빌려 왔다. 이러한 개념어를 가져온 첫 번째 이유는 브랜드십을 어렵게 표현하기 위함이 아니라 브랜드십에 대해서 쉽게 판단하지 않기 위함이다. 두 번째 이유는 아직 영속성에 대한 개념을 경영학에서는 다루지 않고 있지만 철학과 종교, 그리고 과학에서는 인류의 시작에서부터 연구해 왔기 때문이다. 브랜드는 세대와 세대generation to generation를 연결하는 '보이지 않는 가치 사슬'로서, 문화가 되었다. 따라서 브랜드십도 인간이 수천 년 동안 보이지 않는 것을 전달하기 위해 사용해 온 문화와 전통, 그리고 명예와 가치라는 형태로 전해진다.

'인간이 영원히 살 수 있을까?'
생물학적으로는 영원히 살 수 없지만 우리 주변에는 수천 년 전에 죽었어도 지금 우리와 함께 살고 있는 사람들이 있다. 그 리더들은 우리에게 인류의 가치를 소개하고 자신의 생명을 바쳐서 실천했고, 우리와 함께 영원히 존재할 것이다.

'브랜드가 영원할 수 있을까?'
브랜드의 가치를 유지할 수 있다면, 브랜드의 가치로 상품을 만들어 소비자를 가치 있게 만들 수 있다면, 브랜드의 가치 유지와 가치 창조가 문화가 되어 조직원과 소비자를 하나 되게 할 수 있다면, 그리고 소비자들이 브랜드의 가치를 자신의 가치로 인정할 수 있다면, 그 브랜드는 영원할 수 있다고 생각한다. 그것은 더 이상 브랜드가 아니라 인류의 유산이기 때문이다.

브랜드를 구축하는 것은 경쟁력을 높이는 것이 아니라 다음 세대에게 전달하고 이어 갈 지금 우리들의 삶의 가치를 높이는 것이다.

편집장 권 민

TEDxSeoul

x = independently organized TED event

Inspire Share Change

2010. 7. 24.
"지금 우리에게 필요한 것은"
www.tedxseoul.com

BrandShip QUICK SERVICE
영생불멸의 리더십 브랜드십™ 쉽게 읽는 법

유니타스브랜드 Vol.16 '영생불멸의 리더십, 브랜드십'은 '브랜드십을 만들기 위한 리더십'을 다루고 있다. 유니타스브랜드는 세상을 브랜드의 관점으로 바라봄으로써 아직 이름이 없는, 그리고 아직 드러나지 않아 '보이지 않는 패턴'의 발견을 시도한다. 우리가 이번에 발견한 새로운 패턴이 바로 '브랜드십'이다. 아직은 수면 위로 올라오지 않아 보이지 않던 이 브랜드십은 브랜드가 리더십을 갖는다는 의미다. 이번 호의 모든 글은 브랜드십 관점으로 써졌기 때문에 먼저 브랜드십이라는 개념을 이해하고 글을 읽는 것이 가장 쉽게 읽는 방법이 될 것이다.

브랜드십이란, 먼저 리더 자리에 브랜드가 앉아 있는 모습을 상상해 볼 수 있다. 리더 자리에 브랜드가 앉으면 어떤 일이 벌어질까? 결제 서류를 들고 리더의 집무실에 들어갔는데, 거기에 브랜드가 앉아 있는 것이다. 이 비유는 브랜드가 리더가 되면 브랜드의 구성원들이 사장님의 지시를 기다리는 것이 아니라 브랜드의 결정을 따르게 된다는 것을 의미한다. 브랜드의 결정이란, '우리 브랜드다움'에 따른 결정이다. 따라서 브랜드의 구성원들은 '이 결정이 우리 브랜드다운 결정인가 아닌가'를 중심에 두고 스스로 의사결정을 하게 된다. 모든 구성원들이 의사결정의 주체가 되는 것이다. 심지어 리더(창업자, 사장, CEO, 대표이사)조차도 자신의 취향에 따른 결정이 아닌, 브랜드의 기준에 따른 결정을 내린다.

브랜드십에 대한 연구를 시작하게 된 이유는 다음과 같은 의문 때문이었다. 스티브 잡스와 리처드 브랜슨에게는 미안한 말이지만, 스티브 잡스와 리처드 브랜슨이 죽으면 애플과 버진은 어떻게 될까? 고객들은 애플이나 버진과 같은 브랜드가 후대에도 전해지길 바란다. 리더 역시 자신이 만든 브랜드가 사라지는 것은 원치 않을 것이다. 즉 좋은 브랜드라면 누구라도 영속하길 바란다. 그렇지만 강력한 한 사람의 리더가 이끄는 브랜드는 그 리더가 브랜드를 떠날 경우 위기를 겪곤 한다. 그래서 좋은 브랜드가 영속하기 위한 솔루션으로 브랜드십을 제안하게 되었다.

우리는 크게 네 가지 개념을 가지고 브랜드십을 연구했다.

하나, 인간(리더)은 유한하지만 브랜드는 무한하다. 따라서 브랜드십을 갖는다는 것은 영속하는 브랜드를 만들겠다는 것이다.

둘, 브랜드십을 갖게 되면 리더 한 사람이 아니라 전 직원이 리더십을 갖는다.

셋, 브랜드십을 조직에 심는 리더는 브랜드의 주연이 아니라, 조연이 된다.

넷, 결국 브랜드십을 가진 브랜드는 사람에 의해서가 아닌 문화에 의해서 운영된다.

브랜드십을 갖는 브랜드가 되기 위해서는 (역설적이지만) 리더의 역할이 절대적이다. 리더가 자신의 자리를 브랜드에 내주지 않고서는 불가능하기 때문이다. 실제로 우리가 만난 리더들은 브랜드십이라는 개념에 상당히 공감했

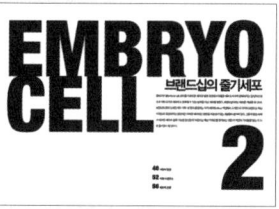  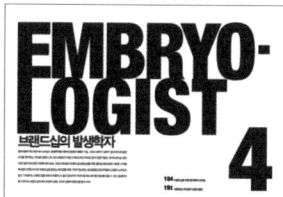

다. 실제로 브랜드십으로 운영되고 있는 브랜드도 있었고, 브랜드십을 갖기 위해 노력 중인 브랜드도 있었다. 그렇지만 앞으로 리더들이 지향해야 할 리더십의 목표가 브랜드십이라는 점에는 모두 공감하며, 우리의 생각을 지지해 주었기에 이 보이지 않는 패턴에 이름을 붙여서 보이게 해야겠다는 확신을 얻었다.

유니타스브랜드는 읽기가 어렵다는 독자들의 의견을 듣곤 한다. 그래서 쉽게 읽을 수 있는 또 하나의 방법을 제안한다.

유니타스브랜드는 컨텐츠를 순서대로 읽는 것을 전제로 하여 구성된다. 순서대로 읽는 독자들은 각 섹션이 시작하는 페이지(p26, p46, p60, p182)를 참고하여 해당 섹션의 글을 읽기 전에 전체적인 그림을 머릿속에 그린 다음 읽기 시작하는 것이 도움이 될 것이다.

순서대로 읽는 것이 좋지만, 그렇지 않은 독자는 다음의 방법도 효과적이다.

브랜드십을 이해하기 위하여 가장 먼저 읽어야 할 기사는 '지속가능경영을 위한 Leadership, 영속가능경영을 위한 BrandShip(p18)'이다. 편집팀에서 **'도입글'**이라고 부르는 이 글은 이 책을 어떤 관점으로 읽어야 할지 보여 준다.

분명 유니타스브랜드의 각 호 주제 관련 기사보다 브랜드 케이스에 관심이 많은 독자들도 있다. 그런 브랜드를 골라서 읽다 보면 새로운 용어들이 등장하여 이해가 어려울 수도 있을 것이다. 이는 유니타스브랜드가 하나의 관점으로 브랜드를 분석했기 때문이다. 그래서 EMBRYO 섹션을 먼저 읽으면 브랜드 케이스를 100% 흡수하는 데 도움이 된다. 이번 호에서 그런 새로운 개념어는 크게 네 가지다. 브랜드 정언명령, 초전도체, 초월적 책임감, 페어런트십이 그것이다. 이 네 가지 키워드는 유니타스브랜드가 브랜드십을 연구하면서, 브랜드가 브랜드십을 갖기 위한 솔루션으로 제안하는 것들이다. 그럼에도 불구하고 바로 브랜드 케이스를 읽기 시작하는 독자들을 위해 각 브랜드 케이스 첫 페이지에 이 기사를 읽기 전에 읽으면 도움이 될 만한 페이지를 기록해 놓았으니 참고하기 바란다.

마지막으로 편집팀에서 **'결론글'**이라고 부르는 p176의 '지속가능경영에서 영속가능경영으로'라는 기사 역시 읽기를 권한다. 이 마무리 글은 실제로 모든 기사가 완성된 후에 하나의 정리된 관점으로 써진 글이니 생각을 정리하는 데 도움이 될 것이다.

유니타스브랜드 Vol.16을 통하여 현재의 리더, 그리고 미래의 리더들이 영속하는 브랜드를 만드는데 필요한 인사이트를 발견하기 바란다. 또한 여러 브랜드 케이스를 통해 유니타스브랜드가 발견하지 못한 당신만의 새로운 브랜드십 패턴 키워드도 찾아 보면 더욱 흥미로울 것이다.

Contents
Vol.16 SEASON II 2010

영생불멸의 리더십
브랜드십™

SPECIAL ISSUE

Leadership to BrandShip™

영속하는 브랜드를 만들기 위해 리더가 하는 역할들은 매우 중요하다. 그러나 리더가 브랜드를 운영할 때 수많은 의사결정을 언제나 혼자서 할 수는 없다. 리더는 가변적일 수밖에 없는 인간이다. 리더의 선택이 항상 옳지는 않다. 리더는 근본적으로 '인간'이라는 한계가 있다. 이런 한계를 알고 있는 리더는 무한한 브랜드를 운영하기 위해서 일시적인 자신의 (초월적, 초법적, 카리스마적) 리더십과 브랜드를 화학 변화시키는 브랜드십BrandShip이라는 독특한 형태의 리더십을 브랜드와 자신이 공유해야 한다.

- **3** EDITOR'S LETTER | 편집장의 편지
- **8** Leadership to BrandShip 쉽게 읽는 법
- **16** SELF CHECK LIST | 귀사의 브랜드십지수는?
- **18** INSIGHT | 지속가능경영을 위한 Leadership, 영속가능경영을 위한 BrandShip

26
1. EMBRYO
브랜드십의 배아

엠브리오(embryo, 배아)란 하나의 개체가 완성되기 전의 '발생 초기 단계'를 말한다. 식물의 경우 씨앗의 일부를, 동물의 경우에는 태아가 되기 전 상태를, 또 사람의 경우에는 임신 8주 이전까지를 '배아'라 한다. 유니타스브랜드가 제안하는 네 개의 키워드(브랜드 정언명령, 초전도체, 초월적 책임감, 페어런트십)는 브랜드십을 완성시키기 위한 '브랜드십의 엠브리오'다. 발생 초기 단계이기에 아직은 명확한 형태가 그려지지 않더라도, 그것이 어떠한 '씨앗'인지를 미리 확인하는 것이 앞으로 소개할 여러 브랜드에서 확인되는 '브랜드십의 성체'를 이해하는데 도움이 될 것이다.

- **28** 브랜드의 보편 법칙, 브랜드 정언명령
- **32** 브랜드십을 만드는 리더의 전이, 초전도체
- **38** 경영을 넘어서는, 브랜드의 초월적 책임감
- **42** Ownership3.0, 페어런트십

46
2. EMBRYO CELL
브랜드십의 줄기세포

엠브리오 셀(embryo cell, 배아줄기세포)은 배아의 발생 과정에서 추출한 세포로서 아직 분화되지는 않았지만 앞으로 어떤 조직의 세포로도 분화할 수 있는 능력을 지닌 세포를 말한다. 브랜드십이라는 새로운 개념을 유니타스브랜드와 함께 논의한 해외 석학 세 명의 통찰력 있는 생각 속에는 아직 배아(EMBRYO 섹션에서 소개한 네 가지의 브랜드십 핵심 키워드)로 형성되지는 않았지만 어떠한 배아로든 분화할 수 있는 가능성을 지진 개념들이 숨겨져 있다. 그들의 통찰력 있는 의견 속에서 새로운 배아로 분화 가능한 당신만의 '브랜드십의 핵심 키워드'를 찾아보는 것은 이 섹션의 기사들을 읽는 또다른 즐거움이 될 것이다.

- **48** INTERVIEW | 아무런 지휘를 하지 않으면서 지휘하는 브랜드십_이타이 탈감
- **52** INTERVIEW | 브랜드 영속의 벽, 개인을 뛰어넘어라_티모시 컬킨스
- **56** CULUMN | 혼란을 잠재우고 평형을 찾는 힘, 브랜드십_패트릭 한론

60
3. EMBRYO CULTURE
브랜드십의 배양

엠브리오 컬처(embryo culture, 배배양)란 배아를 '배양cultivate'하는 과정을 말한다. 유니타스브랜드가 만난 13개의 브랜드에서는 각자가 지닌 배아(EMBRYO 섹션에서 소개한 네 가지의 브랜드십 핵심 키워드)를 나름의 방식으로, 또 각자가 지닌 배양액(배양체가 필요로 하는 영양분)으로 배양시키고 있었다. 어떤 브랜드는 '브랜드 정언명령'이란 배아에 초점을 두고, 어떤 브랜드는 '초전도체'가 된 리더를 중심으로, 또 어떤 브랜드는 '초월적 책임감'을 지닌 리더에 의해, 또 어떤 브랜드는 '페어런트십'을 핵심으로 배아를 배양시키는 모습을 보였다. 그리고 이런 그들의 배배양 기술은 그들만의 '문화culture'로 정착되고 있었다.

13개 브랜드가 보인 각각의 독특한 배배양 과정, 그리고 그 중심에 선 13명의 CEO들이 '현재 혹은 미래의 CEO인 당신에게 보내는 메시지(to CEO)'를 들어보자.

63
to CULTIVATE ENDURING ORGANIZATION
해외 브랜드 리더

- **64** 한 방향으로 흐르는 영속 기업의 표본, 듀폰
- **72** 영원히 건강한 브랜드십, 다논
- **82** Fair, Flat, Free가 만드는 브랜드십, 고어
- **94** 1mm의 핀 조정술과 1'의 무브먼트 조정술, 스와치 그룹 코리아
- **102** IDEA ESSAY | 브랜드 B자 배우기 1.

to CULTIVATE EVOLVING ORGANIZATION   103
국내 브랜드 리더

- **104** 정직을 우려내다, 하동관
- **112** '윤디자인체'로 씌어진 브랜드십의 기록, 윤디자인
- **120** 함께 완성하는 브랜드십 점묘화, 성주그룹
- **128** IDEA ESSAY | 브랜드 B자 배우기 2.

to CULTIVATE ETERNAL ORGANIZATION   129
브랜드 창업자

- **130** 브랜드십을 위한 예복을 짓다, 이광희
- **138** 브랜드십을 위한 365학점, 휴넷
- **146** 父's Mind, 부즈
- **154** 브랜드십 여행기, 바앤다이닝
- **160** BM에서 BM으로, 마코스 아다마스
- **166** IDEA ESSAY | 브랜드 B자 배우기 3.
- **168** 로카르의 법칙과 할리의 법칙으로 증명된 브랜드십의 법칙, 할리데이비슨 코리아
- **176** NEVERENDING STORY | 지속가능경영에서 영속가능경영으로

SHOUT

www.shout.co.kr

펜타브리드, 크로스미디어를 외치다

SHOUTING CROSS MEDIA

열정적인
경력사원
모십니다

카피라이터, 편집기획자
인쇄물 편집디자이너
동종업계 5년 이상 경력
희망연봉 기재된 이력서
주요 포트폴리오(PDF)
자기소개서(형식제한 없음)
채용 시까지 온라인접수
neo@pentabreed.com

Digital Media Group

e-Consulting BU
롯데손해보험 사이트 오픈

e-Creative BU
SK M&C 소비자 참여
Co-Creation Platform

e-Branding BU
팬 온라인 사이트 오픈

e-Integration service BU
삼성증권 리테일 주식
커뮤니티 구축 수주

Advertising & Marketing Group

Marketing Communication BU
Autodesk Solution Day Virtual 2010

Digital advertising BU
매일유업 까페라떼 아메리카노더치
런칭 2차 캠페인

Convergence Media Group

Film & Multimedia BU
메디슨 25주년 홍보영상

User eXperience BU
KT General UI/GUI 규격 개발 진행

Communication Design BU
2010 한국방문의해 서울과함께
키비쥬얼 및 홍보물 제작

디지털미디어 그룹
그래픽인터페이스디자인팀
오한기 팀장

아이폰 어플 'NeoReader'을
이용하시면 펜타브리드 모바일
홈페이지에 접속하실 수 있습니다.

100-043 서울시 중구 남산동 3가 34-5 남산빌딩 1층 T 02-6911-5555 F 02-6911-5500 e-mail webmaster@pentabreed.com

PENTABREED

www.pentabreed.com

14
BRANDSHIP

182
4. EMBRYOLOGIST
브랜드십의 발생학자

엠브리올로지스트(embryologist, 발생학자)란 배아의 발생과 배배양 기술, 그리고 배아가 성체가 될 때까지의 발전 단계를 연구하는 학자를 말한다. 유니타스브랜드가 만난 네 명의 국내 '리더십' 분야 전문가들은 과거의 리더십의 변이 과정, 앞으로의 진화 과정에서의 숙제, 그리고 리더십이 만들어낼 브랜드십을 위한 훈련법 등에 관한 다양한 시각을 제시한다. 뿐만 아니라 '브랜드십을 만드는 리더십'을 위해 기꺼이 헌신하는 멀티맨(중간 관리자)들의 고충과 노하우가 담긴 기사에서는 브랜드십을 위해 조직원이, 또 중간 관리자가 지녀야 할 태도에 대한 힌트를 얻을 수 있다. 발생학자들이 밝히는 배아의 탄생과 성장, 그리고 진화의 방향성을 들어보자.

184　브랜드십을 위한 멀티맨의 리허설
190　브랜드십을 위한 서재
191　브랜드십, 리더십의 노맨스랜드
206　IDEA ESSAY | 안녕하신가? 민 과장!
208　IDEA ESSAY | 브랜드 B자 배우기 4.

209
UB SEASON I 2.0

유니타스브랜드 시즌II에서는 시즌I에서 다루었던 12가지 특집 주제 중 6가지(Vol.3 고등브랜드, Vol.4 휴먼브랜드, Vol.7 RAW, Vol.10 디자인 경영, Vol.11 온브랜딩, Vol.12 슈퍼내추럴 코드)를 선정하여 2.0버전으로 연재 중이다.

210　HIGHER BRAND 2.0
　　　비즈니스 모델의 대안적 유기체, 오요리
218　HUMAN BRAND 2.0
　　　'나'의 원형을 찾아,
　　　휴먼브랜드로 뛰어 내리기, 구본형
225　IDEA ESSAY |
　　　마케팅 성지순례_타임스퀘어

잭 트라우트
Bestselling coauthor of POSITIONING
with STEVE RIVKIN

REPOSITIONING
리포지셔닝

경쟁과 변화, 위기 시대의 마케팅

경쟁, 변화, 위기의 시대, 포지셔닝을 넘어 리포지셔닝하라!

리포지셔닝은 사람들 마음속의 인식을 재조정하는 것이다. 최고의 마케팅 전략가인 저자 잭 트라우트는 현재를 경쟁(Competition), 변화(Change), 위기(Crisis)의 '3C'의 시기로 규정하고 고객들의 마음속에 각인된 기업의 이미지를 리포지셔닝할 것을 제안한다.

리포지셔닝, 변화에 대응하기 위해 태어났다.
리포지셔닝, 위기상황에서 빛을 발한다.
시장은 변화하고 있다. 당신은?

▶ **경쟁에서 승리하라** : 경쟁사에 도전하고, 제품을 차별화하고 가치를 높여 대중에게 부각시켜라.
▶ **시대에 맞추어 변화하라** : 소비자와의 호응을 위해 최신기술, 커뮤니케이션과 멀티미디어 자원을 이용하라.
▶ **위기를 관리하라** : 이익손실과 고비용, 언론의 혹평과 PR의 악몽에 대처하라.

잭 트라우트 Jack Trout 저
마케팅전략의 선구자인 잭 트라우트는 마케팅분야의 수많은 고전들을 집필했다. 특히, 베스트셀러 「포지셔닝」은 '세계 100대 경영서적'으로 선정되었다.

스티브 리브킨 Steve Rivkin 저
마케팅전략과 네이밍 분야의 세계적 권위자로 잭 트라우트와 함께 마케팅전략에 관한 책을 공저한 바 있다.

이유재 옮김
스탠포드대학교에서 한국인 최초로 경영학 박사학위를 취득한 후, 미시간대학교 경영대학에서 교수로 재직하며 정년보장을 받은 바 있다. 현재 서울대학교 경영대학 교수로 재직 중이다.

도서출판 경문사 Tel **738-7035** | 2010년 5월 발간 | **15,000원** | http://**kmsp**.co.kr

Self Check List

귀사의 브랜드십지수는?

아래의 체크리스트는 이번 특집을 준비하면서 만난 여러 브랜드의 '브랜드십 사례' 중 타사에 귀감이 될 만한 독특한 (때로는 놀라운) '사실'만을 모아 구성한 것입니다. 물론 아래 제시된 사례들이 브랜드십의 '정답'은 아닐 수 있습니다. 기업마다 처한 환경과 조직 구조가 다르기 때문입니다. 하지만 아래 사례들을 통해 "아, 다른 브랜드의 리더들은 이렇게까지 하는구나!" "그들은 브랜드에 대해 이런 철학과 태도를 가지고 있구나!" "그런 리더와 함께하는 조직 구성원들은 이런 마음가짐이구나!" "이 부분은 우리 브랜드의 리더에게도 제안해 봐야겠다!" 하는 느낌만 가지셔도 브랜드십을 이해하는 데 도움이 될 것입니다. 질문을 하나씩 읽어보며 현재 귀사의 '브랜드십 수준'을 확인해 보고, 추후 논의하게 될 '브랜드십을 위한 밑그림'을 그려보십시오.

* 우측에 표기된 페이지는 해당 기사의 시작 페이지를 의미합니다. 도대체 어떤 브랜드가 이러한 브랜드십을 가지고 있는지 궁금하다면 해당 페이지로 바로 이동하셔도 좋습니다.

No.	QUESTIONNAIRE	YES	NO	Page
1	우리 브랜드는 우리의 핵심가치에 부합하지 않은 직원의 경우 퇴사 조치하는 것도 꺼리지 않는다. 지난 수년 동안 이 때문에 퇴사한 직원이 수십 명에 이르며, 심지어 단돈 5만 원을 비윤리적으로 사용해서 퇴사한 사람도 있다.	☐	☐	64
2	우리 브랜드는 '영혼이 있는 기업'이다. 나는 그 영혼이 무엇인지 한 문장으로 말할 수 있다.	☐	☐	120
3	우리 브랜드의 리더는 직원들이 브랜드를 위한 사명감을 가지고 일하기 때문에 이들의 교육과 복지를 최우선으로 여기며, 이들의 정년을 100세로 규정하고 있다.	☐	☐	138
4	우리 브랜드의 리더는 '돈보다는 가치를 지키는 조직'으로 성장해야 한다는 것을 늘 강조한다.	☐	☐	168
5	우리 브랜드는 직원의 연봉을 직원 상호간 '전방위 평가 시스템(360° 피드백)'을 통해 책정한다.	☐	☐	82
6	우리 브랜드는 핵심가치에 100% 부합하는 사업 구조를 만들기 위해 수십 조의 매출을 기록하는 소위 '황금알을 낳는 거위'이던 브랜드도 기꺼이 매각했다.	☐	☐	72
7	우리 브랜드의 리더는 비즈니스만으로도 바쁘지만, 브랜드가 속해 있는 분야에 대한 책임감 때문에 이와 관련된 일이라면 아주 작은 일까지도 직접 나서며, 이를 즐기고 있다.	☐	☐	130
8	우리 브랜드는 우리의 존재 목적과 맞지 않으면 커다란 기회 앞에서도 "아니오, 됐습니다"라고 말하는 문화가 있다.	☐	☐	72
9	우리 브랜드의 리더는 차기 리더는 반드시 내부에서 나와야 한다고 늘 강조하며, 신입사원에게도 "바로 당신이 리더 자리에 설 수도 있다"고 말하곤 한다.	☐	☐	146
10	우리 브랜드의 리더는 높은 이윤과 시장 호응도만을 고려한다면 자신의 직관만으로 결정하고 지시하는 것이 좋을 상황에도, 직원의 배움과 성장을 위해서 '출혈'이 있더라도 그들이 직접 결정하고 그 결과로 배우게 한다.	☐	☐	112
11	우리 브랜드의 리더는 '평등. 공평. 정직'이라는 조직의 핵심가치를 위해서라면 사과 한 쪽을 나누어 먹을 사람이며, 눈앞에서 아이스크림이 녹는 한이 있더라도 모두 함께 모여 먹기를 원할 것이다.	☐	☐	104
12	우리 브랜드의 리더는 스스로 브랜드에 집착하지 않기 위해 노력한다. 이를 위해 6개월 동안 자신의 의사결정 없이 결과물만 보고하라고 하는 등 권한 위임에 대한 적극적인 실험을 하기도 한다.	☐	☐	146
13	우리 브랜드의 리더는 대표임에도 불구하고 브랜드의 주인은 자신이 아니라, 전 직원과 고객이라고 생각한다.	☐	☐	72
14	우리 브랜드의 직원들은 리더의 직접적인 지시가 없어도 정도(正道)를 통하지 않은 매출은 포기하거나 영업을 위한 접대는 하지 않는 등 브랜드의 미션에 따른 원칙을 토대로 의사결정을 한다.	☐	☐	138
15	우리 브랜드의 리더는 그룹 내 13개 이상의 브랜드를 관리한다. 그러면서도 각각의 브랜드 매니저와 대화할 때는 그 브랜드의 톤앤무드로 스스로의 컬러를 수정하는 등 TPO(시간, 장소, 상황)에 따라 지속적인 변화술을 보인다.	☐	☐	94

BRANDSHIP

No.	QUESTIONNAIRE	YES	NO	Page
16	우리 브랜드를 이끄는 것은 선(善)이다. 그래서 우리는 리더 한 사람을 따르는 것이 아니라 우리 브랜드의 선한 존재 목적 자체를 따른다.	☐	☐	154
17	우리 브랜드의 리더는 직원들과 외관상으로도 간극이 생기는 것이 싫어, 좋은 자동차를 타는 것을 마다하기도 한다.	☐	☐	82
18	우리 브랜드에는 직원들의 '업'과 관련된, '분야에 대한 책임감'을 고양시키기 위해 수익이 나지 않더라도 투자하며 진행하는 사업이 있다.	☐	☐	112
19	우리 브랜드의 리더는 브랜드의 핵심가치 중 하나인 '평등'을 몸소 보여 주기 위해 자신의 집무실부터 없애고, 자신의 직함도 수정(~선배, ~님 등)하여 부르기로 했다.	☐	☐	82
20	우리 브랜드의 리더는 자기 스스로 우리 브랜드의 가치기준을 지키지 못한다고 느끼거나 직원들의 의견이 그렇게 모아지면 언제든 물러날 준비가 되어 있는 사람이다.	☐	☐	168
21	우리 브랜드는 단순히 비즈니스를 하는 것이 아니라 '다음 세대의 정신적 유산을 남겨주는 일을 한다'와 같은 마음의 울림이 있는 고결한 존재 목적이 있다.	☐	☐	154
22	우리 브랜드의 조직원이라면 누구든 회장님이 원하는 것일지라도 그것이 브랜드의 핵심가치에 위배된다면 "NO"라고 말할 수 있다.	☐	☐	64
23	우리 브랜드의 리더는 작은 가게 하나를 운영하더라도 그 브랜드의 아이덴티티를 지켜 내기 위해서라면 50억을 준다 해도 그 브랜드를 라이선스화 시키지 않을 것이다.	☐	☐	104
24	우리 브랜드의 조직원들은 브랜드의 핵심가치를 기준으로 서로가 서로를 가이딩(guiding)함은 물론, 그것에 부합하지 않는 동료의 행동을 부끄러워한다.	☐	☐	82
25	우리 브랜드의 리더는 브랜드의 이익을 위해서가 아니라 브랜드의 존재 목적이나 사명을 위해서라면 남들이 못한다고 펄쩍 뛰는 일도 꼭 해내고야 만다.	☐	☐	130
26	우리 브랜드의 리더는 자신이 없어도 이 브랜드가 제대로 돌아갈 수 있도록 '참모 육성'에 큰 에너지를 쏟는다.	☐	☐	146
27	우리 브랜드의 리더는 점차 자신의 영향력을 줄여 나가기 위한 계획을 세우고 있는 것으로 보인다.	☐	☐	160
28	우리 브랜드는 아무리 대표라도 자신을 만나러 온 손님은 자기가 직접 응대하고, 자사 소개 자료도 직접 작성하여 발표한다.	☐	☐	82
29	우리 브랜드의 리더는 자신이 내일 이 조직을 떠난다 하더라도 직원들과 이해관계자들, 그리고 고객들이 우리 브랜드를 키워 줄 것이라고 믿고 있으며 이를 위한 준비에 여념이 없다.	☐	☐	72
30	우리 브랜드의 리더는 자신이 브랜드의 핵심가치에 합당한 사람인지, 그 가치대로 살고 있는지 자문하며 스스로 행동을 수정해 나가는 사람이다.	☐	☐	160
31	우리 브랜드의 리더는 브랜드에 완전히 함몰되어 마이크로 매니지먼트(micro management) 수준으로 관여하기보다는 매크로 매니지먼트(macro management)에 치중하며 전체적인 방향 설정에 더 많은 에너지를 쏟는다.	☐	☐	94
32	우리 브랜드의 리더는 자신이 창업자임에도 불구하고 자신은 언제든 떠날 수 있는 사람이기에, 자신이 없어도 제대로 돌아가는 브랜드로 만들기 위해 노력하는 것 같다.	☐	☐	154
33	우리 브랜드는 해외 출장 시, 30년차 직원이든 어제 들어온 신입사원이든 직급에 상관없이 비행 시간에 따라 비행기 좌석 레벨(이코노미 클래스, 비즈니스 클래스, 퍼스트 클래스)을 지정한다.	☐	☐	82
34	우리 브랜드의 리더는 자신과 직원의 '행복'을 최우선으로 생각하기 때문에 현재의 브랜드를 운영하면서 행복할 수 없다면 현재의 브랜드를 접을 각오까지 되어 있는 것 같다.	☐	☐	168
35	우리 브랜드의 리더는 브랜드 사업을 통하여 '사회적 기업가'의 모습을 보이고, 우리 직원들은 사회적 대의를 실현하는 브랜드에서 일한다는 자부심을 가지고 있다.	☐	☐	120

지속가능경영을 위한 Leadership
영속가능경영을 위한 BrandShip™

브랜드는 리더의 비전만큼 자란다

'지속가능경영'이란 기업이 전통적으로 추구한 매출과 이익뿐만 아니라 환경이나 윤리와 같은 사회 문제를 해결함으로써 기업가치를 지속적으로 향상 및 유지시키는 것을 말한다. 이런 개념의 출현은 법인으로서 기업이 어떻게 오랫동안 생존할 수 있을까에 관한 자구책으로 나온 것이다. '지속가능경영'은 말 그대로 현재 기업 활동을 어떻게 계속 유지할 것인가에 관한 방법론적 접근, 대안적 선택, 그리고 경영 혁신의 대안이라고 볼 수 있다.

자연인自然人이라고 불리는 사람도 '지속가능인생'을 누리고 싶어 한다. 그래서 젊음을 유지하고 생명을 연장하기 위해 무엇인가를 먹고, 다른 것으로 교체하는 단순한 방법으로 '의약'과 '기구'를 사용한다. 반면에 법인法人으로서 기업은 '투약과 교체'보다는 자신의 존속(存續, sustainability) 방법으로 '가치'를 '추구함'으로써 강력한 생명력을 가질 수 있음을 알게 되었다. 그것이 바로 '지속가능경영'이다. 법인이 자연인보다 먼저 불로장생不老長生의 비밀을 알게 된 것이다.

선진국가들이 노령화 사회가 되면서 자본과 관심이 생명과학으로 쏠리는 것처럼, 근대화와 함께 시작된 기업들이 환갑을 넘어가자 이제야 '지속가능'이라는 개념을 인식하고 있다. 앞서 말했듯이 고용 안정과 경제 유지를 위해서 기업은 지속가능해야만 한다. 그러나 대부분 기업들의 평균 수명을 살펴보면 우리나라의 경우는 10.4년이고 미국도 15년을 넘지 못하는 실정이다. 그래서 기업들은 생명연구가들이 장수마을을 방문해 장수노인들이 먹고 마시는 것을 파악해서 '식단 개선'을 제안하는 것처럼, 기업별로 생명(경영) 연장에 대한 특수 레시피(리포트)를 만들어서 발표를 한다. 하지만 이것은 '이렇게 하면 지속가능할 수도 있다'라는 리포트일 뿐이다. 그 리포트의 내용들은 아직까지 어떤 기업에도 효과 있는 불로장생의 영험靈驗한 비책이 되지는 못했다.

그러나 시장에는 100년 기업은 별로 없지만 100년 브랜드는 많다. 혹시 지금 이 책을 보는 당신이 뉴발란스NEW BALANCE나 컨버스CONVERSE를 신고 있다면 100년 브랜드를 소유하고 있는 것이다. 만약 청혼 성공률 99%의 힘을 가지고 있다는 티파니 반지를 선물하려고 한다면 100년 이상 사랑의 가치를 지킨 브랜드를 구매하려는 것이다. 이처럼 브랜드는 자신의 가치로 영속가능하다는 것을 증명하고 있다. 시장을 리딩하는 대부분의 100년 브랜드들은 수차례 주인(기업)이 바뀌었지만 여전히 시장에 존재하고 있다. 브랜드야말로 영속가능함을 증명하는 불로불사不老不死의 시스템이다.

브랜드를 잘 관리하면 브랜드는 기업이 지속 경영의 영원한 생명력이라고 할 수 있는 고객의 가치(고객의 구매 이유)를 투석받을 수 있다. 또한 그 가치를 순환고리로 만들어 세대와 세대를 뛰어넘는 '역사적 가치'를 만들 수 있다. 분명 수많은 브랜드를 통해서 기업이 '지속가능경영'에서 '영속가능경영'으로 변할 수 있음에도 불구하고 경영자, 곧 기업의 리더들은 아직까지 브랜드를 대박의 수단이나 기업이 소유한 여러 자산 중 하나로만 평가하고 있다. 그리고 브랜드는 필요에 따라 여러 개 만들수 있다는 생각을 가지고 있기 때문에 '브랜드'가 '경영' 그 자체라는 것을 인정하지 않는다. 지금까지 기업인들은 기업을 유지하기 위해 브랜드를 팔면서 경영을 순간적으로 지속하게 한 경험만 했기에, 브랜드를 제대로 관리하면 브랜드가 자신들의 기업을 영속가능하게 한다는 생각을 하지 못했다.

INSIGHT

브랜드는 단순히 '지속성'과 '영속성'만 있는 것이 아니다. 우리가 잘 알고 있는 자동차 브랜드 MINI나 아베크롬비앤피치 Abercrombie&Fitch 같은 의류 브랜드는 수십 년 동안 동면하고 있다가 다시 태어나서 버젓이 길거리를 돌아다니고 있다. 이들은 언제든지 부활하는 '불멸성'까지도 가지고 있다. 그래서 기업을 유한한 육체에 비유한다면, 브랜드는 무한한 영혼으로 비유할 수 있다.

그렇다면 이런 영속가능한 브랜드를 운영하기 위한 비법은 무엇일까? 너무나도 당연하고 자명한 이야기겠지만 결국 '사람'이다. 특히 리더의 Identity 아이덴티티는 Brand Identity 브랜드 아이덴티티와 상호작용하기 때문에 브랜드 런칭 초기 때와 같은 특정 시점이나, 언론에서 경영자를 다루는 상황에서는 리더가 브랜드를 대표하는 경우도 생긴다. 뿐만 아니라 리더의 모든 의사결정이 리더와 브랜드 간 작용 및 반작용을 가져오면서 '경영과 전략'이라는 독특한 경영 방식과 존재 형식을 만든다. 그렇기 때문에 리더가 어떤 리더십을 가져야 할 것인가가 브랜드 경영의 핵심이라고 할 수 있다.

아직 정의에 대해서는 의견이 분분하지만 '브랜드 경영이란 브랜드의 핵심적인 사명을 이루기 위해서 브랜드의 조직원들이 자신의 가치관, 비전, 목표, 목적, 존경 그리고 일하는 과정을 함께 공유하며 완성하는 것이다. 또한 이 과정을 고객과 함께 공유하는 것이 브랜딩이다'라고 말한다. 그렇다면 브랜드 경영을 하는 리더들은 어떤 리더십을 가지고 있을까? 우리가 알고 있는 그런 일반적인 '슈퍼맨급' 리더십일까?

브랜드 경영을 위한 리더십은 지금까지 알고 있던 그런 리더십이 아니기에 브랜드십 BrandShip이라는 새로운 정의와 의미가 필요하다. 리더십은 리더가 있는 동안 기업을 '지속가능하게 만든다면, 브랜드십이란 리더가 없어도 브랜드를 '영속가능하게 만드는 것이다. 그렇다고 브랜드십이 리더가 불필요한 리더십을 말하는 것은 아니다. 오히려 '리더가 브랜드와 어떻게 결합되는가' 하는 리더십 기술에 관한 설명이다.

브랜드는 리더의 비전, 즉 리더가 브랜드의 미래를 보는 능력에 달려 있다고 말해도 과언이 아닐 것이다. 흔히 리더의 비전이라고 하면 크고 원대하며 장엄하고 웅장한 큰 그림이라고 생각하는데 원래 비전은 명사가 아니라 라틴어로서 '보다'라는 뜻을 가진 동사다. 그래서 비전의 의미는 시력, 관찰, 환상 등이지만 경영에서는 '목표'와 '방향'으로 사용되고 있다. 여기서 말하는 리더의 비전이란 브랜드의 영원한 지점을 볼 수 있는 리더의 시력을 의미한다.

만약 당신이 지금 당신의 브랜드를 위해서 과거로 돌아갈 수 있다면 돌아간 과거의 시간에서 무엇을 하고 싶은가? 100년 된 브랜드 컨버스의 창립자가 2010년의 거리에서 자신의 브랜드를 본 다음, 다시 자신의 시간으로 돌아가서 제일 먼저 손보고 싶은 것은 무엇일까? 아마 필자가 컨버스의 창립자라면 100년 후 글로벌 스포츠 브랜드의 대명사인 나이키에게 M&A 당할 것을 알게 되었기 때문에 당시 인기 종목이던 농구에서 벗어나 차세대 스포츠 신발과 과학을 통하여 '스포츠 브랜드'의 입지를 더욱 강화시켰을 것이다. 리더는 미래를 보기 위해서 과거를 보아야만 한다. 경영의 지속과 브랜드의 영속을 이해하기 위해서는 인간으로서 리더가 전혀 경험할 수 없는 100년이라는 시간을 볼 수 있으며 이해할 수 있어야 한다. 왜냐하면 브랜드는 리더의 비전(시간을 이해하는 능력)만큼 영속할 수 있기 때문이다.

지극히 참을 수 없는 리더들

'브랜드 리더'라는 정의는 대기업의 브랜드 매니저, 기업의 오너, 브랜드 창시자, 브랜드 전문 경영인 등 상당히 광범위하다. 그러나 이번 특집에서 다루는 브랜드 리더란 '브랜드에 관한 최종 의사결정권자'라고 생각하면 좋을 것이다. '결정권자'라는 단어에서 음미되는 '권한과 책임'의 무한성에서 알 수 있듯이, 브랜드의 리더는 Brand Identity를 구축하는 '시작의 주체'이고 브랜드의 전 과정에 영향을 줄 수 있는 '진행의 주체'다. 그래서 브랜드의 리더 자체가 Brand Identity의 Basic Identity를 이루는 '핵'이라고 말해도 과언이 아니다. 최근 브랜드의 라이프사이클을 살펴보면 한마디로 브랜드의 시작은 리더에게서 나오고 그 끝도 리더로 인해서 쓸쓸하게 마감된다. 그래서 리더십이 중요하고, 그래서 잘못된 리더십은 매우 위험하다.

메이커가 만든 상품과 브랜드가 만든 브랜드를 구별하는 것처럼 보스 Boss와 리더 Leader를 구별하는 방법은 쉽다. 만약 '당신의 상관은 리더인가, 아니면 보스인가?'라는 질문을 받으면 리더와 보스라는 단어가 가지고 있는 묘한 어감에 의해서 우리의 상관이 보스인지 리더인지를 본능적으로(거의 기계적으로) 알아차린다. 대부분의 사람은 보스는 골목대

어쩌면 브랜드십은 리더십2.0이 아니라 브랜드를 탄생시키고 성장시킨 리더로부터 스스로를 보호하기 위한 자구책이라고 해도 무리한 해석은 아닐 것이다. 따라서 브랜드십은 경영의 진보적 관점에서의 리더십2.0이 아니라 경영의 진화적 관점에서의 돌연변이 리더십이라고 설명하고 싶다.

장이고 리더는 지도자라는 정의를 수많은 리더십 책을 통해 사상 학습을 받았기 때문이다. 과연 리더십에서 말하는 필요충분조건을 갖춘 완벽한 리더가 존재할 수 있을까? 리더십 책이 브랜드 책보다 많은 이유는 무엇일까? 그만큼 '리더'라는 작위를 받을 만한 리더가 되기 힘들기 때문일 것이다.

그럼에도 불구하고 브랜드 경영의 결정권을 가진 사람이 보스인가 혹은 리더인가에 따라서 브랜드의 영혼이라고 할 수 있는 Brand Identity는 결정체가 달라진다. 만약 그가 전형적인 보스라고 한다면 BI는 한마디로 Boss Identity로 구성될 것이다. 그러나 만약에 그가 우리가 일반적으로 알고 있는 수준 이상의 리더라면 Brand Identity는 리더의 비전과 신뢰의 Belief Identity를 구축하게 될 것이다. 하지만 이것만으로는 부족하다. 브랜드를 경영하는 것이 단지 신념과 비전의 결과물이 아니라 앞서 말했듯이 '브랜딩의 모든 과정을 공유하는 것'이라면 브랜드는 존재의 이유를 설명해야 한다. 곧 Brand Identity는 조직원 그리고 소비자의 Being Identity 존재의 주체성가 되어야 한다는 것이다. Being Identity에 대해서는 지금까지 소명召命 혹은 공명共鳴이라고 불렀다.

예를 들어 애플의 스티브 잡스가 췌장암에 걸렸을 때 모든 사람은 스티브 잡스를 대신할 수많은 사람을 거론했다. 당시 잡스를 대신할 사람으로서 주식 보유나 혈연 관계를 따지지 않았다. '누가 애플을 혁신적으로 이끌고 갈 것인가'를 기준으로 따졌고 서로 다른 예측들이 난무했다. 그렇다면 우리나라 대기업의 회장 중에 한 명이 췌장암에 걸려서 급히 후계자를 세워야 한다면 과연 누구를 고를까? 답은 뻔하지 않은가(그래도 브랜드를 잘 이해하고 관리할 사람으로 세워질 것이라고 굳게 믿고 싶다)! 만약 리더가 쓰러질 때 브랜드도 쓰러진다면 그것은 리더가 브랜드 스토리를 비극으로 쓰고 동반자살 하는 것과 마찬가지일 것이다.

그렇다면 '영원불멸'의 브랜드를 '순간 관리'의 리더가 어떻게 다루어야 할까? 방법은 리더가 브랜드처럼 되어야 한다. 이 말은 리더가 브랜드가 되라는 말이 아니다. 브랜드가 브랜드되는 방법을 리더도 따라야 한다는 것이다. 상품과 서비스는 실제지만 실제의 합이 브랜드가 아닌 것처럼, 리더는 의사결정권자이지만 의사결정을 꼭 리더가 내리지 않아도 된다. 한마디로 리더 없이 브랜드가 브랜드답게 의사결정 할 수 있도록 해야 한다는 것이다.

리더가 브랜드를 운영할 때 수많은 의사결정을 혼자서 할 수 없다. 리더는 가변적일 수밖에 없는 '인간'이다. 리더의 선택이 항상 옳지는 않다. 리더는 근본적으로 인간이라는 한계가 있다. 이런 한계를 알고 있는 리더는 무한 생명의 브랜드를 운영하기 위해서 일시적인 자신의 (초월적, 초법적, 카

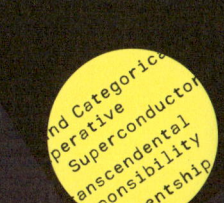

리스마적)리더십과 브랜드를 화학 변화시키는 브랜드십BrandShip이라는 독특한 형태의 리더십을 브랜드와 자신이 공유해야 한다.

그렇다면 왜 브랜드십이 이토록 필요한지 살펴보자. 어떻게 하면 리더의 비전과 철학에 일관성을 가지면서 영원히 유지할 수 있을까? 이런 시도가 지금껏 전혀 없던 것은 아니다. 그러나 지금까지의 방법은 유전학적이며 고전적인 방법인 혈통(?)을 내세워서 계승할 리더를 세웠고, 그래서 성공 사례는 손에 꼽을 정도다. 사실 이 문제는 어느 정도 보완할 수 있다. 더 치명적인 문제는 브랜드를 탄생시킨 리더의 변질로 인해서 리더가 자신의 비전과 철학을 오염시키고 소멸시키는 것이다. 따라서 브랜드의 존재 가치와 비전을 리더라는 '사람'이 아니라 '브랜드'에게 이전시켜야 한다. 그 전이 과정에서 브랜드십이 구축된다. 어쩌면 브랜드십은 리더십2.0이 아니라 브랜드를 탄생시키고 성장시킨 리더로부터 스스로를 보호하기 위한 자구책이라고 해도 무리한 해석은 아닐 것이다. 따라서 브랜드십은 경영의 진보적 관점에서의 리더십2.0이 아니라 경영의 진화적 관점에서의 돌연변이 리더십이라고 설명하고 싶다.

리더십은 리더가 가지고 있는 것이다. 그러나 브랜드십은 리더의 리더십을 팔로워follower들에게 소량 배분하는 것이 아니라, 리더십을 동일하게 공유하는 것이다. 그리고는 리더도 브랜드를 따르는 팔로워 중 한 명이 된다. 이렇게 되면 브랜드의 팔로워들은 자신의 위치에서 의사결정을 할 때 '리더(그분)의 생각'을 헤아리는 것이 아니라 '브랜드의 가치'를 따르게 된다. 왜냐하면 브랜드가 리더십을 가졌기 때문이다.

정리하자면 브랜드십이 있는 브랜드(브랜드가 리더인 브랜드)는 더 이상 한 명의 리더에게 브랜드의 운명을 맡기지 않고 리더십을 공유한 모든 팔로워들이 운명 공동체가 되는 것이다. 따라서 스스로 의사결정을 할 수 있도록 만드는 혁신 구조를 이루며, 결국 모든 팔로워가 리더가 된다. 그동안 시장 무대의 주연이던 리더는 브랜드를 위한 조연이 되어 팔로워가 주연이 될 수 있도록 해야 하는데, 이러한 모든 팔로워가 주연이 되기 위한 리더의 조연 역할은 브랜드가 진정한 리더가 되게 만드는 것이다.

이런 과정에서 브랜드는 '바람의 인도'라고 불리는 보이지 않는 '문화'의 힘으로, 브랜드와 그 속에 있는 사람들이 리더의 명령이 아니라 브랜드의 문화에 의해서 스스로 성장하도록 한다. 일단 브랜드의 보호막이라고 할 수 있는 '문화'가 생성되면 비로소 브랜드의 무한 생명은 리더의 자연 생명에 의해 흔들리지 않게 된다. 그래야만 혹 리더가 초기의 모습에서 변질되거나 그 후에 이상한 리더가 들어와도 브랜드는 자정작용self-purification을 통해서 독성이 강한 리더십으로부터 스스로를 보호하고 생명을 유지할 수 있다. 또한 브랜드십을 가진 브랜드는 자신의 품에 수많은 미니 리더들을 배양하기 때문에 외부 환경의 변화와 위험 속에서도 상황에 따라 자신을 보호할 만한 적합한 리더를 세울 수 있다.

그렇다면 이토록 놀라운 브랜드십을 리더는 어떻게 이해하고 어떠한 리더십을 구사해야 할까? 리더는 관점과 태도만 바꾸면 바로 '진화'할 수 있다. 리더는 브랜드의 철학과 비전을 세울 때 자신도 브랜드처럼 영원히 죽지 않을 것이라는 믿음으로 영원불멸의 계획을 세워야 하지만, 항상 내일 죽을 수 있다는 마음으로 브랜드를 관리해야 한다. 브랜드는 영원할 수 있으며 리더는 순간이라는 것을 인정할 때 자신이 브랜드의 리더가 아니라 브랜드가 자신의 리더임을 알게 될 것이다. 브랜드십은 브랜드의 보이지 않는 시스템에 관한 것이며, 리더십에서 브랜드십의 변화는 지속가능경영에서 영속가능문화라는, 차원을 바꾸는 신화 같은 이야기다.

BrandShip과 the Brand Ship의 항해술

수소hydrogen와 산소oxygen는 모두 인화성, 산화성 그리고 폭발성 원소다. 한마디로 '불'을 만드는 물질이다. 그러나 너무나 모순적인 것은 이 두 개의 원소가 결합하면 '불'을 끄는 '물(H_2O)'이 된다. 이것을 모순 지식이라고 한다.

리더와 브랜드도 서로 강력한 모순적 가치를 가지고 있다. 대다수의 브랜드는 시장에서 기업의 매출과 이익을 만들기 위한 기업의 '수단과 방법'으로 태어났다. 그래서 브랜드는 태어나자마자(시장에 런칭) 경쟁자를 공격하고 시장을 무너뜨리며 자신만의 독보적인 위치를 장악한다. 기업의 이윤은 기업의 본능이다. 따라서 기업이 낳은 브랜드는 기업의 본능대로 움직인다. 이처럼 브랜드 자체도 수소처럼 시장에 관한 인화성, 돈에 관한 산화성, 그리고 소비자 욕구에 관한 폭발성을 가지고 있다. 또한 이러한 욕구와 본능의 출생 비밀을 가지고 태어난 브랜드는 자신의 탄생 명분으로 어디까지나 '고객을 사랑하고 섬기기 위함'이라고 말한다. 어찌되었든 브랜드는 소비자를 사랑하기 위해서 동시에 경쟁한다. 뿐만 아니라 브랜드는 사람만이 구사하는 보이지 않는 '가치와 비전'이라는 폭발성 개념을 결합시킬 수 있다. 이렇게 화학변화를 일으킨 브랜드는 '불'이 되지 않고 생명의 근원이 되는 '물'이 되어서, 기업에 속한 사람들에게 자부심, 긍지, 철학, 신념, 문화, 책임감, 더 나아가 조직원의 존재 이유와 소명에 '생명수' 역할을 한다.

리더십도 브랜드 못지않게 강한 (권력의)인화성, (무한 책임의)산화성, 그리고 (야심의)폭발성을 가지고 있다. 그래서 리더의 유형도 시쳇말로 '꼴통'부터 시작해서 '섬기는 리더' 그리고 '내가 곧 브랜드'라는 '절대 리더'와 '우리가 곧 브랜드'라는 '관계 리더'까지 너무나 다양한 이름들이 난무한다.

그래서 브랜드에 또 하나의 폭발성 물질이라고 하는 리더십이 결합되면 그야말로 전혀 예측할 수 없는 존재가 되는데 급기야 리더와 브랜드가 하나 되는 '부적절한 유기적 관계'까지 이르게 된다.

자신과 브랜드를 연결시키는 과정에서 리더와 브랜드는 일반적으로 세 가지 결합 형태를 동시에, 혹은 단계별로 가지고 있다. 브랜드와 리더가 결합되어 나타난 경영의 방식과 존재의 형식을 무리하게(?) 분리해 본다면 다음과 같다. 첫 번째는 브랜드와 리더의 '샴 쌍둥이 스타일', 두 번째는 브랜드와 리더의 '자웅동체 스타일', 세 번째는 브랜드와 리더의 '동전의 앞뒷면 스타일'이다.

샴쌍둥이는 같은 몸에 인격적으로 다른 두 명이 있는 것이다. 그들은 한 몸으로 붙어 같은 내장 기관을 공유하고 있거나 나눌 수 없는 부분이 하나로 되어 있기 때문에 잘못 분리하면 모두 사망할 수 있다. 또 자연사로 인해서 한쪽이 사망하면 다른 한쪽도 곧 사망한다. 샴쌍둥이 스타일로 브랜드와 결합된 리더십의 치명적 결함은 한쪽이 무너지면 다른 한쪽도 같이 무너진다. 흔히 자기 이름으로 브랜드를 하는 경우 자신과 브랜드의 분리 시기를 놓쳐서 이런 최후를 맞이하곤 한다.

두 번째는 자웅동체 스타일이다. 어류인 다금바리는 일정 기간에는 암컷으로 있다가 수컷으로 성을 바꾼다. 브랜드와 리더가 상황에 따라서 적절하게 영향력을 단계별로 공유하면서 성장하는 경우다. 아직 진행 중이지만 대표적인 사례를 든다면 빌 게이츠와 마이크로소프트의 관계라고 할 수

리더십도 브랜드 못지않게 강한 (권력의)인화성, (무한 책임의)산화성 그리고 (야심의)폭발성을 가지고 있다. 그래서 리더의 유형도 시쳇말로 '꼴통'부터 시작해서 '섬기는 리더' 그리고 '내가 곧 브랜드'라는 '절대 리더'와 '우리가 곧 브랜드'라는 '관계 리더'까지 너무나 다양한 이름들이 난무한다.

Endless

있다. 혁신적이며 창조적인(쇼맨십도 포함된다) 리더십의 캐릭터는 브랜드의 차별화로 전이되며, 반대로 브랜드의 차별화로 인해서 리더십의 캐릭터 또한 강화된다. 자웅동체의 장점은 환경에 따라서 성별을 조절할 수 있다는 것이다. 애플과 스티브 잡스, 그리고 버진과 리처드 브랜슨도 환경에 따라서 브랜드와 자신의 아이덴티티를 조절하면서 브랜드를 운영하고 있다.

동전의 앞뒷면이 되는 경우는 브랜드명과 리더의 이름이 같지 않지만 브랜드와 자신을 '하나'라고 생각한다. 리더가 자신이 브랜드 그 자체라고 생각하는 것이다. 그래서 브랜드의 의사결정은 자신의 감정과 이성에 의해서 전적으로 결정된다. 브랜드와 자신을 같은 운명이라고 생각하기 때문이다.

비록 극단적 가설이기에 이해하기 난해하겠지만 이 가설은 이해를 위한 것이 아니라 상황의 심각성을 알리기 위한 비유일 뿐이다. 하지만 이 분야 종사자라면 이런 현상이 브랜드에 얼마나 심각한 증후군으로 나타나는지를 알 것이다. Boss Identity가 Brand Identity가 되는 것은 영원할 수 있는 브랜드가 리더의 의사결정에 생명을 담보 잡힌 꼴이다.

Leadership에서 접미사 'ship'의 뜻을 살펴보면 '함선'이라는 뜻이 있다. 또한 형용사에 붙어서 추상명사를 만들거나 명사 뒤에 붙어서 상태, 신분, 집단과 같은 명사를 만든다. the mother ship이라는 단어는 모선母船을 뜻하며, 일반적으로 항공모함과 같은 사령부를 의미한다. 그렇다면 the leader ship이라는 단어가 있다면 어떤 의미일까? 말 그대로 '리더가 움직이는 함선'이라고 말할 수 있을 것이다.

과연 리더에게 브랜드를 완전히 맡기고는 리더만 믿고 가는 배는 안전할까? 100년 브랜드 연대기를 살펴보면 브랜드의 최대 적은 경쟁 브랜드가 아니라 자신과 브랜드를 하나라고 믿는 리더들이었다. 브랜드는 리더가 움직이는 함선의 스크루프로펠러 screw propeller가 아니라 리더가 갈아타야 할 the Brand Ship이 되어야 한다. 리더는 함선Ship이 아니라 함장 captain으로서, 자신이 브랜드의 '전부'가 아니라 '기능'으로, 전체 중에 하나라는 것을 인식해야 한다. 자신도 the Brand Ship에서 내릴 수도 있다는 것을 인정해야 한다.

브랜드십을 가진 브랜드에서는 어떤 일이 일어날까? 리더가 자신의 리더십을 팔로워와 공유해서 모든 팔로워가 브랜드의 리더가 된다. 이렇게 될 때 브랜드에는 보이지 않는 의사결정자인 '브랜드 문화'가 만들어지고, 이것을 통하여 브랜드는 1인 리더에 의지하지 않고 브랜드의 가치와 소명에 따라 '영속가능경영'이 가능해진다. 이때 리더의 역할은 조연으로서 자신의 팔로워, 그리고 소비자들을 브랜드의 주인공으로 만든다. 그래서 브랜드가 브랜드십을 가졌다고 할 때, 그

INSIGHT

dShip

이 일은 오직 '리더'만이 자신의 '리더십'으로 시작할 수 있다. 이번 특집에서 다루게 될 '브랜드 정언명령, 초전도체, 초월적 책임감 그리고 페어런트십'은 리더의 리더십이 어떻게 브랜드십으로 세울 것인가에 관한 설계도와 투시도다.

상태는 브랜드가 자신의 Identity에 맞게 자신의 철학을 구축했다는 것과 같은 뜻이며, 브랜드 안에 있는 모든 사람은 브랜드다운 의사결정을 스스로 할 수 있는 상태가 되었다고 할 수 있다. 그러나 이 일은 오직 '리더'만이 자신의 '리더십'으로 시작할 수 있다. 이번 특집에서 다루게 될 '브랜드 정언명령, 초전도체, 초월적 책임감 그리고 페어런트십'은 리더의 리더십을 어떻게 브랜드십(BrandShip & the Brand Ship)으로 세울 것인가에 관한 설계도와 투시도다. 또한 아직 이론이 없는 브랜드십을 현장에서 증명하는 리더와 브랜드를 볼 때, 리더십에서 브랜드십으로의 혁신은 매뉴얼manual이 아니라 신화myth에 의해서 완성된다는 것을 알게 될 것이다.

브랜드십을 설명하기 위해 연구한 브랜드와 리더들의 이야기가 99.99% 순도의 브랜드십 사례는 분명 아니다. 하지만 특집에서 다루는 브랜드와 리더들은 우리에게 분명한 방향을 가리키고 있다. 바로 영속가능경영을 위해서 시간이 멈춰진 브랜드의 땅으로. UB

만약 어떤 사람이 리더가 되었다면 그는 더 이상 사람이 아니라 조직이다. 피터 드러커

EMB

RYO
브랜드십의 배아

엠브리오(embryo, 배아)란 하나의 개체가 완성되기 전의 '발생 초기 단계'를 말한다. 식물의 경우 씨앗의 일부를, 동물의 경우에는 태아가 되기 전 상태를, 또 사람의 경우에는 임신 8주 이전까지를 '배아'라 한다. 유니타스브랜드가 제안하는 네 개의 키워드(브랜드 정언명령, 초전도체, 초월적 책임감, 페어런트십)는 브랜드십을 완성시키기 위한 '브랜드십의 엠브리오'다. 발생 초기 단계이기에 아직은 명확한 형태가 그려지지 않더라도, 그것이 어떠한 '씨앗'인지를 미리 확인하는 것이 앞으로 소개할 여러 브랜드에서 확인되는 '브랜드십의 성체'를 이해하는데 도움이 될 것이다.

1

28 브랜드십의 보편 법칙, 브랜드 정언명령

32 브랜드십을 만드는 리더의 전이, 초전도체

38 경영을 넘어서는, 브랜드의 초월적 책임감

42 Ownership3.0, 페어런트십

Brand Categorical Imperative

브랜드십을 만드는 브랜드의 다이몬
브랜드의 보편 법칙, 브랜드 정언명령

"친애하는 아테네 시민 여러분, 나는 여러분을 사랑하고 존경합니다. 그러나 나는 여러분보다 '(나의) 신'을 더 따를 것입니다. 그리고 나는 내가 숨을 쉬고 힘이 있는 한, 진리를 추구하고 여러분들에게 경고를 하고 계몽을 하며 여러분 한 사람 한 사람에게 나의 여태까지의 방법대로, 양심적으로 이야기하기를 그치지 않을 것입니다." 《소크라테스의 변명》에서 소크라테스가 사형장에서 독배를 마시기 전에 한 '변명'이다. 4대 성인으로 꼽히는 소크라테스가 목숨과 바꿀 정도로 소중히 여긴 것, 그가 '나의 신'이라고 말한 것이 바로 *다이몬(daimon, 옳지 않은 길에 접어들면 보내 오는 신호, 내면의 소리)이다.

'브랜드 정언명령'은 브랜드의 다이몬에 대한 것이다. 브랜드가 내리는 명령을 내면의 소리로 받아들이고 그 명령에 따른다면 당신 브랜드는 영혼을, 당신 브랜드의 구성원들은 흔들리지 않는 원칙을, 그리고 리더인 당신은 일상의 관성으로부터 탈출을 얻을 것이다. 영속하는 브랜드의 브랜드십을 담보하는 브랜드 정언명령을 제안한다.

*본 글에서는 정언명령과 브랜드 정언명령을 구분하고 있다.

*다이몬
다이몬에 관한 해석은 여러 가지다. 하지만 소크라테스가 다이몬을 섬겼다는 이유로 기소되었고, 독배를 마시기 전에도 다이몬을 따른다고 했기에 그의 철학에서 중요한 부분임은 명백하다. 그렇지만 소크라테스가 직접 남긴 기록은 없고 후대에 의해서 그의 생각이 정리되었을 뿐이기에 다이몬에 대한 소크라테스의 생각은 알 수 없다. 그래서 다이몬을 둘러싼 해석은 여러 가지다. 수호신의 의미이기도 하며 demon(악마, 악령)의 어원이 되기도 했고, 그리스어에서는 행복(eudaimon)과 불행(kakodaimon)의 어원이 모두 이 다이몬에서 출발한다. 따라서 이 글에서는 브랜드에 정언적 명령을 내리는 역할을 하는 '개인의 마음을 움직이는 내면의 신적 존재'로서의 다이몬에 집중하기로 한다.

브랜드가 당신에게 내리는 명령

어느 날 리더인 당신이 아끼는 직원한테서 이런 질문을 받는다면 뭐라고 대답하겠는가?

"사장님, 왜 우리가 매출 1,000억을 달성해야 하죠?"

이것에 대한 대답을 가지고 있다면 다행이지만, 그렇지 않다면 이것을 도전으로 받아들여야 할지, 어떻게 이 위기를 모면해야 할지, 솔직해지는 편이 나을지 고민하게 될 것이다. 그러나 브랜드 정언명령을 가진 브랜드라면 이러한 질문을 받았을 때 일촉즉발의 긴장감이 흐르기보다 오히려 서로 간의 신뢰감을 쌓는 시간으로 이어질 것이다. 우리가 만난 브랜드들은 이렇게 말한다.

"청지기적 자본주의를 실천하기 위해서입니다."

"모든 사람의 소명을 찾아 주기 위해서입니다."

"다음 세대가 삶을 누릴 수 있는 정신적 문화 유산을 만들기 위해서죠."

"그런 질문을 하는 당신이 이해가 가지 않는군요. 우리의 모든 것은 '건강'을 위한 일 아닙니까?"

이것은 차례대로 성주그룹의 김성주 회장(p120 참고), 휴넷의 조영탁 대표(p138 참고), 바앤다이닝의 이성곤 대표(p154 참고), 다논 코리아의 올리비에 포주르 대표(p72 참고)의 대답이다. '1,000억 원'에 대한 언급은 없다. 그들의 존재 목적은 '돈'이 아니기 때문이다. (이들이 직원들을 말장난으로 속이고 있다고 생각한다면 해당 페이지에서, 이들이 스스로의 존재 목적을 어느 정도 진지하게 생각하고 있으며, 이 말을 어떻게 비즈니스에 적용시키고 있는지 확인해 볼 필요가 있다.) 이들 최고경영자인 리더조차 마치 명령을 받은 듯 무조건적으로 따라야 하는 브랜드 정언명령을 가지고 있기 때문이다. 그리고 이런 말을 덧붙인다. "우리는 돈을 좇지 않았다. 우리가 해야 할 일을 하다 보니 돈이 따라왔을 뿐이다."

이러한 브랜드의 고결한 존재 목적을 ⊕칸트의 정언명령에서 아이디어를 얻어 '브랜드 정언명령'이라고 부르기로 한다. 브랜드 정언명령을 가진 브랜드는 구성원들이 한 명의 리더가 내리는 명령을 따르는 것이 아니라 브랜드의 명령을 따르게 된다. 심지어 최고경영자조차도 그 명령을 어기면 그 자리에서 내려와야 할 정도로 엄격하게 지켜진다. 브랜드 정언명령은 브랜드 구성원들의 행위 공식이기에 전 세계 어디서나, 지금이든 100년 후든 그 브랜드의 직원이라면 누구에게나 적용되는 행위의 공식이 된다. 실제로 다논 코리아의 올리비에 포주르 대표는 전라도에 무주공장을 세운 것을 "브랜드가 명령했기 때문"이라고 표현했다. 다논의 존재 목적은 '건강'이기 때문에 모든 의사결정의 중심에는 당연히 '건강'이 있다. 따라서 공장의 위치 하나까지도 건강한 장소(순수한 청정 지역)가 기준이 된 것이다. 브랜드마다 구성원들의 행위 공식이 존재한다면 브랜드의 모든 관계자는 어떠한 위기의 순간에도 모두가 같은 의사결정을 내리며 같은 행태를 보일 것이다. 마치 소크라테스가 말한 다이몬과 같은 내면의 소리 역할을 할 것이기 때문이다. 이것이 너무나도 당연한 조직의 자연법칙이 되어 문화로 정착되면 그 브랜드는 브랜드십을 갖게 된다.

⊕ 칸트의 정언명령

칸트는 18세기 이전의 철학들을 비판하면서, 철학이 이론 속에 갇힌 사상 논쟁을 뛰어넘어 실제 삶에 적용되어야 한다고 했다. 철학을 수학이나 물리학의 수준으로 끌어올리고자 한 것이다. 그래서 인간 삶의 보편 법칙을 찾는 것에 일생의 연구를 바치고 죽기 직전에 "이제 되었다"는 말을 남기고 세상을 떠났다. 그는 기하학자가 삼각형의 면적을 구하는 공식을 발견했듯이, 인간이 어느 경우에나 적용할 수 있는 '행위의 공식'을 발견했는데 그것이 정언명령이다.

칸트의 정언명령에는 다섯 가지가 있는데, 가장 대표적인 공식은 나머지 공식을 아우르는 첫 번째 공식이다. "너의 의지의 격률이 언제나 동시에 보편적 입법의 원리로서 타당할 수 있도록 행위 하라." 즉 이성이 있는 인간이라면 자신이 하고자 하는 행동이 누가 보아도 옳다고 할 만한 것이어야 한다는 말이다.

이는 기독교의 황금률과 비교되곤 하는데, 신으로부터 주어진 명령이라 본다면, 칸트의 정언명령은 이성적 존재인 인간이 자신의 이성에 따라 스스로 내린 명령에 가깝다는 점이 다르다. 칸트는 정언명령을 자신의 신앙이라고 말한 바 있을 정도로 정언명령을 종교보다 상위 개념으로 생각했다. 인간은 도덕 원리를 부정할 수 없는 '양심'이라는 능력이 있는 인격체라고 생각했다. 그러나 브랜드 정언명령은 브랜드의 권위로부터 주어진 명령으로 받아들여야 하기 때문에 기독교의 황금률과 닮은 부분이 많다. 하지만 이 글에서 '브랜드 황금률'이 아닌 '브랜드 정언명령'으로 표현하는 이유는 이것이 분명 칸트에게서 얻은 아이디어이며, 황금률이라는 표현이 '정언적'이라는 표현을 대체할 수 없기 때문이다.

브랜드, 불변의 보편 법칙을 갖다

현재 당신의 브랜드는 브랜드 정언명령이 있을 수도, 없을 수도, 만들어 가는 과정일 수도 있다. 그렇다면 다음의 세 가지 질문에 답해 보길 바란다. 세 가지 질문 모두에 적절한 대답을 가지고 있다면 잘 정리하여 후대에 유산으로 물려줄 수 있을 것이다. 적절한 대답을 하지 못했다면 브랜드의 불변의 보편 법칙이 될 수 있는 브랜드 정언명령을 만들어 보길 바란다.

1)번과 2)번은 브랜드 정언명령의 조건에 해당하는 질문이며, 3)번은 브랜드 정언명령으로 적절한지에 대한 점검 질문이 될 것이다. 먼저 선의지와 의무성에 관한 것이다. 이 역시 칸트의 정언명령에 빚을 지고 있다. 칸트는 정언명령을 이해하기 위해서 두 가지 선결 과제가 있다고 했다. '선의지善意志'와 '의무'다. 선의지란 선을 행하고자 하는 순수한 동기에서 나오는 의지를 말하며, 의무란 강제력에 근거한 의지다. 브랜드 정언명령에도 선의지가 있어야 하며 의무가 따라야 한다.

==**"높은 도덕적 수준을 요구하는 것은 비즈니스에도 큰 보탬이 된다. 진정성은 산소와 같다. 진정성이 없다면 기업은 질식사하고 만다."**==

1) 선의지를 가지고 있는가?

선의지는 다른 말로 인류 보편의 가치, 즉 인간이라면 '당연하다'고 말할 수 있는 절대선을 지향해야 한다는 말이다. 이를테면 도덕성, 정직함, 의로움, 인간에 대한 사랑과 같은 것이다. 실제로 우리가 이번 호에서 만난 브랜드들을 포함하여 전 세계적으로 위대한 기업들의 존재 목적에는 선의지가 포함되어 있다. 세상에서 가장 별난 기업으로 불리며 전 세계 경영대학원에서 수많은 연구 논문의 주제로 다뤄지고 있는 브라질의 셈코그룹의 CEO 리카르도 세믈러는 "높은 도덕적 수준을 요구하는 것은 비즈니스에도 큰 보탬이 된다. 진정성은 산소와 같다. 진정성이 없다면 기업은 질식사하고 만다"고 말했다. 또 존경받는 기업가인 IBM의 전 CEO 토머스 왓슨 주니어 역시 브랜드는 '건전한 신념'을 갖추어야만 오래도록 생존하고 번영할 수 있다고 말했다. 톰 피터스는 리더들에게 '고매하고 원대한 비전'에 관심을 가지라고 말했다. 이렇게 브랜드가 지향하고자 하는 가치에 '선한 목적'이 있을 때 사람들의 마음은 움직일 가능성이 높아진다.

2) 의무성이 있는가?

두 번째 조건인 의무는 '정언적(定言的, categorical)'이라는 말에 그 의미가 담겨 있다. '정언적'은 무조건적인 것을 의미한다. 실제로 칸트는 '의무는 숭고한 것'이라 칭하며 의무라는 말에 열광했다. 그는 이를 위하여 '정언적 명령'과 대비되는 '가언적假言的 명령'을 들어 설명한다. 정언 명령에 의한 행위는 어떠한 조건도 수반되지 않는 누구에게나 타당한 명령이지만, 가언적 명령의 경우 조건이 있다. 예를 들어 어떠한 브랜드가 윤리 경영을 한다 하더라도 정언적일 때와 가언적일 때는 다르다. 특별한 대가를 바라지 않고 인간으로서 당연한 의무이며 브랜드의 존재 이유이기 때문에 윤리 경영을 한다면 정언적이지만, 윤리 경영의 선포로 인해서 단기적 기업 이미지 쇄신을 기대하거나(외국계 기업의 경우 윤리에 대한 높은 기준을 적용하는 경우가 많기에) 외국계 협력사와 거래의 편이성을 염두에 둔 것이라면 가언적이다. 예상했듯, 브랜드의 정언명령은 어떠한 조건을 수반하는 것이 아니어야 한다. 즉 무조건적으로 지켜져야 하는데, 그 명령이 보편 타당하지 않고, 일부 사람들만 옳다고 여겨지는 것이라면 누구나 지켜야만 하는 의무성이 생기지 않는다. 여기서 다시 선의지와 맥을 같이하게 된다. 누구나 타당하다고 여겨질 때 자발적 의무가 생기기 때문이다.

3) 미션이나 비전과 무엇이 다른가?

여기까지라면 이런 의문을 품을 수도 있을 것이다. '브랜드 정언 명령이 브랜드의 미션이나 비전과 다른 점은 무엇인가?' 그것은 당신의 브랜드 미션이나 비전이 '마음의 울림, 즉 다이몬'의 수준인지를 물어 보면 알 수 있다. 마음의 울림이 있다면 브랜드 정언명령이 미션이나 비전으로 명문화(明文化)된 것이다. 그러나 마음의 울림이 없다면 브랜드 정언명령의 역할은 하지 못하는 미션과 비전일 것이다. 다시 말해 곤란한 의사결정의 순간 '이것이 우리 브랜드를 위해서 옳은 결정인가'에 대한 기준으로는 사용할 수 없는 죽은 명령일 가능성이 높다. 예를 들어 A브랜드는 '세계 최고의 전자기업'이라는 미션과 '2020년까지 매출 1조'라는 비전을 가지고 있고, B브랜드는 '인류의 건강을 회복시킨다'는 미션과 '2020년까지 아프리카 3개국에 런칭'한다는 비전을 가지고 있다고 하자. 어느 브랜드의 미션과 비전이 마음의 울림이 있는지 생각해 보면 쉽다. 마음의 울림이란 것은 주관적이지만, 대부분 A브랜드보다 B브랜드의 미션과 비전이 브랜드 정언명령에 가깝다는 데 동의할 것이다.

브랜드에 권한을 위임하라

〈하버드 비즈니스 리뷰〉는 최근 그들의 블로그에서 '리더십의 미래를 상상해 보다 Imagining the Future of Leadership'라는 주제로 리더십 전문가 및 실무자들의 아티클을 연재했는데, 그 중 하버드 경영대학원의 빌 조지의 말이 인상적이다. 그는 '새로운 21세기의 리더 The New 21st Century Leaders'라는 제목의 아티클에서 사람들이 직장에서 진정으로 원하는 것은 '돈 이상의 것'이라고 말한다. 이제 위계구조에 의한 리더십 모델은 종식을 고했으며, 젊은 사람들은 리더 자리에 오르기 위하여 10년을 기다리기보다는 일에서의 진정한 만족을 찾기 위하여 노력한다는 것이다. 그 예로 그가 10년 동안 CEO로 있던 메드트로닉 사를 들고 있다. 이 브랜드의 3만 8,000명의 사람들은 '인류의 건강과 삶을 완벽하게 회복시킨다'는 사명 자체에 동기부여 되어 있다고 한다. 메드트로닉 사람들은 '임무에 죽고 경영이념에 산다'고 했는데 이는 보통 기업이 사명선언서를 그저 사문서로 여기는 것과 비교된다. 즉 메드트로닉 사의 사람들은 리더 자체를 따르는 것이 아니라, 브랜드 자체를 존중하며 따르는 것이다. 이것이 브랜드십을 갖는 브랜드다.

제3자가 되어 생각해 보면, 기업이 인류 보편의 가치를 지향하는 것은 일종의 '상식 경영'이라고 할 수 있다. 그렇지만 상식적이라도 기업에게는 쉬운 일이 아닌지, 오히려 그 상식을 지키는 기업들은 '존경받는 기업'이 된다. 왜 상식이 기업에게 어려운지에 대한 의문을 '윤리'라는 절대선을 208년 동안 지켜 오고 있는 브랜드, 듀폰의 아시아태평양총괄 김동수 고문에게 물어 보았다. "왜 브랜드들은 자신들이 천명한 원칙을 지키지 않을까? 또 왜 '윤리'와 같은 당연한 것을 지키지 않고, 당연한 것을 지키는 브랜드는 해야 하는 것을 했을 뿐인데 존경을 받을까?" 그의 대답은 "(우리 기업들이/사람들이) 오래 살아 보지 않아서다"였다. 시간이 지나면 자연스럽게 알 수 있는 것을 경험해 보지 않았기에 그 중요성을 모른다는 것이다. 실제로 김동수 고문은 올해 70세를 바라보고 있으며, 듀폰은 208년의 역사를 통해서 보편적 가치를 지키지 않으면 생존할 수 없음을 경험했다고 한다. 보편 타당함은 역사가 증명한 성공의 패턴이기 때문이다.

브랜드 정언명령을 따르라는 것은 이윤 추구와 주주 이익 극대화를 이루어야 하는 기업에게 윤리 교과서적인 것을 강요하는 것으로 들릴 수 있다. 그렇지만 브랜드 정언명령은 '무조건 착해져라'가 아니라 '영속하기 위해서 옳지 않은 일을 하지 말라'에 가깝다. 카지노 사업자에게도 선의지가 있을 수 있다. 사람들에게 즐거운 휴식을 제공한다고 할 수 있기 때문이다. 그렇지만 카지노 사업자라 하더라도 기계 조작이나 직원들에게 부적합한 교육을 통하여 옳지 않은 방법으로 수익을 올리려고 한다면, 그것은 언젠가 드러난다. 문제는 이제 그런 문제가 밝혀지면 사업을 지속할 수 없는 시대가 되었다는 것이다.

브랜드 정언명령을 따르면 리더는 더 많은 영향력을 발휘할 수 있으며 리더 스스로도 긍정적인 효과를 갖게 된다. 리더들은 곤란한 의사결정 상황에서 조언을 구할 사람이 많지 않다. 그때 브랜드 정언명령에 묻는 것이다. 브랜드의 다이몬을 꺼내어 무엇이 브랜드를 위해 옳은 결정인지 판단하는 것이다.

헌츠먼 주식회사의 창업자인 존 M. 헌츠먼은 이런 말을 한 적이 있다. "인간은 누구나 나침반, 또는 양심적이고 도덕적인 GPS를 소유하고 있다." 인간은 자신이 옳은 일을 하고 있을 때 자부심을 느끼며 그렇지 않을 때 죄의식을 느낀다. 이것이 브랜드 정언명령이 유효한 가장 기본적인 이유다. 리더가 자신의 권한을 브랜드에 위임하고 리더조차 브랜드에게 하달 받은 그 명령에 따른다면 브랜드는 브랜드십을 갖고 영속하는 브랜드의 길 위에 서게 될 것이다. 따라서 창업자라면 브랜드 정언명령을 완성할 의무, 전문 경영인이라면 브랜드 정언명령에 복종(헌신)할 의무가 있음을 생각해 보길 바란다. UB

Superconductor Leader

−273.15℃, 절대온도의 비밀

브랜드십을 만드는 리더의 전이, 초전도체

2013년이면 인천국제공항에서 일반인들도 자기부상열차를 이용할 수 있게 된다. 자기부상, 즉 자석의 힘으로 떠다니는 이 열차의 승차감은 벌써부터 기대된다. 자석의 같은 극을 가까이 했을 때의 밀어내는 힘을 느껴 본 사람이라면, 그 힘이 얼마나 강력하면서도 유연하고 부드러운지를 알 것이다. 그 힘을 바닥에 깔고 질주하는 느낌은 어떤 느낌일까? 브랜드십에 관한 이야기를 하기에도 모자라는 아까운 지면에 자기부상열차 이야기를 하는 이유는 자기부상열차의 운행을 가능하게 하는 '초전도체'가 '브랜드십을 만들어 내는 리더'와 상당히 유사하기 때문이다. 약간의 힌트를 준다면, 초전도체 내부를 이루는 작은 알갱이들(전자)은 ①'저항이 0'이다, ②모두 '평등'하며 '하나의 방향성'을 갖는다, ③'자석'을 띄운다.

감이 오는가? 물론 전혀 감이 오지 않아도 상관 없다. 앞으로 이어질 여섯 면의 지면이 이를 위한 해설로 이루어졌으니 말이다.

그런데, 왜 초전도체인가?

초전도체에 대한 구체적인 설명에 앞서, '왜 초전도체인가?'라고 의구심을 갖는 독자를 위한 설명이 필요할 것이다.

유니타스브랜드가 말하는 브랜드십이란 무엇일까? 간략히 요약하자면 ①브랜드가 영속할 수 있도록 하는 힘, ②한 명의 리더보다는 전 직원을 리더화하는 힘, ③리더가 '주연의 자리'에 있기보다는 '조연의 역할'에 있는 것, ④리더십에 의한 브랜드 관리가 아닌 문화에 의한 브랜드 관리. 이것이 브랜드십이다. 대체 이 브랜드십은 어떻게 가질 수 있을까? 또한, 리더는 어떤 태도를 가져야 할까? 그에 앞서, 이 브랜드십이란 것을 (리더 스스로 스타가 되기보다는 브랜드를 위해 많은 것을 참고 감내해야 한다는 것을) 리더들이 받아들이기나 할까? 이러한 의문을 초전도체라는 개념이 해소해 줄 수 있을 것 같다.

《셈코 스토리》에 등장한 기이한 브라질 기업 셈코그룹을 보면서 그 가능성을 확인했다. 셈코는 1954년 출범한 기업으로 사업 초기에는 선박용 펌프를 생산하는, 그저 평범한 회사였다. 그러나 1982년 아버지를 이어 경영권을 승계한 리카르도 세믈러에 의해 지금의 독특한 조직이 구성되고 경영혁신을 이룬다. 그들의 조직 문화 컨셉은 '주 7일을 일요일처럼'이다. 원할 때, 자신의 능률이 최적일 때 일하는 것을 기본으로 하고, 사내 민주주의를 추구하며, 모든 정보를 공개한다. 정보가 곧 권력이 되는 경우가 많다는 것이 이유다. 또한 명시화된 조직 비전도, 미션도, 핵심가치도 없다. 굳이 찾자면 '조직원의 행복이 그들의 비전이자, 미션 그리고 핵심가치'다. 이를 위해 업무 선택에 있어서도 최대한 개인의 선택권을 존중하고 월급도 직원 스스로 결정한다. 철저히 맥그리거의 Y이론(p84 참고)에 입각한 시각(직원 모두는 스스로 동기부여 할 줄 아는 성숙한 인간이다)을 고수하고 있는 셈이다.

이러한 조직 문화를 만든 리카르도 세믈러는 스스로를 CEO(Chief Enzyme Officer, 최고 효소 임원)라고 소개하고 있으며, 지난 30년간 자신이 운영하는 셈코그룹 하에 생긴 브랜드가 정확히 몇 개인지조차 파악하지 않을 만큼 통제권을 포기했다. 이 정도라면 업무 태만을 넘어, 정신 나간 CEO가 아닌가라고 생각하겠지만, 놀랍게도 셈코그룹은 창설 이래 약 60년간 단 한 번의 적자도 없이 성장해 온 튼실한 기업이다. 브라질이 극심한 경기 침체의 늪에 빠졌을 때도 연평균 30~40%의 성장률을 기록했으며 세믈러가 부임하기 전 400만 달러였던 매출이 2000년대 초, 2억 달러를 훌쩍 넘겼다. 3개국에 진출한 직원 3천여 명이 만들어 낸 결과다.

과연 이러한 조직을, 리더를 어떻게 이해할 수 있단 말인가? 그런데 세믈러의 진심 어린 방백이자, 동시에 다른 리더들을 향한 경종의 독백을 듣다 보니 짐 콜린스의 《좋은 기업을 넘어 위대한 기업으로》에 소개된 '단계 5의 리더'의 모습이 엿보였다. 단계 5의 리더란 '개인적 겸양(유순함)'과 '직업적 의지(강인함)'라는 다소 모순적인 결합에 능하며, 자신의 야망을 자기 자신이 아닌 회사에 우선적으로 바치는 리더들이다. 즉 개인보다는 조직(브랜드)의 성공을 열망하며 스스로를 낮추는 사람들인 셈이다. 짐 콜린스의 표현을 그대로 빌리자면 "단계 5의 리더는 '쇼에 나가는 말'보다는 '쟁기 끄는 말'에 더 가깝다."

이러한 면모를 셈코의 세믈러 이야기에서 확인할 수 있다. 그가 직접 저술한 《셈코 스토리》에서는 그가 얼마나 '영웅이 된 리더(짐 콜린스로 치자면 '쇼에 나가는 말')'를 경계하는지 알 수 있는 대목이 있다.

"비즈니스에서 구원자나 아버지상을 구하는 것은 인간의 '본성'이다. 인간은 무리를 이루려는 본성을 가지고 있기 때문에 리 아이아코카나 잭 웰치, 루 거스너 등과 같은 리더 뒤에 열을 지어 모이려고 한다. 하지만 리더가 영웅이 될 때 두 가지 일이 발생한다. 첫째로 직원들은 윗사람에게 의존하기 시작하고, 둘째로 CEO는 자신을 비범한 인물로 그리는 회사 사보를 믿기 시작한다. 그는 직원들이 자신의 가치관과 비전과 열정이 내뿜는 빛을 좇아 그의 명령을 자동적으로 신속하게 수행하는 하인쯤으로 여기기 시작한다. CEO는 음지에서 돕는 사람이어야 한다."

대체 세믈러처럼 '스스로 영웅 되기'를 꺼려 하는 CEO는 어떤 사람이란 말인가. 또한 수십 년간 수많은 경영자들을 만나 '좋은 기업에서 위대한 기업으로의 성공을 일구어 낸 리더'들의 공통점으로 짐 콜린스가 꼽은 '단계 5의 리더'는 어떤 사람들인가? 이들의 공통분모와 숨겨진 행동 패턴을 정리해서 표현할 수 있는 '개념어'에는 무엇이 적당할까? 그것이 바로 '초전도체'다.

초전도체?

　도움이 될 법한 책들과 온라인 정보를 탐색하던 중 한 온라인 웹사이트에서 (서두에서 간략히 설명한) 인천국제공항의 자기부상열차와 관련된 짤막한 기사를 보게 되었다. 자기부상열차를 가능하게 하는 기술을 설명하는 '초전도 현상'이란 표현과 함께 말이다. 자기부상열차를 간단히 그림으로 살펴보자.

　〈그림 1〉에서처럼 열차 아래 자석을 설치하고 레일에 초전도체를 설치하면 자석과 초전도체 간에 밀어내는 힘 때문에 기차가 뜬다. 여기서 낯선 단어는 '초전도체'다. 초전도체를 좀 더 구체적으로 조사해 보니 상당히 독특한 현상들을 보였는데, 그중 가장 흥미로웠던 점이 초전도체 내에서는 '저항(전력의 흐름을 방해하는 힘)이 0'이라는 사실이다.

　설명을 돕기 위해 극도로 개념화된 〈그림 2〉에서 볼 수 있듯, 두 대상 간 가장 큰 차이는 '방해물(저항)'이 있고 없고다. 오른쪽 끝을 목적지로 두는 알갱이(전자)에게 있어 어떤 물체 속 알갱이가 목적지에 도달하기 쉬울까? 당연히 아무런 장애물이 없는 초전도체 쪽이다. 이러한 환경이기 때문에 초전도체 내에는 다음과 같은 현상들이 일어난다고 한다.

　"'저항이 없어' 전력 손실이 없다. 따라서 전류가 '영원히' 흐른다" "초전도체 위에 자석을 올려놓으면 '자석이 뜬다'" 등이다. 완벽한 논리로 이해된 것은 아니지만 작은따옴표 속 단어들은 왠지 모르게 우리가 연구하고 있던 '브랜드십'과 많은

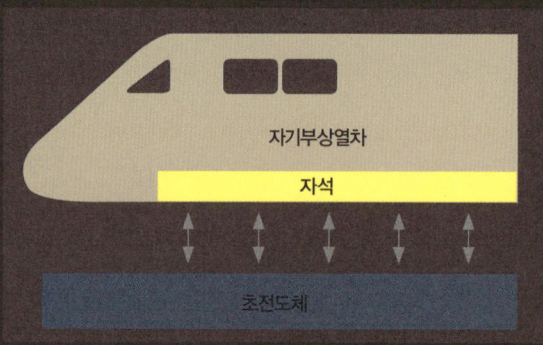

〈그림 1〉 자기부상열차의 간단한 원리

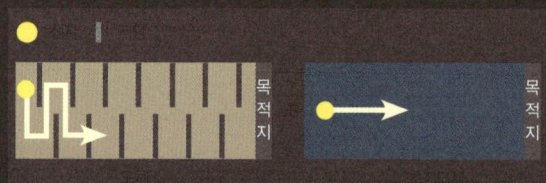

〈그림 2〉 도체와 초전도체의 간략한 상태 비교

초전도 현상	브랜드십
1) 초전도체 안은 '전기 저항이 0'이 된다 '저항'이란 '전력을 손실시키는 힘'을 말하는데 아무런 저항이 없다면 전력은 초기에 있던 그대로 유지될 수 있다.	1) 조직 '구성원들의 저항이 0'이 된다 브랜드십을 가진 브랜드의 조직 구성원들은 조직의 핵심가치에 전적으로 동의하고 따르기에 리더나 조직 행동에 저항이 없다.
2) 초전도체 안에는 전류가 '영원히' 흐른다 저항이 0이기에 가능할 수 있는 현상이다. 현재까지의 실험 결과에 따르면 초전도체 내 전류의 수명은 적어도 10만 년 이상이라고 한다.	2) 조직 안에는 핵심가치가 '영원히' 공유된다 구성원들의 저항이 0이기에 가능할 수 있는 현상이다. 브랜드의 핵심가치는 왜곡과 변질 없이 무한히 흐른다. 대표적으로 1802년 설립돼 208년간 이어진 듀폰(p64)은 1811년 처음으로 천명한 '안전'이라는 핵심가치가 오늘날 듀폰의 핵심가치로 이어지고 있다.
3) 초전도체는 '자석을 띄운다' 초전도체 위에 '자석'을 올려 놓으면 자석은 뜬다. 초전도력이 강할수록 혹은 자석이 강할수록 서로 밀치는 힘이 크기 때문에 뜨는 정도도 크다.	3) 조직의 리더는 브랜드를 띄운다 브랜드십을 가진 브랜드의 리더(초전도체가 된 리더)는 자신의 명예나 사욕에 집중하지 않고, 브랜드의 핵심가치를 몸입하기 때문에 스스로 스타 리더가 되기보다는 브랜드를 띄우기 위해 오히려 자신을 낮추는 경향이 있다.

〈그림 3〉 초전도 현상과 브랜드십의 비교

공통점이 있는 듯했다. 위의 〈그림 3〉, 초전도 현상과 브랜드십의 비교를 보면 좀 더 이해가 쉬울 것이다.

　이처럼 초전도체가 보여 주는 현상은 브랜드십을 갖춘 브랜드에서 보이는 현상과 상당한 유사성을 갖는다. 이것 외에 몇 가지 추가적인 유사성(전자들이 평등해지는 것, 같은 방향성을 갖는 것)이 있지만, 이는 좀 더 난해하고 익숙하지 않은 용어들로 설명해야 하기에, 궁금한 사람을 위한 컨텐츠로 남겨 두었고, p36(*Additional Lab)에서 확인할 수 있다.

==초전도체가 된 리더는 앞서 소개한 짐 콜린스의 표현처럼 '쇼를 위한 말'이 아닌 '쟁기를 끌기 위한 말'이 되어 자신이 스타가 되는 것에 경각심마저 갖는다. 대신 브랜드를 띄우고 영웅으로 만들기 위해 노력한다.==

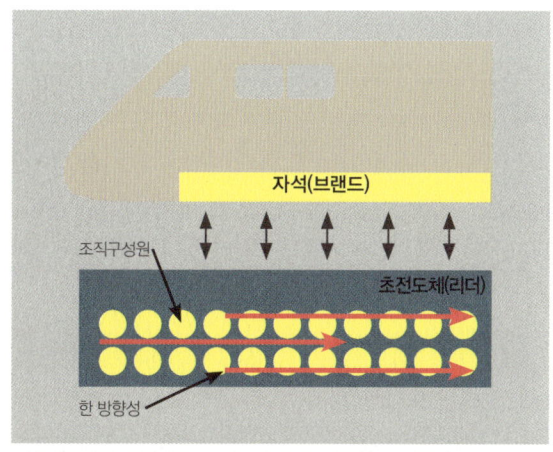

〈그림 4〉 초전도 현상과 브랜드십

So What?

〈그림 3〉에서 말한 그대로다. 조직의 리더가 초전도체가 되면 조직 구성원들의 '저항이 0'에 가까워질 것이고, 반대(저항)하는 목소리가 적은 만큼 기업은 자사의 가치 실현에 한 걸음 더 빨리 다가갈 수 있을 것이다. 뿐만 아니라 저항이 0인 경우 초전도체가 처음에 갖게 된 에너지를 무한히 보존할 수 있다고 했다. 이를 브랜드에 적용해 보면 브랜드가 자기의 '다움'을 지키며 존속시키는 데 가장 원초적 힘이 되는 창업자의 철학과 조직의 핵심가치가 무한히 보존될 수 있다는 의미다. 이 모든 것을 표 하나로 간단히 정리하면 〈그림 4〉와과 같다.

이러한 모든 현상에서 초전도체가 된 리더는 앞서 소개한 짐 콜린스의 표현처럼 '쇼를 위한 말'이 아닌 '쟁기를 끌기 위한 말'이 되어 자신이 스타가 되는 것에 경각심마저 갖는다. 대신 브랜드를 띄우고 영웅으로 만들기 위해 노력한다. 하지만 이러한 리더는 외롭지 않을 것이다. 그와 뜻을 함께할 조직원들이 마치 한 덩어리처럼 모여 브랜드(자석)를 함께 띄우기 위해 헌신할 것이기 때문이다. 이렇게만 된다면 우리가 늘 말하는 '강력한 브랜드'가 될 확률은 확연히 높아질 것이다. 이것이 초전도체를 연구하는 이유다.

그런데 큰 전제이자 숙제가 하나 남았다. 브랜드십을 갖는 브랜드가 되려면 '리더가 초전도체가 되어야 한다'가 그것이다. 그렇다면 리더가 −273.15℃로 냉각(평범한 도체가 초전도체가 되려면 −273.15℃로 냉각돼야 한다)되어야 한다는 말인데, 이것은 어떤 의미인가?

−273.15℃의 리더?

그렇다고 리더를 −273.15℃로 꽁꽁 얼리자는 것은 아니다. 그 의미를 가장 직접적으로 표현하면 '낮아져야 한다'이다. 그리고 그 낮아짐에는 be colder(차가워지기)와 be lower(낮아지기)의 의미가 동시에 포함되어 있다. 그렇다면 리더는 무엇에 차가워지고, 또 낮아져야 할까? 리더로서의 권력, 사욕, 개인적 성향이다. 혹시 참고가 될까 하여 일러두자면, '온도'와 '저항'은 비례한다. 말 그대로 도체에서 온도가 높으면 높을수록 저항이 커진다는 말인데 이를 브랜드로 가져오면 리더가 개인적인 것(권력, 욕심, 사리사욕 등)에 뜨거워지면 뜨거워질수록 그만큼 조직 내에서 반발하는 직원들의 저항이 커진다는 의미도 될 수 있다. 정리하자면 −273.15℃가 되는 리더의 태도는 ①리더로서, 인간으로서의 사욕을 없애는 것, ②개인적 가치관과 회사의 가치관의 충돌에 있어, 회사의 가치관을 따르는 것, ③점차 자신의 영향력을 줄이기 위해 노력한다는 것을 의미한다.

지난 수십 년 동안 리더십과 관련된 이슈는 끊이지 않았으며 '리더십'이란 단어 앞에는 수많은 새로운 수식어구가 자리를 잡았다가, 금세 또 다른 단어로 대체되기를 반복했다. 이따금 새로운 리더상에 따른 경영 트렌드까지 만들어지는가 하면, 그에 따라 수차례 조직 개편이 이루어진 기업도 적지 않을 것이다. 뿐만 아니라 비즈니스계에서 'CEO 스타 만들기'는 이제 예삿일이 되었고 브랜드보다 더 빛나는 CEO를 만들기 위한 'CEO 영웅화 작업'들이 한창이다. 서점에 넘치는 PI$^{President\ Identity}$ 구축법과 CEO 브랜딩을 위한 서적들이 이를 대변한다.

물론 그러한 활동이 모두 잘못된 것이라거나 의미가 없다는 것은 아니다. 실로 특정 브랜드에서 그 리더의 활약상과 배워 마땅한 교훈들도 많으며, 그가 자사 브랜드에 미치는 영향력 또한 대단하다. 유명한 리더가 해당 브랜드를 떠날 때면 주가가 떨어지는 것이 이것을 증명한다.

그러나 이쯤에서 '무엇을 위한 무엇'이 되어야 하는가는 다

🔍 ADDITIONAL LAB
그밖의 '초전도 현상과 브랜드십의 유사성'

사실 조직원들이 '평등해진다' '한 방향성을 갖는다'는 표현을 더러 사용하긴 했지만 구체적인 설명은 없었다. 이 두 가지 속성 역시 초전도체의 특징이기는 하지만 그 이유를 설명하기에는 이 글을 적는 에디터의 관련 지식도 짧을뿐더러, (대부분의) 독자에게도 이미 오래 전 덮어 둔 물리학 지식을 끄집어 내야 하는 부담을 줘야 하는 일이기에 설명을 뒤로 미뤘다. 하지만 느낌만이라도 얻을 수 있다면 초전도체와 브랜드십의 공통점을 이해하는 데 더 도움이 될 것이라 믿는다. 조금 더 소개하자면 다음과 같다.

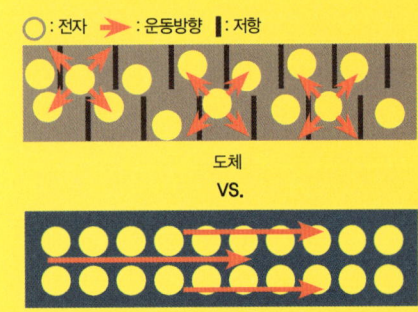

도체 내 전자는 '평등'해진다
좌측 그림 역시 설명을 위한 간단한 그림이다. 도체 내에서 전자는 마치 편의점에서 파는 팝콘 팩을 전자레인지에 넣으면 종이 봉투 내에서 사정없이 튀는 것처럼 자유운동을 한다. 하지만 초전도체 내의 전자들은 같은 위상(파동 등의 변화 국면) 값을 가지며 평등해진다. 또한 이러한 전자들은 한 방향성 운동을 한다. 이는 앞으로 소개될 브랜드들에서 초전도체가 된 리더 하의 직원들이 평등해진 모습과 닮았다. 여기서 '평등하다'는 것의 의미는 말 그대로 평등한 수평적 조직구조를 가졌다는 의미하기도 하고(p82, '고어 코리아' 참고), 때에 따라서는 조직의 핵심가치에 대해 상하 직급 없이 동등한 기준이 적용된다는 의미의 평등함(p64, '듀폰 코리아' 참고)을 의미하기도 한다.

도체 내 전자들은 '한 방향성'을 갖는다
한 방향의 움직임을 갖게 된 이유는 전자들이 쌍을 이루어 움직이기 때문인데 이를 '쿠퍼쌍'이라고 한다. 사실 '저항'이 '0'이 되는 이유도 이 쿠퍼쌍 때문인데, 원래 전자는 양자(+)와 친하지, 다른 전자(−)와는 친하지 않다. 그런데 초전도체 내부의 전자들은 서로간의 척력을 버리고 인력을 갖게 되며, 모든 전자들이 한 방향성을 갖는다. 뿐만 아니라 모든 쿠퍼쌍들은 마치 하나의 덩어리인 것처럼 행동하며 웬만한 장애물에 의해서는 상태의 깨짐이 없이 그 상태를 유지한다. 브랜드의 조직 구성원들(전자)이 한 방향성을 갖는다는 것은 어떤 의미가 될까? 브랜드의 핵심가치와 철학을 향해 모두 함께 움직인다는 것. 조직 구성원들이 서로가 서로를 가이드해 주며 궤도를 벗어나지 않도록 돕는 것을 의미한다. 특히 이러한 현상은 듀폰(p64)에서 두드러지게 나타난다.

시 한 번 되짚어 볼 필요가 있다. '리더를 위한 브랜드'가 맞는 것인지 '브랜드를 위한 리더'가 맞는 것인지 말이다. PI구축도, CEO 브랜딩도 한 인물에 초점을 맞출 때보다 '그 브랜드'의 PI 와 CEO의 브랜딩, 즉 '스티브 잡스의 브랜딩'이 아닌, '(누가 되었든) 애플 CEO의 브랜딩'을 위한 작업이 될 때 브랜드는 영속할 것이다. '애플의 CEO는 이래야 한다. 그것이 애플다움을 지킬 수 있는 것이기 때문이다'라는 메시지를 남길 때 바람직하다는 의미다.

> 이쯤에서 '무엇을 위한 무엇'이 되어야 하는가는 다시 한 번 되짚어 볼 필요가 있다. '리더를 위한 브랜드'가 맞는 것인지 '브랜드를 위한 리더'가 맞는 것인지 말이다.

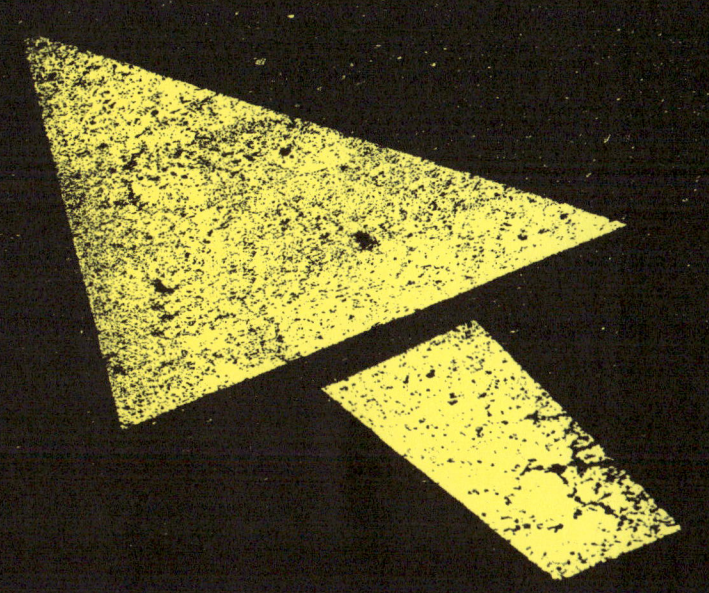

리더 없이도 완성되는 초전도 교향곡, '4분 33초'

미국의 현대 작곡가인 존 케이지John Cage의 '4분 33초'라는 곡은 4분 33초 동안 아무 것도 연주하지 않는다. 4분 33초라는 연주시간 동안 지휘자와 연주자는 조용히 침묵을 지키며 청중들이 만들어 내는 각종 소리들이 자연스럽게 음악이 되도록 자신을 낮춘다. 그런데 왜 꼭 4분 33초여야 했을까?

정설인지는 알려진 바 없지만 존 케이지는 절대온도인 0K(K는 섭씨℃, 화씨℉ 같은 온도의 단위로, 캘빈 온도라 한다)를 이해하고 이 곡을 완성했다는 설이 있다. 한 물질이 자신의 특성을 모두 잃게 되는 절대온도, 0K가 섭씨로 환산했을 때 -273.15℃가 된다는 것을 그 이유로 삼는다. 이 곡의 제목, 4분 33초를 오로지 초단위로 환산했을 때 273초가 되기 때문이다(좀 더 명확히 하자면 4분 33초 15가 맞겠지만). 이러한 속설에 그나마 힘을 실어 주고 싶은 이유는 그가 남긴 말 속에 그러한 뉘앙스가 묻어나기 때문이다.

"내가 죽더라도 소리는 남아 있을 것이다. 그러니 음악의 미래에 대해 두려워할 필요는 없다."

혹시 그는 자신이 죽어서 연주하지 못하더라도 영속할 수 있는 음악, 자신의 개인적 특성을 모두 잃게 되는 -273.15℃에서도 완성되는 음악을 작곡하고 싶었던 것은 아닐까? 실제로 이 곡은 연주(?)될 때마다 새로이 관객들이 내는 소음과 심지어는 먼지의 미동으로 만들어지는 소음까지도 생생한 음악이 되어 살아 움직이는 곡이 된다.

진정한 영생 불멸의 창조물은 인간이 스스로의 유한성을 인정하는 것에서부터 시작되는 듯하다. 그러한 것을 인정하고 받아들이는 리더들의 모습, 즉 브랜드십을 만드는 리더의 역할, 초전도체를 닮은 리더의 모습을 앞으로 이어질 브랜드에서 확인할 수 있을 것이다. UB

Brand Transcendental Responsibility

자아와, 행위와, 이윤과, 경영을 넘어서는

브랜드의 초월적 책임감

"The buck stops here."
미국의 33대 대통령 해리 트루먼^{Harry Truman}의 집무실 책상 위에는 위와 같은 문구가 새겨진 명패가 있었다. 한국전쟁과 제2차 세계대전 당시 대통령을 지내며 유난히 '책임'과 인연이 깊었던 그는 전쟁 종식을 위해 일본에 원자폭탄 투하를 결정한 사람이기도 하다. 그의 책상에 올려져 있던 이 말은 다름아닌 '책임은 (다른 사람이 아닌) 내가 진다'는, 단순하지만 어렵고 결연한 의지의 표현이다.
많은 리더들이 트루먼과 같이 책임지길 원하지만 또한 그만큼 부담도 느낄 것이다. 많은 정치인들이 전쟁을 끝내기 위해 원자폭탄 투하를 원했으나 정작 그 결정을 '직접' 내리고 '버튼'을 누르지는 못했다. 모두가 관여된 일이지만 '내 책임'이라고 말할 수는 없었던 것이다. 그러나 트루먼은 대통령으로서 과거와 현재를 돌아보고 미래를 위한 결정을 해야 했다. 이것이 어쩌면 리더의 책임이고, 또한 리더가 '책임'이라는 단어를 두려워하게 된 원인일 수도 있다. 그런데 이렇게 리더가 '혼자' '두려움을 느끼지 않아도 되는' 책임감이 하나 있다. 바로 리더뿐만 아니라, 브랜드의 구성원 모두가 함께 느끼는 '초월적 책임감'이다. 도대체 이 책임감은 무엇이기에 책임감에 대한 우리의 고질적인 부담감마저 초월할 수 있을까?

단어의 가벼움과 의미의 무거움

"모터사이클과 이와 관계된 문화의 격을 높이는 것이 우리의 책임이었다."

"패션에 대한 인식을 바꾸고 싶었다고 해야 하나. 일종의 책임감을 느꼈다."

"한글은 우리와 뗄 수 없는 분야다. 한글에 대한 책임이 있다고 생각한다."

"우리의 이런 노력이 잡지 업계를 바꿀 수도 있다고 생각한다. 이에 책임을 느끼기도 한다."

어떤 브랜드의 리더가 한 말인지 알지 못한 채 이 말만 들려준다면, 당신은 이 말에서 각각 어떤 브랜드를 상상하게 되는가? 어떤 말에서는 뚜렷하게 특정 브랜드가 떠오를 수도 있고, 또 어떤 말에서는 그 어떤 브랜드도 연상되지 않을 수 있다. 하지만 확실한 것은 거의 대부분이 개인의 경험이나 지식에 따라 다른 브랜드를 상상하고 있다는 것이다. 그도 그럴 것이 이 말을 한 브랜드의 리더들은 자신이 만든, 혹은 자신이 경영하는 브랜드에 대한 책임감을 이야기하는 것이 아니라, 이를 '넘어선' 자신의 분야에 대한 책임감을 말하고 있기 때문이다.

경영학이나 철학, 윤리학 등의 관점에서 '책임감'은 아주 흔한 단어다. 이와 관련된 책들이 주변에 있다면, 아무 책이나 잡고 조금만 훑어 보라. '업무에 대한 책임감' '사회적 책임' '책임의식'뿐만 아니라 책임이란 단어가 쓰이지 않았을 뿐 모습만 바꾼 '책임'이란 의미의 단어들이 곳곳에서 눈에 띌 것이다. 책임은 충분히 중요하지만 이제는 너무 흔해서 의미마저 모호해진 닳고 닳은 단어가 되었다.

그럼에도 불구하고 이 책임감이라는 단어에는 특별한 힘이 있다. 바로 행동을 이끌어 내는 힘이다. 그것도 생각지도 못한, 때로는 놀라움을 동반한 '초인적인 행동'을 말한다. 극단적인 예기긴 하지만 20세기 초 독일에서 반나치적 자세를 고수하며 히틀러 암살 계획에 가담했다 처형된 디트리히 본회퍼 목사는 이런 말을 남기기도 했다. "행동은 생각이 아니라 책임을 지려는 각오에서 나온다." 그의 행동은 어떤 책임감에서 비롯된 것이기에 그로 하여금 죽음마저 두려워하지 않게 했을까?

책임감 바이러스와 브랜드 영속성

책임감이 행동을 이끌어 낸다는 사실을 누구나 암묵지로 가지고 있어서일까. 이번 특집 주제에서 만난 리더들의 인터뷰에서는 그들이 느끼는 책임감에 대한 생생한 이야기를 들을 수 있었다. 물론 이야기는 조직과 브랜드를 이끌어 나가는 리더로서 느끼는 책임감에서 시작되었다. 브랜드의 사활과 직원들의 삶, 그들의 복지와 주주에 대한 책임감. 어쩌면 트루먼 대통령이 원자폭탄 투하를 결정할 때처럼, 리더는 언제나 되돌릴 수 없는 '버튼'을 누르는 듯한 책임감의 무게를 지탱해야 할지도 모른다. 그것은 권한에 따르는 필연적인 압력과 같다. 그러나 《책임감 중독》(이름마저 무시무시하다)과 같은 책에서도 밝히듯이, 이런 책임감은 곧 '책임감 과잉(리더에게 자주 나타나는 현상이다)'이나 '책임감 회피' 등으로 이어지기도 한다(재미있는 것은 책임감이 과잉되었다가 실패를 겪으면 극단적인 책임감 회피로 변하기 쉽다는 점이다). 또 다른 책 《리더십 바이러스》에 등장하는 RAV바이러스 중 R바이러스도 바로 Responsibility^{책임감}인데, 리더가 느끼는 책임감이 곧잘 '부담감'으로 변질된다는 것이다. 이렇듯 많은 책에서 밝히는 책임감의 후유증을 하나씩 살펴보면 조직 생활에서 리더뿐만 아니라 직원들을 비롯한 누구에게든 '책임감을 가지라'는 말이 과연 브랜드십을 가지는 데 도움이 될까 하는 의심마저 든다.

그럼에도 불구하고 책임감은 브랜드십과 떼려야 뗄 수 없는 관계에 있다. 책임감이 브랜드의 영속성과 어떻게 연결될 수 있을지에 대해 생각해 보게 하는 이론은, 의외로 사랑을 연구한 한 심리학자에게서 나왔다. 예일대학 로버트 스턴버그 교수는 사랑의 구성 요소를 분석하여 '사랑의 삼각이론 triangular theory of love'이란 흥미로운 체계를 세웠다. 그가 생각하는 사랑의 세 가지 구성 요소는 친밀감, 열정, 책임감인데 여기서 책임감의 역할이 흥미롭다. 바로 책임감이 사랑을 '유지'시켜 나간다는 것이다. 스턴버그 교수는 세 가지 요소가 모두 존재해야만 '성숙한 사랑'이라고 보았는데 책임감이 빠진 사랑은 상대적으로 낭만적이고 서로에게 도취되지만 오래 유지될 수는 없다는 결론을 내린다. 이성 간의, 부부간의 사랑을 대입해서 생각해 보라. 책임감이 없는 사랑은 정열적이지만 시간이 지남에 따라 변화하거나 어려움을 겪을 수 있다. 그렇다면 부담감을 주거나 회피하고 싶게 만드는 책임감의 고질적인 바이러스에도 강하면서, 브랜드에 대한 사랑을 유지시킬 수 있는 책임감을 찾을 수는 없을까? 그런 책임감이 있다면, 그래서 이것이 리더뿐만 아니라 조직 전체에 생긴다면 브랜드에 대한 사랑은 유지하되 개인적인 부담감을 덜어 내고,

브랜드에 대한 부분을 넘어선 초월적 책임감을 가지고 있으며, 이것이 브랜드십의 한 요소가 될 것이라고 증언한 브랜드의 리더들.

초월적 책임감 전달하기

리더가 가지는 초월적 책임감이 중요한 이유는 이것이 직원들에게 자신의 직무나 조직을 넘어서 어떤(다른) 책임감을 가져야 하는지 알려 주는 나침반 역할을 하기 때문이다. '리더가 곧 조직'이라는 피터 드러커의 말을 되새겨 보면, 방향성을 결정하는 리더의 역할은 언제나 중요하다. 그러나 브랜드십이 있는 브랜드로 거듭나기 위해서는 리더 혼자 초월적 책임감을 갖는 것으로는 부족하다. 그래서 브랜드십이 있는 브랜드의 리더들은 여러 가지 방법을 통해 초월적 책임감을 직원들이 갖도록 유도하고 있다.

가장 많이 사용되는 방법은 리더가 이런 책임감을 가지고 있다는 사실을 직접 보여 주는 것이다. 예를 들어 이광희 디자이너는 패션이라는 분야에 대한 초월적 책임감을 가지고 스스로 앞장서서 구체적이고 어려운 일들을 해 나갔다. 직접 발로 뛰며 패션에 대한 좋지 않은 인식을 가진 사람들을 자신의 패션쇼에 초대하고, 사람들의 인식을 바꾸기 위해서 쇼가 '사치를 조장하는 행사'가 아니라 '문화 행사'가 되도록 음악가, 조각가, 영상 제작자들까지 모두 참여시키며 초창기 한국 패션 문화를 만드는 데 노력했다.

보다 직접적으로 초월적 책임감을 함께 행동으로 옮기도록 이를 업무로 구체화시키는 리더도 있다. 윤디자인연구소의 편석훈 대표는 한글 디자인뿐만 아니라 한글 자체에 대해서도 남다른 책임감을 가지고 있었다. 윤디자인에서 블로그와 웹진 형태로 한글에 대한 컨텐츠를 생산하는 '온한글'은 우리 한글의 중요성을 알리기 위해서 만들어졌다. 수익은 발생하지 않는 일이지만 조직 내부에 이를 담당하는 직원을 두고 다른 직원들도 참여하게 한다. 이런 구체적인 행동으로 연결된 초월적 책임감은 직원들에게 상징적으로, 그리고 보다 직접적으로 전달된다.

물론 책임감이 리더가 직원들에게 '꼭 가지라'고 강조한다고 해서 모두에게 전달되는 것은 아니다. "책임은 완전히 자유롭게 받아들인 것이 아닌 한 아무도 그것에 구속되지 않는다"는 로마 법관이자 극작가인 우고베티의 말처럼 이를 받아들이는 직원들의 전적인 공감 없이는 책임감 전이는 힘든 일이다. 하지만 초월적 책임감을 가진 리더의 실질적인 행동들은 직원들에게 책임을 부여하는 것이 아니라 이들의 공감을 얻는 데 효과적이다. 리더가 직접 초월적 책임감을 가지고 행동으로 보여 주거나 업무로 구체화시켜 주어 직원들이 직접 보고, 듣고, 느낀 것들은 말뿐인 지식으로 이해하는 것보다 훨씬 높은 설득력을 갖는다.

직접 행동하도록 이끄는 원동력으로 사용할 수 있을 것이다.

그에 대한 답은 역시 리더들에게서 찾을 수 있다. 우리가 만난 리더들이 시작한 (조직이나 브랜드에 대한) 책임감 이야기를 끝까지 들어 보면 (많은 리더들이) 어느 순간, 부담감을 떨쳐 내고 자유롭고 열정적으로 책임에 대해 논하는 시점이 온다(이것도 일종의 '초월' 지점이 있다고 말할 수 있다). 과연 어떤 영역을 벗어났을 때 책임이 부담이 아닌 자유나 열정으로 변할까? 예상했겠지만 바로 브랜드와 조직을 '초월하는' 책임에 대해 논할 때다. 보통 그 책임은 자신이 일하는 분야에 관한 책임에서 시작된다. 이것이 브랜드십을 가지는 데 꼭 필요한 '초월적 책임감'이다.

글의 시작에서 인용한 말을 한 리더들은 각각 할리데이비슨, 이광희, 윤디자인, 바앤다이닝이라는 브랜드를 이끌고 있다. 물론 여기에서 인용하진 않았지만 우리가 만난 대부분의 리더들이 비슷한 이야기를 들려주었다. 조직 내부와 브랜드에 대한 책임감은 누구에게나 중요한 것이지만 동시에 쉽게 '바이러스'에 감염된다. 그러나 그 영역에서 조금만 벗어난, 한 단계 높은 초월적 책임감은 행동의 원동력이 되고, 어려움을 이겨 내는 백신이 되며, 때로는 하기 어려운 일도 담담하게 선택할 수 있는 용기가 된다.

초월적 책임감의 영속성

이쯤 되면 한 가지 궁금한 점이 생길 것이다. 어떻게 브랜드가 아니라, 이것을 초월하는 영역에서 직원들이 책임감을 가졌는데 이것이 브랜드에 대한 열정이나 사랑으로 이어질 수 있을지 말이다.

'초월transcendence'이라는 단어는 본디 여러 의미에서 '어떤 영역을 넘어서는 것'을 말한다. 초월은 얼핏 보기에는 경영이나 브랜드와는 무관한 단어처럼 보일지 몰라도, 미하이 칙센트미하이의 《몰입의 경영》이라는 책만 봐도 아주 빈번하게 등장하곤 한다. 예를 들어 '영리를 초월한 목적'이라든가 '자아를 초월한 비전' '외부적 보상을 초월한 원대한 목표' 같은 말에서 초월이라는 단어를 발견할 수 있다. 공교롭게도 그가 이렇게 초월이라는 단어를 사용한 의도는 모두 직원에게 동기를 부여하기 위한 조건을 나타내기 위해서였다.

직원들이 브랜드를 초월한 책임감을 가지게 되면 우선 브랜드를 이끌어 가는 데 있어 개개인이 조직 환경이나 조직 내부의 갈등에 흔들리지 않을 수 있다. 자신이 하는 일이 눈앞에 보이는 한정된 공간이나 시간을 초월하게 되는 것이다. 어려움이 닥치더라도 브랜드 이상의 것을 성취하는 데 공헌하고, 업무 이상의 의미가 있는 일에 참여했다는 만족감이 직원들에게 강력한 동기 유발 요인이 된다는 것이 미하이 칙센트미하이 교수를 비롯한 다수 학자들의 의견이기도 하다. 이런 만족감은 곧 브랜드에 대한 애정이나 친밀감으로 이어질 수 있다.

또한 조직원 모두가 같은 초월적 책임감을 가진다는 것은 자신이 일하고 있는 브랜드가 그 분야에서 어떤 영향력을 가지며, 어떤 역할을 하고 있는지 모두가 인식하고 있다는 뜻이 된다. 종종 리더들이 초월적 책임감에 대해 이야기하면서 이것이 사명에서 비롯된 경우도 있지만, 때로는 브랜드가 시장에서 일정 기간 성숙한 이후에 생긴 것이라고 말한 바 있다(물론 '성숙'의 문제이지 높은 매출이나 성과의 문제만은 아니다). 이것은 어느 정도 브랜드가 시장에 미치는 영향력에 대해서 인식했기에 생겨난 경우다. 또한 리더가 직원들에게 초월적 책임감을 가져야 한다는 것을 공감시켰다는 것은 우리가 시장에 어떤 영향을 줄 수 있는지, 그리고 이를 위해 어떤 역할을 해야 할지를 알려 주었다는 의미가 되기도 한다. 직원들의 역할이 조직 내부에서의 업무에 한정된 것이 아니라, 시장에서 그 분야를 주도하는 리더로서 책임감을 갖게 되면 그것이 가능하도록 만들어 준 브랜드를 따르게 되는 것은 당연하다. 이는 사회적인 자부심과도 연관되는데 자부심을 가질 만한 일이라면 조직이 오래 유지되는 또 다른 이유가 될 것이다.

==초월적 책임감은 그렇게 좁은 의미로 정의되어서는 안 된다. 왜냐하면 자신의 행위나 자신의 브랜드, 자신의 업무를 초월하는 순간 그 책임감이 브랜드십을 갖게 하는 원동력이 될 것이기 때문이다.==

조직 내부에서 자신에게 주어지는 책임은 보통 개인의 역할과 권한을 초월하지 못한다. 그러나 초월적 책임감은 다르다. 이것은 직급이나 직무에서 나오는 것이 아니기 때문이다. 따라서 리더보다 더 높은 초월적 책임감을 가진 직원이 나오기도 하고, 이것이 때로는 직원의 삶의 비전으로 전환되기도 할 것이다. 브랜드십은 이런 직원이 늘어나 브랜드의 문화가 되면서 더 확고히 정착된다. 초월적 책임감이 문화로 정착되어야 하는 이유는 이것을 가지고 일했을 때 나타난 사회의 조그마한 변화들도 서로 공유하고 함께 기뻐해야 누릴 수 있는 것들이 더욱 많아지고, 더불어 브랜드에 대한 사랑도 완성되어 갈 것이기 때문이다. 물론 스턴버그 교수의 말처럼 책임감 '만' 있는 사랑은 공허한 사랑에 불과하다. 문화로 형성된 조직 내 기타 요소들이 초월적 책임감과 함께 어우러져야만 브랜드십도 성숙한 사랑으로 거듭날 수 있다.

이제까지의 책임감은 자신의 업무나 행위에 대해 책임을 지라는 아주 흔한 의미가 되어 과소평가되었거나 원치 않게 떠맡은 짐처럼 무거운 부담이 되곤 했다. 뿐만 아니라 자신이 맡은 업무 이상의 것에 대해서는 회피할 수 있는 구실이 되거나, 자신이 리더가 아니면 떠넘길 수 있다고 생각하는 역기능을 낳았다. 하지만 초월적 책임감은 그렇게 좁은 의미로 정의되어서는 안 된다. 왜냐하면 자신의 행위나 자신의 브랜드, 자신의 업무를 초월하는 순간 그 책임감이 브랜드십을 갖게 하는 원동력이 될 것이기 때문이다. UB

Leader's Parentship

브랜드의 홀로서기를 위한 리더의 조건

Ownership 3.0 페어런트십

"자식 같다. 어떤 때는 자식보다 더 사랑하는 것 같다."
여러 CEO(특히 창업자 CEO)들에게 '이 브랜드는 당신에게 어떤 존재인가?'를 물었을 때 흔히 들을 수 있는 답변이다.
왜 아니겠는가. 그렇게 오랜 시간을 준비하고, 고민하고, 많은 것을 투자하고, 많은 것을 잃고,
또 많은 것을 포기해서 만든 브랜드인데 말이다(어찌 보면 그 고민은 않은 자식을 가질 때보다 더 할 수도 있겠다).
이제는 삶의 일부 혹은 전부가 된 브랜드는 CEO(이하 CEO란 표현은 창업자를 포함한다)에게 애틋하면서도 동시에
애증의 관계가 된 만큼, 각별할 수밖에 없다. 그리고 때로는 그러한 정서적 유대감을 직원들도 갖길 원한다.
그래서 등장한 말이 '주인의식'일 것이다. 하지만 지난 유니타스브랜드 Vol.14에서도 밝혔듯이 주인은 언제든지 변할 수 있기에
(주식 소유주만 생각해도 그렇다) 직원들에게 꼭 필요한 것은 '창업자 정신'일 것이다.
창업자가 가진 열정과 목마름, 그리고 철학을 공유하는 직원만이 위기의 순간에서도
브랜드를 떠나지 않을 것(주가 폭락 때 많은 주주가 '매도' 타이밍을 노린다)이기 때문이다.
그런데 직원이 창업자 정신을 가져야 한다면, CEO는 어떤 마인드를 가져야 할까?
그것이 이인二 정신(이인 : '부모'의 또 다른 표기법), 즉 페어런트십Parentship이다.

홀로서기 Stand Alone

갓 돌 된 아이였다. 아이의 아버지는 아이가 발가락 끝에 힘을 주는 것을 보자 잡고 있는 손을 그대로 놓아 버리는 것이 아닌가! 나는 본능적으로 기우뚱거리는 아이의 몸을 잡아 주었다. 그때 내가 들었던 말은 문화적 충격이었다.

"잡아 주지 마세요! 우리는 아이가 넘어지는 한이 있더라도 결코 잡아 주지 않습니다. 아이의 장래를 위해서지요. 이제부터 너에게는 아무도 없다는 것을 무의식 중에라도 알려 줘야 합니다."

강연가로, 또 동양인 최초로 이스라엘 벤구리온 대학의 교수를 지낸 류태영 박사가 유대인의 교육법을 소개하는 한 저서에서 발췌, 정리한 것이다. '물고기를 잡아 주지 않고 물고기 잡는 법을 가르친다'는 유대인들의 교육에서 이런 일은 비일비재할 테지만 그는 아직까지도 그때의 문화적 충격과 교훈을 잊을 수 없다고 한다. 자식을 사랑하는 마음은 유대인 부모나 아프리카 난민촌 부모나 우리나라 부모나 크게 다르지 않을 것이다. 하지만 늘 그렇듯 how, 즉 '어떻게 그 사랑을 표현할 것인가'는 다르다. 하나부터 열까지 모든 것을 다 챙겨 주는 부모도, 아이의 자립심을 기를 수 있도록 극한과 오지체험을 권하는 부모도, 모두 '자식을 사랑하기 때문'이라고 말한다. 어떤 것이 옳고 그르냐의 '판단 기준'은 분명 개인마다 다를 수 있다. 하지만 그들에게, 또 우리 모두에게 적용되는 불변의 '사실'이 있다면 우리의 삶은 유한하다는 것, 즉 '죽을 것'이란 점이다. 그것도 자식보다 일찍 말이다(종종 그렇지 못한 경우 '비극'이라 말한다).

그렇다면 내가 없어진 후에도 자녀가 제대로 홀로서기에 성공해 앞으로의 삶을 살아 내야 할 텐데, 어떤 방법이 자식에게 더 도움이 될까? 우리가 그토록 '사랑'하는 자녀인데 말이다. 바로 견줄만한 이야기는 아닐지도 몰라 조심스럽지만 "브랜드를 자식처럼 여기고 사랑하고 있다"는 CEO들의 진심 어린 고백이 줄을 이었으며, 분명 공감이 가는 이야기니 비교를 해보는 것도 무리는 아닐 것이다. CEO(부모)와 브랜드(자식) 중 누가 오래 살까(살아야 할까)? 만약 '상관없다'고 대답한다면 현재 몸담은 브랜드에 방만한 CEO일 테고 '나!'라고 답한다면 '영생'이라는 허황된 꿈을 꾸는 우매한 사람일지도 모르겠다. 아마도 대부분의 CEO는 자신의 혼과 젊음, 그리고 이상 ideal을 담아 만든, 혹은 키워 낸 브랜드가 소비자에게 지속적인 가치를 제공하며 영생하는 것을 간절히, 또 간절히 바랄 것이다. 그럼에도 불구하고 창업자보다 일찍 생을 마감하는 브랜드도 부지기수다. 그것도 사실, '비극'이다. 그 '비극'을 비극으로 진지하게 받아들이지 않는 CEO가 많아서 그런 일들이 더 빈번한지도 모르지만 말이다.

조력자, 대부 Godfather

그렇다면 인간(CEO)의 유한한 삶에 영향을 받지 않는 '영생 브랜드'를 만들 수 있을까? 이러한 고민은 비단 오늘만의 것이 아니다. 많은 CEO들이 승계 계획 Succession Plan을 세우며(아쉽지만 대부분 글로벌 기업, 그리고 몇몇 대기업들이다) 다음 주자에게 바통을 넘기기 위한 스피드 조절과 타이밍에 신경 써 왔다. 모토로라의 두 번째 CEO였던 로버트 갤빈은 은퇴 25년 전부터 그러한 작업을 진행했고, GE의 잭 웰치는 1991년에 진행된 한 인터뷰에서 "나는 거의 매일 누구를 후계자로 선정할 것인가를 고민하면서 많은 시간을 보내고 있다"고 고백했다. 1991년이라면 그의 은퇴 9년 전이었다. 이번에 만난 CEO들도 크게 다르지 않았다.

"내가 없어도 내 지인이 내 자식을 서포트해 줄 수 있다면 자식에게 훨씬 도움이 될 것이다. 다논의 훌륭한 직원들, 관계자들, 파트너들, 또 소비자들이 돌봐 줄 것이라 믿는다." 다논 코리아 올리비에 포주르 대표

"그러니까 내가 없어도 내 자식 같은 부즈를 돌봐줄 '참모들'이 필요한 것 아니겠는가." 부즈 김부경 대표

"석세션 플랜 Succession Plan이 중요한 것이 그 이유다. 그것은 CEO뿐만 아니라 현재 어떤 직책을 맡고 있는 그 누가 빠지더라도 브랜드에 지장이 없게 모든 요소요소에서 필요하다." 듀폰 코리아 김동수 고문

그렇다면 나를 이어 내가 사랑하는 브랜드를 지속적으로 돌봐줄 승계자는 누가 되어야 하며, 또 그에게 어떻게 내 자녀에 대한 정보(성격, 호불호 好不好, 장단점 등)를 제대로 전할 수 있을까? 이 모든 것을 잘해 줄 만한 사람은 아무래도 우리 브랜드를 가까이서 지켜보았거나 나만큼이나 절실히 사랑해 주는 사람일 것이다. 만약 그를 내 자녀(브랜드)의 *대부 godfather로 삼으면 아무래도 눈감기가 훨씬 수월할 것이다.

이 대부에 적합할 사람은 조직의 특성과 처한 환경에 따라 다르겠지만 《좋은 기업을 넘어 위대한 기업으로》에서 짐 콜린스는 방대한 데이터를 근거로 "후계자로는 회사 내부 사람을 권장한다"고 말한다. 포춘 500대 기업 중 좋은 회사를 위대한 회사로 도약시킨 CEO 11명을 조사해 보니 그중 10명이 회사 내부 출신이었고, 그중 셋은 가족 세습 경영자였다는 것이다. 반면 위대한 회사로의 도약에 실패한 기업들은 6배나 자주 외부 인사들을 영입했고 지속적인 큰 성과를 일구어 내는 데 실패했다고 한다. 그의 주장에 힘을 빌려 제안하자면, '브랜드의 대부'로는 현재 조직에 몸담고 있는 직원이 되는 것이 합당하지 않을까? 그런데 그들을 어떻게 교육해야 나의 진정성을 보여 주며 내가 가진 (브랜드를 향한) 사랑의 농도와 혼까지도 전할 수 있을까?

Half-helper 되기

내가 가진 브랜드에 대한 지식과 전략·마케팅 노하우는 물론, 브랜드에 대한 열정과 혼을 고스란히 직원에게 옮기는 방법은 '장인master artisan'들의 도제apprentice 교육법'에서 힌트를 얻을 수 있다. 그들의 교육은 단순히 제품을 만드는 '손재주'에 그친 것이 아닌 제품에 '영혼을 담는 기술과 만드는 사람의 태도'에 관한 교육이 이루어졌을 테니 말이다. 그러한 교육법의 기본 철학은 '반만 돕는 것half-helper'이었다. 그것을 이론화시켜 교육론으로 정착된 것이 바로 *'인지적 도제cognitive apprenticeship 이론'이다. 이 이론은 도제의 학습 단계를 크게 네 가지로 구분해서 설명하는데 이를 리더와 직원 간의 관계에서 살펴보면 다음과 같다.

==너무 늦어지면 '인지적 도제 양성' 과정을 거칠 새도 없이 울며 겨자 먹기로, 최악의 직원들 중에서 덜 최악인 직원을 새로운 리더로 선정할 수밖에 없다.==

*대부
보통 천주교에서 많이 사용하는 단어로 세례성사나 견진성사를 받을 때 신앙의 증인으로 세우는 종교상의 남자 후견인이 대부代父, 여자 후견인이 대모代母다.

*인지적 도제 이론
교육학자 콜린스Collins와 브라운Brown 등에 의해서 개발된 교수 모델로, 학교교육 제도가 갖추어지지 않은 과거에 지식이나 기술의 전수 방법이던 '도제법'을 현 사회에서 요구되는 교수 방법으로 적용, 변화시킨 것이다. 이는 도제가 '스스로' 과제를 수행할 수 있도록 하는 방법에 초점을 두는데, 결국 학습자들이 점차 전문가의 수행 과정이나 전략 등을 내면화하고, 독립적으로 과제를 수행할 수 있도록 하는 것이다. 인지적 도제 이론 중 중요 개념인 '스캐폴딩'은 학습자 스스로 해결하지 못하는 과제를 해결할 수 있도록 도움을 주고 점차적으로 도움의 양을 줄여 감으로써 학습자 스스로 과제를 수행할 수 있도록 지원하는 것이라고 할 수 있다.

1) 모델링modeling

학습자가 전문가의 작업 수행 과정을 '관찰할 수 있는 기회'를 제공하는 것을 말한다. 즉 리더가 업무를 수행하는 방식이나 브랜드에 대한 태도와 마음가짐, 그리고 조직 운영의 모습을 직원들이 관찰할 수 있는 기회를 제공하는 것이다. 사실 직원(학습자) 입장에서는 이것은 '기회'라기 보다 리더를 지켜보며 경험한 모든 것, 곧 리더의 일상이 될 것이다. 즉 리더의 일거수일투족이 모델링 되는 셈이다.

2) 코칭coaching

코칭은 학습자가 실제 과제를 수행하는 단계에서 '안내적 학습 기회를 갖는 것'을 말한다. 이를 리더와 직원의 관계에서 보자면 직원은 모델링을 통해서는 알 수 없던 브랜딩의 중요하고도 어려운 측면을 알게 되기도 하며, 리더를 더 이해할 수 있는 기회가 될 수도, 또한 리더와의 관계를 돈독히 하거나 그의 능력을 맛볼 수 있는 과정이 되기도 할 것이다.

3) 스캐폴딩scaffolding

스캐폴딩을 우리말로 바꾸자면 '비계'다. 비계란 건물을 세울 때 높은 곳에서도 일할 수 있도록 건물 외곽에 설치하는 임시 가설물을 말한다. 공사 현장에서 작업원들의 발판이 되거나 매달릴 수 있도록 설치해 둔 구조물을 본 적이 있을 것이다. 이처럼 스캐폴딩은 학습자가 과제를 수행하는 동안 도움(언어적 단서나 조언 등)을 주는 것을 말하는데 코칭과 다른 것은 반드시 학습자에게 '필요한 경우에만 제공'돼야 한다는 점이다. 즉 리더가 직원을 (너무 아끼는 나머지?) 계속 도와주거나 일일이 간섭하는 것이 아니라, 진정으로 도움이 필요하다고 판단되는 경우에만 도움을 주는 것이다. 그래야 직원도 낯설고 새로운 환경에서 직면한 문제를 스스로 해결해낼 수 있는 기회를 갖기 때문이다.

4) 페이딩fading

교수자의 도움을 점차 줄여, 결국 없애는 단계로 학습자들이 지식을 명료화하고 스스로 해결할 수 있도록 '권한을 부여하며 교수자(리더)의 영향력을 줄이는 것'을 의미한다. 조직에서 이는 점차 리더의 관여나 영향력을 줄여 나가 직원들의 의사결정 폭과 깊이를 확대시킬 수 있도록 권한을 위임하는 형태로 보여질 것이다.

이러한 인지적 도제 이론은 직원이 점차 전문가의 수준에 도달할 수 있도록, 또한 브랜드를 제대로 이해하고 존중할 수 있도록 하는 데 꽤나 적합한 프레임을 제공한다. 또 한 가지 얻을 수 있는 힌트는 '스캐폴딩' 과정에 있다. 이 과정에서 교수자는 학습자가 자기 점검과 성찰을 할 수 있도록 질문을 하거나 힌트를 지속적으로 제공하는데, 이는 학습자의 자기 조절 능력을 개발하는 데 큰 도움이 된다. 즉 리더는 조직원에게 끊임없이 업(혹은 브랜드 자체)에 대한, 직원 스스로의 정체성에 대한, 그리고 자사 브랜드의 정체성에 대한 질문을 함으로써 그들의 고민 수준을 리더의 수준으로 끌어올릴 수 있다. 이 과정이 잘 이루어진다면 리더의 브랜드에 대한 열정과 브랜딩 철학을 직원에게 고스란히 넘겨줄 수 있을 것이다.

브랜드 성인식

CEO 역시 이러한 내용에 대해서는 (꼭 위와 같은 이론을 통해서가 아니더라도) 경험적으로, 직관적으로 알고 있다. 또한 조직의 규모가 커지면 원치 않더라도 어쩔 수 없이 권한을 위임할 수밖에 없는 상황도 부지기수다. 이러한 과정들은 리더를 심리적으로 얼마나 힘들게 하던가. 나의 많은 것을 바쳐 만든, 그야말로 자식 같은 내 브랜드, 내가 세상에서 제일 잘 알고, 나를 닮아 통하는 구석도 많은 내 브랜드. 이 브랜드에 영혼을 불어넣고 살을 붙여 성장시키는 일을, 나 말고 누가 할 수 있단 말인가!

물론 그렇다. 그 마음도 이해할 수 있고, 초창기 브랜드에 영혼과 철학을 주입시키는 숭고한 작업은 리더의 고유 권한이자 고유 임무다. 그리고 그 영혼과 철학은 장차 브랜드가 건강하게 살아갈 수 있게 하는 힘과 골격, 그리고 근육이 된다는 것도 알고 있다. 하지만 그러한 기간이 오래 되면 될수록 브랜드는 리더에게 의존할 수밖에 없다. 이를 막기 위해서는 아이(브랜드)가 홀로서기를 할 수 있도록 스캐폴딩과 페이딩을 해야 하는 것이다. 그래서 '성인식'이다.

서두에 잠시 언급한 유대인들이 13세가 된다는 것은 상당한 의미를 갖는다. '바 미쯔바Bar Mitzvah'라는 성인식 때문이다. 여기서 '바'는 히브리어로 '아들'을, '미쯔바'는 '계명'을 의미한다. '계명에 따라 사는 아들'이라는 뜻이며 유대교 아이들은 이 행사를 마치면 비로소 종교적으로 '책임 있는 사람', 즉 완전한 성인으로 인정 받는다.

리더는 자식 같은 브랜드의 성인식을 준비해야 한다. 태어난 지 얼마 되지 않은 아이(브랜드)는 홀로서기 하는 데 시간이 걸린다. 그때까지는 리더가 주도적으로(때로는 독재자가 될지도 모르지만) 브랜드의 많은 부분을 홀로 만들어 나갈 수밖에 없다. 하지만 그러한 행태에 고착되면 리더의 브랜드에 대한 '애착'은 (리더는 여전히 애착인 줄 알지만) '집착'으로 변질될 확률이 높다. 이것을 우려하여 리더 스스로 브랜드로부터 건강한 분리를 준비해야 한다는 의미다. 물론 그 건강한 분리는 브랜드에게도 득이다.

그렇다면 언제, 어떻게 브랜드의 성인식을 치러 줘야 하는가. 이 기간을 말할 수 있는 근거는 어디에도 없다. 다만 분명한 것은 너무 늦어지면 위에서 말한 '인지적 도제 양성' 과정을 거칠 새도 없이 새로운 리더를 울며 겨자 먹기로, 최악의 직원들 중에서 덜 최악인 직원을 차선책으로 선정할 수밖에 없을지 모른다. 그것을 대비해야 한다는 의미다. 그래서 필요한 것이 페어런트십, 즉 이인정신이다. 여기서 페어런트십 앞에는 '진정한'이란 표현을 붙여야 할 것이다. 자녀가 홀로서기를 할 수 있도록 도움을 주는 '진짜 사랑'을 보이는 이인정신은 온실 속 화초로 키우는 사랑 방식과는 다소 거리가 있기 때문이다.

이처럼 브랜드를 '진정'으로 사랑하는 리더는 자식 같은 브랜드의 영속을 위한 스캐폴딩과 페이딩의 타이밍을 잘 안다. 이러한 리더를 경험하고 그에 의해 학습 받은 직원은 든든한 대부로서 그 브랜드를 건강하게 키워 나갈 수 있는 영혼과 태도를 전수받을 것이다. 또한 그 직원은 자신의 아래 직원에게 같은 방법으로 철학과 노하우를 전수할 것이고 결국 브랜드에 대한 '리더의 페어런트십은 전 직원의 페어런트십이 될 할 확률이 높다. 이처럼 '진짜 이인정신은 브랜드의 영속 가능성을 높여 줄 또 하나의 '브랜드십을 원하는 리더십의 조건'이다. 당신은 당신 브랜드의 성인식을 준비하고 있는가? UB

영속할 수 없는 기업은 그 자체로 실패작이다. 피터 드러커

EMB
CELL

BRYO
브랜드십의 줄기세포

엠브리오 셀(embryo cell, 배아줄기세포)은 배아의 발생 과정에서 추출한 세포로서 아직 분화되지는 않았지만 앞으로 어떤 조직의 세포로도 분화할 수 있는 능력을 지닌 세포를 말한다. 브랜드십이라는 새로운 개념을 유니타스브랜드와 함께 논의한 해외 석학 세 명의 통찰력 있는 생각 속에는 아직 배아(EMBRYO 섹션에서 소개한 네 가지의 브랜드십 핵심 키워드)로 형성되지는 않았지만 어떠한 배아로든 분화할 수 있는 가능성을 지진 개념들이 숨겨져 있다. 그들의 통찰력 있는 의견 속에서 새로운 배아로 분화 가능한 당신만의 '브랜드십의 핵심 키워드'를 찾아보는 것은 이 섹션의 기사들을 읽는 또다른 즐거움이 될 것이다.

2

48 이타이 탈감

52 티모시 컬킨스

56 패트릭 한론

오케스트라 지휘자로부터 온 브랜드십의 악보

아무런 지휘를 하지 않으면서 지휘하는 브랜드십

The interview with Itay Talgam

TED.com은 2006년부터 쉽게 만날 수 없는 여러 분야 전문가들의 짧지만 강력한 연설을 동영상으로 제공함으로써 전 세계인의 각광을 받고 있다(유니타스브랜드 Vol.11 p250 참고). 이곳에 작년 10월쯤 포스팅된 '위대한 지휘자들처럼 지휘하기 Lead like the great conductors'라는 동영상은 경영자들을 큰 고민에 빠뜨렸다. 이 동영상의 주인공은 다름아닌 이스라엘 출신의 오케스트라 지휘자 이타이 탈감 Itay Talgam 이다. 경영학 박사도, 기업인도 아닌 그가 경영자들에게 어떤 고민을 안길 수 있다는 말인지 궁금할 것이다. 그가 동영상에서 밝힌 훌륭한 지휘법은 사실 오케스트라 지휘자들을 위한 것이 아니라 어떤 분야에서든 사람을 이끄는 리더를 위한 것이었다. 그리고 그는 총 5명의 오케스트라 지휘자를 예로 들며 훌륭한 리더는 '아무런 지휘를 하지 않으면서 지휘하는 doing without doing' 사람이라고 말했다. 이렇듯 그가 보여 준 리더십의 끝은 바로 브랜드십과 맞닿아 있다.

*본 기사의 더 나은 이해를 위해 www.ted.com에서 '이타이 탈감 : 위대한 지휘자들처럼 지휘하기' 동영상을 참고하면 좋다. Translation 메뉴에서는 한글 자막이 삽입된 영상을 제공하고 있다. (http://www.ted.com/talks/lang/kor/itay_talgam_lead_like_the_great_conductors.html)

TED를 통해 보게 된 당신의 연설은 매우 흥미로웠다. 특히 ⓒ세계적인 지휘자 5명의 리더십 스타일을 통해 훌륭한 리더들의 조직 지휘법에 대해 말한 것은 새로운 관점을 제공했다. 당신은 오케스트라 지휘자인데 이렇게 비즈니스에서의 리더십에 관심을 갖는 이유가 있는가?

우선 내 연설에 관심을 가져 줘서 고맙다. 내가 리더십에 관심을 갖는 것은 달리 이유가 있어서가 아니라 내가 지휘자로서 리더십이 간절히 필요한 사람이었기 때문이다. 정치, 교육, 비즈니스를 막론하고, 특히 위기 상황에서 리더십은 누구에게나 꼭 필요한 것이다. 최근 화산 폭발로 인한 유럽 곳곳의 혼란을 생각해 보라. 이런 혼란이 있을 때를 비롯해 리더십은 모든 분야에서, 어떤 직급의 일을 하는지에 상관없이 누구에게나 필요한 것이다. 그래서 나는 오케스트라를 넘어서 더 넓은 범위의 리더십에도 관심이 많다. 그럼에도 불구하고 오케스트라 지휘자들의 리더십을 비즈니스에 적용해 말한 것은 '비유를 통한 학습의 힘'을 믿기 때문이다. 우리는 특정 분야의 예시에서도 언제나 다른 분야에 적용할 만한 것을 배울 수 있다.

당신이 연설에서 "훌륭한 사람이지만 조직을 이끄는 방법에서 그렇지 못했다"고 평가한 리카르도 무티의 리더십은 어떤 면에서 보완할 점이 있는가?

무티는 탁월한 음악가일뿐만 아니라 생각이 많은 사람이다. 그의 지휘를 자세히 살펴보면 그가 단원들에게 "자유롭게 연주하라"고 말하지만 쉽사리 여유를 주지 못하고 자신의 권한을 놓지 못하는 것을 느낄 수 있을 것이다. 사실 그것이 내가 개인적으로 그에게 깊은 공감을 느끼는 부분이다. 이 세상에는 인간이 하나의 인격체로 완전하며, 우리가 협력했을 때 파트너로서 더 나은, 훌륭한 결과를 만들 수 있다는 사실을 알지만 자신의 독재성을 버리지 못해 갈등을 겪는 수많은 '무티'들이 있다. 다시 한 번 강조하지만 무티는 훌륭한 점이 많은 리더다. 그의 책임감과 헌신, 완전함을 추구하는 열정은 본받을 만한 것이고 사라지면 안 되는 가치다. 다만, 그는 다른 종류의 시각이 필요했다. 이 시대의 리더들은 전통적인 조직에서 필요했던 리더십의 가치와 장점들을 어떻게 새 시대에 필요한 것들과 융합할 것인지 알아야만 한다. 리더의 역할은 조직의 과거와 미래를 보는 것, 그리고 개인과 조직을 보는 것을 '동시에' 하는 것이다.

리더의 역할에 대해서 말했는데, 그렇다면 '리더십'에 대한 당신의 정의는 무엇인가?

나는 리더십은 '무엇'이 일어나게 하는 능력이라고 생각한다.

⊕ 세계적인 지휘자 5명의 리더십 스타일

카를로스 클라이버Carlos Kleiber(독일 태생의 오스트리아 지휘자, 빈 국립오페라극장 등 지휘), 헤르베르트 폰 카라얀Herbert von Karajan(오스트리아의 지휘자, 베를린필하모니 등 지휘), 리하르트 슈트라우스Richard Strauss(독일의 지휘자이자 후기 낭만파 작곡가, 마이닝겐 관현악단장), 레너드 번스타인Leonard Bernstein(미국의 지휘자, 뉴욕필하모니 등 지휘), 리카르도 무티Riccardo Muti(이탈리아의 지휘자, 라디오 심포니오케스트라 등 지휘). 이 5명의 지휘자는 이타이 탈감이 그의 연설에서 각기 다른 리더십 스타일을 보여 주는 예로 든 세계적인 지휘자들이다. 모두 음악적인 재능과 탁월한 감각을 가진 위대한 지휘자들이지만 그들이 연주 때 오케스트라 단원을 대하는 방법은 모두 다르다.

그의 관점에서 리카르도 무티는 훌륭한 사람이지만 모차르트를 비롯한 위대한 작곡가들의 음악에 대한 과중한 책임을 느낀 나머지 너무나 명확하고 딱딱한 지휘와 제재를 가하는 지휘로 결국 라 스칼라 필하모니(유럽의 3대 오페라극장의 오케스트라)에서 떠날 수밖에 없었다(그는 이 오케스트라에 19년간 머물렀지만 단원들의 만장일치로 결국 사임했다). 라 스칼라의 직원들 700여 명은 그에게 "당신은 위대한 지휘자다. 하지만 나는 당신과 일할 수 없다. 왜냐하면 당신은 당신의 머릿속에 든 음악만을 연주하기 때문이다"라는 메시지를 보냈다고 한다. 반면 레너드 번스타인은 때로는 오케스트라 앞에서 그 어떤 지휘도 하지 않으면서 그들의 하모니를 이끌어 내는 리더십을 보여 준다(연설의 마지막 부분에서 이타이 탈감이 보여 준 영상 속 주인공이다). 그는 단원들이 충분히 음악을 해석하고 표현할 수 있는 여유 공간을 주고, 함께 음악을 즐기는 '파트너'로 대한다. 이타이 탈감은 조직에 '브랜드십'을 심기 위해서는 리더가 번스타인처럼 지휘할 수 있어야 한다고 말한다. 그가 생각하는 리더십의 최종 목표, 이상적인 리더십이란 아무런 지휘도 하지 않으면서 지휘하는, 즉 doing without doing 리더십이다. 이것이 브랜드십을 위한 리더십의 역할이다. 1. 카를로스 클라이버 2.헤르베르트 폰 카라얀 3.리하르트 슈트라우스 4.레너드 번스타인 5. 리카르도 무티

그 '무엇'은 세대에 따라, 그리고 분야에 따라 항상 재정의되지만 말이다. 어떤 인간관계 속에 있느냐, 어떤 비즈니스 프로세스를 따르느냐, 그리고 무엇을 생산하느냐 등에 따라 리더십은 다르게 정의될 수 있다. 그러나 모든 리더십은 영원히 중요한 것으로 여겨지는 가치를 따르되, 항상 새로운 방식으로 생각하려고 노력하는 리더를 통해 빛이 난다.

당신이 추구하는 궁극의 리더십, 즉 레너드 번스타인이 지휘를 통해 보여 준 'doing without doing 리더십'은 우리가 브랜드십을 조직에 심기 위해 필요로 하는 리더십 형태와 비슷하다. 우리는 조직이 리더 한 사람에게만 기대지 않고, 브랜드의 존재 목적과 가치에 따라 모두가 리더가 되어 리더가 없을 때도 항상 같은 하모니를 낼 때 브랜드십을 가졌다고 본다. 이에 대해 어떻게 생각하는가?

나는 브랜드십이라는 개념에 전적으로 동의한다.
역사는 카리스마 있는 힘과 이를 따르는 사람들을 통해 성공을 이룬 리더로 가득 차 있다. 물론 이런 형태의 리더는 여러 분야에서 훌륭한 브랜드를 만들었다. 그리고 이런 리더들은 아직도 어떤 부분에서는 여전히 필요한 사람들이다. 그러나 오늘날 절실히 필요한 리더십은 우리가 일반적으로 생각하는 리더십의 영역을 뛰어넘는 리더십이다. 비즈니스 관점에서는 직원을 비롯한 (심지어는 고객까지) 모든 사람들의 잠재력을 가두지 않고, 모두가 자유롭게 참여하여 성과를 낼 수 있도록 리더는 스스로 부각되기보다 한 걸음 물러나 있어야 한다. 그렇게 되면 당연히 리더가 없이도 하모니는 계속 만들어진다.

사실 좋은 이야기이긴 하지만 리더들에게는 어려운 일일 것 같다. 당신도 그래서 무티에게 깊은 공감을 느끼지 않았나. 리더가 권한을 내려놓고 앞으로 나서지 않는다는 것이 혹, 리더는 아무 것도 하지 말아야 한다는 의미인가?

많은 리더들이 그런 걱정을 하리라 생각한다. 리더 없이도 조직의 하모니는 만들어져야 하고, 성과를 내야 하는데 이것은 달리 말하면 그런 일이 가능하도록 시스템을 구성해야 한다는 것이다. 그리고 리더는 이 일을 도와야 한다. 훌륭한 지휘자들은 연습과 리허설 동안 오케스트라 단원들 간에 이런 시스템이 생기도록 유도한다.
그런데 역설적이긴 하지만 훌륭한 지휘자는 이때 동시에 이 시스템에 맞서, 연주자들이 편안함만 느끼지 않는 분위기를 만들어야 한다. 그들이 편안해진 나머지 안일한 생각으로 연주하여 혹시 생길지 모르는 실수와 위험에 대비하지 못할 수 있기 때문이다. 리더는 항상 기존 시스템을 돕되, 그것과 다른 시각을 동시에 가져야 한다. 그래서 훌륭한 지휘자들의 역할은 결코 없어지지 않는다. 리더는 항상 정착된 시스템과 그것과 반대되지만 장차 필요할지 모르는 시스템anti-system 간의 밸런스를 유지해야 한다.

당신은 지휘자이긴 하지만 이처럼 새롭게 요구되는 리더십과 기업의 조직 문화를 위한 '마에스트로 프로그램'을 운영하고 있다고 들었다.

그렇다. 내가 하고 있는 마에스트로 프로그램은 기업을 위한 프로그램으로 음악을 작곡하고, 오케스트라를 조직하고, 음악을 연주하고, 공연 리허설을 하는 음악 연주 단계에 따라 교육이 이루어진다. 조직에 이런 단계를 접목하여 조직 내 업무 과정에서 발생하는 실패와 성공 사례를 분석해 그들 스스로 진단하고, 서로를 알아 가게 하는 교육 방법이다. 이것의 목적은 리더뿐만 아니라 중간관리자, 직원 등 여러 직급의 사람들이 참여하여 자신의 조직을 새로운 관점으로 돌아보게 하는 데 있다. 음악이라는 신선한 시각을 가짐으로써 더 좋은 성과를 내고, 더 나은 조직 환경을 만드는 것이다.

교육을 하면서 조직이 변화하는 과정을 보면 감회가 남다를 텐데, 어떤가?

도움을 준다는 것은 항상 즐거운 일이다. 교육을 받은 많은 사람들의 속내를 들어 본 것은 아니지만 어떤 사람들은 나에게 교육 받은 이후 새로운 차원의 간극gap을 느낀다고 말하기도 했다. 교육을 받으면서 조직이 변화해 자신의 세계는 넓어졌지만, 반대로 권한 위임이나 조직의 변화로 인해 선택의 여지가 많아졌기 때문에 어려움도 느끼는 것이다.
조직 차원에서 변화는 특히 관리자들을 통해서 많이 생긴다. 그들은 트레이닝 과정에서 많은 매니지먼트 스타일을 경험하기 때문이다. 그래서 많은 부분에서 직원들에게 권한을 위임하고 자유로운 조직 분위기를 만들 수 있게 된다. 그리고 특히 직원들과 대화할 때 음악 언어language of music를 사용해 커뮤니케이션이 훨씬 편안해졌다고 말하기도 한다. 딱딱한 비즈니스 언어가 아니라 음악이 주는 유연함을 언어에서도 느낄 수 있는 것이다. 나로서는 교육 후에 모든 사람들의 행동이 변화하고 하는 일이 즐거워졌는지는 알 수 없지만 이 프로그램이 의미있는 첫 단계가 되었을 것이라고 생각한다.

> "리더는 항상 기존 시스템을 돕되, 그것과 다른 시각을 동시에 가져야 한다. 리더는 항상 정착된 시스템과 장차 그것과 반대되지만 필요할지 모르는 시스템 간의 밸런스를 유지해야 한다."

오르페우스 체임버 오케스트라

오르페우스 체임버 오케스트라는 1972년 첼리스트인 줄리안 파이퍼Julian Fifer와 몇 명의 뮤지션들에 의해 창립되었다. 이들은 놀랍게도 오케스트라 레퍼토리를 연주함에도 불구하고 특별히 지휘자를 두지 않고 있으며 공연에 따라 리더를 매번 새롭게 선정한다. 매 작품 멤버들이 악장을 직접 선정하고 있으며, 모든 멤버들이 오케스트라 경영은 물론이고 공연 때 곡을 해석하는 지휘자의 역할을 하고 있다. 콘서트 마스터(보통은 관현악단의 제1바이올린 수석연주자)를 맡은 사람은 리허설을 이끌면서 모든 연주자들의 의견을 듣고 조정하는 역할을 할 뿐이다. 공연 때도 지휘자 없이 매번 콘서트 마스터가 표정만으로 악단을 지휘한다거나, 매 곡마다 콘서트 마스터 자리에 다른 사람이 돌아가며 앉는 등 다양한 연주 스타일을 보여 주고 있다.
하버드 대학 심리학 교수인 리처드 헤크먼은 76개의 오케스트라 단원들을 대상으로 직업 만족도를 조사했는데 대부분의 오케스트라가 매우 낮은 수치를 보인 반면 유일하게 오르페우스 체임버 오케스트라 단원들만 높은 만족도를 보였다. 이들은 오케스트라에서 자연스럽게 리더십을 배우고 개인적인 성장을 이루고 있기 때문이다.
이런 유연한 조직 덕분인지 이 오케스트라는 매 시즌 뉴욕 카네기홀에서 성공적인 공연을 펼치고 있으며 1998년 뮤지컬 아메리카가 선정한 '올해의 앙상블'과, 2001년 그래미 상을 수상하기도 했다. 약 39년간 70개 이상의 앨범을 발매했고 요요마, 사라장, 아이작 스턴 등의 아티스트들과 함께 협연했다.

오케스트라나 음악적인 부분에서 브랜드십을 위해 차용해 올 수 있는 장점들이 많은 것 같다.

물론이다. 비즈니스만큼 다른 분야에서 배워올 것이 많은 분야도 없다. 브랜드십에 대한 유니타스브랜드의 이야기를 들어보니 뉴욕의 @ 오르페우스 체임버 오케스트라Orpheus Chamber Orchestra가 떠올랐다. 이들은 모든 공연과 연주에 관해 오케스트라 단원들끼리 논의하고 합의하는 것을 기초로 하는 조직이다. 이 오케스트라를 자세히 살펴보면 이들의 브랜드십을 발견할 수 있을 것이다. 이들은 조직 문화에 매우 높은 만족감을 느끼고 있다. 물론 리더가 없이 이런 과정을 갖는 것은 직원 모두에게 많은 인내가 요구된다. 그러나 적어도 일반적인 오케스트라 단원들이 겪는 감정적인 어려움과 자신이 부품처럼 느껴지는 고통은 덜할 것이다. 그리고 그들은 브랜드라 불릴 만한 확실한 색깔을 유지하고 있다.

마지막으로 브랜드십을 가지기 원하는 조직에 해주고 싶은 말이 있다면 무엇인가?

당신이 브랜드를 위해 일하면서 모두가 공유하는 명확하고 특별한 명제를 지키고 있다면 당신은 이미 훌륭한 브랜드의 핵심을 소유하고 있는 것이다. 오랜 시간이 지나도 현재까지 브랜드로 기억되고 있는 모차르트나 베토벤과 같은 훌륭한 음악가들처럼 당신도 브랜드로서 지켜야 할 핵심을 끝까지 놓지 않기를 바란다. 리더뿐만 아니라 직원 모두가 그럴 수만 있다면 브랜드십은 그 결과로서 자연스럽게 당신의 브랜드에 뒤따를 것이다. UB

이타이 탈감 1987년 국제 무대에 데뷔한 이스라엘 오케스트라 지휘자다. 세계적인 지휘자 레너드 번스타인의 제자로 예루살렘 루빈 아카데미에서 최고연주자과정을 거쳤다. 텔아비브Tel-Aviv 심포니 오케스트라의 지휘자로서 이스라엘에서 'Best performance of the year' 상을 수상한 바 있다. 현재는 리더십 강연과 일반 기업을 위한 리더십 프로그램인 Maestro Program을 운영하고 있다.

단독자가 아닌 조직에 의해 만들어지는 브랜드십

브랜드 영속의 벽, 개인을 뛰어넘어라

The interview with **Timothy Calkins**

필립 코틀러 박사가 이끄는 마케팅 최고 명문으로 통하는 미국 노스웨스턴 대학 켈로그 경영대학원Kellogg School of Management에서 브랜드와 마케팅을 강의하는 브랜드 이론가. 맥심, 오레오, 필라델피아 크림치즈, 포스트 등의 브랜드를 소유한 108년 역사의 세계적인 식품 브랜드 크래프트 푸드(Kraft Food, 이하 '크래프트')에서 10년 동안 브랜드 매니저로 활동한 브랜드 실무자. 이 두 가지 타이틀을 모두 가진 티모시 컬킨스 교수에게 브랜드십이라는 낯선 용어에 대한 의견을 묻는 인터뷰를 청했다. 실무 현장과 강의실을 오간 그가 들려준 답변은 우리의 생각과 거의 일치했다. 그의 말대로 영속하는 브랜드가 되기 위한 첫 걸음은 '개인'을 뛰어넘는 것이다.

우리가 이야기하는 브랜드십이라는 개념을 들었을 때 어땠나? 당신이 이해한 브랜드십이 궁금하다.
'조직organization'에 의해서 받아들여지고 지지받는 브랜드라고 생각한다. 오래도록 지속되고 성장하기를 원하는 브랜드에게는 필수적이다. 빅 브랜드는 단지 한 명의 단독자가 만드는 것이 아니다. 브랜드란 그 브랜드의 이름을 들었을 때 떠오르는 연상들의 연결이다. 이러한 연상들은 굉장히 작고 다양한 것에 의해서 만들어지는데 이를테면 광고, 제품 디자인, 고객 서비스, 프로모션, 웹사이트 등으로 이 리스트는 얼마든지 나열할 수 있다. 이 모든 일은 그 브랜드의 직원들이 하고 있고, 만약에 한 사람이라도 그 브랜드를 지지하고 있지 않다면 그 브랜드는 브랜드 연상을 완성하지 못할 수 있다. 예를 들어 한 사람의 전화 상담원이 브랜드를 이해하지 못하거나 지지하지 않은 상태에서 고객을 상담한다면 그때부터 브랜드는 생명력을 잃기 시작할 것이다. 이것은 '어떻게 하면 그 브랜드(조직)에 직원들을 몰입시킬 것인가'를 고민하는 브랜드 구축자들에게 커다란 도전이 되는 일 중 하나이며 이 고민은 브랜드십을 만드는 고민과 크게 다르지 않다고 본다.

우리는 브랜드가 영속하기 위해서는 한 사람의 카리스마 있는 리더에게 의존하는 것은 위험하다고 생각한다. 그래서 위대한 브랜드는 리더십을 넘어서는 브랜드십이 필요하다고 본다. 이에 대한 당신의 생각이 궁금하다.
맞다. 많은 브랜드들이 한 사람의 개인에 의해 만들어지지만 이 세상에서 영속하길 바라는 브랜드는 반드시 한 사람의 개인을 넘어서야 한다. 하워드 슐츠는 스타벅스에 지대한 영향을 미쳤고 필 나이트는 나이키라는 브랜드를 만드는 데 중요한 역할을 했다. 리처드 브랜슨은 버진이라는 엄청난 브랜드를 창조했다. 그러나 인간은 영원히 살지 못한다. 따라서 모든 브랜드는 영속하려면 절대적 영향력을 미치는 그 개인을 넘어서야 한다.

스티브 잡스는 오늘날 세계에서 가장 뛰어난 브랜드 리더라고 불린다. 여러 방면에서 그것은 사실이다. 잡스는 틀림없이 애플을 믿을 수 없을 정도로 강력한 글로벌 브랜드로 변화시켰다. 그러나 애플을 둘러싼 커다란 의문이 하나 있다. '결국 스티브 잡스는 애플을 떠날 것인데, 그때 어떤 일이 벌어질까?' '애플이 다른 누군가에 의해서 경영될 때에도 지금처럼 특별한 브랜드로 남아 있을까?' '과연 애플은 오래 지속될 수 있을까?' 이런 의문이 드는 것은 스티브 잡스가 오래도록 번영할 수 있는 조직을 만들어 냈는가는 분명하지 않기 때문이다. 이것은 애플에게 굉장히 결정적인 질문이고, 다른 브랜드들에게도 의미 있는 질문이다.

그렇다면 당신이 그러한 리더라고 가정해 보라. 당신이 100년 브랜드를 지향하는 브랜드의 창립자인데 어떤 이유로든 회사를 떠나게 되었을 때, 브랜드가 흔들림 없이 유지되고 성장하게 하기 위해서 어떤 준비를 하겠는가?
브랜드가 영속하기 위해서는 세 가지 요건이 필요하다고 생각하기 때문에 이것들을 마련해 놓을 것이다. 첫 번째 요건은 명료함clarity이다. 강력한 브랜드는 그 브랜드가 무엇을 의미하는지에 대한 깊은 이해로부터 만들어진다. 누가 우리의 고객인가? 우리 브랜드가 상징하는 것은 무엇인가? 우리 브랜드를 세계 속에서도 유일무이하게 만드는 것은 무엇인가? 이러한 질문에 누구라도 명쾌하게 대답할 수 있게 할 것이다. 두 번째는 '문화'에 집중된 브랜드로 만들어야 한다. 브랜드에서 일하는 모든 사람들이 브랜드가 추구하는 바를 충분히 이해하고 있고 그 가치를 인정해야 문화로 정착된다. 문화로 정착되어 있지 않다면 직원들은 대부분 할인이나 프로모션 등 단기 이윤 창출에 급급하게 될 것이고 그것은 브랜드를 불가피하게 약화시킬 것이다. 세 번째 요건은 '재무 건전성'이다. 단기적인 재무 문제에 당면한 기업에게 있어 브랜드를 위한 투자를 한다는 것은 매우 어려운 일이다. 기업이 모든 역량을 의도적으로 한 곳에 집중하면 빠른 시간 내에 현금을 만들어 낼 수 있기 때문에 재무 건전성이 확보되지 않은 브랜드는 역시 단기 이익에 급급할 가능성이 높아진다. 따라서 재무 건전성은 장기간에 걸쳐 브랜드에 대한 투자를 해야 하는 조직에게 '자유'를 선사한다.

당신은 크래프트에서 오랜 실무 경험을 가지고 있기도 하다. 크래프트는 조직에 의해서 지지받는, 즉 당신이 말하는 브랜드십을 가진 브랜드라고 생각하나?
크래프트는 한 사람의 리더를 넘어서서 운영되는 기업 중 하나다. 현재의 CEO는 (영향력 있는 여성 리더로 유명한) 아이린 로젠펠드Irene Rosenfeld다. 그러나 크래프트는 지난 10년 동안 CEO가 여러 번 바뀌었고 그 과정에서 브랜드에 극적인 충격 같은 것은 없었다. 이것은 크래프트가 문화를 통해 운영되는 브랜드라는 것을 보여 준다. 또한 크래프트에서는 한 사람이 브랜딩에 대한 모든 책임을 지거나 하는 일은 없다. 모든 동료가 함께 과업을 떠받치고 있으며 주인의식을 느낀다. 이것이 크래프트가 강하고 활기가 넘치는 기업으로서 오래 지속되는 이유 중 하나이다.

단기적인 성과뿐 아니라 장기적인 브랜드 건강에 대한 책임이 있다. 또한 이들은 간부급 인사의 추천장을 쓸 수 있는 권한을 가지고 있다. 이러한 접근은 책임뿐만 아니라 권한까지 위임함으로써 주인의식을 갖게 하고 이는 직원들의 조직 몰입도를 높인다.

지금까지의 이야기를 바탕으로 최고의 브랜드 리더를 꼽는다면 누구를 말하겠는가?

나는 P&G의 전 CEO인 A. G 래플리^A. G. Lafley와 LVMH의 CEO인 베르나르 아르노^Bernard Arnault가 위대한 브랜드 리더라고 본다. 이 두 명의 리더는 여러 개의 강렬하고 독특한 브랜드를 만들어 냈지만, 래플리와 아르노가 이끄는 브랜드들은 각각 이 리더들에게 의지하는 것이 아니라 각기 다른 사람들로 구성된 팀에 의해 운영되고 있기 때문이다.

래플리 회장은 P&G의 전 CEO가 새로운 브랜드 개발을 위하여 막대한 투자를 한 뒤 그 결과가 좋지 않아서 굉장히 어렵던 시점에 CEO가 되었다. 이 신규 브랜드의 실패는 재정적으로 매우 위협적인 손실을 입혔는데 P&G의 주가가 거의 50% 곤두박질치기도 했다. 그로 인한 자금 출혈은 P&G의 기존 브랜드들까지 시장에서 생존을 걱정 할만큼 고군분투하게 했다. 그런 상황에서 래플리는 P&G에게 당장 필요한 것은 핵심 브랜드들이 강력함과 강렬함을 유지하는 것임을 간파했다. 그는 브랜드 재정비를 위한 팀을 지원하며 놀라운 결과를 만들어 냈다. 이때 중요한 것은 래플리가 모든 브랜드의 중요한 의사결정을 내리지 않았다는 사실이다. 그는 자원을 제공하고 직원들을 지지했을 뿐이다.

또한 LVMH는 세계적인 브랜딩 기업 중 하나로 세포라^Sephora, 토마스 핑크^Thomas Pink, 동 페리뇽^Dom Perignon, 루이비통^Louis Vuitton 등 세계적인 탑 럭셔리 브랜드들을 많이 소유하고 있다. 이렇게 많은 브랜드를 관리한다는 것은 그 자체로 굉장한 도전이다. 각각은 믿기 어려울 정도의 관심과 후원을 필요로 하기 때문이다. 아르노 회장은 이 기업의 선두에 서 있지만 그 브랜드를 잘 관리하기 위하여 각각의 팀에 의지한다. 그는 아무런 결정을 내리지 않는다. 단지 누가 할 수 있는지를 파악하고 그 사람이 기민한 결정을 내릴 수 있도록 임파워먼트^impowerment 한다.

많은 리더가 직원들이 주인의식을 갖기를 바란다. 그렇지만 쉽지 않은 일이다. 크래프트 사람들이 브랜드에 주인의식을 느끼는 특별한 이유가 있나?

크래프트는 제품별 매니저가 주도하는 팀에 의해서 운영되는데, 이들은 단기 성과뿐 아니라 장기적인 브랜드의 건강한 성장에 대해서도 진지하게 고민한다. 몇 년 전 내가 크래프트에서 미라클 윕^Miracle Whip, 타코 벨^Taco Bell, 그리고 디지오노^DiGiorno를 관리할 때를 떠올려 보면 나는 각각 브랜드에 대해서 강력한 재무적 성과를 내야 하는 의무감과 동시에 현명한 결정을 내려야 할 듯한 책임감도 느꼈다. 원인은 크래프트의 조직 구조에서 찾을 수 있다. 크래프트의 모든 브랜드는 CFT(협업팀, Cross Functional Team)에 의해서 관리된다. 그 팀은 보통 마케팅 책임자, 세일즈팀, 관리 담당자, 프로모션 담당자, 시장조사팀 등으로 구성되며, 이들은

나이키와 필나이트, 하워드 슐츠와 스타벅스, 리처드 브랜슨과 버진은 현재로서는 떼려야 뗄 수 없는 관계지만, 이들 브랜드는 창업자를 넘어서야 한다.

**결정의 권한을 위임한다는 것은 서로의 생각을 공유하고, 서로를 믿지 않고는 어려운 일이다. 어떻게 직원들이 자신과 같은 생각을 하게 하고, 어떻게 같은 결정을 내리게 할지가 많은 리더들의 고민인데 자신의 브랜드에 대한 생각(철학, 원칙 등)을 직원

들에게 효과적으로 공유할 수 있는 방법이 있다면 소개해 달라.
위대한 리더들은 계속해서 브랜드 뒤에 감춰진 가치들을 강화시켜야 한다. 리더들이 많이 사용하는 방법은 직원들이 브랜드 가치를 높인 사례를 스토리텔링으로 강조하는 것이다. 페덱스에는 페덱스의 가치를 알리는 수많은 이야기들이 있다. 페덱스 홈페이지에서 스포트라이트를 받은 이야기 중 하나를 소개하면 이렇다.

2008년 3월 18일, 미시시피 주의 서부 잭슨 지역에서 페덱스의 운송원 제이 맥멀린Jay McMullin은 한 픽업트럭이 도로의 가장자리에서 물에 휩쓸려 내려가는 것을 본 순간, 자신 역시 물에 잠긴 고속도로 위에 있다는 것을 알아챘다. 맥멀린은 순간 차를 멈추고 물이 쏟아지는 도로 위로 달려 내려가 앞서 가던 픽업트럭 운전자, 78세의 오델 번치Odell Bunch의 손을 낚아챘다. 그리고 그를 안전하게 구해 냈다. 그러고 나서 맥멀린은 그의 배송 작업을 마쳤다. 또 한 사람의 운전자를 구하고 나서 말이다. 그의 매니저인 폴 스토너Paul Stoner는 "이 친구는 (자신의 생명이 위험한 순간에 다른 사람의 목숨까지 구하고도) 흠뻑 젖은 신발과 양말, 그리고 축축한 바지를 입고 밤까지 그의 나머지 업무를 마쳤다. 우리는 그가 몹시 자랑스럽다"고 밝혔다.

2008년 3월 18일은 미시시피에서 13명의 사망자와 3명의 실종자를 낳은 홍수가 있던 날이었다. 페덱스는 이렇게 한 사람 한 사람의 이야기에 빛을 비춤으로써 직원들에게 자긍심을 불러일으킨다. 또한 이 스토리텔링은 ®페덱스의 '인간 제일주의'라는 가치를 자연스럽게 공유하게 한다. 페덱스가 말하는 '사람'은 직원들뿐 아니라 정말 '인간'임을 말하는 것이다.

많은 브랜드들이 후계 문제를 고민한다. 브랜드를 존중하지 않는 새로운 리더가 와서 자신의 개인적인 스타일로 브랜드를 변화시키려고 한다면, 그 브랜드의 아이덴티티에 손상을 입힐 수도 있기 때문이다. 당신이 A라는 브랜드의 리더인데 기존의 브랜드 컬러(아이덴티티, 기업 문화 등)를 유지하고 싶다면, 어떠한 후계자를 선택하겠는가?
여러 가지를 체크할 것이다. 성공적인 리더는 커뮤니케이션에 있어 명확해야 하고, 재무 데이터를 이해할 수 있어야 하며, 어려운 의사결정을 해 내고, 직원들에게 권한과 권력을 위임할 수 있고, 조직의 방향성을 명확히 제시해야 한다. 특히 브랜드십을 가지고 강력한 브랜드를 이끌어야 할 리더라면 자신감과 자기확신이 있는 사람인지 확인할 것이다. 자신감과 자기확신이 없으면 브랜드의 컬러를 희석시킬 만한 유혹을 더 많이 느낄 것이기 때문이다. 제품의 퀄리티를 낮추고, 마케팅 예산을 삭감하고, 고객 서비스를 제한하고, 직원들을 해고하는 것은 상당히 쉽게 단기 이익을 만들어 낸다. 그러나 이러한 움직임은 브랜드에 거의 도움이 되지 않는다. 따라서 브랜드의 리더는 심지어 쉬운 결정들로 그 순간을 모면할 수 있는 재무 위기 상황에서도 브랜드를 보호하기 위하여 'No'라고 말할 수 있는 자신감과 자기확신이 필요하다. UB

티모시 컬킨스 현 켈로그 경영대학원의 마케팅 교수로 예일대학교를 졸업하고 하버드경영대학원에서 MBA를 마쳤다. 부즈·앨런&해밀턴 컨설팅사에서 실무를 시작한 이후 크래프트 푸드에서 10년간 브랜드 매니저를 역임했다. 현재 Class 5 Consulting의 이사로 재직 중이다.

 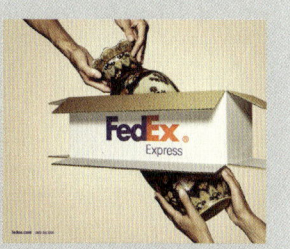

🔍 **페덱스의 인간 제일주의**
"모든 직원이 비전을 공유하기 전까지는 초우량 기업이 될 수 없다." 페덱스의 창업자 프레드릭 스미스의 유명한 말이다. 페덱스는 '익일 화물 배달 사업'이라는 특성상 업무가 매우 긴밀히 이루어져야 하고 세계 어느 한 지점에서라도 파업이 일어나면 고객과의 약속을 지키지 못할 수도 있다. 그래서 비전을 공유하는데 필요한 중간 관리자의 리더십 교육이 엄격한 것으로도 유명하다. 페덱스에서 매니저가 되면 미국 멤피스 본사의 리더십 연구소에서 강도 높은 교육을 받는데 교육의 중심에는 PSP라는 페덱스의 기업 철학이 있다. 이는 사람People, 서비스Service, 이익Profit을 의미하며, 이때 PSP의 순서는 페덱스에서 중요하게 생각하는 가치의 순서이자 의사결정의 순서다. "우리가 사람(종업원)을 지성으로 보살피면 그들은 고객이 원하는 완벽한 서비스를 제공할 것이며, 그러면 고객들은 회사의 미래를 다지는 데 필요한 이익을 가져다줄 것이다"라는 기업 철학의 가장 앞에 있는 종업원은 실제로 가장 중요하게 여겨져 페덱스는 말단 사원이 최고 경영자가 된 경우도 많으며, 아직까지 심각한 수준의 노사분규는 없었다.

브랜드 컨설턴트로부터 온 브랜드십의 제안서

혼란을 잠재우고 평형을 찾는 힘, 브랜드십

Written by **Patrick Hanlon**
Exclusively for Unitas BRAND

"애플은 독특하다. 하지만 그것이 스티브 잡스가 떠난 뒤에도 남아 혼란을 잠재울 만한 '문화'인가?"
브랜드와 동전의 앞뒷면 같은 리더, 브랜드와 샴쌍둥이 같은 리더, 브랜드와 자웅동체 같은 리더. 이런 리더들이 있기에 종종 이들의 강력한 리더십 스타일은 브랜드의 문화로 오인되곤 한다. 그런데 과연 이들의 리더십 스타일이 브랜드의 문화라고 할 수 있는가?
그 물음에 대한 답은 패트릭 한론이 보내 준 다음 글에서 확인해 보기 바란다. 브랜드십에 대한 의견을 묻기 위해 《열광의 코드 7》의 저자이자 브랜드 컨설팅 전문가인 그에게 우리의 생각을 전했을 때, 그는 자신의 생각을 정리해 한 편의 원고로 우리에게 보내 주었다. 그가 기업이 리더 없이 혼란에 휩싸이는 시기에 브랜드 생태계를 원상태로 돌려놓을 힘으로 지목한 것이 과연 무엇인지 찬찬히 살펴보도록 하자.

GE는 토머스 에디슨 없이 살아 남았다.

포드Ford 또한 헨리 포드 없이 살아남았다. HP도 빌 휴렛과 데이비드 패커드 없이 어떻게 더 번영할 것인지 방법을 찾은 듯하고, 최근에는 마이크로소프트가 (바라건대) 빌 게이츠 없이 살아남기 위한 계획을 세우고 있다.

그러나 유니타스브랜드가 말하는 브랜드십에 대해 이야기하기 전에, 다음을 좀 더 구체적으로 상상해 보기 바란다. 스티브 잡스 없는 애플은 과연 어떨까? 리처드 브랜슨 없는 버진은 과연 어떤 모습일까? 강력한 리더십이 이미 브랜드화되었고, 그래서 리더와 브랜드가 떼려야 뗄 수 없는 사이가 된 브랜드. 나 역시 이런 사례들이 식상하지만 브랜드십이 왜 필요한지에 대해 이야기를 시작할 때 이보다 좋은 사례를 찾기는 어려울 것 같다. 분명 리더 없는 이 브랜드들을 상상하기란 쉽지 않을 테니 말이다.

브랜드가 별 일 없이 '장수'할 수 있으리라는 생각은 사실이 아니다.

Levi Strauss & co.(브랜드 리바이스 등을 소유한 그룹)에서 일하는 친구 한 명이 내게 일깨워준 사실이 하나 있다. "어쩌면 사업적 재능을 타고난 사람이 화려한 언론 플레이를 증속 로켓(대기권의 저항을 돌파하는 데 필요한 보조 로켓)으로 달고 회사를 시작하는 것은 아주 쉬운 일일 수 있다. 그러나 100년 이상 유지되는 브랜드와 조직을 만드는 일은 정말 차원이 다른 일이다." 나도 내 친구의 생각에 완전히 동의한다.

브랜드가 오랜 시간 유지될 수 있는 것은 그 브랜드의 '문화' 때문이다. 창립자보다 오래 살아남은 브랜드들을 살펴보면 대부분 그들만의 문화가 있고, 문화를 유지하기 위한 조직 구조를 가지고 있다. 나는 이렇게 브랜드가 지속되는 문화를 만드는 창조적 행위가 브랜드십을 만든다고 생각한다.

애플의 문화에 대해서 살펴보자.

지난 몇 년간 스티브 잡스는 "언제나 적을 미혹하고, 엉뚱한 곳으로 이끌고, 놀라게 하라"는 ⓠ토머스 '스톤월Stonewall' 잭슨 장군의 명언을 따르는 것처럼 보일 정도였다. 잡스는 공식 석상에서 "어느 누구도 1인치 정도의 작은 모니터로는 비디오를 보지 않을 것"이라 장담한 지 3개월 후에 비디오 재생이 가능한 아이팟 나노를 시장에 내놓았고, "포켓용 디지털 디바이스로 책을 읽을 사람은 정말 몇 명 되지 않을 것"이라더니 곧 아이패드를 내놓았다. 매우 좋게 보자면, 애플

> "어쩌면 사업적 재능을 타고난 사람이 화려한 언론 플레이를 증속 로켓으로 달고 회사를 시작하는 것은 아주 쉬운 일일 수 있다. 그러나 100년 이상 유지되는 브랜드와 조직을 만드는 일은 정말 차원이 다른 일이다."

🔍 토머스 '스톤월Stonewall' 잭슨 장군과 브랜드십

토머스 조나단 잭슨Thomas Jonathan Jackson은 미국 남북전쟁 당시 남부연합군의 장군이었다. 그가 토머스 '스톤월Stonewall' 잭슨 장군, 즉 돌벽 장군으로 불리게 된 것은 그가 '제차 불런 전투'에서 북부 연합에 승리한 이후부터다. 그는 전장이 아무리 격렬해도 부동자세로 지휘하는 리더로 유명했다. 그래서 '그가 전쟁에서 돌담stonewall처럼 버티고 있으니 전쟁에서 승리할 것'이라는 막연한 믿음이 군사들 사이에서 생길 정도였다. 이 때문에 그는 조나단이라는 미들 네임 대신 '스톤월'이라는 미들 네임까지 얻었다.

패트릭 한론이 스티브 잡스 이야기를 하며 토머스 잭슨 장군의 이야기를 꺼낸 것은 그가 한 유명한 말을 인용하기 위함이었지만, 더 깊이 들여다보면 이 장군에게서 더 다양한 통찰을 얻을 수 있다. 바로 토머스 잭슨 장군이 남부연합을 이끌며 믿음직한 장군(리더)으로서 선전했지만, 어이없는 사고로(아군이 적으로 오인하여 쏜 총에 맞아 왼손을 절단하고, 이후 합병증이 악화되었다) 목숨을 잃고 난 뒤 남부연합군은 급격히 그 세가 기울어 결국 전쟁에서 패했다는 사실에서다. 그가 죽은 뒤 타격이 얼마나 컸으면 "그가 살아 있었다면 게티즈버그 전투(남북전쟁 최대의 격전이자 승패의 분수령으로 평가되는 전투)에서 승리할 수 있었을 것"이라는 말이 나돌 정도였다.

토머스 잭슨의 사례에서 보듯 한 사람의 장군(리더)에게만 기댄 군대는 장군이 쓰러지면 함께 무너져 결코 전쟁에서 승리할 수 없게 된다. 어떻게 보면 토머스 잭슨은 원칙에 충실하고 훌륭한 성과를 내는 리더였으나 그가 없는 군대는 미처 생각하지 못한 리더였던 것이다.

브랜드는 많은 부분 창업자를 닮는다. 그러나 이제 이들 브랜드는 유한한 인간의 생명을 넘어서 창업자 없이도 영속하는 브랜드로 나아가기 위해 저마다의 준비를 하고 있다.

은 스티브 잡스의 탁월한 기지(?)로 수백만의 사람들을 계속 고무시키고 있다. 그는 탁월한 브랜드 전략가이자 리더라고 할 수 있다.

그는 마냥 좋지만은 않은 기업 문화를 만드는 리더이기도 하다. 그는 직원들의 아이디어가 '바보 같다'고 말하는 것으로 악명 높다. 그리고 직원들에게도 '바보'나 '멍청이'라고 부를 때가 많다고 한다. 때로는 이것이 도가 지나칠 때도 있겠지만, 스티브 잡스와 같은 안목과 성과를 가진 사람이 아니라면 누구도 그에게 쉽게 이의를 제기하기 어려울 것이다. 별로 좋은 문화가 아니긴 해도 이런 리더의 강력한 표현과 지시가 애플을 빠르게 변화할 수 있는 혁신적인 브랜드로 만든 것은 사실이다. 다른 기업들이 그런 리더십의 부재로 진흙탕에 빠져 길을 잃고 헤매고 있을 동안 말이다. 대학을 중퇴한 스티브 잡스는 혁신적인 리더십으로 MBA까지 나온 라이벌들을 뛰어넘고, 그들을 어지럽게 만들고 있다. 이런 리더의 스타일은 곧 애플이 시장에서 확고한 위치를 차지하는 이유가 되었다.

그런데 만약 스티브 잡스가 애플을 떠난다면(떠나기 싫어도 그래야만 하는 순간이 온다면) 애플은 과연 계속 라이벌을 미혹하고, 엉뚱한 곳으로 이끌며, 놀라게 만드는 교활하고(?) 화려한 기교를 사용해 지금과 같은 성공가도를 달릴 수 있을까? 스티브 잡스가 있는 지금, '애플의 문화처럼 보이는' 이것이 과연 그가 없을 때도 조직을 흔들리지 않게 하는 문화로 남아 있을까?

토머스 에디슨이나 스티브 잡스, 오프라 윈프리나 리처드 브랜슨 같은 다이내믹한 리더가 조타석(배의 키를 조종하는 자리)에서 내려올 때, 그들은 다른 것으로는 쉽게 채워지지 않는 영적인 공백을 남긴다. 그렇기에 직원들은 (일종의) 방향성 상실을 느끼거나, 리더 말고는 아무것도 바뀐 것이 없는 회사마저도 다르게 느낄 것이다. 의례화[ritual]된 문화가 없다면 사람들은 자신의 '관점'과 '동기'마저 잃게 된다.

어느 기업에나 문화가 있다. 그러나 애플처럼 문화가 리더로부터 시작되었다고 하더라도, 그것을 지속적으로 이끌어가고 정착시키는 것은 리더가 아니다.

> 🔍 **구멍 뚫린 평형과 단속평형이론**
>
> 단속평형이론[Punctuated Equilibrium Theory](구두점식 평형이론)은 생태계가 진화하는 과정에 대한 관점 중 하나로 점진적 계통 진화[Phyletic Gradualism]의 대안으로 만들어졌다. 생태계가 1차 함수 그래프 형태로 점진적으로 변화한다는 시각과는 달리 단속평형이론에서는 생태계가 급진적인 변화를 겪으면서 단계적으로 진화한다고 본다. 생태계가 균형 상태[stasis]에 있다가 변화를 겪는 구두점[punctuation]을 겪은 뒤 다시 평형을 찾는 것이다. 이 이론을 조직 단속평형이론으로 적용하기도 한다(Gersick, 1991). 균형 상태에서는 기본적인 행위 패턴이 지속되다가 구두점적인 변화를 겪고, 그 변화에서 다시 평형을 찾으면 한 단계 성장한다고 보는 것이다. 패트릭 한론은 구두점적인 변화가 리더가 바뀌거나 사라지는 것(시기)으로 보았고, 이 혼란에서 다시 평형을 찾게 하는 것이 브랜드 문화의 힘이라고 본 것이다.

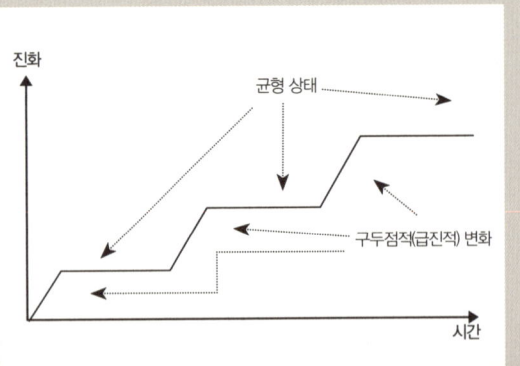

〈그림 1〉 단속평형이론을 가시화한 그래프

기업은 브랜드 내러티브^{brand narrative}가 이끄는 조직이다.

"우리는 이렇게 시작했다"라고 말할 만한 이야기가 있다는 말이다. 그리고 이들에게는 항상 브랜드 신조^{credo}와 사명선언서^{mission statement}가 있다. 물론 항상 기업 내외에서 강조하는 내용이 같은 것은 아니다. 구글은 대외적으로 '세계의 정보를 조직화하고 전 세계 누구든 이 정보에 접속하여 사용할 수 있게 한다'는 것을 강조하지만, 내부적으로는 그보다 '악해지지 말자^{Don't be evil}'를 더 강조하고 있다. 이것은 이들이 어떤 브랜드인지 알려 준다.

모든 기업은 그들을 나타내는 아이콘이나 상징물이 있다. 때로는 기업 로고나 명함, 일하는 사무실이나 회사 건물은 그들이 생산하는 제품만큼이나 그들을 표현하는 것이 된다. 회의 공간마저도 상징일 수 있다. 만약 회의를 회사 내 카페에서 자주 하는 기업이 있다면 그들은 콘크리트 벽으로 꽉 막힌 회의실에서 회의를 하는 조직과는 확실히 다르다는 사실을 알 수 있다. 또한 직원들이 업무 시간 이후의 시간이나 점심 시간, 혹은 주말에도 일을 하는 조직인지 여부도 그 회사의 문화를 보여준다. 이런 것들이 기업을 정의하고, 그들이 일하는 방식을 정의하는 것이다. 브랜드만의 문화는 곧 그들만의 '의례^{rite}'가 되어 세월이 흘러도 직원들이 계속 같은 행동을 하도록 만든다.

장수하는 브랜드들은 브랜드가 '생태계' 같다는 사실을 알고 있다.

생태계의 흐름에는 생물학자들이 '구멍 뚫린 평형^{Punctuated Equilibrium}이라 부르는 기간이 있다. 본래 평형 상태를 유지하던 생태계가 지진, 허리케인, 화재 등의 자연 재해와 같은 급격한 변화를 겪게 될 때가 바로 이 기간이다. 브랜드를 운영하는 조직을 생태계로 본다면 리더가 떠나거나 바뀌는 때는 이 기간에 비유될 만큼 혼란스러운 시기다. 그러나 만약 이 구멍 뚫린 평형의 시기를 잘 지나서 다시 평형 상태로 돌아갈 수만 있다면 생태계는 한 단계 진화한다. 조직도 이 시기를 잘 넘기면 한 단계 진화할 수 있다.

> 브랜드를 운영하는 조직을 생태계로 본다면 리더가 떠나거나 바뀌는 때는 이 기간에 비유될 만큼 혼란스러운 시기다. 그러나 만약 이 구멍 뚫린 평형의 시기를 잘 지나서 다시 평형 상태로 돌아갈 수만 있다면 생태계는 한 단계 진화한다.

조직이 구멍 뚫린 평형에서 다시 온전한 평형 상태로 돌아오게 만드는 힘이 바로 '문화'다.

브랜드를 지속시키는 힘, 즉 문화가 정착되면 리더가 바뀌는 혼란이 생기더라도 다시 평형을 찾을 수 있다. 이 혼란의 기간에도 직원들은 모두 브랜드의 미션과 목적을 기억할 수 있다. 그들의 방향성도 잃지 않는다. 그들은 아침에 자신이 왜 일을 하러 나와야 하는지 명확히 기억하게 된다. 브랜드십이 있으면 직원들은 혼란의 시기에도 자신이 브랜드 내러티브가 계속 이어지게 하는 역할을 하고 있다고 스스로 되새긴다. 새로운 리더가 사장실에 모습을 나타내더라도 자신의 역할이 과거와 다름없이 계속해서 기업에서 중요한 역할을 할 것이라고 믿을 것이다. 이것은 문화의 중심에 그들이 존재하는 목적이 있기 때문이다. 직원들은 월급이나 창업자의 생각보다 더 큰 이상^{ideal}을 믿고, 그것에 의해 움직인다. 그 이상은 창업자의 것보다 계속해서 자라고, 심지어 회사보다 더 커진다. 이것은 '무엇이든 더 나아질 수 있다'는 영원한 믿음이 된다. 이상은 결국 어떻게든 세상을 바꾸게 될 것이다. 브랜드의 문화는 결국 그들을 존속시킴과 동시에 세상을 바꾸게도 할 것이다.

'성공'은 리더를 안주하게 만들고, 가끔 그들이 무엇을 위해서 일하는지 잊게 만든다. 그러나 그것은 악이다. 리더는 항상 조직원들이 어떤 이상^{ideal}을 위해 밤낮으로 그들의 개인적인 삶과 가족, 때로는 건강까지도 희생하며 노력하고 있는지를 기억해야만 한다. 브랜드십으로 브랜드 내러티브와 이상은 끊임없이 성장하고 강화된다. 브랜드십은 단순히 브랜드가 시간을 견뎌 나가는 것이 아니라, 리더가 브랜드를 떠나고 난 뒤에도 계속 번영할 수 있게 하는 원동력이 될 것이다.

패트릭 한론 세계적인 광고 에이전시인 TBWA, 오길비, 힐 리니&파트너스, 로&파트너스 등에서 임원을 역임했던 그는 UPS, LEGO, GM, 펩시, IBM, 앱솔루트 보드카 등의 브랜드 컨설팅을 진행했다. 이런 노하우를 바탕으로 2003년 브랜드 컨설팅 전문 회사인 씽크토피아를 세웠으며 타깃, 스타벅스, 아메리칸 익스프레스 등의 브랜드 구축을 도왔다.

EMB
CULT

브랜드십의 배양

엠브리오 컬처(embryo culture, 배배양)란 배아를 '배양cultivate'하는 과정을 말한다. 유니타스브랜드가 만난 13개의 브랜드에서는 각자가 지닌 배아(EMBRYO 섹션에서 소개한 네 가지의 브랜드십 핵심 키워드)를 나름의 방식으로, 또 각자가 지닌 배양액(배양체가 필요로 하는 영양분)으로 배양시키고 있었다. 어떤 브랜드는 '브랜드 정언명령'이란 배아에 초점을 두고, 어떤 브랜드는 '초전도체'가 된 리더를 중심으로, 또 어떤 브랜드는 '초월적 책임감'을 지닌 리더에 의해, 또 어떤 브랜드는 '페어런트십'을 핵심으로 배아를 배양시키는 모습을 보였다. 그리고 이런 그들의 배배양 기술은 그들만의 '문화culture'로 정착되고 있었다. 13개 브랜드가 보인 각각의 독특한 배배양 과정, 그리고 그 중심에 선 13명의 CEO들이 '현재 혹은 미래의 CEO인 당신에게 보내는 메시지(to CEO)'를 들어보자.

63 해외브랜드 리더
to CULTIVATE ENDURING ORGANIZATION

103 국내 브랜드 리더
to CULTIVATE EVOLVING ORGANIZATION

129 브랜드 창업자
to CULTIVATE ETERNAL ORGANIZATION

to C.E.O.

EMBRYO CULTURE

to CULTIVATE ENDURING ORGANIZATION

우리가 만난 다섯 개 글로벌 브랜드의 CEO들은 해당 브랜드를 영속 가능한 조직으로 일궈 내기 위한(to Cultivate Enduring Organization) 그들만의 노하우를 공개했고, 그들의 답변 속에서 우리는 그들이 갖는 브랜드십의 형체를 확인할 수 있었다. 본사와는 다른 환경에서도 영속할 수 있는, 즉 브랜드십을 갖춘 브랜드를 만들기 위한 그들만의 배배양 기술을 알아보자.

3

해외 브랜드 리더

64 듀폰 코리아

72 다논 코리아

82 고어 코리아

94 스와치 그룹 코리아

DUPONT

초전도 현상으로 인한 동조현상의 브랜드십

한 방향으로 흐르는 영속 기업의 표본, 듀폰

The interview with 듀폰 아시아 태평양 고문 김동수

아직도 이 실험을 안 해본 독자가 있다면 지금 한 번 해보길 권한다. 단, 이 실험을 하는 동안은 상당히 우스운 꼴을 보여야 하므로 주변에 사람이 있다면 집이나 화장실에 가서 했으면 한다. 사무실에서 이것을 하다간 과도한 스트레스로 인한 정신 질환을 앓고 있는 것으로 오해 받을 확률이 높다.

타인의 시선으로부터 자유로워졌다면 이제 양손을 머리 위로 올려 오른손으로는 오른쪽 머리를, 왼손으로는 왼쪽 머리를 때려 보자. 단, 중요한 것은 리듬을 타며 '번갈아' 때리는 것이다. 너무 세게 치면 이 글을 이해하지 못할 정도로 머리가 멍해질 수 있으니 가볍게 치자. 슬슬 리듬을 탔다면 이제 속도를 높여 보자. 손이 안 보일 정도로!

미션은 '번갈아 치기'다. 번갈아 치기!

* 본 기사에 대한 더 깊은 이해를 위해서, p32 '초전도체'를 먼저 읽기를 권한다.

동조, 닮아 가다

앞서 소개한 실험에서 성공한 사람이 있다면 분명 지구인이 아니거나 뇌의 특정 부위에 이상이 있는 사람임에 틀림없다(속도를 높이지 않았으면서 성공했다고 우기면 곤란하다). 성공할 때까지 도전할 필요도 없다. 박자 감각이 아주 뛰어나 손과 발이 자유자재로 리듬을 타는 것처럼 보이는 유명 드러머도 실패할 수밖에 없는 실험이다. 이는 인간의 '본능'인 '동조同調'현상 때문이다.

동조현상은 비단 인체 내부에서만 일어나는 것이 아니라 사람과 사람 간에도 일어난다. 여성의 경우 자매, 친한 친구, 직장 동료 사이에서 월경 시작일이 비슷해지는 현상도 동조현상 중 하나다. 여성은 무의식적으로 비슷한 가임 기간을 가져 아이의 젖먹이나 육아 부담을 줄일 수 있도록 생체 리듬을 주변 여성에 동조시킨다고 한다. 또한 군대에서의 행군 때 굳이 발 맞추기를 위한 구령을 하지 않아도 어느덧 앞 사람과 같은 리듬으로 발을 맞추는 자신을 확인할 수 있다(여성의 경우 오늘 지하철에서 내려 지상까지 오르는 동안 사람들과 자신을 관찰해 보길 권한다). 이밖에 수많은 동조현상이 우리 주변에서 관찰된다. 이러한 동조현상은 인간에게만 나타나는 것이 아니다. '반딧불이의 (발광을 주도하는 우두머리가 없음에도 모든 개체가 동시에 빛을 내었다가 꺼뜨리는) 발광 행태' 역시 한때 과학계를 뜨겁게 달궜지만 결국 동조현상으로 밝혀졌다.

코넬대학 응용수학과 교수로 재직하며 카오스와 복잡계 이론 분야의 구루로 인정받는 스티븐 스트로가츠Steven Strogatz는《동시성의 과학, 싱크》에서 이와 유사한 수많은 사례를 소개하며 동조현상의 비밀을 풀어 냈다. 그 비밀의 핵심을 자발적 자기 조직화self-organization, 즉 '카오스로부터 저절로 나타나는 질서'로 설명하고 있다(구체적인 설명은 그의 책을 통해 확인해 보길 바란다). 그리고 이러한 동조현상은 기업 조직에서도 일어난다.

조직 구성원들의 집단 동조현상

철가루를 투명한 유리판 위에 흩뿌려 놓은 뒤 그 밑에 막대자석을 가져다 놓는 실험을 기억하는가. 바로 '자기장'의 모습을 보기 위한 실험이다. 이 보이지 않는 힘인 자기장 속에서 철가루들은 일정한 패턴을 취하게 되는데, 그 패턴 속에서 철가루는 또 하나의 자석처럼 행동한다. 그 입자 하나하나에 N극과 S극이 생겨 서로가 서로를 붙들고 있다는 의미다. 철가루는 너무 작아 그림이 쉬 그려지지 않는다면 자석에 붙은 클립을 생각해 보자. 자석에 붙은 클립에 다른 클립

을 가져다 대면 붙는데, 이때 자석의 N극에 붙은 클립의 다른 끝이 다시 N극이 되는 것을 상상하면 이해하기 쉽다. 자석에 의해 자석으로 전도된 것이다.

이와 같은 현상이 조직 구성원에게 생기면 어떻게 될까? 모든 조직원이 강력한 힘(자력)에 의해서 일정한 행동 패턴(자기장)을 갖고 그 힘에 전도되어 모두 같은 성질을 갖는 것 말이다. 그런데 실제로 이러한 비슷한 현상을 보이는 조직을 만날 수 있었다. 올해로 208번째 생일을 맞은 듀폰이다. 무엇이 그들로 하여금 이런 집단 동조현상을 만들게 했을까? 이에 대한 답을 찾기 위해 듀폰 본사 부사장 및 아시아 태평양 총괄 사장을 지낸 김동수 고문을 만났다.

보이지 않는 자기장

조직원들 사이에 끌어당기는 힘, 즉 인력을 가지게 한 힘의 근원은 그들의 핵심가치 중 하나인 '윤리'에 있었다. 윤리라는 거대한 자석은 듀폰이라는 투명 기업체 위에 흩뿌려진 조직원들에게 커다란 방향성을 부여하고 철가루(직원) 하나하나가 윤리 코드에 전도되어 같은 성향을 갖도록 했다.

이처럼 비슷한 현상을 만든 자석과 윤리는 또 다른 유사점이 있다. '알 수 없는 힘'이라는 것이다. 물론 자석이 생긴 이유, 또 자기장의 원리에 대한 일반적인 답은 있다. 지구의 자성(자기적 성질) 때문이라는 것이다. 하지만 이에 대한 근본적인 답변, 즉 왜 지구가 자성을 갖게 되었는지에 대한 견해는 수십 개가 넘는다. 윤리도 마찬가지다. '인간이라면 마땅히 행하거나 지켜야 할 도리'라지만 여기서 '마땅히'는 여전히 명쾌하지는 못하다.

두 힘 모두 알 수 없는 힘이라는 것을 짚고 넘어가는 이유는 이 두 힘의 '절대성'에 있다. 이유를 알 수는 없지만 당

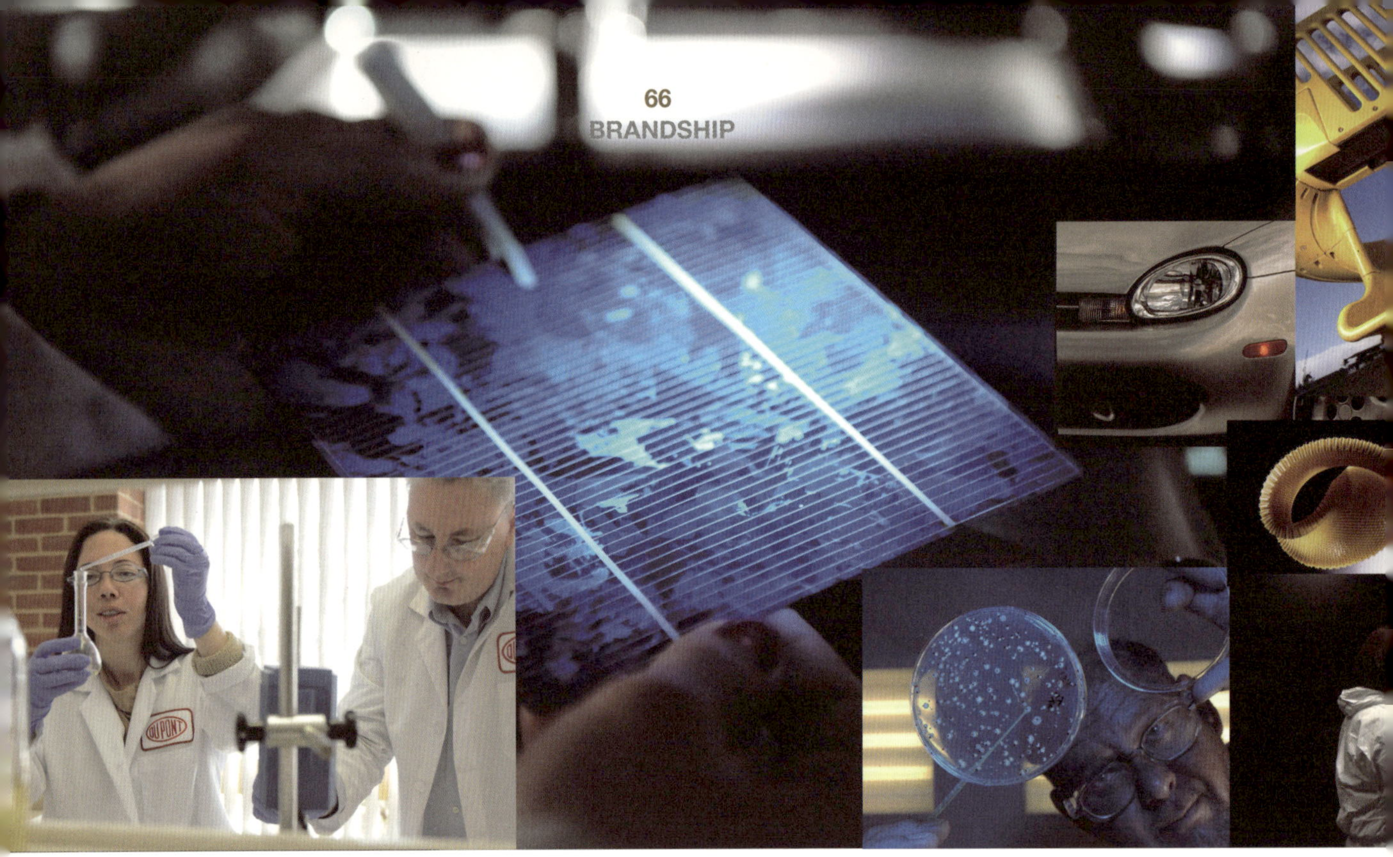

기는 힘. 따라야 할 것만 같고, 따를 수밖에 없는 힘. 그것이 자력이며 윤리다.

듀폰의 직원들은 '윤리'라는 그들의 핵심가치를 중심으로 일종의 패턴, 즉 조직 문화를 형성하고 있으며 스스로 윤리 인격체(윤리라는 가치에 의해 전도된 인간의 모습)로 변모되어 서로를 끌어당기고 있다. 이는 너무나 강력해서 단순히 '법이나 규칙을 지킨다는 것' 이상의 의미를 갖는다. 듀폰은 상당히 구체적인 예를 만들어 기준을 세우고, 그것에 대해서는 예외가 없다. 비즈니스적으로 아주 큰 손해를 볼 수 있는 상황이라도 말이다.

김동수(이하 '김') 지난 10년 동안 100여 명의 직원이 '윤리 사고'로 나갔다. 이 수치만 보면 듀폰에는 비윤리적인 사람들이 많은 것처럼 비춰질지 모르지만 우리의 기준을 타사에 적용했을 때의 수치는 상상할 수 없을 정도로 높을 것이다. 법을 어겼을 때는 물론이고, 회사의 규정을 어기거나 거짓말을 하는 경우까지 포함한다. 물론 그 거짓말이 개인적인 이익을 위해서가 아니라 회사를 위해서였어도 말이다. 심한 경우는 돈 5만 원 때문에 퇴사한 사람도 있었다. 원칙이란 100이면 100을 지켜야 의미가 있다. 100에 95를 지켰어도 그것은 이미 '원칙'이 아니다. 나머지 5개에 대해서는 상당한 이유가 있어야 변론이 가능하다.

김 고문의 이야기를 들으면 듀폰에는 무수한 관리감독과 비정기 감찰이 많을 것 같다. 하지만 그들의 윤리 경보 시스템은 '동료'에 의해 작동되는 경우가 많다. 때로는 그것이 내부 신고의 모습으로 나타나기도 하며, 스스로의 성찰로 나타나기도 한다. 이 성찰의 기준이 되는 것이 바로 동료다. 옳고 그름의 기준을 (윤리의식으로 철저히 무장된) 동료의 눈에 두기에 더 높은 기준이 된다. 법과 사회를 속이는 것은 상대적으로 용이할 수 있어도 바로 옆 동료의 눈을 피하기는 힘들기 때문이다.

이는 앞서 소개된 네 개의 키워드 중 '초전도체가 된 리더 (p32 참고)'가 이끄는 조직에서 직원들(전자)이 보이는 모습과 닮았다. 직원들이 밀어내는 힘(척력)이 아닌 당기는 힘(인력)을 통해 상호 가이딩 guiding 하고 있는 셈이다. 이 때문에 자생적으로 윤리 사고가 줄어들기도 하는데 이는 브래들리 커브 Bradley Curve 를 보면 이해하기 쉽다.

Peer Guiding

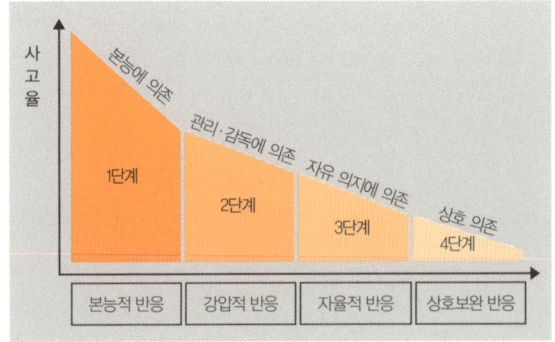

〈그림 1〉 안전문화 성숙 단계를 설명하는 브래들리 커브

브래들리 커브는 듀폰의 네 가지 핵심가치(안전 및 보건, 윤리준수, 환경보호, 인간 존중) 중 '안전'을 조직적으로 성숙시켜 문화로 정착시키기 위해 사용하는 개념이다. 약간의

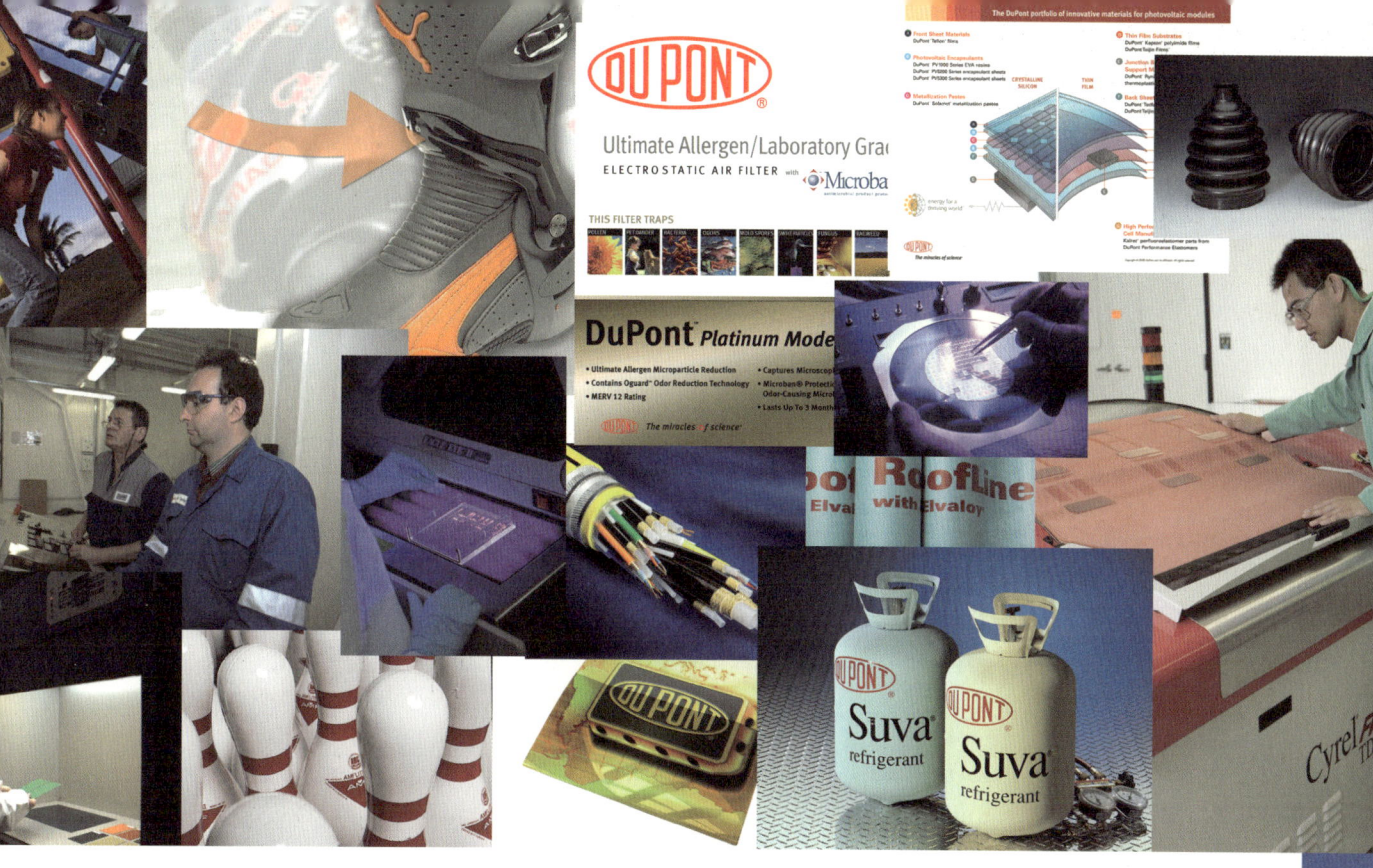

　설명을 덧붙이자면 이 브래들리 커브는 '안전에 대한 경각심'을 일깨워 주는 '주체'를 1~4단계로 설정하고 4단계의 수준에서 가장 사고율이 낮기 때문에 이를 지향점으로 두어 지속적인 안전 교육을 해야 한다는 것이다. 단계별 주체는 다음과 같다.

1단계 : 개인의 본능에 의해 사고가 방지되는 단계
2단계 : 관리·감독관에 의해 사고가 감시되는 단계
3단계 : 개인의 자유의지로 스스로를 통제하는 단계
4단계 : 조직원 상호 의존적 단계로 서로가 서로를 관리·감독 하는 단계

　듀폰이 지향하는 '안전문화 성숙도'의 목표는 4단계다. 이를 위한 노력은 평상시 회의에서도 엿보인다. 그날 회의와 관련된 것이 아니더라도 회의 전에는 언제나 안전에 관한 정보나 교훈을 이야기할 수 있으며 그 공유 과정을 통해 '동료에 의한 학습'을 꾀한다는 것이다. 최근에 있었던 가장 놀라운 에피소드(?)는 김동수 고문, 그 자신의 자동차 사고에 관한 것이다.

김　몇 해 전에 교대 앞에서 큰 자동차 사고가 났다. 자동차 네 대가 충돌한 사고였는데 우리 차를 제외한 세 차에서 두 명이 사망하고 나머지 몇 명은 심하게 다쳤다. 나는 당시에 뒷좌석에 있었는데, 여느 때처럼 안전벨트를 맸기 때문에 안전했던 것 같다. 결국 나는 듀폰에서 받은 교육 때문에 죽을 뻔했다 산 사람이라고 믿고 있다. 이에 대해 직원들과 공유하다가 아예 본사 회장님께 이 일을 겪고 난 후의 교훈(뒷좌석일지라도 안전벨트를 맬 것, 상대방은 전화기를 사용하다 사고를 낸 것이므로 운전 중 전화기 사용을 금할 것, 그리고 방어 운전을 할 것)들을 이메일로 보냈다. 그랬더니 본사 회장님이 전 세계 모든 직원에게 이 이메일을 보낸 것이 아닌가. 그런데 이메일을 받은 직원들은 혹시 다른 나라 직원들이 못 받았을까 봐 다시 이 메일을 보내 계속해서 서로 이메일을 보낸 것이다. 현재 아들이 미국 듀폰에서 근무하고 있는데 같은 이메일을 네 번이나 받았다고 한다.

　이것이 현재 듀폰의 안전문화 성숙도가 브래들리 커브 상에서 어느 위치에 와 있는가를 보여 주는 사례다. 그러나 이 브래들리 커브는 '안전문화의 성숙화'를 넘어 '윤리문화의 성숙화'를 위한 개념으로도 사용되고 있다. 즉 1단계인 '자연적인 윤리 상태'가 있는데 이는 특별히 교육을 받지 않아도 본능적으로 느끼는 윤리, 2단계는 부모님이 요구해서, 회사가 요구해서, 사회가 요구해서 등 '학습해서 알게 된 윤리'다. 3단계는 '난 인간으로서 윤리적인 삶을 살겠어!' 등 자발적으로 윤리적 가치관을 유지하는 것을 말하며, 4단계는 '상호의존적'인 윤리 기준을 갖는 것이다.

김　예를 들면 이렇다. 해외 출장 때는 해당 국가에 미리 정해 둔 호텔에서 묵게 되어 있다. 그런데 한번은 내가 선호하지 않는 호텔에서 묵어야 해서 다른 호텔에 묵으면 안 되는지 비서에게 물었다. "안 됩니다"가 비서의 첫마디였다. 그런 반응에 나는 할 말이 없다. 물론 비서에게 "그냥 잔소리 말고 시키는 대로 해!"라고 말할 수도 있겠지만, 그 말을 뱉는 순간 그간 내가 보여 온 윤리적인 측면은 모두 헛것이 된다. 운전기사도 마찬가지다. 내가 늘 교통법규 준수를 강조하다 보니 그 기사님은 절대 법규를 어기는 일이 없다. 하지만 서울 시내를

다니다 보면 답답할 때도 있고 아주 중요한 클라이언트와의 약속에 늦어질 경우에는 나 역시 '그냥 웬만한 것은 어디더라도 조금 빨리 갔으면…' 하는 생각도 드는 게 사실이다. 하지만 그것 역시 모든 것을 수포로 만들 것임을 알기에 절대 못한다. 이것이 상호의존적 윤리 기준이 형성된 단계다. 동료 직원의 비윤리적 행위를 보고 '어떻게 저런 행동을 할 수 있나, 창피해서 함께 일하기 힘들다'는 생각이 들 정도가 되는 것, 그래서 자신의 행동이 동료의 기준에 미달될 것 같아 하려던 행동을 못하는 것이 듀폰이 원하는, 듀폰에서 일어나고 있는 윤리 수준이다. 원칙은 무섭게 지켜야 한다.

실제로 듀폰 일본지사에서는 동료의 고발로 퇴사 조치된 일이 있었다. 듀폰 일본지사에서는 클라이언트와 동행할 때 택시가 필요한 경우 쿠폰을 준다고 한다. 그 쿠폰에 택시 운행 구간과 발생 비용을 적어 사인한 후 택시기사에게 주면 그 택시기사는 듀폰 일본지사에 청구하는데, 한 직원이 개인적으로 택시를 사용하고 클라이언트가 사용한 것처럼 사인한 것을 그 동료가 신고해 퇴사 조치를 당했다는 것이다. 정과 의리 때문에 눈감아 주기를 미덕으로 여기는 *동양권 문화에서의 내부신고제도는 정착되기 힘든데, 듀폰은 다소 예외처럼 보인다. 어떻게 듀폰은 동양권 국가에서도 높은 윤리 기준과 윤리 실천을 당연시 여기는 문화를 갖게 되었을까?

*동양권 문화에서의 내부신고제도
지난 2006년 10월 대한상공회의소의 조사에 따르면 우리나라 직장인들의 21%만이 "동료의 사내부정행위를 신고하겠다"고 밝혔고 "개인적으로 주의만 주겠다"는 응답이 70.7%, 나머지 8.3%는 "모르는 척하겠다"고 답변했다. 2005년 미국 윤리자원센터의 조사에서 55%의 직장인들이 신고하겠다고 답변한 것에 비하면 상당히 낮은 수치다.

200년의 삶을 통해 얻은 검증된 교훈

설날이나 추석 등 집안 행사가 있는 날이면 으레 어르신의 덕담을 듣는다. 아마도 대부분의 덕담은 몇 가지로 축약되는데 그중 단연 1등은 "건강이 최고다"가 아닐까 한다. 우리가 흘려 듣거나 건성으로 "예" 하고 대답해 넘기는 '건강'말이다. 어르신들은 왜 늘 건강을 강조하실까? 그분들에게도 한때는 돈이, 명예가, 사랑이 인생의 가장 중요한 이슈였을지 모른다. 하지만 오랜 기간 시행 착오(?)를 거치며 최종적으로 다다른 결론이 아마도 '건강' 아니었을까? 그렇다면 200년 이상 살아 온 듀폰(1802년 설립)에게 덕담 한마디를 요청한다면 어떤 이야기를 해줄까? 아마도 여느 어르신과 다르지 않을 것이다. "건강이 최고다."

"건강이 최고다"

건강이 최고라는 표현을 기업에게, 그리고 우리에게 좀 더 익숙한 경영학 용어로 바꿔 보면 '지속가능 경영' 정도가 될 것이다. 듀폰은 이를 위해 네 가지 핵심가치를 두고 있다. 바로 안전 및 보건, 윤리준수, 환경보호, 인간 존중이다. 그런데 그들의 핵심가치를 찬찬히 보면 이것이 what이 아닌 how에 관한 것임을 알 수 있다. '무엇'이 되기 위해 사는 것보다는 '어떻게' 사는가에 대한 문제를 주된 이슈로 삼는다는 의미다. 이 네 가지 how 중에서도 가장 중요한 근간이 되는 것이 윤리다.

김 사실 기업이 존재하는 가장 큰 이유는 수익 창출일 것이다. 그래서 what은 여느 기업이나 차이가 없을 것이다. 하지만 그 수익을 '어떻게' 내는가는 다른 문제다. 즉 how가 관건인데 그 how에 관한 지침을 듀폰은 핵심가치로 두는 것이다. 사람이 다치지 않게 하면서(안전 및 보건), 사람으로서 응당 지켜야 할 도리를 지켜 가면서(윤리 준수), 환경을 보존해 가면서(환경보호), 또 인간을 최우선 기준으로 두면서(인간 존중) 돈을 벌자는 이야기다. 그중 가장 핵심은 '윤리'다. 그도 그럴 것이 듀폰이 208년 동안 살아 오면서 얼마나 많은 일이 있었겠는가. 때로는 실수도 많았을 것이다.

예를 들면 화약공장에서 화약을 만들다 보면 폭발사고도 있었을 테고 자연히 '안전'이란 단어가 교훈으로 남았을 것이다. 또한 새로운 물질을 개발하면서 특허 등의 이슈도 있었을 테니 나름대로 정직과 '윤리'라는 단어도 중요했을 것이다. 또 듀폰이 '프레온'이란 물질을 개발한 후에 사업을 잘 영위하다가 프레온이 냉매로서는 효과적이지만 오존층을 파괴하는 물질이란 것이 밝혀지자 프레온 생산을 바로 중단하고 '수바Suva'라는 새로운 물질을 개발했다. '환경'을 위협하는 개발은 결국 인간에게 유해하다는 것을 경험적으로 알았을 것이다. '인간 존중'이란 키워드 역시 같은 맥락에서 핵심가치가 되었다. 요즘에도 공장에서 일하는 직원들을 상대로 혈액 검사를 수시로 한다. 현재 생산 중인 물질이 혈액에서 검출되면 그 즉시 생산을 중단한다. 그 물질이 인체에 악영향을 미치든 그렇지 않든 본래 사람 몸에 없던 것이 업무 과정 중 몸에 생겼다는 것은 옳지 않다. 돈이 되고 안 되고의 문제가 아니다. 이처럼 우리의 잘못을 수정하고 보완하는 과정에서 남은 교훈들은 모두 how에 관한 것이었고 이것이 듀폰의 핵심가치로 남았을 것이다.

건강처럼 중요한 줄은 알지만 피부로 와 닿지는 않는, 그래서 교과서 같은 말 같고 너무나 당연해서 때로는 지겨운 단어가 '윤리'다. 하지만 어르신들의 '경험'에서 우러난 단어가 '건강'인 것처럼 듀폰에게 오랜 기간 삶의 체험을 통해 지침으로 남겨 둔 여러 단어들 중 단 한 가지만 남기고 모두 지우라고 한다면 마지막으로 선명하게 남아 있을 단어는 '윤리'일 것이다.

결국 그들의 철학은 윤리를 중심으로 하는 핵심가치들의 'integrity 완전성과 고결함'를 도모하는 것일 테다. 김동수 고문은 윤리에 관한 의미 있는 말을 하나 덧붙였다. 삶의 윤리 기준은 '오늘의 것이 아닌 미래의 것'이 되어야 한다는 것이다. 윤리 기준을 앞당겨 사용해야 한다는 것, 무슨 뜻일까?

> 그들의 핵심가치를 찬찬히 보면 what이 아닌 how에 관한 것임을 알 수 있다. '무엇'이 되기 위해 사는 것보다는 '어떻게' 사는가에 대한 문제를 주된 이슈로 삼는다는 의미다. 이 네 가지 how 중에서도 가장 중요한 근간이 되는 것이 윤리다.

김 그간의 여러 대통령들이 과거의 행동에 대한 평가로 불미스런 일들을 당한 것을 우리 모두가 지켜 보았다. 또 얼마 전에는 A씨가 20년 전에 사 놓은 땅 때문에 관직에서 물러났다. 당시에는 당연하거나 용인되는 일이었지만 그것에 대한 평가 기준은 당시의 기준이 아닌 오늘의 것이었다. 이처럼 오늘의 기준으로 과거를 평가 받듯 당신의 오늘 행동은 미래에 평가 받을 것이다. 그런데 그 행동이 미래의 기준에서는 상당히 비윤리적인 행동일지도 모른다. 원대한 꿈을 꾸는 사람일수록 더욱 조심해야 할 것이다. 현재 주변 사람들이 쉽게 하는 것이라고 함부로 했다가는 그것 하나 때문에 땀과 피나는 노력으로 쌓은 모든 것을 한순간에 잃을 수 있다. 이것이 미래의 윤리 기준으로 오늘을 살아야 하는 이유다.

그가, 그리고 듀폰이 강조하는 윤리 기준은 이 정도 수준이다. 그런데 곰곰이 생각해 보면 윤리경영을 강조하고 천명한 기업은 수도 없이 많다. 2008년 전국경제인연합회의 조사에 따르면 등록사 중 76%의 기업이 윤리경영 담당 조직을 신설·운영하고 있다. 즉 핵심가치로 '윤리'를 두었다는 것만으로 오늘의 듀폰을 설명하기는 역부족이다. 그렇다면 윤리경영을 지향하는 수천, 수만 개의 기업들 중 듀폰은 어떻게 탁월할 수 있었으며, 어떻게 이를 직원들의 삶의 가치로 치환시켜 한 방향성을 갖게 했을까?

윤리의 자기장

앞에서 유리판 위의 철가루와 그 밑의 자석이 만들어 내는 자기장 패턴을 설명한 바 있다. 그런데 이미 자기장 모양대로 자리를 잡은 철가루들 위에 새로운 철가루를 뿌리면 어떻게 될까? 당연히 불규칙하던 철가루들은 이내 기존의 철가루와 같은 대형으로 자리를 잡는다. 패턴에는 변화가 없고 철가루만 많아지고 두꺼워졌을 뿐이다. 그러면서 자기장 패턴은 더욱 명확해지며 더욱 강력한 자력을 갖게 된다.

새로운 철가루는 듀폰에 새로 몸담게 된 직원에 해당한다. 이미 기존에 자리 잡은 철가루들(기존 직원)은 자신의 자력을 이용해 새로 들어온 철가루들을 잡아당긴다. 패턴을 벗어난 철가루들까지도 모두 당겨 자리를 잡도록 돕는 것이다. 이처럼 한 조직 내에 자리 잡은 자기장을 우리는 '문화'라 부르고 듀폰의 경우, 그 중심에 '윤리'가 있다. 이유를 알 수 없지만 절대적이며 불가항력적인 힘, 윤리로 형성된 '윤리의 자기장'이 그들이 한 방향성을 갖게 한 답이다.

김 많이 노력하지만 그래도 지난날들을 돌아보면 부끄러운 점도 많다. 나도 완벽한 인간은 아니었다. 하지만 중요한 것은 그렇게 살기 위해 노력한다는 점인 것 같다. 원칙적으로 정직하게 살고, 리더로서 그것을 실천해야 한다는 것에는 확실한 믿음과 자신감을 갖고 있다. 현재의 듀폰이 핵심가치에 완벽히 부응하는 브랜드냐는 질문에 "그렇다"라고 말하는 것이 오히려 더 정직하지 못한 것이라 생각한다. 하지만 분명한 것은 그런 상태에 가깝게 와 있고 문화로서 자리 잡았다는 사실이다. 그렇지만 이 정도의 수준도 가만히 있어서 되는 것이 아니다. 나도, 그리고 조직도 계속 훈련시키고 끊임없이 상기시켜야 한다. 어떠한 상태를 유지한다는 것은 자전거 타기와 마찬가지다. 같은 방향으로 함께 발을 구르지 않으면 쓰러지는 것이고, 그래서 어려운 것이다.

그가 말하는 '자전거 타기'에서 '발을 함께 구르는 것', 그것이 듀폰이 '윤리 자기장'을 지켜 나가는 힘이자 노력'이다. 그 힘은 각종 윤리 교육뿐만 아니라, 직원 평가 기준에, 상벌의

기준에 윤리를 적용함으로써 생활 속에서 윤리를 강조하는 문화에서 비롯된다. 여타 기업들이 CEO 강연이나 이따금씩 나눠 주는 유인물 수준에서 윤리를 강조하는 것과는 사뭇 다른 모습이다.

이처럼 듀폰은 기업 전반에 강력한 윤리 자기장을 형성해 철가루 하나 하나가 그 힘의 영역 안에서 모두가 같은 성향, 즉 윤리 인격체가 되어 돌아가고 있다. 이 자기장 안에서는 모든 철가루가 하나의 자석이라는 관점으로, 평등하다. 자기장 패턴을 그려 내는 철가루에는 누가 큰 알갱이고 누가 작은 알갱이인지, 누가 자리 잡은 지 오래된 알갱이고 누가 새로 들어온 알갱이인지 구분이 없는 것처럼 말이다. 윤리의 강력한 자기장 안에서 전이된 직원들은 외부 자석(비윤리적 유혹 등)에 크게 영향을 받지 않는다. 윤리의 자력도, 또한 자신을 붙잡고 있는 동료들의 힘도 상당히 강력하기 때문이다.

가장 흔하디흔한, 그래서 고루하게 느껴지는 '윤리'. 하지만 이것이 듀폰이 '영속하는 브랜드'로 향하는 길목에서 만난 '창발적' 방법론이며, 208년이라는 역사를 있게 한 지혜이자 현재의 듀폰을 존속케 하는 교훈, 그리고 미래를 살게 할 에너지다. 취재 말미에서 "윤리적인 기업'도' 성공할 수 있다가 아니라 윤리적인 기업'만이' 성공할 수 있다로 인식되어야 한다"며 윤리의 중요성을 다시금 강조한 김동수 고문의 말은 그래서 더 의미 있다.

우리는 듀폰의 사례를 통해 무엇을 배워야 할까? 그들이 보이는 브랜드십의 중심에 '윤리'가 있으며 그것이 얼마나 조직원들을 강력하게 동조시키는지까지만 얻어 간다면 조금 아쉽다. 마지막으로 전하고 싶은 메시지는 그들이 자기장을 어떻게 만들어 가는가다. 브랜드마다 자기장을 형성하는 자석의 이름은 다를 수 있다. 그것은 윤리, 즐거움, 혁신, 환경보호 등으로 다양할 수 있다. 하지만 그것이 조직을 둘러싼 자기장으로 형성되기 위해서는 리더부터 그 핵심가치에 냉철해지고 be colder 헌신해야 하며 스스로 동조되어야 직원의 동조를 이끌어 내고, 조직에 문화를 만들어 낼 수 있다는 사실이다. 그러한 자기장이 형성될 때 조직원은 자기장 안에서의 철가루들처럼 일종의 공통된 행동 패턴을 보일 것이다. 그것이 CEO가 리더가 아닌, 브랜드와 그 안의 핵심가치가 리더가 되는 브랜드십의 표본이다. UB

BrandShip Keywords Summary

브랜드 정언명령	■ 듀폰은 '윤리'라는 '인간이라면 마땅히 행하거나 지켜야 할 도리'를 중심으로 조직문화를 형성하고 있다. ■ 이러한 조직문화는 조직 내 암묵적인 명령과도 같으며 단돈 5만 원 때문에 퇴사하는 경우가 생길 정도로 강력한 행동 지침이 되었다.
초전도체	■ 듀폰에서의 윤리는 마치 자기장 같이 작용하며, 그 윤리의 자기장 안에서 직원들은 윤리적 인격체가 되어 윤리를 기준으로 서로 이끌어 주는 '상호 가이딩 guiding'의 모습을 보인다. ■ 이는 전 조직원이 한 방향을 향하는데 핵심적인 역할을 한다.

김동수 미국 캘리포니아 대학에서 화학공학을 전공하고 아이다호 대학원에서 화학공학 석사를 마친 그는 다우 케미칼, 한화를 거쳐 1987년 듀폰에 입사했다. 입사 11년차인 1998년부터 듀폰 본사 부사장 겸 아시아 태평양 사장 및 듀폰 코리아 회장으로 취임했다. 현재는 듀폰 아시아 태평양 고문, 서울대학교 초빙교수로 활동 중이다. 저서로는 《너의 꿈을 대한민국에 가두지 마라》가 있다.

BRANDSHIP

DANONE

원칙 수호자들, 브랜드의 명령에 헌신하는 다노너즈
영원히 건강한 브랜드십, 다논

The interview with 다논 코리아 대표 올리비에 포주르

다논은 우리에게 그리 잘 알려진 브랜드가 아니다. 그러나 장 노엘 캐퍼러 교수의 브랜드 이론서에서 발견한 '다논은 요구르트를 팔지 않습니다. 다논을 팝니다'라는 문장, 그리고 몇 년 전 펩시가 다논을 인수하려는 시도가 있다는 소문과 함께 들린 도미니크 드 빌팽 프랑스 총리의 "다논은 프랑스 산업의 보석 중 하나"라는 말에서 이 브랜드가 가진 가치를 간접 경험할 수 있다. 게다가 다논은 물조차 브랜드로 승화시킨 '에비앙'의 모기업이기도 하다니 다논이라는 브랜드의 브랜드십을 궁금해할 만한 이유는 충분하다.
1990년대 중반 '다농'이라는 이름으로 한국의 유제품 시장을 두드렸다가 돌아간 이후, 전 세계 70개국에서 1초당 '308컵'이 판매되고 있는 세계 판매 1위의 발효유 액티비아로 다시 돌아온 다논 코리아를 만났다. 우리의 브랜드십이라는 개념을 듣고 올리비에 포주르 Olivier Faujour 대표는 "다논은 헬스십 healthship 이다"라는 순간 비유를 통해 다논의 모든 것은 '건강'을 향하고 있다고 전했다.
다논. 그들의 절대선이자 절대원칙인 '건강'을 수호하는 원칙주의자들, 다노너즈(Danoners, 다논 사람들)의 헬스십에 대해 들어 본다.

황금알을 낳는 거위를 버린 용기

진시황은 불로장생, 분서갱유, 만리장성 등 수많은 전설적 이야기의 주인공이다. 화수분 역시 진시황의 이야기에서 유래한다. 만리장성을 쌓을 때, 진시황은 십만 명의 군사를 시켜 황하의 물을 길어 커다란 동이를 채우게 했는데, 그 물동이가 어찌나 컸던지 한 번 채우면 아무리 써도 없어지지 않았다고 한다. 이후에 이 동이를 '황하 물의 동이'라는 뜻으로 하수분河水盆이라 칭했고, 이 단어는 곧 화수분으로 이름을 달리하여 보배의 그릇이라는 뜻을 갖게 되었다. 이 그릇은 인간이라면 누구나 꿈꿀 만한 것이어서, 같은 개념으로 동서양의 동화 속에서도 '황금알을 낳는 거위'나 '도깨비 방망이'라는 이름으로 등장한다.

기업도 다르지 않다. 많은 기업들이 지속적인 수익을 보장하는 화수분과 같은 수익원을 갖기 위하여 노력한다. 그런데 화수분을 가진 기업이 그 화수분을 포기한다면, 누구나 의아할 것이다. 2007년의 다논그룹(이하 '다논')이 그랬다. 다논은 프랑스 1위의 비스킷 브랜드인 LU를 72억 유로(약 117조 원)에 크래프트 푸드에 매각했다. 도대체 왜 화수분을 버린 것일까? 다논의 회장 프랑크 라부 Frank Raboud 는 매각 이유를 "다논의 사업 구조를 다논의 핵심가치인 '건강'에 100% 적합하게 다시 짜기 위해서"라고 밝혔다. 그리고 다논은 같은 해에 다논의 가치와 부합하는 네덜란드의 이유식 회사 누미코 Numico 를 123억 유로(약 200조 원)에 인수한다. 다논에서 '건강'은 의심할 여지 없이 분명한 우선순위를 갖기 때문이다. 버터와 초콜릿 덩어리인 비스킷(LU)이 아이들의 건강을 나아지게 할 수 없다고 판단한 것이다.

브랜드십을 갖는 브랜드의 리더들은 그들의 고결한 존재 목적을 위하여 더 큰 이익을 포기하는 용기를 보이곤 한다. 다논뿐만이 아니다. 고어 Gore 는 화수분이던 실리콘 사업이 더 이상 인류의 진보를 가져오지 않고 미를 위한 성형 수술 등에 활용되는 것을 보고 사업을 접었다. 듀폰 또한 그들이 개발한 프레온 가스가 그들의 4대 핵심가치 중 하나인 '환경 보존'에 해악을 가져온다는 사실을 알게 된 순간 생산을 중단했다. 짐 콜린스가 그의 저서에서 밝혔듯이 위대한 기업은 커다란 성공의 기회라도 자신들의 존재 목적과 맞지 않다는 이유로 "아뇨, 됐습니다"라고 말하는 규율이 있는 것이다.

다논의 절대선, 건강 제일주의

올리비에 포주르(이하 '올') 우리는 건강을 위하지 않는 그 어떤 것도 하지 않는다. 말장난 같겠지만 지금 당신에게 중요한 것이 브랜드십 BrandShip이라면, 다논은 헬스십 healthship을 갖는다고 표현하고 싶다. 만약 건강해지는 것이 싫다면 다논 제품을 사지 마라. 여기 다논 코리아의 모든 직원의 비전도 같다. 엘리베이터에서 내리면서 보았겠지만 당신이 처음 본 것도 다논의 로고와 '더 건강해질 한국에 헌신 committing to a healthier Korea'이라는 문구였을 것이다.

다논 코리아의 올리비에 포주르 대표와의 인터뷰에서 가장 많이 들은 단어는 단연 '건강'이었다. 모든 질문에 '건강'이라는 자신들의 존재 목적을 밝히기에 이들의 진짜 생각이 궁금해서 "도대체 다논에서 '건강'이라는 미션은 어느 정도로 절대적인가?"라고 묻자 위와 같은 대답이 돌아왔다. 어느 식품 브랜드가 자신의 존재 목적이 '100% 건강'이라고 말할까. 그러나 *다논그룹은 다른 브랜드가 더 맛있는 식품을 만들기 위해서 설탕을 넣을 때, 자신들은 건강을 위해 제품의 당 수치를 조절한다고 자랑스럽게 이야기한다. 올리비에 대표의 미션 옹호론을 조금 더 들어 보면 다논에서 '건강'이라는 미션이 얼마나 철저하게 지켜지는지 확인할 수 있다. 다논에서 건강이라는 미션은 단순한 말장난이 아니라 말 그대로 진실이었다.

이전에 P&G에서 오랫동안 근무한 것으로 알고 있다. 규모나 전략, 경영 철학 면에서 상당히 다를 텐데 P&G와 비교했을 때 다논은 어떻게 다른가? 특히 리더로서 느끼는 다른 점이 궁금하다.
올 두 브랜드 모두 훌륭한 마케팅 스쿨이다. 둘 다 '숫자'를 중요하게 생각하지만 다논은 조금 더 @핵심가치(HOPE)를 기준으로 의사결정을 한다. 'Beyond P&L Profit & Loss'이라고 표현해도 좋겠다. 다논은 단순한 손익계산을 뛰어넘는 결정을 내린다는 의미다. 그래서 다논에 온 이후로 내가 하고 있는 일이 무엇인지 명쾌해졌다. 브랜드의 미션인 건강이라는 가치에 전적으로 동의하기 때문에 업무 만족도와 자부심이 높아졌다. 또 건강한 것을 전달하지 않으면 더 이상 다논이 아니기 때문에 사람들의 건강에 대한 책임감과 성취감도 느낀다. 다논에서 건강이라는 기준은 나뿐 아니라 모든 다논 사람들이 느낄 만큼 엄격하다. 아마 이곳의 누구에게든 "왜 다논을 선택했는가"라고 물으면 상위 세 번째 답 안에 '건강'이라는 단어가 나올 것이다.

'건강'이라는 가치는 눈에 보이지 않고 손에 잡히지도 않는다. 이러한 기업의 가치를 직원들의 눈에 보이게 하고 손에 잡히게 하는 것이 당신의 큰 역할 중 하나일 텐데, 어떻게 하고 있나?
올 그것에 나의 시간과 에너지의 50% 이상을 투자하고 있다고 해도 과언이 아니다. 다논에는 단홀미팅라는 것이 있는데 2~3개월에 한 번씩 본사, 공장, R&D센터 등의 모든 사람들이 한 장소에 모여 반나절 동안 우리의 존재 목적과 전략, 현재까지의 성과, 위기와 기회, 약점과 강점들을 이야기한다. 또한 등산 등의 팀 빌딩 액티비티나, 2시간의 점심 시간 등을 통하여 허물없이 대화하는 시간을 만들려 노력한다. 그리고 서로에 대한 벽을 낮추기 위해 타이틀을 최소화하

*다논그룹
다논의 역사는 약 90년 전 스페인으로 거슬러 올라간다. 1919년 의사인 아이작 카라소Isaac Carasso는 어린아이들의 장 질환을 개선하고자 파리의 파스퇴르 연구소로부터 일부 유산균 배양체를 구입해 약국을 통해 판매했다. 태생부터 '음료'라기보다는 '치료제'에 가깝게 출발한 다논 요구르트는 현재도 전 세계 18개국에서 특허를 받은 유산균 음료를 제공한다.
현재 다논그룹의 리더인 프랑크 라부는 네 번째 최고경영자인데, 그가 다논그룹의 리더가 되기 전 다논은 수많은 브랜드와 인수합병을 거듭하며 요구르트, 파스타, 생수, 통조림, 소스, 시리얼, 비스킷, 사탕, 치즈, 맥주 등 그야말로 종합 식품기업이었다. 그러나 1996년 그가 회장으로 취임하면서, 다각화된 사업을 재편하여 4개 핵심사업(유제품, 생수, 이유식, 메디컬 영양)으로 정리했다. 그 기준은 '이 사업으로 인해서 소비자들의 건강을 더 이롭게 하는가'라는 다논의 미션이었다.

려 한다. 우리 회사에서는 아무도 나에게 대표님이라고 부르지 않는다. 그냥 올리비에라고 부른다.

다논이 '건강'을 미션으로 삼아 현재 좋은 궤도를 유지하고 있는 것은 90년의 역사 속에서 자연스럽게 만들어진 것이 아니다. 유니레버나 네슬레, 펩시, 크래프트 푸드 등의 공룡 브랜드들 사이에서 상대적으로 작은 규모의 다논이 살아남기 위한 전략적 선택에 가까웠다. 성장의 동력을 하나로 해서 모든 에너지를 집중하자는 전략을 세웠고 그것이 '건강'이었다. 오로지 건강에만 철저하게 집중함으로써 작은 규모의 회사라는 단점은 곧 장점이 되었다. 시장에서 조금 더 빨리 움직이고, 빨리 혁신하며 변화에 대응할 수 있기 때문이다. 그래서 이제는 이렇게 말할 수 있다고 한다. "우리는 펩시, P&G와는 다른 다논이다!"

모든 것에 '건강'이 있는 문화를 만드는 데는 다논 리더들의 리더십도 커다란 역할을 했다. 올리비에 대표가 리더로서 자신의 역할을 정의하는 것을 들어 보면 알 수 있다.

올 내가 원하는 것은 단 한 가지다. 내가 내일 떠나더라도 다논이 한국에서 유지되고 성장하는 것이다. 그러기 위해서 내가 할 수 있는 일은 제품의 패키지 컬러를 결정하는 것이 아니라, 직원들이 다논을 잘 이해할 수 있는 환경을 만드는 것이다. 궁극적으로 다논의 미션을 이루도록 돕는 것이다.

올리비에 대표는 자신은 브랜드가 잘 성장할 수 있도록 돕는 조력자에 불과하다고 말한다. 그런데 그는 자신의 역할이 '한국 시장에 성공적 안착' '아시아 시장에서 한국이 제1의 기지가 되는 것' '소비자들에게 액티비아의 효능을 제대로 전달하는 것'이라고 말하지 않는다. '다논의 미션을 이루는 것'이라고 말한다. 그의 대답에서 브랜드십을 만드는 리더의 태도인 초전도체(p32 참고)의 모습을 발견할 수 있었다.

🔍 다논의 핵심가치, HOPE

다논의 핵심가치 네 가지(HOPE : Humanism, Openness, Proximity, Enthusiasm)는 1993년에 발안된 'Bring health through food to as many people as possible'이라는 비전을 향한다. 다논 사람들은 이 핵심가치가 살아 움직일 수 있도록 최선을 다하며, 이 네 가지를 항상 고민의 중심에 둔다.

1. **휴머니즘**Humanism : 가진 것이 많은 사람이건 적은 사람이건, 건강한 사람이건 약한 사람이건 인간에 대한 무조건적인 존경을 가져야 함을 의미한다. 다논은 약한 사람을 건강한 사람이 되도록 돕는 것을 가장 중요하게 생각하며 인간대 인간으로서 연결되기를 늘 소망한다.

2. **개방**Openness : 호기심과 겸손함에 관한 것이다. 다논은 세상 모든 것을 어린아이처럼 궁금해 하며 세상에 대한 개방 정신을 가져야 한다고 강조한다. 다논의 로고에는 하늘의 별을 궁금해하며 쳐다보는 어린아이의 모습이 있는데 이것이 다노너즈를 상징한다. 또한 다노너즈는 무엇이든 '완료되었다, 100% 옳다'라는 생각을 가장 경계한다.

3. **친화**Proximity : 모든 이해관계자(소비자, 고객, 파트너, 직원, 공급자 등)에게 친밀감을 갖는 것이다. 실제로 올리비에 대표는 다논 코리아 85명의 모든 직원의 이름을 기억하려고 노력한다. 프랑스 본사의 CEO가 간부급 직원들 150명의 부서와 업무를 모두 기억하고 늘 이름을 부르는 것에 비하면 더 노력해야 한다고 전한다. 또 소비자와의 친밀감을 높이기 위하여 전 직원(대표를 포함한 마케팅, 재무, 세일즈, 퀄리티 매니저)이 직접 마트에 나가 소비자를 만나서 액티비아를 아는지, 먹어 봤는지, 다논을 들어 봤는지, 실제 건강에 어떠한 영향을 미쳤는지 대화를 한다고 한다.

4. **열의**Enthusiasm : 삶을 즐기라는 것이다. 모든 직원이 매일 일터에서 즐기고 행복하면 개인의 행복뿐 아니라 브랜드의 성장을 위한 엔진이 된다. 그래서 다논은 '나는 할 수 있다'는 것을 강조하며, 서로 칭찬하는 것을 아끼지 않는다. 즐길 만한 삶을 즐길 수 있도록 노력하며 장려한다.

다논의 절대원칙, 건강우선주의

할리데이비슨 코리아의 이계웅 대표(p168 참고)는 할리데이비슨 코리아가 지금에 오기까지 "이유가 없는 것은 하지 않았다"고 말한 바 있다. 이때의 이유는 브랜드의 핵심가치와 맞닿아 있느냐, 이 결정이 우리를 더 우리답게 하느냐에 해당한다. 다논 역시 그들의 모든 활동에 이유가 있다. 그 중심에는 '건강'이라는 미션, '식품을 통해 더 많은 소비자들의 건강을 이롭게 한다'는 비전, 그리고 HOPE라고 불리는 네 가지 핵심가치가 있다. 이것은 너무나 당연해서 그들은 느끼지 못하겠지만, 어느 것 하나 이 원칙에서 벗어나는 것이 없을 정도로 엄격하게 지켜지고 있다. 가장 대표적인 예가 앞서 이야기한 LU라는 비스킷 브랜드를 매각한 것이다. 올리비에 대표는 '다논 네이션스컵'이라는 청소년축구대회 유치와 한국의 R&D센터를 무주에 세운 것 역시 '원칙에 따른 이유 있는 결정'이라고 말한다.

다논 네이션스컵

올리비에 대표는 우리에게 물었다. "2009년 다논 코리아가 런칭해서 다논 네이션스컵 DNC(FIFA가 공식 승인한 전 세계 10~12세 어린이축구대회)를 열었을 때, 왜 우리가 축구스타 지네딘 지단 Zinedine Zidane을 초청했다고 생각하나?"

다논은 2000년부터 매년 국제 축구 토너먼트를 열고 있다. 지네딘 지단에 의해 지원되며 전 세계 40개국에서 10세~12세 유소년·소녀가 참가한다. 이 사실을 알고 나면 지단에게 자신이 후원하는 대회의 홍보를 위해 방한하는 것 이상의 이유가 있을까 하는 의문이 들 것이다. 그렇지만 이 역시 다논의 네 가지 핵심가치를 상징적으로 보여 주기 때문에 내려진 결정이었다. 다논은 지단의 초청으로 이 대회 자체를 홍보하기보다, 이 대회로 상징되는 네 가지 핵심가치에 더 많은 관심을 갖기를 원했던 것이다.

올 기본적으로 축구(스포츠)는 '건강'을 상징한다. 이것을 HOPE로 풀어 보면, H, 휴머니즘은 청소년들에게 꿈을 갖게한다. 비록 게임에서 지더라도 일평생 간직할 수 있는 소중한 추억이 된다. 세계적 토너먼트에 참가해서 지단과 함께 경기를 하고 지단을 만났다는 사실은 어린 친구들이 건강한 꿈을 꾸는 데 도움이 된다. O, 개방은 모든 세계인을 만날 수 있다는 즉, 세계를 향해서 열려 있다는 측면에서 만족된다. P, 친화는 이 대회로 인해 다논의 회장과 제너럴 매니저들이 한 공간에서 만날 수 있다. 마지막으로 E, 열의는 홈페이지의 등록된 동영상을 봐라. 그들이 얼마나 열의에 차 있고 열정적인지 확인할 수 있을 것이다. 이 동영상은 단순한 현장의 기록이 아니다. 이 네 가지 핵심가치가 고스란히 담겨 있는 동영상이다.

무주공장과 본사의 위치

다논은 2009년 10월에 전라북도 무주군에 국내 제품 생산기지인 '무주공장'을 준공했다. 회사 연혁에나 소개될 만한 '공장 설립'이 무슨 의미가 있을까 하겠지만, 올리비에 대표는 이 공장의 위치선정 또한 '브랜드가 우리에게 명령한 것이라'며 그들의 절대선의 원칙적 수호에 대한 생각을 전했다.

올 왜 우리가 전라남도 무주에 공장을 세웠겠는가? 처음에 사람들이 비웃었다. 그렇지만 액티비아는 자연과 같다. 그래서 공장도 자연에 가까워야 한다. 다논이 우리에게 명령했다. 순수하고 아름다운 전라도, 무주에 공장을 세우라고 말이다.

올리비에 대표는 이러한 결정들은 '자연스러운 것'이라고 말한다. 자연적이라는 말은 당연하다는 말의 다른 표현이다. 그는 다논과 건강을 따로 떼어서 생각해 본 적이 없다고 한다. 이러한 이유 있는 다논 코리아의 결정들은 런칭 이후 1년도 안 되어 여러 가지 '행동'들로 보여졌다. 삼성서울병원과 '건강식품 개발·연구' MOU 체결, 한국유소년축구연맹과 MOU 체결, 대한소화기학회와 MOU 체결, 2,000명의 의료진 앞에서 발표한 액티비아 설명회. 이것들은 다논이 건강과 관련이 없었다면 하지 않았을 일이다. 다논의 이유 있는 행보는 전 세계적으로도 유명하다. 대표적인 것이 @그라민 다논 푸드다. 다논이 건강을 제1원칙으로 삼고 있지 않다면, 이러한 결정은 내려지지 않았을 것이다.

🔍 그라민 다논 푸드

다논그룹은 '건강'이라는 브랜드의 명령에 복종하고 헌신한다. 대표적인 예가 그라민 다논 푸드다. 이 기업은 2006년 방글라데시 어린이들의 건강을 위하여 방글라데시 소재의 은행 '그라민 뱅크'와 합작회사로 만들어졌다. 2005년 그라민 뱅크의 창업자이자 경제학자인 무함마드 유누스와 다논의 프랑크 라부 회장의 비공식 만남에서 나눈 대화에서 시작해, 두 기업은 1년간의 타당성 조사 끝에 각각 50대 50의 지분으로 출자하여 기업을 설립했다. 그라민 다논 푸드는 영양이 부족한 그 지역의 아이들을 위해 비타민과 철분 등을 보강한 요구르트 '샤크티 도이'를 개발하여 빈민가에는 시가의 절반으로, 달걀 하나보다 싼 가격에 판매한다. 또한 이 회사의 수익은 다논으로 돌아오지 않으며, 방글라데시의 건강을 위하여 사용된다. 수익이 나지 않음에도 불구하고 '건강한 인류'를 만들겠다는 다논의 존재 가치를 증명하기 위한 의사결정인 것이다. 덕분에 다논은 소비자들에게 무조건적 신뢰를 얻어 가고 있으며 건강한 사회를 만들겠다는 존재 목적을 가지고 있는 두 기업의 건강한 만남은 두 기업 모두의 존재 가치를 높였다.

건강한 기업, 그라민 뱅크

그라민 뱅크를 잠시 소개하자면 이 은행은 노벨 평화상을 받은 은행으로 유명하다. 창업자인 유누스 회장은 '은행은 왜 가난한 사람들에게 돈을 빌려 주지 않는가?'라는 의문을 품었다. 그리고는 고리대금업자들에게 시달리며 평생을 빈곤에서 벗어나지 못하는 방글라데시 사람들을 위한 소액장기저리대출 서비스를 제공하기 시작했다. 처음은 상환을 바라지 않고 소액 대출 서비스를 시작했으나 이 은행의 상환율은 90%를 넘는다.

건강한 CSR, 프로보노

다논그룹은 사회적 책임을 다하기 위하여 빈민국에 현금과 현물을 '기부'하지 않는다. 대신에 다논은 그들의 지원으로 방글라데시가 자생력을 갖추는 데 초점을 둔다. 그래서 현지 생산된 우유를 원료로 쓰고, 현지인을 채용해서 교육시킨 후 제품을 생산하며, 최첨단 기술의 공장을 건축한다. 앞으로도 10년간 50여 개의 공장을 신설할 예정이다. 이러한 다논그룹의 모습은 프로보노 CSR(유니타스브랜드 Vol.14 p248 참고)의 모습이다.

다논이 갖는 브랜드십의 엔진, 글로컬니스

올리비에 대표는 인터뷰 중 '혁신'에 대해서 많은 이야기를 했다. 그렇지만 이렇게 원칙이 철저한 회사에서 어떻게 혁신이 일어날 수 있을까 하는 의문이 들었다. 그러나 이 의문은 '글로컬니스glocalness'라는 다논의 경영 전략에서 풀렸다. 글로벌 전략globalization과 현지화 전략localization을 동시에 추구하는 경영 전략을 다논에서는 '글로컬니스'라고 말한다. 글로컬니스는 전 세계 75개국에서 성공적으로 자리 잡은 검증된 전략이다.

액티비아는 전 세계 70개국에서 팔리고 있으며, 1초당 '308컵'이 판매되고 있는 세계 판매 1위의 발효유 브랜드다. 이 기록은 다논이 글로컬니스라는 원칙을 따르지 않았다면 불가능했을 것이다. 본국에는 없어도 한국에 사과맛 액티비아와 마시는 액티비아가 있듯, 겨울철 일조량이 부족한 프랑스에는 비타민 D가 첨가되고, 러시아에서는 소화를 돕는 기능이 추가된 액티비아가 존재한다. 그래서 전 세계에서 80가지의 맛을 내고 있다. 다논의 글로컬니스는 원칙에 유연성을 부여함으로써 혁신이라는 이름으로 다시 태어나고 있다.

이렇게 원칙을 유연하게 하는 글로컬니스에 의한 현지화 전략들은 다논의 미션인 '건강'으로 다시 수렴된다. 그 지역 사람들에게 가장 적합한 건강 식품을 제공하겠다는 의미이기 때문이다. 글로컬니스의 본질은 유연함이다. 그러나 이 유연함은 다시 원칙을 강화하는 엄격함이 된다. 이러한 엄격함(건강이라는 원칙)과 유연함(글로컬니스라는 전략)의 선순환 구조는 다논의 브랜드십의 엔진이 된다. 다노너즈의 의사결정 중심에는 글로컬니스가 있기 때문에 전 세계 어느 지역, 어느 문화권에서도 원칙에 얽매이지 않고 그 지역에 맞는 건강을 찾는 데 주도적이 된다. 다시 말해 글로컬니스는 다노너즈들을 어떠한 혼란 속에서도 진정 자유로울 수 있게 한다. 그래서인지 후계자의 덕목으로도 글로컬니스를 꼽는 다논이다.

> 글로컬니스의 본질은 유연함이다. 그러나 이 유연함은 다시 원칙을 강화하는 엄격함이 된다. 다시 말해 글로컬니스는 다노너즈들을 어떠한 혼란 속에서도 진정 자유로울 수 있게 한다.

전세계 70개국에서 80가지 맛으로 팔리는 액티비아의 국가별 패키지 모음. 1초당 308컵이 팔리는 액티비아의 숨은 전략은 글로컬니스에 있다.

다논 코리아의 후계자가 갖추어야 할 필수 덕목을 꼽자면 무엇인가?
올 글로컬니스를 올바르게 이해하는 가다. 우리가 너무 로컬화되면 다른 제품들의 유사품이 될 것이고, 너무 글로벌화되면 한국 소비자와 연계점이 없어지기 때문이다. 다논 사람이라면 글로컬니스를 완전히 이해하고 있어야 한다.

그렇다면 당신은 다논 코리아의 글로컬니스를 위하여 어떤 준비를 했나?
올 한국 시장을 이해하기 위해서 런칭하기 2년 전부터 한국에 와서 조사를 시작했다. 외국인으로서 한국에 비즈니스를 런칭하는 것은 상당한 열정이 필요하다. 경쟁이 치열하며, 시장도 세분화 되어 있고, 더구나 한국의 요구르트 제품들은 상당히 퀄리티가 높다. 또한 독특한 식문화를 가지고 있기 때문에 한국인의 욕구와 취향, 그리고 입맛을 제대로 알기 위해서는 상당한 열정과 유연성이 필요했다. 그 시간 동안 다논의 핵심가치가 커다란 도움이 되었다. 고민이 되는 의사결정 때마다 핵심가치를 따랐다. R&D 센터장을 한국인으로 고용한 것도 그 이유다. 본사나 미국지사의 사람들이 오기를 원했지만 모두 거절했다. 한국인 고객을 위해서는 한국인이 적합했기에 그를 고용하고 그의 말에 집중했다. 덕분에 마시는 액티비아와 사과맛 액티비아가 나올 수 있었다.

당신이 한국인 센터장을 고용하고 한국인 입맛에 맞는 액티비아를 개발한 것을 보면 지사에 주어지는 재량권이 적지않은 것 같다.
올 그것이 다논의 문화이고 우리가 가진 리더십의 유형인 듯하다. 위임형 리더십 문화 말이다. 현재까지 우리가 성공적인 이유도 이 문화 덕분이라고 본다. 아마 우리가 이승기라는 스타를 어떻게 광고 모델로 선택하게 되었는지 그 과정을 보면 다논의 문화를 느낄 수 있을 것이다.
사실 다논은 광고에 스타를 써 본 적이 단 한 번도 없다. 한국이 처음이자 유일한 국가다. 어느 날 BM^{Brand Manager}이 나에게 와서 "광고에 연예인을 써 보는건 어때요?"라고 물었을 때, 나는 "미쳤어? 우리에게는 스타가 필요 없어. 우리에게 스타는 고객뿐이야! 그게 다논이야!"라고 말했다. 하지만 BM은 나를 계속 설득했고, 나는 최종 의사결정자인 보스, 그러니까 소비자에게 이 이슈를 넘기기로 했다. 그들은 우리의 컨셉을 듣고 '이승기'라는 이름을 직접 말했다. 나는 전혀 이해되지 않았다. 우리의 타겟 소비자는 소위 '아줌마'인데 그들에게 소비될 제품에 23세의 청년이 적합한 모델이라는 것이 믿지지 않았던 것이다. 그런데 어떻게 하나. 우리의 빅보스의 말인데 말이다.

결과는 성공적인 것 같다.
올 이것은 BM의 의사를 존중하고 관심을 기울였기에 일어날 수 있던 일인 듯 하다. 또한 본사에서도 우리의 의견을 존중해 주었기에 가능했다. 내가 프랑스 본사에 이 이슈를 이야기했을 때 본사에서도 나더러 미쳤다고 했다. 하지만 우리 BM이 나에게 한 것처럼 설득을 시도했다. 그들 역시 나에게 똑같이 권한 위임을 해줬다. 나의 결정에 따르겠다는 것이다. 사실 다논 본사에서는 연예인이 광고하는 액티비아는 상상도 할 수 없는 일이다. 하지만 한국 시장에 따른 특수성을 배려하되 다논다움을 버리지는 않았다. 우리는 단순한 간식이

라기보다 기능성이 있는 훌륭한 건강 제품이다. 그래서 이승기가 '14일간의 도전' 등 기능적 메시지가 담긴 풍선과 함께 등장하는 것이다. 이것이 글로컬니스가 만들어 낸 혁신이다.

다논의 글로컬니스는 단지 제품 개발에만 해당하는 것이 아니다. 현지의 문화나 현지 직원들의 의견도 존중한다는 의미가 포함되어 있다. 올리비에 대표는 "더 좋은 회사^{better company}는 없다. 다만 당신에게 맞는 최고의 회사^{the best company for you}가 있을 뿐이다"라는 말을 자주 한다고 한다. 이와 함께 다논에서는 셀프스타터(self-starter, 자발적으로 행동할 수 있는 사람)가 아니면 일하기 힘들다는 이야기를 덧붙인다. 셀프스타터에게 다논은 최고의 회사라는 것이다. 실제로 입사 이틀 만에 회사를 그만둔 사람이 있는데, 그 사람은 누군가가 자기에게 업무를 할당해 주기만을 기다렸다고 한다. 이렇게 다논은 위임형 리더십과 자신의 일을 스스로 찾아서 하고 위임 받은 권한을 제대로 활용할 수 있는 셀프스타터들이 모여 강력한 문화적 아이덴티티를 만들고 있다.

다논의 글로컬니스는 프랑스인들의 정신이라 불리는 똘레랑스(tolerance, 아량, 관용)를 떠올리게 한다. 프랑스인들은 여러 번의 종교 전쟁을 치르며 상대의 생각(종교)을 존중하지 않기에 생긴 피의 역사, 다시 말해 불관용에 대한 트라우마를 가지고 있다. 그래서 프랑스인들에게 차이에 대한 존중과 평화적 공존은 중요한 가치다. 이러한 정신은 다논이 글로벌 브랜드로 도약하는데 커다란 밑거름이 되었을 것이다.

원칙이 이끄는 브랜드

브랜드십을 갖는 많은 브랜드들은 세 가지 시기를 거친다. I기는 브랜드의 철학이 만들어지는 '영혼 주입기', II기는 '철학의 제도화기', III기는 '브랜드십기'다.

I기, 브랜드의 철학이 만들어지는 '영혼 주입기'로 주로 창업자의 철학이 브랜드의 철학이 된다. 창립 초기이며 소규모인 이 시기에는 리더와 직원 간의 의사소통이 원활하며 모두가 의욕적일 가능성이 크기 때문에 공통의 철학으로 전 직원이 동화되기 좋다. 하지만 시간이 지나며 규모가 커지고 외부에서 인력들이 보강되면 어느 순간 II기, '철학의 제도화기'로 이어진다. 이때의 리더는 창립 초기의 경영 철학을 명문화하고, 그것을 효율적으로 공유하는 방법을 고민해야 한다. 이렇게 제도화의 적기를 놓치지 않고 포착한 리더는 업무에 열중적이던 태도를 정리하고 일종의 시스템 디자이너로 변신해야 한다. '브랜드십기'인 III기에는 II기에 정립된 채용, 교육, 평가, 재무 등의 제도화된 시스템을 바탕으로 브랜드의 철학, 보이는 시스템(제도화된 철학), 그리고 보이지 않는 시스템(문화)으로 브랜드가 운영된다. 즉 브랜드십으로 움직이게 된다.

다논은 현재 III기인 브랜드십기를 걷고 있다고 할 수 있다. 전 세계의 지사들이 각자의 리더십을 가지고 브랜드를 운영하며 다논의 모든 직원은 스스로가 셀프스타터가 된다. 명문화된 미션과 비전, 그리고 핵심가치는 모든 직원과 공유되어 그것을 기준으로 모든 의사결정이 내려진다. 나아가 개개인이 브랜드의 리더가 되고, 핵심가치에 근거해 모두가 의사결정권자가 되는 것이 문화로 정착되어 있다.

전 세계 70개국에 흩어져 있는 다노너즈들은 프랑크 라부 회장의 명령을 기다리는 것이 아니라 다논이라는 브랜드가 내리는 명령, 즉 다논의 원칙들을 따르고 있다. 다논이 현재 이러한 브랜드십을 보이는 것은 브랜드의 철학을 시스템으로 잘 디자인했기 때문이다. 브랜드의 구성원들이 중요하다고 생각하는 것을 암묵지로 남겨 는 것이 아니라 제도화해서 원칙으로 만들었다.

스티븐 코비 박사는 《원칙 중심의 리더십principle-centered leadership》에서 다음과 같이 말했다. "우리가 세상 일을 통제하는 것이 아니라 원칙이 통제한다. 우리는 자신의 행동을 통제하지만, 이런 행동의 결과는 원칙이 통제한다." 그가 말하는 원칙이란 사람들을 임파워먼트하는 불변의 보편적 법칙이다. 원칙이라는 관점에서 사고하는 개인들은 그것을 대부분의 경우에 스스로 적용해 갈 수 있으며, 무수히 많은 조건과 환경 속에서 문제를 주도적으로 해결할 수 있는 능력을 발휘하게 된다.

브랜드십은 달리 말하면 '원칙 중심의 리더십'이라고 할 수 있다. 유한한 인간에게 의지하는 것이 아니라, 브랜드의 존재 목적에 따른 비전과 핵심가치라는 무한한 '원칙'을 따르기 때문이다. 원칙이 중심이 되면 인간은 안정감을 느끼고, 우리의 삶이 올바른 길로 가도록 해준다. 그래서 다논 사람들에게 '건강'은 다논의 불변의 원칙이자 의사결정의 중심이 되어, 이들에게 새로운 활력과 영원성을 보장하고 있다.

원칙이 이끄는 다논의 영속가능경영은 어떻게 이루어질지를 올리비에 대표에게 마지막으로 물었다. "만약 당신이 액티비아의 아버지라면, 액티비아가 당신이 세상을 떠난 후에도 영속하게 하기 위하여 어떠한 준비를 하겠는가?"

올 지금 내가 하는 모든 활동이 다 그런 것이다. 나는 다논을 위하여 수많은 결정을 내린다. 다논의 명령에 따라 어디에 회사 위치를 잡고 공장을 세우고, 누구를 키 매니저로 세울 것인지, 어떤 사람을 뽑을 것인지, 광고 예산은 얼마나 책정할지를 정한다. 다논다운 결정으로 말이다. 그러나 이 브랜드가 영원하게 하기 위해서 나 혼자 할 수 있는 일은 많지 않다. 액티비아의 아버지는 한 사람이 아니다. 사실 나는 누가 액티비아를 탄생시켰는지 모른다. 모든 다노너즈가 함께 만들었기 때문에 액티비아에게는 상당히 많은 아버지가 있고 이들 모두 액티비아가 영원할 수 있도록 노력할 것이다. 그리고 또 한 가지, 이런 관점은 어떤가? 내가 죽더라도 내 친구가 내 자식을 서포트해 준다면 말이다. 소비자가 그 친구 역할을 해줄 것이라 믿는다. 매일 내 자식(액티비아)을 돌봐줄 것이고 사랑해 줄 것이라 믿는다. 동시에 현재 다논의 훌륭한 직원들, 이해관계자들stakeholders, 파트너십 관계에 있는 사람들도 도울 것이라 믿는다. 이러면 내가 죽더라도 내 자식은 건강하게 잘 커 나갈 수 있지 않을까?

다논이 수호하고 있는 원칙은 누군가가 만들어 준 원칙이 아니라 그들이 90여 년의 역사 속에서 깨우친 원칙이다. '건강'이라는 인류 보편의 진리와 함께 각 지역의 환경에 맞는 건강을 제공하겠다는 글로컬니스가 있기 때문에 전 세계 어디서나 다논은 유기체로 살아 있다. 네 번의 최고경영자가 바뀌는 동안 다논은 수많은 브랜드를 인수하고 매각하며 일종의 방황도 하고, 조직의 규모도 늘었다 줄었다 하는 등 많은 변화를 겪어야 했다. 그러나 90년간의 경험 속에서 알게 된 옳은 방향성은 올리비에 대표의 말대로 다논의 내부 고객뿐 아니라 외부 고객까지도 다논을 응원하고 지켜줄 것이다. 옳은 원칙은 다논을 영속가능한 브랜드로 만든다. UB

브랜드십은 달리 말하면 '원칙 중심의 리더십'이라고 할 수 있다. 유한한 인간에게 의지하는 것이 아니라, 브랜드의 존재 목적에 따른 비전과 핵심가치라는 무한한 '원칙'을 따르기 때문이다.

BrandShip Keywords Summary

브랜드 정언명령	■ 다논은 핵심가치인 'HOPE'와 맞지 않으면 어떤 의사결정도 하지 않는다. ■ 다논에게 핵심가치를 지키는 것은 손익계산보다 중요하며, 2007년 전체 사업 구조를 다시 짜며 프랑스 내 판매 1위의 비스켓 브랜드가 핵심가치에 부합하지 않는다는 이유로 매각할 정도로 엄격한 원칙이다.
초월적 책임감	■ 다논 사람들은 '좋은 식품으로 소비자들을 이롭게 한다'라는 미션을 뛰어넘어 인류의 건강에 대한 초월적 책임감을 공유하고 있다. ■ 다논 코리아 본사에서 가장 먼저 눈에 띄는 것은 '더 건강해질 한국에 헌신'이라는 문구다.
페어런트십	■ 다논은 특정 리더에 의존하지 않고도 전 세계 어디서나 다논다움을 유지하기 위하여 위임형 리더십 모델을 따르고 있다. ■ 다논의 문화에 어울리는 사람은 셀프스타터(자발적으로 행동하는 사람)다. 셀프스타터에게 다논은 최고의 회사지만, 반대인 사람에게는 적응하기 힘든 회사가 될 수 있다.

올리비에 포주르 다논 코리아의 사장으로 2007년 다논 코리아를 창립하기 전 Danone Dairy China의 사장, Dairy Kids Products의 매니저를 역임했다. ESCP Europe에서 경영을 공부한 후 미쉐린 타이어에서 실무 경험을 쌓고, P&G에서 브라질, 포르투갈, 프랑스 등 전 세계를 돌며 P&G 브랜드를 관리한 바 있다.

GORE

초전도 현상으로 만드는 미래 경영의 롤모델

Fair, Flat, Free가 만드는 브랜드십, 고어

The interview with ㈜고어 코리아 본부장 김인규

학력, 경력, 성별, 종교, 결혼 여부, 출산 계획 등 업무와 관련이 없는 것. 고어 코리아 입사 면접 시 면접관들이 면접자에게 물으면 안 되는 항목들이다. 묻는 경우 그 면접관은 해고다. 이력서에 출신 초등학교부터 부모님 학력, 가족사항까지(심지어 과거에는 부모님의 월소득이나 주택 소유 여부까지) 꼼꼼히 적어 제출하기를 바라는 여느 회사와는 판이하게 다르다.

그들을 찾아갔을 때 안내데스크에서 처음 받은 '방문자 명찰'에는 '방문자 가이드 담당 직원'으로 'IK Kim'이란 이름이 적혀 있었다. 그가 바로 그날의 인터뷰이, 김인규 본부장(전 대표)이다. 잠시 후 우리를 맞이하러 나온 사람도 그였다. 그간 수많은 기업들을 방문했지만 한 조직의 전前 대표(직함상 컨트리 리더Country Leader)가 직접 나와 방문자를 미팅 장소로 안내하고, 파워포인트를 준비해 발표하며, 손수 음료수를 가져다주는 회사는 본 적이 없다. 방문 전, 게리 해멀이 《경영의 미래》에서 몇 안 되는 미래적 기업 중 하나로 소개한 고어를 보면서 품은 '정말 이런 조직이 있을까?' 하는 의문은 첫 만남에서부터 서서히 풀려 가기 시작했다.

게임의 룰

다음은 몇 년 전 수학능력시험 모의고사의 사회탐구 영역에 출제된 문제의 지문을 일부 수정한 것이다. 다음의 A와 B에 들어갈 게임 이름은 각각 무엇인지 알아맞혀 보자.

A와 B 게임의 방법에는 차이가 있다.
A 게임에 쓰이는 말들은 각자의 위치와 가는 길이 정해져 있고, 각 말들은 존재하는 의미를 스스로 찾기가 매우 곤란하다. 뿐만 아니라 각 말들 간에는 상당한 서열이 수직 계층화되어 움직임의 폭이 매우 작다. 반면 B 게임에 쓰이는 각 말들은 각자의 자리가 정해져 있는 것이 아니며 필요한 경우에는 아무데나 가서 자리를 잡을 수 있다. 뿐만 아니라 각 말들은 모두 존재의 의미가 있고 평등하며, 다른 돌의 휘하에 들어감 없이 움직인다. 그렇다고 완전히 독립하여 각자가 따로 행동하는 것이 아니라 서로 연결되어 전체가 통일을 이루어 목표를 달성한다는 점이 중요한 특성이다.

한 번쯤은 A 게임에서 '괜한 훈수였다'는 핀잔을 들어보았거나 B 게임의 손쉬운 응용편인 '다섯 알의 승부'를 해봤다면, A가 '장기'를, B가 '바둑'을 설명하는 것이란 것쯤은 쉽게 맞췄을 것이다. 그 모의고사에서 이러한 지문을 두고 어떤 문제를 냈는지는 확인할 수 없었지만 아마도 '수평적 평등 구조'와 '수직적 계층 구조'에 관한 문제가 아니었을까 한다.

말했듯 바둑은 장기보다 훨씬 수평적 구조를 가진다. 각 알들 간에 직급도 없으며 가야 할 방향, 있어야 할 위치에 대한 규제도 없다. 그 격자 위에 있는 것만으로도 충분한 존재의 당위성을 갖는다.

왠지 평등한 구조가 훨씬 민주적이어서 모든 것이 순조롭기만 할 것 같지만 이러한 수평적 구조일수록 '복잡성'은 늘어난다. 정해진 규칙이 없기에 자신의 존재 의미를 스스로 찾지 못하면 도태되기 십상이기 때문이다. 조직의 계급 구조에서도 마찬가지다.

그런데 지난 몇 년간 많은 기업들이 '수평적 조직 구조로의 전향'을 선포해 왔다. 대표적으로 구글이 있고, 국내 기업으로는 제일기획, 포스코, 다음커뮤니케이션 등이 (전면적 개편까지는 아니어도) 수평적 구조로 변환을 모색하고 있다. 심지어 MIT슬로언 경영대학원의 조엘 거센필드 교수가 "X이론(p84 참고)이 조직에 스며들어 있다"고 평가했던 삼성마저도 최근 수평적 조직 구조로의 전향을 시도했다. 왜일까?

많은 학자들이 수평적 조직 구조와 수직적 조직 구조에 대한 연구 결과를 내놓으면서 형태별 장단점을 분석했는데, 수평적 조직 구조의 가장 큰 장점으로 꼽은 것이 '불확실성에 대한 대처 능력'이다. 예를 들어 10명이 사막 한가운데 떨어졌고 물을 긷기 위해 오아시스를 찾아 나서기로 했다고 하자. 이 사막은 오아시스가 꽤나 빈번히 발견되는 곳인데 최대한 많은 수의(규모가 아닌) 오아시스를 찾는 것이 승리하는 게임이다. 그렇다면 10명은 줄을 서서 함께 이동하며 오아시스를 찾아야 할까, 아니면 흩어져서 각자 찾아야 할까?

세상은 점차 불확실성이 높아지고 있다. 그러나 그만큼 기회는 곳곳에 있기에 다양한 방법으로 폭넓게 접근할 수 있어야 한다. 이러한 비즈니스 생태를 생각해 보면 여러 기업들의 방향 전환은 그리 틀려 보이지 않는다. 세계적인 경영 전략가이자 비즈니스 철학자로도 불리는 게리 해멀 역시 《경영의 미래》에서 이러한 불확실성 시대에 적합한 경영 모델로서 수평적 조직 문화를 꼽고 있다. 자신의 견해를 뒷받침하기 위해 그가 선택한 여러 기업 사례 중 한 기업인 고어W. L. Gore & Associates를 접했을 때는 상당한 충격이었다. 정말 그러한 조직 시스템으로 기업이 제대로 운영될 수나 있을까? 하지만 그들은 창업 이래 50년이 넘는 기간 동안 단 한 번의 적자 없이 꾸준한 성장을 보이고 있다. 이러한 성공적 운영의 핵심으로 고어는 '평등fairness'을 꼽는다. 그리고 그 평등을 구체적으로 보여 주는 조직 구조에 대해 고어 스스로 '래티스 구조(lattice, 격자 창살 구조)'라 부르는데, 사실 이 래티스는 바둑이란 게임이 없는 미국에서 바둑을 설명할 때 쓰는 용어이기도 하다. 바둑에서 사용되는 돌처럼 자신의 위치를 스스로 잡아 가며 의미를 찾는 그들은 어떤 조직일까?

> 이러한 성공적 운영의 핵심으로 고어는 '평등'을 꼽는다. 바둑에서 사용되는 돌처럼 자신의 위치를 스스로 잡아 가며 의미를 찾는 그들은 어떤 조직일까?

We are Associates

고어 코리아의 김인규 본부장은 현재 대외적으로 *본부장이란 직함을 쓰고 있지만 내부에서는 (신입사원을 포함한) 직장 동료들에게 'IK님, 선배' 등으로 불린다고 한다. 사실 이들의 이러한 면모는 고어사의 정식 영문 명칭에서도 엿보인다. W. L. Gore & Associastes, Inc. (W. L. Gore와 동료들), 즉 이 브랜드의 설립자인 W. L. 고어^{Gore}(빌 고어로도 불리는)와 그의 동료들이 함께하는 이 브랜드는 (법인 설립 기준을 충족시키기 위해 CEO를 두긴 했지만) 기본적으로 상당히 평등한 조직 구조이며 이를 위한 시스템이 갖춰져 있었다.

Flat한 조직 구조

고어는 의사결정권이 특정 직급과 직책에 따른 '한 개인'에게 있는 것이 아니라 해당 프로젝트(고어의 거의 모든 사업은 TFT형태로 구성된다)에 대해 가장 전문성을 인정받은 사람에게 있다. 따라서 늘 유동적이다. 이것이 가능한 이유는 고어의 운영 시스템을 지지하는 두 가지 큰 축 때문이다. 그 중 하나는 맥그리거$^{Douglas\ McGregor}$의 @X, Y이론 중 'Y이론'이며 다른 하나는 '원형 의자^{Stool} 구조론'이다.

*본부장
고어 코리아에는 CEO(Country leader)의 고정된 임기 개념이 없다. 본인의 의사와 주변 의사에 따라 결정되는 셈이다. 김인규 본부장의 경우 2000년부터 2006년까지 대표로 활동하다가 자신이 맡은 사업본부가 5배가량 성장하면서 '본부장'과 '대표'로서 두 가지 역할을 하기가 버겁다고 느꼈다. 또한 조직 전체가 종전보다 더욱 사업 부문별로 운영되는 시스템으로 정착되면서 컨트리 리더 역할이 전보다 훨씬 적어졌다고 느껴, 자연스럽게 본업으로 내려왔고 현재 본부장이라는 직함을 쓰고 있다.

🔍 X, Y이론

우리에게 욕구 5단계 이론으로 친숙한 매슬로우^{Maslow}와 함께 활동한 심리학자이자 경영학자인 맥그리거가 주창한 이론이다. 이 이론을 압축적으로 요약해 설명하자면 '성선설'을 바탕으로 인간을 이해하고 그에 따른 조직 구조론이 필요하다는 것이다. 1960년 출간한 《기업의 인간적 측면》에서 다음과 같이 X, Y이론을 정리했다.

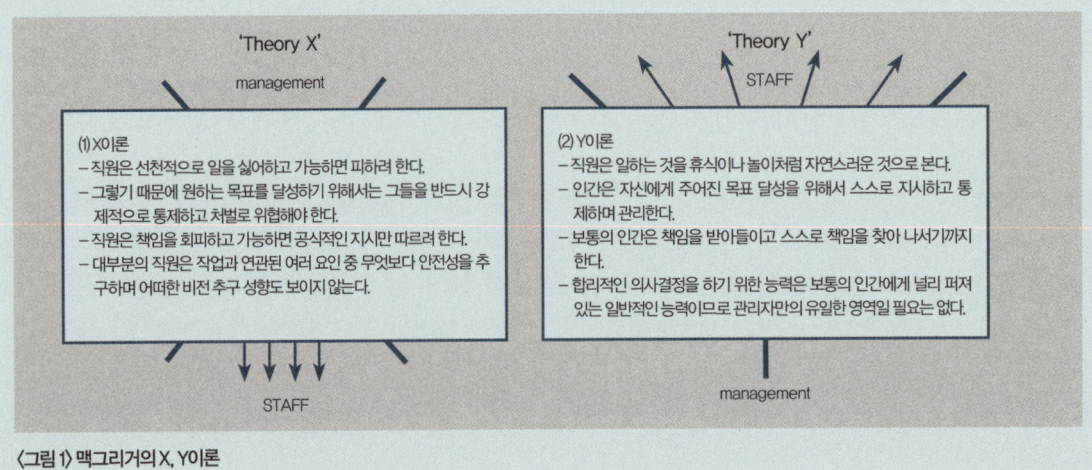

〈그림 1〉 맥그리거의 X, Y이론

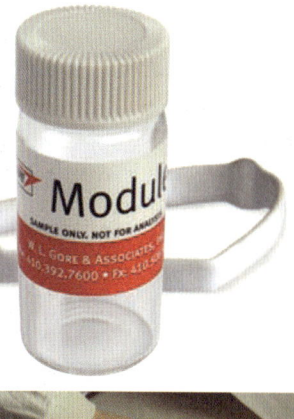

1) Why Y?

W. L. 고어는 확실한 Y이론 지지자였다. 고어 창립 전 17년간 몸담은 듀폰에서 소규모 TFT 단위의 프로젝트를 수차례 경험하면서 그는 '확실한 목표와 자율적 임무' 그리고 '자유분방한 팀 운영 체제'가 얼마나 큰 에너지와 혁신적 결과를 만들어 낼 수 있는지를 알았다. 사실 맥그리거의 X, Y이론의 가장 큰 전제는 매슬로우의 욕구 단계 이론에 근거한다. 즉 생리적, 안정적 욕구를 지배적인 욕구로 보는 X이론이 아닌 사회적, 자존적 욕구를 직원의 주된 욕구로 보고 그에 따른 동기부여 방식을 택해야 한다는 의미다. 따라서 Y이론을 지향하는 조직에서 직원 동기부여 방식은 '의사결정에의 적극적 참여, 책임감 부여, 도전할 만한 직무 부여, 동료와의 원활한 인간관계 구축 환경 제공'을 통한 것임을 강조한다. 그래서 고어는 Y이론을 지지했고 동시에 아래와 같은 '원형 의자'의 조직 구조를 만들어 냈다.

2) Armchair vs. Stool

암체어^{armchair}가 의미하는 것은 일명 '사장님 의자'다. 머리 높이 위로 한 뼘 이상 올라온 등받이에 팔걸이, 그리고 바퀴가 달린 의자 말이다. 한편 스툴^{stool}은 〈그림 2〉에서 보는 것처럼 등받이와 팔걸이가 없는 의자다. 고어가 자신의 조직도를 설명하면서 사용하는 이미지가 바로 이 스툴이다.

다리가 세 개인 이 원형 의자는 일반적인 상하 계급 구조의 피라미드(혹은 사다리) 구조와는 상반된다. 우선 전체 조직은 ①테크놀로지 팀, ②생산팀, ③영업 및 세일즈팀으로 나뉘고 동시에 이들을 코디네이팅하는 '제품 스페셜리스트(각 제품의 개발에서부터 런칭, 판매까지 총괄적으로 책임지는 사람들)'를 둘 뿐이다. 그 외에 인사, 회계 등 조직의 기본적인 조직 '운영'을 위한 서포트 조직을 두고 있다. 이렇듯 고어에는 '00과, 00부, 00실'이란 개념이 없으며 권위적인 것을 최소화해 창의력을 고무하는 조직 시스템을 구축하고 있다.

이처럼 고어는 상당히 평등한 조직 구조 시스템을 지녔다. 하지만 그들의 '평등함에 대한 철학'은 조직 행동을 위한 네 가지 핵심가치에서 그 진면목을 보인다.

〈그림 2〉 고어의 원형 의자 구조론

Stool에서 떨어지지 않기

등받이가 없는 스툴에서 떨어지지 않기 위한 최고의 기술은 '현재 자신이 처한 환경과 상황을 고려한 유연성 갖기'가 될 것이다. 균형점을 찾아 가는 것이다. 그래서 고어에는 '정책^{Policy}'이라는 단어가 없다. 대신 '가이드 라인$^{guide line}$'이라는 표현을 쓴다. 그 차이는 강제성(정책)과 융통성 여부(가이드 라인)에 있다.

하지만 '어떻게' 균형을 찾아 가는가(편법을 쓸 수는 없지 않은가)에 대해서는 확고한 원칙이 있다.

그것이 고어의 네 가지 핵심가치인 평등Fairness, 자유Freedom, 헌신Commitment, 워터라인Waterline이다. 이것과 기본적인 윤리규정 이외에는 상당한 유연성을 가지며 구성원 개개인에게 자율성을 부여하는 것이다. 그들의 원칙, 핵심가치에 대한 구체적인 내용은 하나 하나의 키워드에서 확인해 보자.

1. 평등함 Fairness

김인규(이하 '김') 출장을 가도 직급에 따라 좌석에 차등을 두지 않는다. 전 직원이 동일한 기준으로 좌석을 배정받는데, 이코노미 클래스, 비즈니스 클래스, 퍼스트 클래스를 나누는 기준은 오로지 비행 시간이다. 비행 시간이 10시간이 넘으면 어제 입사한 신입사원도, 30년 근무한 직원도 비즈니스 클래스를 탄다. 즉 원활한 업무 수행 상 필요한 조건에 기준을 두는 것이지 연공서열seniority 이나 직급, 포지션은 기준이 아니다. 단, 고어의 '평등함'을 '동등함'으로 오해하면 안 되는데, 봉급을 예로 들자면 모든 직원이 평등하기 때문에 연봉도 같아야 하는 것이 아니다. 회사에 대한 기여도가 봉급 결정의 기준이 된다.

김 본부장이 말하는 봉급 결정에서의 평등함 역시 흥미롭다. 고어는 직원 개개인의 봉급에 '전방위 평가 시스템(360° 피드백)'을 적용하는데 이것이 놀라운 것은 그 전방위 평가의 '주체'다. 이는 사장도, 인사팀도 아닌 전 직원, 즉 '동료'라는 점이다. 매년 적어도 한 번 이상 모든 직원의 설문을 '기명'으로 받는데, 여타 회사들의 인사고과 평가서처럼 '성실성, 업무 목표 달성률' 등의 평가 항목을 두지 않고 '주관적'인 기준으로 평가하도록 한다. 상식적으로 생각할 때 이러한 '주관적 기준에 의한 평가'는 외려 불공평한 결과를 낳을 것처럼 보인다. 어떤 사람은 개인적 친분도로, 어떤 사람은 특정 리더십 스타일에 따라, 또 어떤 사람은 매출 기여도에, 또 어떤 사람은 단순 성실성에 의해 평가할 것으로 예상되기 때문이다. 게다가 평가서는 구체적인 이유를 기술할 필요도 없이 단지 '1등부터 꼴찌까지' 등수만 매기는 방식이다. 대체 이런 막무가내(?) 평가 시스템은 어떤 장점을 가질까?

김 평가서와 관련해 우리가 주의를 주는 것은 단 하나, 이것은 인기투표가 아니라는 점뿐이고 모든 평가 기준은 각자에 맡긴다. 그런데 재미있는 것은 순위 결과는 전반적으로 비슷하게 나온다는 점이다. 게다가 이러한 평가 방식은 이따금 의외의 방식으로 중요한 문제를 발견하도록 돕는다. 실제 이런 일이 있었다. A라는 직원은 대부분의 사람에게서 거의 1등 내지 2, 3등의 평가를 받았다. 실제로 A는 모든 사람이 공감할 정도로 우수한 영업사원이었다. 그런데 딱 한 사람, A의 옆자리인 B만이 A에게 꼴찌를 줬다. B를 불러 물었다. 처음에는 B가 A를 시기해서인 줄 알았다. 그런데 B 말인즉, 자기가 옆자리 앉아 있어서 이따금 A가 거래처와 통화하는 것을 우연히 듣게 되는데 거짓말을 너무 많이 한다는 것이다. 그런데 그 거짓말은 추후 고어의 명성과 신뢰도에 문제가 될 수준이어서 걱정됐고, 그 이유로 꼴찌를 주게 됐다고 했다. 결국 A는 회사를 나가게 됐다.

하지만 고어가 단지 직원들의 평가서에만 의존하는 것은 아니다. 동료 간의 경쟁이기에, 또 인간의 본성이기에 자신과 비슷한 순위를 차지할 법한 직원에 대해서는 의도적으로 순위를 낮게 평가하는 것이 종종 발견되기 때문이다. 그래서 최종 순위는 조직위원회에서 결정한다. 자유를 최대한 보장하되 안전장치를 둔 셈이다.

2. 자유 Freedom

보통 '자유'라고 하면 '자기 맘대로 하는 것'으로 오해하기 쉽다. 하지만 고어에서 말하는 자유는 세 가지 정도에서 그 진정한 의미가 발견되며 모든 것이 '고어다움'을 만드는 방법으로 수렴된다. 먼저 '장난 시간(dabble time, 직원들이 마음껏 하고 싶은 것을 하며 보낼 수 있는, 일주일에 반나절 정

도의 시간)'으로, 혁신의 주된 에너지가 되는 시간이다. 이때는 원하는 실험 자재를 마음껏 쓸 수 있다. 여기에는 사연이 있다. 창립자 W. L. 고어의 아들이자 두 번째 회장인 (밥 고어로도 불리는) 로버트Robert 고어가 장난을 치며 우연히 잡아당긴 PTFE란 소재가 결국 고어텍스라는 신소재로 발전되고, 또 한 연구원이 고어텍스 섬유에 함유된 소재로 산악자전거 바퀴살을 코팅해 본 것에서 기타줄 사업부가 출범했기 때문이다. 그래서인지 고어는 실수에도 상당히 관대한 편이다. 뭐든지 일단 쉽게 시도해 보게 한다. dabble이란 단어 뜻 그대로(스포츠 활동 등을 오락이나 취미 삼아 조금 해보다, 잠깐 손대다) dabble이니까.

둘째는 '자신이 원하는 프로젝트에 참여할 수 있는 자유재량'이다. 새로운 프로젝트에 참여해 성공한다는 것은 곧 아이디어의 소유권을 획득할 수 있음을 의미하기에 자발적 참여도가 상당히 높다. 동시에 이러한 자유는 남의 아이디어에 연명하는 무임승차 직원도 없음을 의미한다.

셋째는 '동료를 성장할 수 있게끔 도와주는 데 제한이 없다'는 의미의 자유다. 언제든 원하는 만큼 서로 도울 수 있고 동기부여 하며 서포트해 줄 수 있는 자유다. 가만히 생각해보면 이러한 자율적 도움은 앞서 설명한 '전방위 평가제(많이 도울수록 좋은 평가를 받을 수 있기에)'와도, 그리고 이어 설명할 Commitment라는 또 다른 가이드 키워드와도 상당히 밀접한 관계에 있다.

3. 헌신과 신뢰 Commitment

고어에는 리더가 따로 없는 만큼 특별한 명령도 없다. 자신이 지원한 프로젝트에 자유롭게 몰입해 업무를 수행하기 때문에 프로젝트에 대한 자연스러운 헌신만이 존재한다. 또 한 가지 재미있는 것은 이러한 헌신과 책임감을 불러일으키고

> "이코노미 클래스, 비즈니스 클래스, 퍼스트 클래스를 나누는 기준은 오로지 비행 시간이다. 비행 시간이 10시간이 넘으면 어제 입사한 신입사원도, 30년 근무한 직원도 비즈니스 클래스를 탄다."

독려하는 문화가 조직 자체에 시스템화되어 있다는 점이다. 그리고 그것은 점차 문화가 된다.

헌신에 따른 보상 측면이 시스템화된 에이솝ASOP (Associate Stock Ownership Plan, 조합원 주식 소유제) 규정도 흥미롭다. 고어의 직원들은 연봉과는 별도로 연봉의 15%를 주식의 형태로 받는다. 그리고는 퇴직할 시점(퇴직 전에는 받을 수 없다)에 해당 주가로 변환 받는다. 그렇기에 회사의 성장이 곧 자신의 성장이고 그만큼 퇴직 시 받는 보상은 커진다. 그러니 자연스럽게 '주인정신'으로 헌신할 수밖에 없다. 자발적 헌신이 생기는 또 다른 이유는 팀을 구성하는 '인원 수'에 있다. 고어는 가능한 조직을 단순화, 최소화하는 데, 인원이 적을수록 팀웍과 책임감이 높아지고 개개인의 역량을 발휘하기 좋은 환경이 조성되기 때문이다.

김 축구선수와 농구선수, 배드민턴 복식조를 상상해 보자. 어떤 팀의 구성원이 가장 큰 책임감을 느끼겠는가. 배드민턴 복식조의 경우 내가 잠시 한눈을 팔면 모든 것이 끝이다. 반면 축구의 경우 '가끔은 내가 살살 뛰어도 팀에 큰 부담은 없다'는 생각을 하게 될지도 모른다. 작은 조직일수록 내가 게으르면 당장 내 동료가 받는 영향이 크기 때문에 게으를 수가 없다. 또한 팀원 수가 적으면 상대의 장단점을 잘 알 수 있다. 결국 서로 이해하고 도와주는 문화가 자연스럽게 정착될 수 있다.

이는 프로젝트를 구성하는 '팀원의 최소화'에만 해당하는 것이 아니다. 현재 고어는 전 세계적으로 9,000여 명의 직원과 약 45개의 공장을 운영하고 있는데 공장의 경우도 적정 인원 수에 기준을 두고 있다. 최근 중국 등 큰 규모 공장의 수가 늘면서 공장당 평균 직원 수가 200명 정도로 늘기는 했지만 기존에는 ⊕150명을 넘지 않았다고 한다. 그 이유는 자연적으로 어떤 그룹이 형성됐을 때 '운영' 면에서, 또 직원들 간의 '관계 형성' 면에서 150명이 최적이라는 '던바의 법칙'에 근거한 판단 때문이었다.

〈그림 3〉에서 볼 수 있듯이 150명 미만일 때는 '우리'라는 표현을 쓰지만 150명을 넘어가면 '그들'이라는 표현을 쓴다. 이는 단순한 호칭의 문제가 아니라 친밀도와 거리감을 내포하는 심리적 현상이다. 또 시너지 문제가 있다. 조직이 생기면 인원 수에 관계 없이 인사, 회계, 총무 등 회사가 기본적으로 가져야 하는 부서가 있어야 하는데 150명이 넘어야 그러한 부서들을

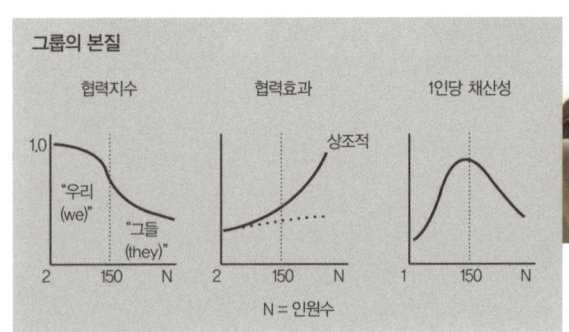

〈그림 3〉 고어가 생각하는 150명 이상과 미만의 차이

운영 할 때 시너지가 생기고, 그 이하에서는 부서 운용의 효율성이 떨어진다는 것이다. 마지막 이유는 조직 전체의 효율성인데 이는 책임감의 문제와 맞닿아 있다. 150명이 넘어가면 내가 아니어도 다른 사람이 할 것이라는 생각을 하기 쉽고, 결과적으로는 1인당 채산성이 떨어지는 것으로 본다.

⊕ 150명

당신의 트위터 팔로잉 수치(혹은 싸이월드 1촌, 페이스북에서 관계 맺은 사람 수)는 몇 명인가? 그들 중 1년에 적어도 한 번 이상 연락하거나 안부를 묻는 사람 수는? 당신이 아무리 마당발이어도 150명 이하일 확률이 높다. 실제 한 신문 기사에 따르면 온라인 소셜네트워크 사이트를 통해 관리하는 인맥이 수천 명에 이르는 '사교적인 사람'과 몇 백 명 정도인 '보통 사람'을 비교했더니 두 부류 간 진정한 친구(기준은 1년에 한 번 이상 연락하거나 안부를 묻는 것)의 수는 별 차이가 없었다고 한다. 친구가 1,500명쯤 된다는 사람도, 수만 명에 달한다는 유명인사도 실제로는 150여 명과만 긴밀한 관계를 유지하고 있었다는 것이다.

이 '150'이란 숫자에 비밀이 있다. 바로 '던바의 법칙'이다. 영국의 문화인류학자이자 옥스퍼드 대학 교수인 로빈 던바[Robin Dunbar]는 1990년대 초 영장류 30여 종의 사교성을 연구하면서 대뇌의 '신피질新皮質'이 클수록 교류하는 친구가 많다'는 사실을 발견했다. 신피질이란 대뇌 반구 표면을 덮고 있는 층인데 영장류의 학습, 감정, 의지, 지각 등 고등한 정신작용을 관리하는 영역으로, 인간의 경우 다른 영장류와 신피질 크기를 비교했을 때 친분 관계를 유지할 수 있는 사람 수가 약 150명이란 결론을 내렸다. 이와 더불어 오지에 남아 있는 원시부족의 마을 구성원 평균 수가 150명 안팎이며, 효과적 전투 수행을 위한 부대원 역시 200명 이하란 점도 밝혀 냈다. 즉 아무리 마당발인 사람도 온전한 친분관계를 유지할 수 있는 한계치는 150명이라는 것이다. 고어는 이를 기업 조직 규모에 잘 적용해 그 구성원 간의 시너지와 조직 운영 효율성의 최적화를 꾀했다.

4. 워터라인 Waterline

워터라인은 고어가 가진 독특한 위임 전결 규정이다. 워터라인이란 배를 물에 띄웠을 때 배에 그려지는 물의 수위를 말한다. 고정된 의사결정권자가 없는 고어에서는 이러한 기준으로 의사결정을 하게 된다.

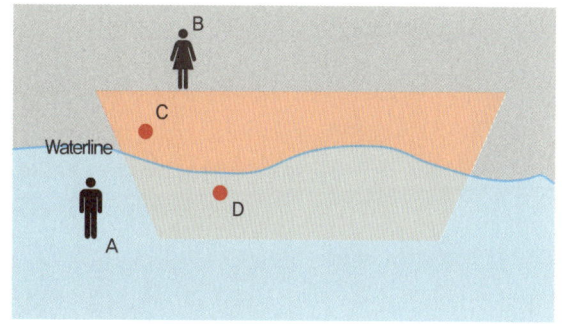

〈그림 4〉 고어의 워터라인 위임 전결 규정

고어는 의사 결정을 '배에 구멍을 뚫는 것'으로 비유하는데, 〈그림 4〉를 보며 이해해 보자. 이번 프로젝트의 최종 의사결정자가 A(보통 자신의 프로젝트에 빠져 객관적인 시각을 유지하기 힘들다)라고 하자. 이런 경우 A의 의사결정(구멍 뚫기)은 C 지점이 될 수도, D 지점이 될 수도 있다. 만약 C라면 고어라는 배는 항해를 계속할 수 있지만 D 지점에 구멍을 뚫는 일이라면 이 배는 침몰하게 된다. A가 D에 구멍을 뚫는 의사결정을 하지 않도록 B가 존재한다. 즉 해당 의사결정에 상당한 리스크가 있는 것으로 판단되는 경우 이를 객관적으로 볼 수 있는(수면 위에 있어 워터라인을 확인할 수 있는) B와 의논해야 한다는 것이다.

김 재미있는 것은 이 워터라인은 항상 움직인다는 점이다. 배에 물건을 얼마나 실었느냐(회사가 처한 상황) 등에 따라서 유동적이며, 의사결정자(A)와 그에 대한 피드백을 주는 사람(B)도 프로젝트에 따라 다르다. 그래서 항상 배 밖에 있는 사람에게 신호를 보내 내가 지금 하려는 의사결정이 수면 밑인지 위인지를 항상 크로스 체크할 수 있도록 하는 시스템이다.

이처럼 특정한 리더가 있다기보다는 각 프로젝트의 특성에 따라 필요한 리더를 새로이 세우는 고어의 문화는 지난 50년 이상 비즈니스계에서 큰 이슈가 되어 왔다.

지금 이 글을 읽는 당신의 생각이 궁금하다. 이러한 고어의 문화를 바라보며 어떠한 생각을 하는가? 상대적으로 직급이 낮은 독자라면 '나도 이런 회사에서 한 번쯤 일해 보고 싶다'고 생각할 확률이 높을 것이고, 현재 고위 직책에서 많은 권한과 특혜를 가진 관리자급이나 리더라면 '대체 이러한 조직이 어떻게 돌아갈 수 있단 말인가?' 하면서 그간 낮은 직급에서 힘겹게 (때로는 서럽게) 지내 온 과거를 떠올리며 '안 될 말이지!'라고 생각할 가능성이 높다.

우리나라처럼 유교 문화, 효 사상, 그리고 연공서열 개념이 확실한 문화권에서는 더더욱 그렇다. 미국 본사나 유럽 지사들이야 이러한 문화에 익숙할지 모르지만 어떻게 고어 코리아가 이에 적응하고 문화로까지 정착 정착시킬 수 있었을까? 역시나 답은 스스로 '낮아지는 리더'에게 있었다.

> 미국 본사나 유럽 지사들이야 이러한 문화에 익숙할지 모르지만 어떻게 고어 코리아가 이에 적응하고 문화로까지 정착 정착시킬 수 있었을까? 역시나 답은 스스로 '낮아지는 리더'에게 있었다.

−273.15℃로 낮추기 be colder & be lower

초전도체의 개념을 설명한 기사(p32 참고)에서 밝혔듯이 리더가 −273.15℃가 된다는 것은 ①리더로서, 인간의로서의 사욕을 없애는 것, ②개인적 가치관과 회사의 가치관이 충돌할 때, 회사의 가치관을 따르는 것, ③점차 자신의 영향력을 줄이기 위해 노력한다는 것을 의미한다. 그렇다면 고어 코리아의 전 대표, 김 본부장은 스스로 낮아지기 위해, 또 자신뿐만 아니라 전 직원이 평등해지도록 하기 위해 어떤 노력을 했을까?

김 사실 고어의 조직 문화가 자리 잡기 힘든 나라가 몇 있다. 독일과 아시아권 국가다. 상당한 수직 계열 구조 문화에 뿌리를 둔 나라들이기 때문이다. 나 같은 경우 고어 코리아에 입사한 지 20년 정도 됐는데 그 전 회사에서는 아침에 출근해서 현장 한 번 둘러보고 오늘의 업무 목표를 설정해 주는 등, 지시에 익숙한 사람이었다. 게다가 내가 모시던 상사는 장교 출신이었는데 늘 엄격했고 결재서류가 마음에 안 들면 뭐가 잘못됐는지 얘기도 안 하고 다 찢어 버릴 정도였다. 독일계 기업에서도 일한 적 있는데 역시 위계 질서가 분명했다. 그래서 처음 고어에 입사했을 당시엔 컬쳐쇼크가 상당했다. 내가 알아서 일하고, 또 종전에 갖고 있는 권리에 대한 포기를 받아들이는 것이 쉽지 않았기 때문이다. 서른 후반에 비서까지 두고 일하던 내가 여기서는 하나부터 열까지 모두 내 손으로 해야 했다. 하지만 그게 고어였다.

사실 고어 코리아에서도 직급이 사라진 지는 10년 정도밖에 되지 않았다. 회사 전반의 문화 차원에서는 여타 기업과 상당한 차이가 있었지만 그래도 과장, 부장, 이사 등의 직급과 직함이 있었고 그에 따라 앉는 자리도 정해져 있었다. 하지만 김 본부장이 고어 코리아 입사 후 10년이 흘러, 2006년 대표(컨트리 리더)를 맡기 시작하면서 더 많은 변화를 추진하기 시작했다.

김 내 방부터 없앴다. 현재 고어 코리아에 개인 집무실은 하나도 없다. 자리 배정도 사무실에 오래 머무는 직원들에게 자리 선택의 우선권을 주었다. 당연히 회사의 서포팅팀(인사, 회계 등)의 직원들이 가장 좋은 자리에 앉게 되었고 외부 업무가 잦은 직원은 직급이 높아도 복도 쪽이나 길 쪽에 나앉는 일도 생겼다. 당연히 시니어 직원들의 원성을 샀다. 하지만 우리가 고어 본사 문화와 100% 같아지기는 힘들어도 100%의 노력은 해야 한다고 생각했다. 호칭도 마찬가지다. 나를 대표로 부르지 말라 했더니 처음에는 직원들이 너무 어려워했다. 그래서 내가 대안을 제시했다. 아무래도 나를 '인규씨'라고 부르는 것은 상대방이 더 불편한 일이 될 것 같아 'IK님' 혹은 그냥 '선배'로 부르게 했다. 이러한 변화들은 상당한 의미를 가졌다. 하지만 아직도 잔재가 있고 여전히 노력 중이다.

자기 방도, 직급도, 권한도 점차 줄여 나간 김 본부장은 회사에서 제공되는 CEO를 위한 차량도 반납했다고 한다. 누구라도 자진해서 기득권을 포기하는 것이 쉬운 일은 아니다. 설사 자신을 설득하는 데는 성공했더라도 각자 연륜이 다르고 가치관이 다른 직원들에게 (일종의) 권리를 포기하라고 강요하기는 쉽지 않을 것이다. 더구나 고어처럼 개인의 자유를 보장하는 조직에서는 더욱 그랬을 것이다. 하지만 이것이 −273.15℃가 되려는 리더의 참 모습이며 역할이다. 스스로 먼저 낮아지며(be colder & be lower), 이러한 모습을 보임으로써 조직원들 역시 자신의 가치관과 회사의 가치관이 상충할 때 (적어도 핵심가치에 있어서는) 기꺼이 회사의 가치관을 따르게 하는 영향력자가 되는 것이다.

실제 초전도 현상에는 '초전도 근접 효과'란 개념이 있다.

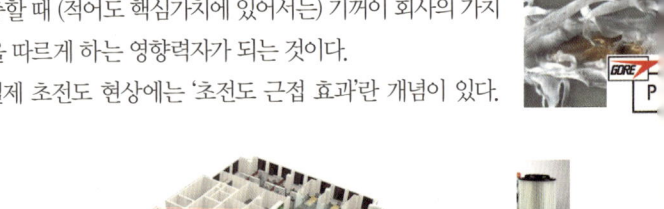

김 본부장에게 있어 직원들은 체면과 격식을 차려야 할 존재들이라기보다는 무엇이든 함께 즐길 수 있는 친구와도 같다.

김 본부장은 2006년 대표로 취임하면서 개인 집무실을 없애고 좀더 평등한 구조로의 전환을 위해 사무실 구조를 개편했다.

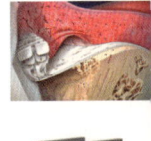

초전도 물질(초전도체가 된 리더)이 일반 금속(직원)과 가까이에 있으면 초전도 성향이 전이되어, 일반 금속 내에서도 초전도 현상이 관찰되는 것을 말한다. 요는, '전이'된다는 의미이며 리더의 그러한 변화가 직원들도 변화하게 만든다는 것이다. 그 결과는 무엇이겠는가. 조직 구성원은 서로를 닮아가며 비슷한 가치관을 공유하고, 한 방향성을 향해 갈 확률이 높다. 그리고 이러한 전이 현상은 개개인의 주변, 즉 가정에도 일어나지는 않겠는가? 그렇다면 사회 전체가 영향을 받게 되지는 않을까? 꽤나 추상적이고 이상적인 사회상으로의 변화를 그려 보는 유니타스브랜드에게 어떤 냉철한 독자가 이런 질문을 던질 것만 같아 다시 제자리를 찾았다.

"열역학 보존의 법칙에 입각해 생각해 봅시다. 리더가 잃어버린 −273.15℃는 어디로 갔나요?"

잃어버린 273.15℃의 행방

독자가 꼬집은 '에너지 보존'에 관한 관점(그중에서도 열역학 제1법칙)으로 '초전도체가 된 리더'를 보자. 그가 −273.15℃로 낮아지면서 잃어버린 273.15℃는 어디로 갔을까? 김 본부장의 한마디가 구체적인 설명보다 빠른 답을 줄지도 모르겠다.

김 우리 조직에서는 상당한 인내를 요구한다. 그리고 그 인내는 서로 간의 사랑으로 전환된다.

초전도체를 유지하기 위해 낮춘 에너지(사욕, 기득권, 영향력 포기와 관련된 에너지)는 역설적으로 직원을 더 많이 이해하기 위한, 그리고 사랑하는 데 필요한 에너지로 전환되어 결국 고어의 핵심가치를 체화하고 전파하는 데 사용되고 있었다. 구체적인 방법론은 다음과 같다.

1. Active Listening

고어는 조직원 간의 이견을 최대한 수용하고 이해하려 애쓰는데 이러한 태도를 고어에서는 '액티브 리스닝'이라 부른다. 조직 리더는 물론, 프로젝트 리더 역시 자신의 이야기를 하기 전에 최대한 팀원의 의견을 듣는 것을 최우선으로 한다.

김 리스닝 스킬이나 이견에 대한 포용력을 바탕으로 결과물을 도출하는 과정이 많기 때문에 회의할 때나 의사결정 때도 그만큼 에너지가 많이 든다. 또한 다른 회사의 매니저나 CEO에 비해 상당한 인내력을 필요로 한다. 시간을 두고 상대를 이해시키고 설득해야 하는데 그 과정에는 지속적으로 그 사람 이야기를 들어주고 상담을 해줘야 하는 경우도 많다. '지시'로는 효율성이 떨어지는 조직이기 때문이다.

2. Powerful vs. Effective

취재 도중 "이러한 고어의 문화를 조직 내에 체화시키기 위해서는 설득 과정도 많고 또 10년 전, 직급 등을 없애는 과정에서 오려 '더 강력한' 리더십이 필요하지 않았는가?"라고 물었을 때 김 본부장의 대답이 인상적이었다. "강하다는 표현은 거부감이 든다. 강력하다기보다는 효과적인 것이라 말할 수 있겠다." 굳이 지나가는 행인의 외투를 벗기는 내기를 한 '해와 바람'의 우화를 예로 들지 않더라도, 또 한참 회자되던 '경청하는 리더, 서번트 리더십'의 개념에 빗대어 설명하지 않더라도, 그의 경험에서 우러난 답변이 인상적이었다.

김 때로는 직원들이 잘 이해하지 못하면 꾸준히 참고 기다리면서 설득해 나간다. 군대식으로 '헤쳐 모여!'가 단기간에 '강력한 수단'이 될 수는 있겠지만 장기적 관점에서 '효과적인 솔루션'일지는 의문이다. 물론 우리도 효과성 측면의 서베이를 많이 하고 있다. 대표적인 것이 컬처 서베이다. 조직 문화가 나라마다, 사업본부마다, 팀마다 잘 정착되고 있는지를 조사하기 위해 매년 적어도 한 번씩 무기명 조사를 한다. 거기서 점수가 낮은 팀이나 국가는 원인을 조사하고 개선 방안을 찾는다. 이러한 노력 없이는 유지되기 힘든 문화다.

3. Sponsorship

고어의 모든 직원은 스폰서를 둔다. 이것은 의무다. 심지어 "스폰서가 없는 사람은 존재 이유가 없다"라고까지 말한다. 고어에서 자기를 후원해 줄 사람이 없다는 것은 누구한테도 신임 받지 못하는 사람이라는 것을 의미하기 때문이다. 신입사원의 경우 입사 후 첫 6개월은 회사에서 스폰서를 지정해 주지만 그 뒤에는 개인이 알아서 해야 한다(A라는 직원이 B라는 직원에게 스폰서링을 요구했을 때 B는 이를 거부할 수 있다). 스폰서는 직원의 업무 파악을 돕고 조직 내의 네트워크와 자기계발 측면 등 모든 범위에서 멘토링을 해준다. 이를 통해 직원들은 고어 문화를 학습하고 체화하게 된다.

김 한 직원이 스폰서를 해줄 수 있는 사람의 한계는 최대 7명이다. 너무 많으면 제대로 케어할 수 없기 때문이다. 이를 위해 스폰서를 요청 받았을 때 거부권도 준다. NO를 할 수 있는 이유는 여러 가지다. 담당하고 있는 스폰시^{sponsee}가 너무 많은 경우, 나보다 다른 사람이 더 도움을 줄 수 있을 것으로 판단된 경우, 후견인으로 서 줄 만큼 상대를 신뢰하지 않는 경우 등이다. 하지만 모든 것은 어디까지나 원칙이 아닌 가이드라인이라 실제로는 스폰시로 20명을 둔 직원도 있다.

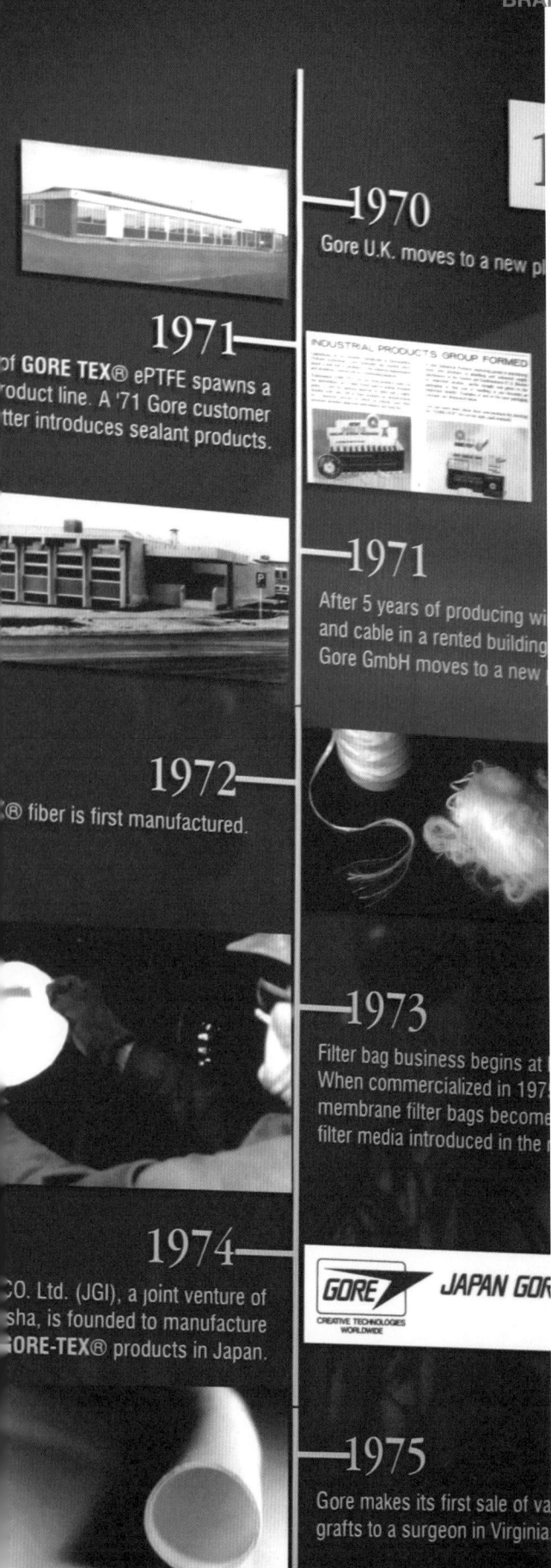

"나는 리더다!"

김 본부장의 외침이 아니다. 고어 코리아의 사내 설문조사 결과 전 직원의 50~60%가 택한 답변이다. 신입사원들이 있는 것을 감안한다면 상당히 높은 수치다. 이처럼 스스로를 리더라고 생각하는 이들은 행동도 달라질 수밖에 없다. 주인정신이 생겼기 때문이다. 단적인 예로 일반 기업에서는 지출되는 출장비, 접대비 등을 '경비expense'로 부르지만, 고어 코리아에서는 '투자investment'라고 부른다. 그래서 지금 쓸 돈을 내 돈이라 생각하고 '이번 출장을 갈 것인가 말 것인가, 이번 접대가 필요한 것인가'를 '투자' 개념으로 사고한다.

이러한 모든 것을 가능케 하는 것이 김 본부장을 비롯한 고어의 리더(전 직원이 될 수도 있겠다)의 노력이라고 설명하긴 했지만, 그들 역시 창립자 빌 고어와 고어 본사의 조직 문화가 전이되어서인 것으로 보인다.

김 입사 한 달 뒤 우연히 홍콩에서 열린 미팅에 참석했다. 그날 저녁 뒤축이 너덜거릴 정도로 다 떨어진 운동화를 신은 사람이 내게 와서는 "너 누구냐, 언제 들어왔냐" 등을 연방 물었다. 이 아저씨가 누군데 이러는지 옆 사람에게 물었더니 그분이 바로 고어의 두 번째 CEO인 밥 고어였다. 당시로서는 상당히 인상적이어서 그 후로 쭉 뵈었는데, 한번은 그가 타고 다니는 차가 하도 낡아서 가족들이 꽤 고가의 외제차를 선물했다고 한다. 그런데 받자마자 되팔고 다시 중고차를 타고 다녔다는 것이다. 왜 그러는지 물었을 때 그의 답변이 놀라웠다. "나는 직원들과 외관상으로도 간극이 생기는 것이 싫다."

밥 고어 역시 초전도체가 된 리더였다. 이러한 리더가 있었기에 고어의 문화는 조직원 전체를 자연스럽게 이끌 수 있었을 것이다. 그렇다면 밥 고어는 무슨 생각으로 이 같은 모습을 보이며 살아가는 것일까? 즉 밥 고어의 철학이 궁금했다. 이에 대해 김 본부장은 "밥 고어의 철학을 알기 위해서는 먼저 그의 아버지이자 고어의 창립자인 빌 고어의 철학을 알아야 한다. 그의 핵심 키워드는 '신뢰'다"라고 말했다. 이는 그가 고어 코리아에 입사할 때의 에피소드를 통해 더 실감나게 전해 들을 수 있었다.

김 입사 당시 면접을 보는 데만 9개월이 걸렸다. 그만큼 신중하게 사람을 뽑는다. 요즘에는 조금 줄어들었지만 여전히 3개월가량 걸리고, 보통 최소한 10명 이상에게 면접을 본다. 심지어 입사 후에도 다른 사업 부문으로 옮길 때 15~20명에게 사내 면접을 보는 사람도 있다. 하지만 입사가 결정되면 그 개인을 믿고 맡긴다. 믿어야 하는 문화이기 때문에 채용 과정에 상당히 신중한 것이고 오래 걸리는 것이다. 사실 고어의 모든 연결고리가 되는 것이 신뢰다. 작은 팀 단위의 운영도, 자유도, 평등함도, 헌신도, 워터라인도 모든 것은 신뢰 때문에 가능하다.

상대방을 믿을 수 있다면 어떤 점이 껄끄럽고, 고민되겠는가. 고어의 조직원들은 이러한 신뢰를 바탕으로 스스로 낮아지기에 전체적인 수직 계열의 높이 또한 낮아지게 된다. 하지만 그것이 오히려 전 직원을 리더급으로 높이는 결과를 낳았다.

고어를 따르라?

상당한 자유를 부여하고 권한을 나누어 갖는 이상적인 회사, 고어. 하지만 그렇다고 모든 회사가 고어처럼 당장 변해야 한다는 의미는 아니며, 실상 그럴 수도 없을 것이다. 산업군의 특수성이나 그간의 업력에 의한 특수성 때문이다. 게다가 이러한 조직 문화로 인해 고어 나름대로 겪는 어려움도 있다. 첨예한 의견 대립이 있는 이슈의 경우 최종 의사결정이 상당히 지연될 수도 있으며, 때로는 그 이슈가 그리 중요한 문제가 아님에도 불구하고 많은 에너지가 소비되는 경우도 있기 때문이다. 그래서 이에 적응하지 못하는 사람들은 꽤나 빨리 짐을 싸곤 한다.

사실 우리가 고어에서 놀라야 할 부분은 그들의 획기적인 경영 스타일이 아니라, 그 스타일의 단점을 보완할 수 있도록 설치해 둔 정교하고 현명한 숨은 시스템에 관한 것이다. 자유가 방종으로 변질되는 것을 막기 위한 각종 제도와, 책임감 고양을 위한 '소수 인원의 프로젝트제', 주관적이고 위험성 높은 의사결정을 방지하기 위한 '크로스 체킹 시스템, 워터라인', 권한을 위임하기 전에 확실히 신임할 수 있는 사람을 가려 내기 위한 '채용 시스템', 수평적 조직의 큰 단점으로 꼽히는 '우매한 대중에 의한 의사결정'을 막기 위해 한 사람 한 사람의 목소리에 '경청하는 시스템(한 사람의 솔직하고 예리한 평가로 영업실적이 좋은 사람을 해고한 일화를 보라)', 평등함의 진짜 의미가 '차등'이 없다는 것이 아니라 '차별'이 없다는 것임을 알리는 노력(전방위 평가 연봉제)을 말이다.

단순히 수평적 조직이기 때문에 그들이 브랜드십을 가진 것이 아니다. 모두가 리더가 되어 모두가 한 방향성을 가지면서도 자유로운 움직임이 갖는 살아 있는 유기체 속에는 그들만의 운용 메커니즘이 활성화되고 있었다. 즉 수직적 구조가 고착된 기업이라도 그들의 단점을 보완할 수 있는 시스템으로 모든 사원이 리더처럼 생각하고 고민하도록 만들 수 있다면 그들 역시 브랜드십을 가질 수 있다. 즉 고어의 스타일이 브랜드십의 롤 모델이라기보다는 그들의 시스템을 만든 스마트함이 롤 모델이며, 이것이 당신과는 전혀 다른 세상 이야기인 것 같은 고어를 눈여겨봐야 하는 이유다. UB

> 단순히 수평적 조직이기 때문에 그들이 브랜드십을 가진 것이 아니다. 모두가 리더가 되어 모두가 한 방향성을 가지면서도 자유로운 움직임이 갖는 살아 있는 유기체 속에는 그들만의 운용 메커니즘이 활성화되고 있었다.

BrandShip Keywords Summary

브랜드 정언명령	■ 아무리 '유연한 조직'의 대명사로 꼽히는 고어일지라도 그들의 네 가지 핵심가치 '평등Fairness, 자유Freedom, 헌신Commitment, 워터라인Waterline'은 고어인이라면 누구도 어길 수 없는 절대 원칙이다.
초전도체	■ 김 본부장은 고어 코리아의 대표로 재직 당시 자신의 방부터 없애고 회사에서 지급된 차량도 받지 않았다. ■ 수평 조직을 지향하는 조직답게 조직 내부에 직함과 직급을 없애기 위해 스스로 '대표' 타이틀을 버리고 자신을 '선배, IK님' 등으로 부를 것을 직원들에게 제안했다. ■ 직원들은 평등한 조직 시스템 아래, 같은 비전을 향하는 유기체로 진화했다.
페어런트십	■ 고어는 '스폰서 제도'를 통해 선후배간, 직원 상호간 코칭 및 멘토링을 할 수 있는 시스템을 두고 업무에 대한 전문성과 고어의 조직문화에 대한 이해를 높인다. 이는 고어 문화가 자연스럽게 영속하여 전해질 수 있도록 돕는다.

김인규 쌍용시멘트, 독일합작법인인 Industrial Minerals of Korea의 공장장과 고어 코리아 대표를 거쳐 현재 고어 코리아의 IDF BU 아시아태평양지역 사업본부장을 맡고 있다. 올해로 고어 입사 20년이 된 그는 듀폰이 설립한 중국 소재의 SBFEC의 BOD를 겸임하고 있다.

SWATCH GROUP

브랜드십을 위한 리더의 기술
1mm의 핀 조정술과 1′의 무브먼트 조정술, 스와치 그룹 코리아

The interview with 스와치 그룹 코리아㈜ 대표 최성구

오늘 오후 미팅을 위해 멋지게 차려 입은 당신이 만약 시계를 차고 나오지 않아 마음이 불편하다면, '시간을 알 길이 없어 중요한 미팅에 늦을까 봐서'인가, 아니면 '완벽할 수 있었던 오늘의 패션에 오점을 남겨서'인가? 시계는 시간을 알려 주는 물건이라기보다 패션 아이템에 가까워진 지 오래다. 그러한 이유로 이제 시계는 사용자의 아이덴티티를 더욱 돋보이게 하는 자신만의 컬러를 가지고 있어야 한다. 그런데 당신이 들고 나오지 않아 마음을 불편하게 한 그 시계가 스와치 그룹에 속한 브랜드일 확률은 약 25%가량 될 것이다(스와치 그룹은 전 세계 시계 생산량의 25% 이상을 점유하고 있다). 스와치 그룹이라고 해서 (브랜드) 스와치의 이미지만을 떠올리며 내 시계는 그런 '스타일'의 것이 아니라고 말한다면 당신은 스와치 그룹에 대해 더 알 필요가 있다. 스와치 그룹에는 스와치를 제외하고도 18개의 독특한 컬러의 브랜드가 있기 때문이다. 자신만의 컬러를 가진 19개 개별 브랜드를 지닌 스와치 그룹은 어떻게 개별 브랜드의 컬러에 누를 끼치지 않고 동시에 스와치 그룹 자체의 컬러를 유지할 수 있는 것일까? 이 중심에 선 의사결정자의 역할이 궁금해 스와치 그룹 코리아의 최성구 대표를 찾았다. 그가 알려 준 그 노하우는 ±1㎜ 핀 조정술과 ±1′의 무브먼트 조정술이다.

핀 맞추기

한 권의 책이 나오기까지 거치는 프로세스는 상당하다. 탈고된 원고가 pdf 파일 형태로 인쇄소로 넘어간 후에도 수많은 공정이 필요한데, 특히 책이 컬러인 경우에 더 그렇다. 일반적인 흑백 인쇄물(이를 1도 인쇄라 한다)의 경우 검정색 먹판 하나로 해결되지만 컬러 인쇄물(이를 4도 인쇄라 한다)인 경우 '마젠타(레드 계열), 사이언(블루 계열), 옐로, 블랙'의 네 가지 컬러를 겹쳐 찍어 (원하는 거의 모든) 컬러를 연출하게 된다. 모든 컬러가 표현 가능한 만큼 네 가지 색의 혼합 비율에 따라 미묘한 색감 차이를 보이기 때문에 디자이너가 의도한 컬러 그대로 인쇄되길 원한다면 반드시 직접 인쇄소를 찾아가 '감리'를 봐야 한다. 쉽게 말하면 샘플을 뽑아 색을 확인하는 것이다.

이 감리 작업 중 가장 미묘하고도 섬세한 감각을 요하는 작업이 바로 '핀 맞추기'다. 예를 들어 디자이너가 표현하고 싶은 붉은 계열의 A라는 컬러가 있다고 하자. 그 A 컬러는 단순히 마젠타를 100% 사용하는 것이 아니라 마젠타 72%, 사이언 14%, 옐로 36%, 블랙 7%가 혼합된 색이다. 이것이 원하는 그대로 나왔는지, 그리고 네 가지 컬러판(필름)을 겹쳐 찍어 표현하는 것이기에 그 겹침에 어긋남이 없는지(어긋나면 색이 달라질 뿐만 아니라 이미지의 외곽선이 일치하는지 않는다)를 살피는 것이 '핀 맞추기'다. 이때는 어긋남이 없는지를 확인하기 위해 특수 돋보기까지 사용한다. 만약 핀이 안 맞으면 이미지는 '선명하지 못하고 흔들려' 보여 보는 사람의 눈까지 아프게 한다. 뿐만 아니라 (이미지 입장에서) 자신의 고유한 컬러를 잃게 되고 '잘못 겹쳐져 탁해진 색'으로 보일 수밖에 없다. 분명히 A라는 컬러와 (A를 위해 섞였던) 마젠타 72%, 사이언 14%, 옐로 36%, 블랙 7%의 컬러판들이 제멋대로 겹쳐진 것은 '다른 것'이다. 마치 콜라의 배합 재료를 그대로 섞었다고 해서 콜라가 아닌 것처럼 말이다.

브랜드십과 핀 맞추기

그런데 브랜드십과 인쇄소에서 '컬러 핀 맞추기'가 무슨 상관이란 말인가? 브랜드의 제대로 된 컬러를 유지하는 것은 '오차 없는 핀 맞추기'와 같다. 리더의 핀 맞추기 작업이란 여러 가지로 해석될 수 있다. 조직 구성원들의 개별적 컬러를 조합해 명확한 브랜드 컬러를 만들기 위한 리더의 역할을 뜻하기도 하고, 나아가 '브랜드 컬러 유지를 위한 리더 개인의 컬러 조정 능력'을 의미하기도 한다. 강력한 브랜드가 일관성의 산물이라면, 그리고 브랜드가 한 명의 리더의 생에 의존하지 않고 100년, 200년 이상의 삶을 누리며 영속하려면

브랜드가 한 명의 리더의 생에 의존하지 않고 100년, 200년 이상의 삶을 누리며 영속하려면 그 브랜드를 누가 운영하는가에 따라 브랜드의 컬러가 바뀌면 안 되기 때문이다.

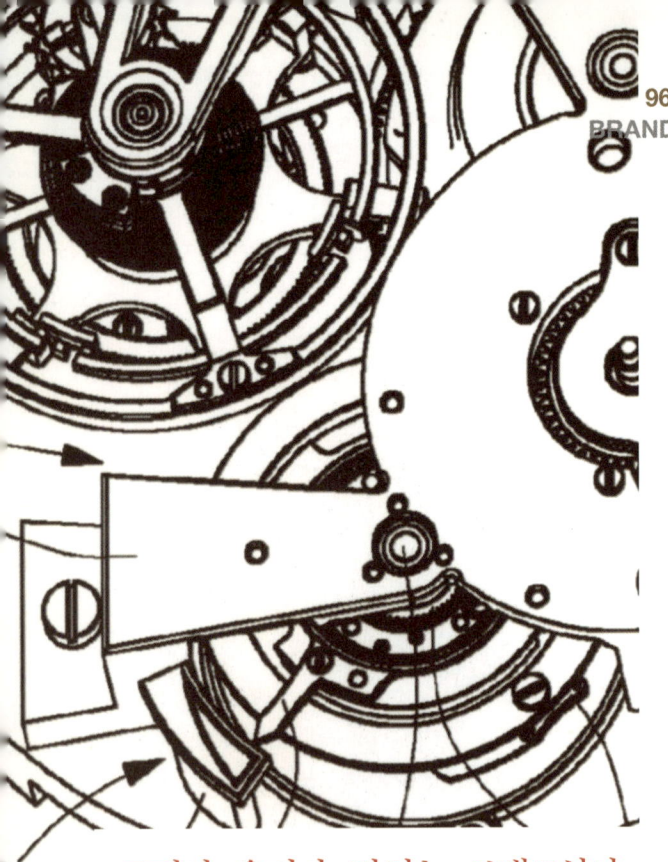

> 그것이 우리가 말하는 브랜드십이다. '리더의 고유색'보다 중요한 것이 '브랜드 고유의 색'이기 때문이다. 이 '핀 맞추기' 능력은 특히, 여러 브랜드를 하부 구조로 두고 있는 그룹 브랜드의 리더에게 더욱 요구된다.

그 브랜드를 누가 운영하는 가에 따라 브랜드의 컬러가 바뀌면 안 되기 때문이다. X리더가 운영하든, Y리더가 운영하든, Z리더가 운영하든 브랜드는 '자기 색'을 지킬 수 있어야 한다 (물론 시스템이나 운영 방식의 혁신이 불필요하다는 의미는 아니다). 만약 애플의 스티브 잡스가 애플을 떠나거나 이 세상을 떠났을 때 애플이 애플다움을 유지할 수 없다면 애플은 더 이상 애플이 아닌 '사과 모양의 로고를 단 전자기기'가 될 것이다. 그럴 리야 없겠지만 IBM의 CEO인 샘 팔미사노가 애플을 맡아 운영했을 때 애플이 IBM처럼 변한다면 애플이 지금처럼 큰 사랑을 받을 수 있을까? 또 다른 관점에서, 만약 정말로 샘 팔미사노가 애플을 운영하게 된다면 팔미사노는 애플답게 변해야 한다. 그것이 우리가 말하는 브랜드십이다. '리더의 고유색'보다 중요한 것이 '브랜드 고유의 색'이기 때문이다.

이 '핀 맞추기' 능력은 특히, 여러 브랜드를 하부 구조로 두고 있는 그룹 브랜드의 리더에게 더욱 요구된다. 예를 들어 당신이 여러 독립 브랜드(a, b, c, d…)를 가진 모(母) 브랜드(B)의 리더라면 1mm(물론 1mm보다 훨씬 미묘하지만)의 핀 조정을 할 줄 아는 리더가 되어야 그룹 브랜드의 컬러를 확실히 유지할 수 있다는 의미다. 이것에 실패하면 B 브랜드는 소비자에게 '선명하지 못하고 흔들려' 보일 것이기 때문이다.

여기서 소개할 스와치 그룹은 이런 과제를 열심히 해결해 나가고 있다. 스와치 그룹은 무려 19개의 '개성 있는' 브랜드를 총괄하고 있다. 이들의 숨은 기술은 무엇일까? 스와치 그룹의 한국지사, 스와치 그룹 코리아 최성구 대표가 이 질문에 도움이 되는 힌트를 줄 수 있을 것이다.

±1mm와 ±1′

@스와치 그룹에 스와치라는 브랜드를 제외하고도 총 18개의 브랜드가 더 있다는 사실을 아는 사람은 많지 않을 것이다(이중 13개의 브랜드가 한국에 런칭했다). 대부분의 사람들이 '스와치 그룹 = 스와치'로 받아들인다. 물론 스와치라는 브랜드가 어떻게 보면 그룹의 모태가 될 수 있을 정도로 중요하긴 하지만, 스와치 그룹 내에서 스와치만이 독보적인 매출을 기록한다거나 가장 오래된 브랜드인 것은 아니다. 스와치 그룹이 만들어 내는 시계의 수는 연간 1천만 개 이상이고, 이는 전 세계 시장 점유율의 약 25%에 해당할 만큼 스와치 그룹은 스와치라는 브랜드 외에도 많은 브랜드로 시장을 움직이고 있다.

최성구 (이하 '최') 내 명함을 보면 우리 그룹에서 나오는 브랜드의 BI가 모두 새겨져 있다. 스와치 그룹에 속한 브랜드가 이만큼 다양하다는 것을 보여 주고 싶다기보다는, 스와치 그룹 코리아의 대표로서

SWATCH GROUP
SWATCH GROUP KOREA LTD

🔍 스와치 그룹에 속한 시계 브랜드

스와치 그룹은 156개의 생산 공장과 전 세계에 약 4440여 개에 달하는 판매망을 보유, 세계적인 경제 불황에도 불구하고 지난 2009년에는 약 5조 4,210억 스위스 프랑(약 5,612조 원)의 매출을 기록했다. 1994년 설립된 스와치 그룹 코리아㈜는 2010년 현재, 브레게(Breguet), 오메가(Omega)를 비롯한 모든 가격대를 아우르는 13개의 시계 완제품 수입과 유통을 직접 총괄 관리한다. 소비자의 다양한 기호에 따른 욕구를 만족시키는 스와치 그룹의 19개 브랜드는 다음과 같은 카테고리로 구분된다.

Prestige and Luxury Range : 브레게(Breguet), 블랑팡(Blancpain), 글라슈테 오리지날(Glashütte Original), 자케 드로(Jaquet Droz), 레옹 아토(Léon Hatot), 오메가(Omega), 티파니(Tiffany & Co.)

High Range : 론진(Longines), 라도(Rado), 유니온 글라슈테(Union Glashütte)

Middle Range : 티쏘(Tissot), ck 워치 & 주얼리(ck watch & jewelry), 발맹(Balmain), 해밀턴(Hamilton), 써티나(Certina), 미도(Mido)

Basic Range : 스와치(Swatch), 플릭 플락(Flik Flak)

Private Label : 엔듀라(Endura)

swatch
BRANDSHIP

수억 원에 이르는 시계부터 몇만 원 정도면 살 수 있는 시계까지 시계의 모든 카테고리를 섭렵하고 있는 스와치 그룹의 시계들.

늘 '다양성'을 염두에 두자는 것을 스스로 일깨우기 위함이다. 나는 리더로서 한 브랜드에 젖어 있어서는 안 된다. 물론 다른 그룹사들도 그룹 내 여러 브랜드를 운영하는 경우도 있지만, 스와치 그룹처럼 시장에서 브랜드 포트폴리오상 고가top부터 저가bottom까지 모두를 커버하는 그룹은 찾아보기 힘들 것이다. 스와치 그룹의 19개 브랜드는 모두 독립적이고 개성 있는 브랜드이기 때문에 시계 시장의 피라미드상에서 저마다 다른 브랜드 포지션을 갖고 있고 그에 따른 독립적 전략을 펼치고 있다.

그래서 그가 가장 중요하게 생각하는 것이 각 브랜드의 독립성 유지와 아이덴티티의 보존이다. 스위스 본사 역시 그룹 차원에서 자금 흐름을 관리하고 서포트해 주는 수준에 가깝고 계열사의 경영에 개입하지 않기 위해 노력하고 있다. 그래서 새로운 모델의 런칭과 출시는 물론, 배포 및 판매 등 많은 부분이 각 계열사의 몫이다. 실제로 스와치의 경우 빠르면 3개월, 늦어도 6개월에 한 번씩 모델을 교체하면서 100여 개의 신제품을 출시하는 한편 블랑팡이나 오메가의 경우는 경쟁력 있는 모델이 한 번 등장하면 2~3년 동안 모델을 바꾸지 않는 경우도 있다.

결국 이러한 모든 것은 각 브랜드가 서로 방해 받지 않고 각자의 아이덴티티와 브랜딩 전략을 구사하며, 그룹 차원에서 자기잠식cannibalization없이 브랜드들이 차별적인 메시지를 전달할 수 있도록 조직을 구성한 것이다.

당연히 브랜드별 조직 문화 역시 다르다. 예를 들어 럭셔리 브랜딩 전략을 취하는 브레게, 블랑팡, 오메가 등의 직원들은 고급 정장 차림에 주로 사회 저명 인사들을 만나고 연령대도 높다. 그러나 가볍고 경쾌하며 젊은이들의 수요가 많은 스와치나 플릭플락의 직원들은 상당히 젊고 복장도 캐주얼하다. 이렇게 다양한 컬러의 브랜드들을 소유한 그룹 브랜드를 운영하는 최 대표에게는 (감리 과정에서처럼) 언제(±1´), 어떠한 기준으로 스스로의 움직임을 조절(±1mm) 해야 하는가가 중요한 이슈다. 리더 자신의 색을 너무나 많이 가미하는 순간 개별 브랜드는 그에 의해 영향을 받을 것이기 때문이다. 반면 어떤 이슈가 개별 브랜드 차원을 넘어 스와치 그룹 전체에 영향을 미칠 경우 다시 스와치 그룹 코리아의 CEO 역할과 리더십으로 돌아와야 하는 한다. 아마도 그에게는 순간 순간이 1mm의 간극 조정술을 구사할 것인가 말 것인가를 결정하는 '타이밍 전쟁'일지 모르겠다. ±1mm와 ±1´의 의사결정 순간 말이다.

최 나는 한 브랜드만을 대표할 수 있는 입장이 아니기에 TPO(시간, 장소, 상황)에 따라 계속 적극적인 변신을 할 수 있어야 한다. 브레게 브랜드 매니저와 대화할 대는 브레게로, 스와치 브랜드 매

> 최 대표에게는 언제(±1′), 어떠한 기준으로 스스로의 움직임을 조절(±1㎜) 해야 하는가가 중요한 이슈다. 아마도 그에게는 순간 순간이 1㎜의 간극 조정술을 구사할 것인가 말 것인가를 결정하는 '타이밍 전쟁'일지 모르겠다. ±1㎜와 ±1′의 의사결정 순간 말이다.

다양성을 위한 명확성

다양성을 위한 명확성 지키기. 다소 모순처럼 들리는 이것이 1㎜의 핀 조정술로 컬러판 조율에 능해야 하는 '그룹 브랜드 CEO'의 핀 맞추기 노하우다. 즉 여러 컬러판처럼 다양한 색을 가진 하나 하나의 브랜드가 자신에게 주어진 색(개별 브랜드의 아이덴티티)의 농도를 제대로 연출하지 못하면 리더가 여러 컬러판의 핀을 아무리 잘 맞춰 봐야 의도된 컬러(스와치 그룹의 아이덴티티)를 표현하지 못한다는 것이다. 이는 마치 아무리 요리를 잘하는 요리사라도 음식 재료 자체의 상태가 좋지 못하면 최상의 요리를 만들지 못하는 것과 같다.

그래서 최 대표에게 중요한 것은 각 컬러판, 즉 개별 브랜드가 자기 색의 명확성을 지킬 수 있도록 제대로 된 브랜드 매니저를 선발하는 것이다. 만약 그 개별 브랜드의 메인 컬러가 레드라면 브랜드 매니저 역시 그것을 잘 표현할 줄 아는 레드 계열의 사람이 블루 계열의 사람보다 훨씬 수월할 것이기 때문이다. 이처럼 개별 브랜드가 '명확성'을 가질 때 스와치 그룹이 지향하는 '다양성'이란 단어도 의미를 갖는다.

스와치 그룹 코리아의 건물에 하루 정도 앉아 있으면서 직원들을 관찰해 보면 어떤 생각이 들어야 할까? 동일한 향취와 아우라를 풍기는 획일적인 직원 일색이 아닌, 13개의 브랜드 사람들은 모두 옷차림도, 행동도 다르고 브랜드별 사무실 인테리어도 천차만별이지 않을까.

최 각 브랜드의 브랜드 매니저들은 그 브랜드의 톤에 맞춰 결국 그 브랜드를 대표할 수 있는 '앰배서더ambassador'가 되어야 한다. 그렇기에 채용 과정에서도 자기 색이 없는 브랜드 매니저보다는 브랜드의 컬러와 같은 톤앤무드tone & mood의 사람을 채용한다. 사람이 자신의 컬러 없이 브랜드의 컬러를 덧입는 것도 굉장히 부자연스러운 일이고, 그런 경우는 브랜드의 진정한 향기가 안 난다. 브랜드 매니저의 성향과 속성까지 해당 브랜드와 닮아야 그 브랜드의 컬러가 진해지고 명확해진다. 이것이 스와치 그룹이 선명한 다양성을 갖출 수 있는 이유다.

그래서 스와치 그룹 코리아의 브랜드 매니저들은 때로는 전혀 반대방향의, 이질적인 움직임을 보일 수밖에 없다. 수억 원대에 이르는 시계와 3만 원대의 시계가 같은 모 브랜드 안에 있으니 말이다. 하지만 이 같은 이질적 '명확성'은 스와치 그룹의 존재 목적과 역할, 즉 세상에 존재하는 '시계의 모든 것'을 고객에게 선보인다는 '다양성'을 선물할 수 있다. 그 다양한 시계를 통해 사람들이 자신의 개성을 표출할 수 있도록 말이다.

니저와 대화할 때는 스와치로 말이다. 이것은 스와치 그룹의 정신 중 가장 중요하게 여기는 부분이기도 하다. 다양성의 존중 말이다. 이러한 부분은 늘 전략적으로 굉장히 세심하게 다뤄지고 있다. 하지만 개인적으로는 이것이 어렵다기보다는 재미있고, 내 적성에도 맞다. 사실 나는 깊이도 깊이지만 폭이 넓은 일을 하는 것이 좋다.

이런 이유로 스와치 그룹 전체를 아우를 수 있는 그들만의 '스와치 그룹다움', 즉 그룹 내 여러 브랜드를 아우를 수 있는 공통점을 물었을 때 "대답하는 것이 오히려 억지스럽고 끼워 맞추는 것 같다"는 그의 말이 솔직한 답변일 것이다. 다만 그들은 최대한 스와치 그룹이 '다양성의 조화'를 빚어내고 '시계의 모든 것'이라는 명성을 이어 갈 수 있도록, 또한 스와치 그룹이 세계 시계 시장에 미치는 영향력을 염두에 두고 '그에 따른 책임감'을 생각하며 일하고 있었다.

브랜드십과 강력한 리더십의 관계?

이러한 능력이 탁월해야 하는 최 대표에게 만약 스와치 그룹 코리아의 후계자를 뽑는다면 어떤 사람을 택할지 물었다. 그 답변 속에 현재의 업무에 있어 가장 필요한 태도와 자질이 숨어 있을 테고, 그것이 스와치 그룹 코리아처럼 여러 브랜드를 지닌 그룹 브랜드의 브랜드십을 유지할 수 있는 노하우에 대한 힌트가 될 것이기 때문이다.

이에 대한 그의 답변은 다음의 세 가지로 요약될 수 있다. ①브랜드란 무엇인지를 알고 좋아하는 사람, ②브랜드 비즈니스를 해 본 사람, ③분명한 자기 색깔이 있는 사람이다.

세 가지 조건 중 ①, ②번의 조건은 충분히 이해되지만 ③분명한 자기 색깔이 있는 사람'은 어찌 보면 그룹 브랜드 리더의 자질로서는 이해하기 힘든 부분이다. 전체 컬러판(마젠타, 사이언, 옐로, 블랙)을 조율해야 하는 리더는 분명한 자기 색을 가진 인물보다는 오히려 자기 색이 없는 리더여야 하지 않을까. 자신의 색을 포기해서라도 그룹 브랜드의 색을 조율해 내는 자세가 필요할 것 같기 때문이다. 그런데 '왜 리더의 분명한 자기 색이 중요한지'를 되물었을 때 그의 대답은 더 놀라웠고, 우리의 귀를 의심케 했다.

최 내가 말하는 '컬러'라는 것은 개성도 개성이지만, '강력한 리더십'을 의미한다.

'브랜드를 잘못 찾아왔나?' '우리 질문을 잘못 이해했나?' '우리가 우리의 주제를 잘못 전달한 것인가?'라는 생각으로 순간 머릿속이 복잡해졌다. 우리가 스와치 그룹 코리아를 찾은 이유는 '강력한 리더십'이 아닌 '강력한 브랜드십' 때문이었다. 그런데 브랜드십을 위한 리더의 조건으로 강력한 리더십을 꼽은 그의 답변은 의외였다. 게다가 종전까지 진행된 인터뷰 내용과도 그리 매치되지 않는 답변 아닌가. 다소 당황스러워하는 우리를 안정시키려는 듯 최 대표는 말을 이었다.

'브랜드십을 위해서는 리더십이 필요 없다'가 아니라, 외려 그것을 조직원들에게 설명하고 납득시키는 (어떤 스타일이 되었건) 강력한 리더십이 필요하다.

최 놀랄 필요 없다. 강력한 '브랜드십을 위한 강력한 리더십'을 의미한다. 유니타스브랜드가 말하는 브랜드십에는 전적으로 동의한다. 차세대 리더십이라고 생각하며 완벽한 리더십의 마지막 모습은 '브랜드십을 만드는 리더십'이란 생각이 들 정도다. 하지만 그것을 위해서라면 더 강력한 리더십이 필요하다는 생각이 들었다. 특히 스와치 그룹 코리아같이 여러 브랜드를 둔 경우, 리더가 자기 자리를 잡지 못하면 브랜드들이 중구난방하게 된다. 이를 막기 위해서라도 강력한 리더십이 필요하다고 생각한다.

최 대표의 말은 시계 속 '무브먼트 movement'를 떠올리게 했다. 무브먼트란 시계를 움직이게 하는 기계장치인데, 차로 말하면 엔진에 해당하는 부분이다. 기계식 무브먼트의 경우 중앙 축 톱니에 정교히 연결된 여러 개의 톱니바퀴는 저마다의 역할을 톡톡히 해내며 초침, 분침, 시침을 움직이게 하는 메커니즘을 만들어 낸다. 아마도 최 대표가 말하는 '강력한 리더십'이란 시계의 심장과도 같은 이 '무브먼트의 강력함'을 이야기하는 것일 테다. 초침, 분침 그리고 시침이 중구난방으로 우왕좌왕하지 않고 한 방향으로 움직여 정확한 시간을 알리게 하는 힘 말이다. 이러한 측면에서 강력한 리더십이라면 지레 정색할 필요는 없던 셈이었다. 게다가 이 무브먼트는 (제대로 된 것이라면) 초침, 분침, 시침에 직접 간섭하고 영향을 주는 것이 아니라 자신은 한 방향을 향해 돌며 이것에 이가 맞물린 톱니들이 전체적인 구조 하에 각자의 역할을 수행하도록 돕는 역할을 한다. 그리고는 고객에게 '정확한 시간'이라는 목표한 가치를 제공하면서 자신은 시계 판 뒤로(물론 보이는 무브먼트도 있지만) 숨는다. 브랜드십을 위한 리더십의 모습과도 닮았다.

실상, 우리가 말하는 브랜드십이 리더십과는 모순관계에 있는, 즉 브랜드십을 위해서는 리더십이 없어야 한다는 것이 아니다. 리더십은 당연히 필요하다. 그런데 그 리더십이 브랜드십을 위한 리더십이 되어야 한다는 의미다. 조직 내에서 그 무엇보다 브랜드의 핵심가치를 존중하고 그것대로 조직을 운영하며, 시스템을 구축하고, 전략을 기획하며, 마케팅으로 실현하는 것, 이것의 최종 의사결정자는 대부분 CEO다. 그 CEO가 브랜드를 자신보다 추앙하는 리더십, 그것이 '브랜드십을 위한 리더십'이다. 그렇기에 '브랜드십을 위해서는 리더십이 필요 없다'가 아니라, 외려 그것을 조직원들에게 설명하고 납득시키는 (어떤 스타일이 되었건) 강력한 리더십이 필요한 것이다.

마이크로 vs. 매크로

앞서 설명한 바와 같이 1mm의 핀 조정술은 마이크로micro 매니지먼트에 가깝다. 하지만 그것은 그룹 브랜드의 리더에게 요구되는 기술이기에 앞서 모든 브랜드 리더에게 필요한 기술인지도 모른다. 그때의 컬러판은 브랜드 매니저뿐 아니라, 조직 구성원 한 명 한 명이 될 수 있기 때문이다. 다양한 가치관과 행동양식을 보이며 자신만의 컬러를 보이는 (때로는 고집하는) 조직원들을 어떤 방향으로 어떻게 조절해야 하는지를 알고 실행하는 것이 리더에게 필요한 '1mm 핀 조정술'이다.

하지만 스와치 그룹처럼 여러 브랜드를 가지고 있으면 이와 함께 매크로macro 매니지먼트까지 요구된다. 위에서처럼 리더가 강력한 무브먼트의 역할을 하면서 시계의 본연적 가치(시간 알려 주기)를 위해 현재 시계가 제대로 잘 돌아가고 있는지, 늦거나 빠르지는 않는지를 잘 조정해 가며 스스로 ±1′의 조정술까지 갖춰야 한다는 의미다.

최 사실 리더가 마이크로 매니지먼트에 익숙해지는 것은 불행한 일이다. 모든 일을 자기가 간섭해야 제대로 된다고 생각하는 것만큼 피곤한 일은 없기 때문이다. 리더와 직원 모두에게 그렇다. 여기서 벗어나 매크로 매니지먼트로 정착할 수 있는 방법은 각각의 브랜드들이 스스로의 능력을 키워 유기적으로 돌아갈 수 있도록 돕는 것이다. 나는 현재 개별 브랜드에 완전히 빠져 나와 있지도, 또 아주 마이크로 수준으로 들어가 있지도 않다. 그 중간 접점에서 조율 중이다. 하지만 분명한 것은 나의 역할은 매크로 매니지먼트로 전체적인 방향성을 잡아 가는 것에 더 가까워야 한다는 점이다. 리더의 역할은 작은 것에 함몰되지 않고 관점을 가지고 방향성을 제시하는 것에 있다고 믿기 때문이다.

강력한 리더십, 카리스마 있는 리더십 자체가 나쁜 것은 아니다. 다만 그것이 '무엇을 위한' 강력함이며, 카리스마인지는 따져 볼 필요가 있다. 이것이 '브랜드의 컬러'를 위한 것인지, '개인의 컬러'를 위한 것인지 말이다. 또한 '리더가 영웅이 된 것' 자체가 나쁘다는 것도 아니다.

하지만 그것이 브랜드를 성실하게 운영한 '결과'로 보여지는 것과 그것을 '목적'으로 둘 때는 다르다는 의미다. 이것은 '자신의 입신양명(立身揚名)'을 위해 일하는 리더와 '브랜드(기업)를 위한, 즉 입업양명(?, 立業揚名)을 위해 일하는 리더'의 차이다. 우리가 말하는 브랜드십은 리더가 '입업양명'을 목적으로 일할 때 만들어진다고 믿는다. 이것을 이뤄 낸 리더가 (결과적으로) 입신양명하는 것은 거부할 필요도, 거부할 수도 없는 일이다.

최 대표의 말처럼 (특히나 그룹 브랜드) 리더에게는 유연하면서도(1mm 핀 조정술) 강력한(개별 브랜드나 직원 개개인이 자신의 색을 빛내도록 하는) 리더십과 자신의 컬러에만 몰입한 리더가 아닌 기업의 컬러에 몰입하는 것이 요구된다. 물론 이것은 상당히 어려운 일이며 상당히 '모순적'이기까지 하다. 그래서 브랜드십을 가진 브랜드를 찾아보기 어려운 것이며, 톰 피터스가 《초우량 기업의 조건》에서 초우량 기업이 되기 위한 리더의 요건 중 하나로 '모순 관리 능력'을 강조한 것도 그래서일 것이다. 하지만 이러한 모순 관리 능력에 능한 리더만이 브랜드십을 위한 리더십(입업양명)을 펼쳐 브랜드를 영속으로 이끄는 공헌자로 '이름을 떨칠 수 있을 것(입신양명)'이다. '결과'적으로 말이다. UB

BrandShip Keywords Summary

초전도체	■ 총 13개 브랜드의 독립성과 아이덴티티 보존을 위해 최 대표는 개인의 개입 정도를 최소화하고 있다. 마이크로 매니지먼트보다는 매크로 매니지먼트를 위한 리더의 역할에 더 무게를 두고 있는 셈이다. ■ 시간과 장소, 그리고 상황에 따라 지속적인 변신을 꾀하며 대화의 상대가 되는 브랜드에 따라 자신의 컬러를 재조정 한다. 브레게 브랜드 매니저와 대화할 때는 브레게로, 스와치 브랜드 매니저와 대화할 때는 스와치로 말이다.
초월적 책임감	■ 스와치 그룹 직원들은 자신들이 '시계의 모든 것을 보여주고 있으며 세계 시계 시장 전체에 미치는 영향력을 고민'하는 등, 자신들의 직무와 회사에 대한 책임감을 넘어선 시계 시장 전반에 걸친 책임감을 보인다.
페어런트십	■ 최 대표의 적극적 개입 없이도 그룹 내 개별 브랜드가 자신의 고유한 아이덴티티를 지키며 브랜딩 할 수 있도록 브랜드별 앰버서더(브랜드 매니저)에게 많은 권한을 위임한다. ■ 이를 위해 브랜드 매니저는 최대한 그 브랜드와 컬러 톤이 맞는 인물을 선발하고, 그 후에는 전적인 신뢰를 보인다.

최성구 한국외국어대학교 영어과를 졸업하고 ITOCHU 상사의 어카운트 매니저, ㈜TMI Licensing의 총괄 이사를 거쳐, 2003년 스와치 그룹 코리아에 ck(Calvin Klein) 브랜드 매니저로 입사했다. 그후 Léon Hatot, Blancpain, Jaquet Droz 브랜드 매니저를 거쳐, 2007년부터 현재까지 스와치 그룹 코리아의 대표로 활동 중이다.

IDEA ESSAY

브랜드 B자 배우기 1.

'역시!'가 주는 만족감, '왜?'가 주는 실망감

유명하다고 하는 영화나 책은 찾아보는 편이다. 그 유명 영화나 유명 도서를 보고 난 후에 드는 감상은 두 가지다. '역시!'와 '왜?'. 이유는 '이름값' 때문이다. 무엇이든 그것이 이름값을 하면 만족감이 따르지만, 이름값을 하지 못하면 실망감을 안겨준다.

브랜드도 다르지 않다. 이름값을 하는 브랜드는 소비자들에게 만족감을 넘어 신뢰감을 준다. 내셔널 지오그래픽, 나이키, 오요리(p210 참고), 아름다운 가게, 이은 '역시'라는 만족감을 주는 이름값 하는 브랜드다.

얼마 전 편의점에 들렀다가 이름값이 기대되는 브랜드를 하나 발견했다. '빌려쓰는 지구'라는 이름의 브랜드였다. 이름만 보아서는 어떤 제품인지 알 수 없었지만 살펴보니 친환경 재생지로 만든 사각 박스 안에 비누가 들어 있었다. 이 비누 브랜드가 '빌려쓰는 지구'라는 이름값을 한다면 어떨까. 이들이 이름값을 한다면 이 비누가 하나 더 팔릴 때마다 지구는 더 건강해질 것이다.

그래서 이름값 하는 '빌려쓰는 지구'의 사무실을 마음대로 상상해 보았다. 사무실에는 종이컵이 없고, 당연히 이면지를 쓰며, 불필요한 전력 낭비를 막기 위해 다소 어둡게 지낸다. 그리고 여름에는 부채, 겨울에는 무릎담요가 일상화되어 있다. 일거수일투족이 지구를 빌려 쓰는 사람답다. 이 상상대로라면, 잘 지은 이름 하나가 Brand Identity를 넘어 직원들의 Behavior Identity에까지 영향을 미치고, 이 브랜드의 Being Identity가 되는 것이다.

많은 브랜드들이 이름을 잘 짓는 것의 중요성을 절감해서인지 브랜드 네이밍 회사와 브랜드 네이미스트를 찾는다. 그렇지만 좋은 이름을 가진 후 그 이름값을 하기 위해 노력하는 회사는 얼마나 될까 하는 의문이 든다.

레고는 자신의 이름값을 하기 위하여 레고랜드를 만들어 소비자들을 즐겁게 하고 'LEGO Serious Play'라는 레고를 활용해서 조직 내부의 문제를 해결하는 프로그램으로 직원들까지도 즐겁게 하고 있다. 레고는 덴마크 말인 'leg godt'라는 말에서 유래한 것인데 '즐겁게 논다 play well'라는 뜻이다.

도발적인 이름의 버진virgin 역시 그들의 이름값을 하기 위해 노력한다. 이름값의 다른 표현은 자기다워지는 것이다. 리처드 브랜슨은 최근 저작에서 버진이라는 브랜드 이름에 대한 애착과 버진다움이 무엇인지에 대해 말한다.

"'버진'이라는 이름을 내놓았을 때 우리는 나름대로 철학이 있었다. 기업등록청 사람들이 버진이 회사 이름으로 등록하기에는 너무 외설적이라고 말했을 때, 나는 여러 자료를 제시하며 적극적으로 항변했다. (중략) 버진이라는 이름은 조금 야하긴 하지만, 처녀라니 흥미롭지 않은가? 물론 우리가 아무 생각 없이 이 이름을 지은 것은 아니다. 버진이라는 이름은 우리가 시작한 모든 비즈니스가 아무 것도 없는 무無에서 시작했다는 사실을 반영한 것이다. 우리가 진출한 거의 모든 분야에서 우리는 '처녀'였다. 그것은 처음 그대로의 순수한 상태, 결코 누구의 손도 닿지 않은 때묻지 않고 깨끗한 상태를 의미한다. 버진은 바로 우리를 가리킨다."

그래서 버진의 이해할 수 없는 사업 확장은 '무모함'이 아니라 '역시 버진이야'라는 감탄을 낳게 만든다.

그런데 당신의 브랜드는 지금 이름값을 하고 있나? UB

to CULTIVATE EVOLVING ORGANIZATION

EMBRYO CULTURE

브랜드는 창업자의 손에서 끝나는 것이 아니라 세대를 거듭하며 환경에 적응하는 유기체로 진화한다. 이런 진화가 한때의 변이로 끝나는 것이 아니라 '영속적으로 진화하는 브랜드'로 성장시키기 위해(to Cultivate Evolving Organization) 힘쓰는 리더들이 있다. 그들은 어떤 방식으로 브랜드의 진화 메커니즘을 만들어 내며, 진화하는 브랜드와 발맞추기 위해 스스로를 진화시키고, 또 브랜드에 적응하고 있는지 그들만의 배배양 기술에서 브랜드십의 형성 과정을 찾아보자.

3₂

국내 브랜드 리더

- 104 하동관
- 112 윤디자인
- 120 성주그룹

To. daughter
To. mother

Manual이 아닌, Mom으로 전해지는 브랜드십

정직을 우려내다, 하동관

The interview with 하동관 3대 대표 김희영, 4대 대표 장승희

"하동관 하면 먼저 수북이 쌓인 숭숭 썰은 파와 순박한 맛의 김치가 제일 먼저 떠오르죠(연상 이미지). 맑으면서도 고소한 이 맛(지각된 품질)을 어떻게 내는지 모르겠지만, 그 맛 때문에 지하철을 타고 40분이나 와서라도 먹곤 합니다(충성도). 사람들이 왜 '하동관 하동관' 하는지(인지도) 잘 알겠더군요."

식탁 한 켠에서 놋그릇 바닥을 반 이상 보이게 기울여 가며 연신 곰탕 국물을 들이키던 A씨의 말이다. 그의 말 속에는 브랜드의 구루 데이비드 아커가 말한 브랜드 자산의 네 가지 구성 요소(연상이미지, 지각된 품질, 충성도, 인지도)가 고스란히 들어 있다. 하동관은 브랜드다. 게다가 한국에서는 좀처럼 보기 힘든 72년 된 장수 브랜드다.

반세기가 넘는 72년의 세월 중에 반 이상은 김희영 대표가 그 자리를 지켰다. 43년 동안 장작에서 유연탄과 19공탄으로, 다시 석유 버너에서, 가스 등으로 곰탕을 끓이는 연료는 변했지만 김 대표의 하동관 사랑에는 변함이 없다. 그간 닳아 뚫어진 무쇠 솥 3개를 지핀 것은 '연료'가 아니라 김 대표의 '열정'인지도 모르겠다. 그런 그녀가 이제 하동관에서 손을 뗄 준비를 한다.

하지만 그녀에게는 Manual매뉴얼이 없다. 하동관이라는 브랜드와 이를 이어갈 딸을 사랑하는 엄마의 마음, Mom(맘, 마음의 준말 & '엄마'의 영어식 표현)만 있을 뿐이다. 김 대표가 바라는 것은 단지 '맛의 대물림'을 통한 '고객의 대물림'이 아니다. 하동관 '정신의 대물림'이며 그 정신을 중심으로 하는 '브랜드십의 대물림'이다. 엄마가 딸에게, 또 현 CEO가 미래 CEO에게 전하는 메시지를 들어보자.

* 본 기사에 대한 더 깊은 이해를 위해서, p42 '페어런트십'을 먼저 읽기를 권한다.
* 본 기사는 김희영 3대 대표와 장승희 4대 대표와의 인터뷰를 바탕으로 '편지' 형식으로 재구성 했다.
* 본 기사에서 강조된 부분은 하동관에서 확인할 수 있는 브랜드십 키워드(브랜드 정언명령, 초전도체, 초월적 책임감, 페어런트십)에 관한 내용이다.

딸에게

기자 양반이 와서 셈해 보지 않았으면 43년 된 것도 모를 뻔했구나.
그저 아침 먹고 출근해서 늘상 하는 일을 해온 것뿐인데, 벌써 43년이라니… 이럴 때 감회가 새롭다는 말을 쓰는 거겠지. 힘들었지, 참 힘들었단다. 그래도 후회는 안 한다. 아직도 가마솥 앞에 서면 모든 생각이 싹 달아나는 걸 보면, 이게 내 천직이로구나, 하는 생각이 더 간절할 뿐이지….

이제 승희는 3년… 조금 더 됐나? 계산대 앞에 서서 싫은 내색 않고 살갑게 손님들 맞는 거 보면 고맙기도 하고, 대견하기도 하고, 또 미안하기도 하구나. 내가 잘하고 있는 건가 싶기도 하고 *하동관이 뭐기에 직장 잘 다니던 너까지 그렇게 고집스럽게 앉혀 났나 싶기도 하고 말이다. 그래서 늘 네가 후회하지는 않는지 표정을 살피게 된단다. 엄마는 사실 네 할머니께 주방일을 배우면서 후회도, 좌절도 많았다. 그랬던 나니까 네가 눈물 펑펑 쏟으면서, 너 갈 길 가겠다고 했을 때 엄마도 못 잡았던 거란다. 충분히 그 마음 아니까. 그래도 승희, 너 아니면 또 누가 우리 하동관을 이어 갈까 싶어서 엄마가 욕심을 좀 부린 거야. 그래도 엄마가 옆에서 이것저것 도와줄 수 있을 때 시작해야 할 것 같아서 말이지. **그리고 이제 하동관은 우리 집안만의 일이 아니라 우리 나랏일인 게야. 한국의, 그리고 서울식 전통 반갓집 곰탕 맛을 이어 나갈 사람이 너인 게고.**

하동관을 처음 받았을 때가 생각나는구나. 수하동에 있을 때는 거기가 집이어서 출퇴근도 따로 없었어. 새벽 4시부터 일어나서 그날 쓸 고기 준비하고 파 썰고 그랬지. 춥긴 또 얼마나 추웠는지, 잠잘 때 떠놓은 물이 아침이면 꽁꽁 얼곤 했단다. 그걸 그때는 어떻게 견뎠는지 모르겠다.

하간… 참 맹목적이었어 그때는. 다른 생각할 겨를도 없었고 긴장도 많이 했지. 네 할머니 때문이 아니라 하동관 때문에 말이다. '나보다 나이 많은 이 하동관을 내가 잘 이끌어 나갈 수 있을까?' 덜컥 겁이 났던 게지. 그래서 남들보다 한 시간 더 먼저 일어나고 늦게까지 있곤 했는데… 그랬던 내 모습이 아직도 눈에 선한데 너한테 이런 편지를 쓰는 날도 오는구나.

승희를 보면 안심이 돼. 각오가 되어 있는 것 같거든. 그래도 몇 가지 일러두고 싶은 게 있으니, 잔소리 같겠지만 들어 됐으면 한다. **내가 손을 떼도, 하동관은 하동관이어야 하지 않겠니?**

*하동관
하동관은 1939년 창업자 류창희 여사에 의해 문을 열었다. 그러다 1964년 류 여사의 절친한 친구인 홍창록 여사가 물려받았고, 홍 여사의 맏며느리인 김희영 대표가 1968년부터 경영을 시작해 오늘에 이르렀다.

우리 곰탕 만드는 데 비밀 같은 건 없어.
하동관 식구들에게 하나하나 다 알려 줘야 한단다.

하긴, 아직은 네가 배우는 게 먼저겠구나. 성남 아줌마는 35년 동안 내 옆에서 날 도왔으니 최고 전문가일 게다. 모르는 것 있으면 꼭 묻고 열심히 배워야 해. 여기 *식구들은 정말로 다 한 가족이나 진배없고, 다 너보다 전문가 아니냐. 너는 사장이기 이전에 배우는 사람이란 것을 명심하거라. 주객 구분도, 상하 구별도 말아야 하고 곰탕에 있어서는 네가 제일 아래란 거 잊지 말아야 한다. 그렇게 배워 놔야 나중에 주방 식구들 모두에게 세세히 알려 줄 수 있을 게야. 그래야 혹, 네가 자리를 비우거나 성남 아줌마가 자리를 비워도 손님들이 하동관 곰탕 맛을 볼 수 있을 것 아니냐. 맛에 공백이 생기면 안돼. 그러니까 다 똑같이 알고 있어야 해. 그래, 승희가 무슨 걱정하는지도 알지. 주방 식구들이 나가서 곰탕집 차리면 어떻게 하냐는 거지? 그럴 사람이야 없겠지만 만약 그런대도 그건 어쩔 수 없는 거다. 그런 일이 일어나서 '돈'을 잃을 수도 있겠지. 하지만 그것보다 중요한 게 하동관 곰탕 '맛'을 유지하는 거야. 한 사람이 빠져도 누구든 그 맛을 내기 위해선 다 알고 있어야 한다. 돈은 잃어도 맛은 잃지 않는 게 우리 임무란다. 엄마가 43년 일해 보니, 비법보다 중요한 건 안주인 마음이더구나. 안주인이 어떤 생각을 하느냐에 따라 흥하고 망하는 것이지, 비법 때문에 흥하고 망하는 것 같진 않더라. 누구에게든 조리법을 알려 주려면 너부터 잘 알고 있어야겠지? 곰탕 만드는 법이나 여기서 일어나는 모든 것을 말이야. 그렇다고 하나부터 열까지 다 간섭하라는 말은 아니다. 대신 뭐가 옳고 그른지는 확실히 알아야 한다는 게야. 내가 할머니 밑에서 배울 때 주방에 오래 계신 분이, 내가 잘 모르니까 고춧가루를 몰래 모아 놨다가 되파는 것을 봤단다. 모르면 그렇게 휘둘리는 법이다. 그렇다고 목에 힘주라는 이야기가 아니야. 여기 와서 식구들이랑 지내는 거 보니까 그거 하나는 염려 안 해도 되겠더구나. 엄마도 여태 한 번도 사장님이라고 불려 본 적이 없단다.

*식구들
현재 하동관 직원들의 근무연수는 최소 5년이다. 뿐만 아니라 주방의 권혁녀 여사(성남 아줌마)는 35년, 홀을 담당하는 박순태 지배인은 32년째 하동관을 지키고 있다.

*분점
50억이었다. 수년 전, 김희영 대표에게 누군가 '하동관'이란 상호를 쓰게 해주는 조건으로 제안한 금액 말이다. 이에 김희영 대표는 다음과 같은 농담을 건네며 정중히 거절했다고 한다.
"500억을 주면 한번 생각은 해보겠습니다."
현재 '하동관의 맛'을 보존하는 하동관은 명동에 위치한 그곳 단 한 집뿐이다. 공식적인 분점은 없다.

*고기
하동관의 고기는 40년 이상 한 정육점에서 들여오고 있다. 하루에 딱 소 한마리 분량을 요리하는데, 그날 고기의 육질에 따라 500~600그릇 분량의 곰탕이 준비된다. 이 분량이 소진되는 순간 문을 닫는다.

'머리'가 아니라 '혀'가 기억하고 있어야 해.

돌다리도 두드려 보고 건너란 말이 꼭 맞아. 인생 사는 데도 그렇지만 음식 할 때도 꼭 그렇더구나. 곰탕이든, 깍두기든, 늘 맛보고 또 맛봐서 네 머리가 아니라 혀가 그 맛을 기억할 수 있게 해야 한다. 맛에 있어서는 절대로 자만해선 안 돼. 특히 깍두기는 수도 없이 맛봐야 하는 거란다. 겨울에는 재료가 달고 맛있지만 여름에는 싱겁고 지리고 그렇잖아. 온도, 분량 그리고 무의 성질을 봐가며 잘 달래야 해. 그리고 그 맛은 네가 좋아하는 맛이 아니라, 하동관 맛이어야 한다는 것도 잊지 말아야 한다. 손님들 혀가 기준이야. *분점을 내면 안 되는 이유도 이것이다. 지킬 수 없으면 벌이지도 말아야 하는 법이니까.

특히 *고기는 더 예민하게 다뤄야 해. 소도 사람처럼 각양각색이란다. 당연히 고기 맛도 다 다르고 같은 소도 부위마다 성질이 다 달라서 솥 안에 넣는 순서도, 삶는 시간도, 썰어 내는 두께도 다른 법이야. 고기는 꼭 △△ 아저씨께 잘 부탁해야 한다. 물론 이제는 알아서 주시긴 하지만 말이다.

별난 법이 다 생겨서는 '원산지 : 국산'이라고 써 붙이라니…. 하기는 한다만, 여간 자존심이 상하는 일이 아니더구나. 사람들이 서로가 그렇게 못 믿는 세상인가 싶기도 하고 말이야. 그럼, 한국식 곰탕을 한우로 끓이지 다른 것으로 끓이는 집이 있다던?

'정직', 그건 하동관 문을 닫는 한이 있어도 지켜야 하는 것이다.

70년대 초… 고기 파동이 있었을 때는 말도 못 했지. 한우 사러 지방마다 다 다녔지. 고기 대주던 △△ 아저씨도 좋은 고기를 미처 못 대주는 거야. 그래서 유명한 데로 많이 다녔어. 하루 장사 끝나면 저녁에는 고기 사러 다니고, 다음날 아침에 또 장사하고… 한 5년 정도, 그때가 아마 제일 힘들었던 것 같구나. 좋은 고기가 아니면 정직한 맛이 나올 수 없는 게 곰탕이란다. 네 할머니도, 또 할머니께 하동관을 전해 주신 그분도 가장 강조하신 게 뭐였는지 기억하지? 그래, 정직이야. 첫째도 정직, 둘째도 정직, 셋째도 정직이다. 이 마음가짐 하나면 손님에게도 정직할 수 있고, 음식 맛에도 정직할 수 있고, 뭣보다 너 스스로 떳떳할 수 있지. 그게 안 되면 문을 닫아야 해. 가격을 올리더라도 그 이유가 맛을 위한 정직인 거면 결국 사람들도 인정하게 되어 있어. 또 재료 자체에도 정직해야 한단다. 그놈이 가지고 있는 본연의 맛을 살려서 솔직하게 전하는 거, 그대로 전하는 거… 그게 음식 맛에 정직한 게야. 그러면 다른 것 안 넣어도 맛있게 돼 있어.

음식 장사는 돈 생각하는 순간 모든 게 끝이라는 것도 명심하거라.

이게 엄마 잔소리의 마지막이야. 음식을 만드는 사람이 돈 생각하면 제일 먼저 손대는 데가 어딘 줄 아니? 재료지 뭐야. 그러면 모든 게 끝이다. 돈은 너 스스로 모든 것에 정직하면 자연히 벌리게 되어 있어. 욕심 부리면 안 돼. 땅값 비싼 명동 이 곳에서 저녁 장사를 안 하는 것도 다 그 이유야. 내일 팔 음식을 정직하게 준비하려면 그때부터 준비해야 하니까 말이지. 아무쪼록 승희야… 이제 하동관은 너에게 달렸다는 거 잊지 말아 줬으면 한다. 그리고 네가 하동관을 그 누군가에게 물려줄 때도 엄마가, 또 할머니가, 또 할머니 친구 분이 대대로 지켜 온 것들… 잘 전해 줬으면 한다. 그게 네 아들에게도, 또 그 아이의 자식에게도 하동관 맛을 전해 줄 수 있는, 아니 서울 반가집 곰탕 맛을 전해 줄 수 있는 유일한 방법인 것도 잊지 말고.

고맙다, 승희야.

엄마에게

"엄마, 그렇게 살면 행복해요?"

이 질문, 엄마도 기억해요? 제가 고등학교 때 물었잖아요. TV 속 슬픈 장면에서는 눈물을 참고, 재미있는 장면에서는 웃음을 참는 엄마가 이해도 안 되고 답답하기도 했거든요. 그때 엄마가 한 대답은 아마, 평생 잊지 못할 거예요. "여자는 강해야 살아남아!"
여섯 살 때 슈퍼 앞에서 넘어져서 엄마를 불렀더니 먼저 가던 엄마가 뒤돌아보시고는 제게 오려다 말고 "일어나. 일어날 수 있잖아" 했던 일, 대학 입학 때까지 엄마와 백화점을 가 본 적은 단 세 번뿐이라는 것, 내 입학식과 졸업식에는 엄마 대신 늘 이모나 할머니가 왔다는 것, 중학교 이후로 엄마가 날 먼저 안아 준 것은 결혼식 때가 처음이라는 것, 그리고 내가 중학교 때까지는 엄마가 계모일 거라고 생각했다는 것, 엄마도 알고 있어요? 그때는 정말 그랬어요. 계모가 아니라면 어떻게 외동딸에게 그럴 수 있을까 싶었거든요. 물론 이제야 저도 한 아이의 엄마가 되고, 또 가게에서 일하다 보니 엄마가 이해되죠. 이해된다기보다는, 사실 존경스러워요. **마음껏 사랑하고 마음껏 표현하는 것보다 냉정해지더라도 제대로 사랑하는 것, 그게 더 어렵다는 걸 알았거든요.**
그래서 엄마가 힘들다는 말을 했을 때 더 놀랐던 것 같아요. 엄마는 '힘들다' '아프다'라는 단어 자체를 모르는 사람, 여장부인 줄로만 알았어요. 그런데 그런 말을 들으니 측은하기도 하면서 또 고맙기도 했어요. 뭔가 저를 인정해 주는 기분이 들었거든요. 그래서 맨 처음에 하동관을 맡으라는 말을 들었을 때 울면서 싫다고 했지만, 내심 나도 엄마처럼 뭔가 해내 보이고 싶고, 인정받고 싶었어요. 이제는 더, '엄마 같은 엄마'가 되고 싶기도 하고 제가 엄마를 존경하고 자랑스러워하는 만큼 제 아이도 저를 그렇게 느꼈으면 하거든요.

꿈
앞으로 하동관을 이끌 장승희 씨는 원래 기악을 전공했지만 광고 기획에 꿈을 품고 신문사에 입사. 광고 기획 부서에서 약 6년간 일했다. 5년 차에 승진하면서 광고 기획 전문가의 길을 꿈꾸던 그녀는 하동관의 미래를 위해 우선 잠시 자신의 꿈을 접었다. 맛의 계승을 위한 일시적 희생이다.

4시
4시에 문을 닫는 하동관의 정직함. 즉 온 정성을 다해 준비할 수 있는 만큼만 준비하고, 준비한 만큼만 판매한다는 정직함은 또 다른 긍정적 효과를 낳았다.
1960년대부터 1990년대까지 하동관에는 미처 학업을 마치지 못한 직원들이 꽤 있었다. 여자라서, 가정형편이 어려워서 공부보다는 다른 길을 택해야 했던 그들은 4시 폐점 후 뒷정리를 하고 완전히 일이 마쳐지는 6시 이후에는 학업을 이어나갈 수 있었다. 검정고시를 통해 대학에 진학했던 한 직원은 대학 졸업 후 병원에 취업 했다가 하동관이 그리워 다시 돌아와 현재도 일하고 있다.

하동관, 그건 엄마 인생이고 저와는 별개의 것이라고 생각했어요.
오죽했으면 6년을 다닌 회사에서도 제가 하동관 집 딸이라는 걸 아무도 몰랐겠어요. 그럴 정도로 엄마 인생과 제 인생은 완전 별개라고 생각했죠. 그러던 저에게 "엄마 인생도 좀 생각해 달라"는 말, "하동관은 더 이상 우리의 것만은 아니다"라는 말, 곰탕, 곰탕, 곰탕 또 곰탕 이야기… 피부로 와 닿는 이야기가 아니었죠. 아무리 무서운 엄마 말이라도 제 *꿈을 꺾고 싶지는 않았어요. 그런데 그런 생각이 들었어요. 제 인생의 반은 제 아이를 위해 써야 하고, 나머지 반은 부모님을 위해 쓰는 것이 맞다는 생각이요. 저를 키우기 위해서 인생의 반을 쓰셨으니까 그게 옳지 않냐는 생각이요. 일종의 의무감도 들었고요. 그래서 엄마를 위한 삶이 한국의 반갓집 곰탕 맛을 지키는 삶이라면 그렇게 사는 것도 의미 있다고 생각됐죠. 이제는 운명 같기도 하고요. 그렇게 생각하니까 좀 쉬워지더라고요. 우리는 *4시면 문을 닫으니까 저녁 시간 쪼개서 개인적으로 하고 싶은 공부를 계속 하면 되겠다 싶었죠. 딱 한 달 걸렸네요. 마음 정리하는데.

그렇게 시작한 하동관 일. 솔직히 첫날 카운터를 보라고 하셔서 내심 좋았어요. 힘든 주방 일부터 시키실 줄 알았는데, 그래도 시작 단계니 봐주시는구나 싶었죠. 그리고 절대 안 알려 주시던 하루 매출도 알 수 있겠구나 했거든요. 그런데 웬걸! 딱 하루 해보니까 알겠더라고요. 아침 7시부터 시작해 카운터가 제일 바쁜 1시 반까지만 카운터를 보고, 고기를 삶는 2~3시에는 가마솥 앞에, 깍두기 버무리는 3~4시에는 주방, 익힌 고기 삭히는 4~5시에는 2층. 엄마 나름의 계획표가 있으셨더군요. 게다가 마감 시간에는 카운터에 없으니 하루 매출을 계속 모르게 하실 수도 있으셨더군요! 그렇게 3년이 흘렀네요, 벌써.

그리고 카운터에 세우신 또 다른 이유도 알아냈어요. 이건 주방에서 일하면서 제가 깨달은 건데요. 아마 엄마가 이걸 의도하신 게 맞을 것 같아요. 처음부터 주방에서만 일했다면 곰탕을 드시기 전 손님 얼굴과 다 드시고 나가시는 손님 얼굴이 얼마나 다른지, 손님들이 얼마나 까다롭고 무서운 사람들인지, 홀이 얼마나 바쁘고 정신 없이 돌아가는지 알 수 없었을 거예요. 주방 일이 힘들 때면 손님들이 나가실 때 행복해 하던 모습, 그리고 "역시 하동관이야" 하며 흡족해 하던 모습을 떠올리며 힘을 냈어요. 또 왜 주방에서 빨리 움직여야 하는지, 음식이 어떻게 나갈 때 손님들이 불만을 터뜨리는지 머릿속에 그려지니까 제대로 준비할 수 있게 되던걸요? 결국 카운터는 제가 음식을 만들기 위해 가져야 할 태도, 그리고 전반적인 하동관 시스템을 가장 빨리 익힐 수 있는 자리였던 것 같아요. 엄마가 의도한 게, 이것 맞으시죠? 성공하셨어요.

참, 좀 전에 손님 한 분이 오렌지 주스 한 상자를 선물해 주셨어요.
내일 얼굴 보고 말씀드리겠지만 그래도 우선 말씀드려요. 지난번 *사과 사건을 비춰 봐서 말씀 안 드렸다간 또 언제 혼날지 모르니 말이죠. 가끔은 너무한 것 아닌가 싶기도 해요. 손님들이 사다 주는 아이스크림만 해도 그래요. 냉동실도 따로 없어 넣을 곳도 없는데 굳이 냉장실에 넣어 두고는 일 끝나고 전 직원이 모여 녹은 아이스크림을 먹는 건 이해하기 힘들었거든요. 사다 준 손님도 그것을 원하지는 않을 것 같고요. **하지만 매번 그러시는 걸 보면 엄마가 절대로 지켜 내고 싶은 원칙 같기는 해요.** 아니면 이참에 작은 냉동실을 하나 사는 건 어때요? 아무리 냉동했다가 녹여 쓰는 재료가 없다지만 아이스크림을 위해서라도 하나 사는 게 좋을 것 같아요.

엄마는 늘 무서운 존재라 혼날 때가 더 많아서인지, 하동관에서 일하기 시작한 뒤 엄마에

게 처음 칭찬 받은 날이 기억나요. 엄마는 또 기억 못 하겠죠? 언제였냐면, 시작한 지 두 달 정도 됐을 때예요. 바퀴 달린 깍두기 통이 고장이 나서 바꾼 일이요. 옛날 같았으면 엄마가 직접 전화해서 "이렇게 해라, 저렇게 해라" 하셨겠지만 그날은 저에게 전화번호를 주시더니 직접 해보라고 하셨잖아요. 전 또 잘못해서 혼날까봐 **"엄마가 하세요. 또 뭐라 하실 거잖아요?"** 했더니 **"언제까지 그럴 거냐"**며 또 혼내셨죠. 결국 거래처에 갔다가 새로운 바퀴가 나왔기에 그게 더 오래 쓸 것 같아서 바꿨죠. 그런데 문제는 네 개 중 고장이 난 두 개를 바꾸니까 나머지 멀쩡한 두 개도 바꿔야 하는 거예요. 그래도 바꾸는 게 더 오래 쓸 것 같아서 바꿨어요. 사실 굉장히 많이 고민했고, 또 조마조마했어요. 엄마한테 허락 안 받고 하동관 돈 쓰는 건 처음이었으니까요. 그런데 엄마가 잘했다고 하셨잖아요. 얼마나 기쁘던지. 근데 그날 사실 돈도 깎았어요. 가게 아저씨가 "젊은 따님이라서 덜할 줄 알았는데 더하다"고 핀잔을 주시긴 했지만 말이죠.

알아요, 엄마. 엄마가 뭘 걱정하시는지…

엄마 눈에는 제가 너무 유약해 보이실 테죠. 그러니 늘 "넌 너무 눈물이 많다, 더 강해져라" "장사라는 게 물렁물렁 하면 절대 안 된다" "쓸데없이 불쌍한 사람들 안됐다고 눈물 보일 시간 있으면 이 악물고 벌어서 *실질적인 도움을 줘라" 하시며 혼내시는 거겠죠.
네, 저도 강해질 거예요. **점차 그렇게 되겠죠.** 엄마가 점차 하동관을 닮아서 고집도 세고, 편법은 안 통하는 사람, 그만큼 매사에 정직하고 원칙에 깔끔한 사람이 된 것처럼 저도 그렇게 될 것이라 믿어요. 이제 숙제는 어떻게 이 맛과 하동관의 정신을 이어 가느냐는 것이겠죠? 하지만 걱정은 안 해요. 우리 식구들이 있으니까요. 오히려 '지금 있는 식구들이 나가면 어떻게 하나' 하는 걱정은 있지만 성남 아줌마가 너무 잘 알려 주시고, 또 성남 아줌마 바로 밑에 있는, ▲▲ 언니는 아직 젊으니까 당장 일어날 일은 아닌 것 같아서 안심이에요. **주방이 체계적으로 흘러갈 수 있는 흐름이 있어서 한 사람이 비워도 바로 그다음 사람이 채워서 돌아가게 해 놓은 엄마의 지혜도 존경스럽고요.** 그래서 우선 조바심 내기보다는 현재의 방식을 잘 이어 가고 열심히 배우려고요. **엄마가 서운할 것 같지만, 그래도 이제 엄마는 좀 쉬셔도 하동관은 문제 없을 것 같아요.** 그러니 염려 마시고 이제는 좀 편하게 사셨으면 좋겠어요. 그런데 아직은 아니신가 봐요? 소금 아저씨, 새우젓 아저씨, 쌀집 아저씨 전화번호는 다 제게 넘기셨는데, 아직

*사과 사건
하동관에 쌀을 대주는 거래처로부터 사과 한 박스가 들어왔다. 사과 수는 30개였고, 직원 수는 26명이었다. 여느 때처럼 직원 모두에게 사과를 하나씩 나눠 주었다. 그런데 나머지 4개 중 1개를 들어온 지 얼마 되지 않은 직원 한 명이 출출하면 주방 직원들끼리 나눠 먹으려고 가지고 있었다. 이를 안 성남 아줌마가 깜짝 놀라 그 사과를 다시 김 대표에게 가져다 주었다. 하동관에서는 절대 거짓말도 안 되고 늘 정직해야 한다는 훈계와 함께 말이다. "작은 거짓말이 큰 거짓말이 되고 정직하지 못하면 음식 맛에도 은근슬쩍 타협할 수 있다"는 것이 성남 아줌마가 그 새로 들어온 직원에게 남긴 말이었다. 사과 한 개에 얽힌 일이지만 하동관에서는 '사건'에 가까운 일이었다.

*실질적인 도움
얼마 전 김 대표는 모 대학 병원에 연구기금 1억 원을 투척했다. 하지만 그것보다 알려지지 않은 선행이 더 많다는 딸, 장승희 대표의 귀띔이 있었다. 밝혀지는 것을 꺼리는 엄마가 무서워 더는 말하지 못하겠다는 말과 함께 말이다.

고깃집 아저씨 전화번호는 안 주셨죠? 그래도 묻지는 않았어요. 아직은 제가 준비가 덜 되었거나, 다른 특별한 이유가 있어서 일 것 같아서요. 열심히 배우면서 기다릴게요 엄마. 엄마가 모든 것을 다 맡기고 절 완벽히 믿어주실 때까지요. 그리고 엄마의 당부… 꼭 기억할게요. "사람들이 줄 서서 먹는다고 자만하지 말라"는 말, 그리고 "하동관 곰탕이 맛있다는 말 말아라. 그건 우리가 할 이야기가 아니고 손님이 해야 하는 말이다. 어디 가서 자기 자식 자랑하는 것만큼 천박한 것도 없다. 내 자식 칭찬은 남이 해줘야 진짜다"라는 말이요. **이제 하동관, 제가 책임질게요. 한국, 반갓집식 곰탕 맛은 제가 지킬게요.** 그래야 우리 아들도 이 좋은 음식을 맘껏 먹을 수 있을 거고 한국의 전통도 이어질 수 있겠죠? 엄마만큼은 잘해 낼지 걱정되긴 하지만, 최선을 다할게요. 그래도 잘할수 있을거라 믿어요. 엄마 딸이니까요.

엄마… 직원을 자식처럼, 자식은 직원처럼 대한 엄마지만…
진심으로, 또 진심으로 사랑하고 존경합니다.
감사해요. UB

BrandShip Keywords Summary

브랜드 정언명령	■ 하동관이 대를 이어 지켜온 그들만의 절대원칙은 '정직'이다. 그것은 하동관이 문을 닫는 한이 있어도 지켜야 하는 것이다.
초전도체	■ 김 대표는 지난 43년 간 한번도 직원들에게 '사장님'이라 불려본 적이 없다. 그만큼 상하구별 없이 한 식구처럼 지내며 모든 것을 '하동관 맛 지키기'에 초점을 맞춘다. ■ 맛집이라 불리지만 맛에 대한 비밀은 없다. 안정된 수익과 맛에 대한 독점을 위해 비밀을 지킬 법도 하지만 김 대표는 누가 언제 자리를 비우더라도 같은 맛을 낼 수 있도록 직원 모두에게 요리법을 알려주고 전수한다.
초월적 책임감	■ 김 대표, 장 대표 모두 하동관은 이제 '집안일'이 아니라 '나랏일'로 생각하고 있다. 그들의 영속이 곧 한국의, 그리고 서울식 전통 반갓집 곰탕 맛의 영속이라 믿고 있기 때문이다.
페어런트십	■ 김 대표는 외동딸인 장 대표를 상당히 엄하게 키워왔으며 현재의 경영수업에 있어도 냉철한 기준을 세운다. 이것은 마음껏 사랑하고 마음껏 표현하는 것보다 어렵지만 '제대로 사랑하는 법'을 알기 때문이다. ■ 김 대표는 점차 자신의 활동 영역을 줄여나가며 장 대표에게는 많은 부분을 넘겨주고 있다. 장 대표에게는 낯선 일이지만 그것에 익숙해 지는 것이 김 대표 없이도 하동관 맛을 이어갈 수 있는 방법임을 알려주기 위함이다.

사진 제공 : 하동관, 웹엑츄얼리코리아(주)

YOON DESIGN

조직의 오픈 타입 Open Type, 브랜드의 트루 타입 True Type

윤디자인체로 씌어진 브랜드십의 기록, 윤디자인

The interview with ㈜윤디자인연구소 대표 편석훈

"혹시 KS코드나 유니코드로 한글이 몇 자인지 알고 있습니까?"
윤디자인의 편석훈 대표는 첫 만남부터 우리를 당황하게 만들었다. 당신은 편 대표의 이 질문에 쉽게 대답할 수 있는가? 만약 당신이 "알파벳은 몇 자입니까?"라는 질문에 "26자입니다"라고 당당하게 말할 수 있는 사람이라면, 'KS코드'나 '유니코드'가 뭔지는 고사하고 한글이 몇 자인지도 바로 대답하지 못하는 것에 적잖이 죄책감을 느낄지도 모르겠다.
한글은 우리의 일상 언어일 뿐만 아니라 이미 환경을 구성하는 디자인의 한 요소로도 생활 깊숙이 자리 잡고 있다. 그리고 바로 그 중심에 윤디자인이 있다. 윤디자인은 한글과 자신이 '하나의 유기체'라고 말한다. 그렇다면 한글의 조합수만큼이나 많은 서체를 개발하고 있는 윤디자인은 과연 어떻게 꾸려지고 있을까? 그리고 어떻게 각기 개성 넘치는 디자이너와 직원들, 그리고 리더까지 한 방향을 바라보는 브랜드십을 가진 브랜드로 성숙하고 있을까? 그들만의 '윤디자인체'로 씌어진 브랜드십의 기록들을 지금, 꼼꼼하게 살펴보도록 하자.

디자인의 원형에 대한 기록

써 놓은 글씨의 모양과 양식, 품격 등을 이르는 말. 이것이 '서체(글씨체)'의 사전적 정의다. 서체는 예로부터 글을 쓰는 사람의 품격이나 취향까지 알려 주는 훌륭한 도구였다. '왕희지체' '추사체' 등 인정받는 서체는 뚜렷한 휴먼브랜드의 상징이자 인격의 상징이 되기도 했다. 먼 과거로 거슬러 갈 것도 없이, 학창 시절 친구의 노트 필기를 베끼던 때를 떠올려 보자. 비록 첫인상이 나빠도 좋은 서체를 가진 친구는 다시 생각하게 될 만큼, 사람의 인상에 영향을 주는 것이 바로 서체다.

그런데 시대가 변해, 서체가 디지털화되면서 이것은 또 한 번 큰 변화를 맞이한다. 이제 사람들은 손으로는 잘 못 쓰더라도 자판을 통해 얼마든지 디자이너들이 만든 수많은 서체 중 자신에게 맞는 서체를 선택하여 사용할 수 있게 된 것이다. 서체가 얼마나 개인의 아이덴티티를 반영하는 데 효과적인지 무의식 중에 느끼게 되어서일까? 미니홈피나 블로그 등의 소셜미디어 덕분에 폰트 산업도 이제 꽤 큰 시장을 이루고 있다.

그렇다면 다시 처음으로 돌아가 도입에서 한 질문의 답을 구해 보자. 한글은 총 몇 자인가? 한글의 자음은 19개, 모음은 21개(복합 자·모음 포함)다. *유니코드로 조합된 한글의 수는 총 11,172자. 모음과 자음을 합쳐 만들 수 있는 총 한글의 개수다. 유니코드 중 빈번하게 사용되는 한글만 모은 것이 KS코드로, 총 2,350자. ㄱ, ㄴ, ㄷ, ㄹ 등의 자음과 ㅏ, ㅑ, ㅓ, ㅕ 등의 모음, 받침까지 동원하여 만들어지는 한글의 개수가 이토록 많다는 것은 한글의 무한한 가능성을 또 한 번 입증한다. 세계의 모든 음성언어를 가장 흡사하게 옮길 수 있는 한글은 얼마 전 문자가 없는 인도네시아 찌아찌아족의 표기문자로 채택되기도 했다.

이런 한글의 가능성을 먼저 눈치챈 것은 곧 윤디자인이 '없던 시장'을 창조하는 기회가 되었다. 디지털 서체가 아직 활성화되기 전인 1990년대 초에 이미 윤디자인은 국내에서 그 시장을 만들어 나갔다. 그리고 요즘 사용되는 주민등록증(윤명조체), 서울시 표지판이나 환경 곳곳에 사용되고 있는 폰트(서울한강체와 서울남산체), 신문 인쇄용 활자, 방송 자막, 인터넷 폰트, 모바일 폰트 할 것 없이 이제 주변에서 윤디자인의 손길이 미치지 않은 곳을 찾기란 쉽지 않다. 1989년 윤영기 소장이 회사를 설립한 이래 꼭 21년째. 처음 설립될 때와 기업 환경은 완전히 달라졌지만 윤디자인이 디자인할 대상은 아직도 우리나라 국보 70호이자 유네스코 세계기록유산 Memory of the World인 훈민정음, 딱 그대로다.

편석훈(이하 '편') 1980년대 중반쯤 뉴욕 유학 시절에 매킨토시를 처음 접했다. 화면에 나타나는 영문 서체를 보고 처음 타이포typo에 관심을 가졌다. 한국에 돌아와 광고회사에서 인쇄물을 많이 접하면서 그 관심은 더 커졌다. 또 윤 소장님과 친분이 있던 터라 그 관심이 지속되었다. 윤 소장님이 시작한 윤디자인에는 창립부터 참여한 것은 아니지만, 소장님과 형, 동생 하면서 지내던 사이라 윤디자인이 어떻게 시작했는지 지켜본 셈이다.

자신을 대표라는 직함보다 소장으로 부르기를 원하던 윤 소장과 친분이 있던 편 대표는 1996년부터 본격적으로 윤디자인의 경영에 참여했으며, 2005년에 윤디자인의 대표가 되었다. 편 대표가 윤디자인에 들어왔을 당시 직원은 자신을 포함해 13명이었다.

편 윤디자인이 처음 사업을 시작하고 만들었던 것이 헤드라인 서체였다. 그 때는 *사진식자가 많았는데 이것이 미처 다듬고 표현하지 못하는 부분을 디지털로는 표현할 수 있었다. 그래서 디지털 서체를 만들었는데 처음에는 디자이너들이 손으로 작업하던 것을 생소한 컴퓨터로 해야 한다는 부담감도 있었고, 디지털 서체 수가 많지 않아 다양한 디자인을 할 수 없어서 거부감을 나타내기도 했다. 당시에는 디지털 서체를 만드는 프로그램조차도 외국에서 사 와야 했고 하드웨어나 소프트웨어 등 많은 부분을 수입에 의존해야 했다. 지금 생각해도 열악한 환경이었다. 그래도 여러가지 시도를 하며 한글 시장의 가능성을 보았다. 그리고 장차 컴퓨터가 확산되면 시장의 요구가 더 커질 테니 힘들어도 디지털 서체를 더 개발하고 연구하자고 함께 다짐했다. 돌이켜 보면 당시에는 정말 사명감으로 일했던 것 같다.

연구소에서 생각하고 연구하는 것을 즐기는 윤 소장과 달리 편 대표는 현장에서 직접 발로 뛰는 것을 좋아하는 리더였다. 창립자는 아니지만 경영에 참여한 이후 코스닥 상장과 매출 신장이라는 수치적 성과를 달성해 윤디자인이라는 브랜드의 성장을 이끌어 온 편 대표이기에, 그가 생각하는 브랜드는 과연 어떤 것인지 궁금할 수밖에 없었다.

편 내가 생각하는 브랜드란 '감성'이다. 그래서 윤디자인에도 '감성폰트'라는 수식어를 쓴 것이다. 벌써 그 말을 쓴 지 10여 년이 지났다. 소비자들은 예전부터 브랜드의 히스토리를 알

***유니코드**
세계 각국의 언어를 컴퓨터상에서 통일되게 표현할 수 있도록 한 국제적 문자 코드 규약이다. 애플, IBM, 마이크로소프트 등이 컨소시엄으로 첫 버전을 만든 뒤, 1995년 국제표준이 완성되었다. 컴퓨터에서 데이터 교환 시에 사용되는 전 세계 26가지 언어는 각각의 코드값을 갖는데, 각 문자 1개에 부여되는 값을 16비트로 통일한 것이다. 가장 많이 할당된 언어는 한자로 전체 코드의 40%가량을 차지하고 있으며 한글은 약 17% 정도다.

***사진식자**photocomposition
인쇄할 때 금속 조판을 이용하지 않고, 사진술을 이용해 촬영하여 활자를 조립하는 방법이다. 사진식자기로 인화지나 필름에 직접 글자를 찍는다.

고 싶어 했고, 브랜드와 감성적으로 커뮤니케이션을 하고 싶어 했다. 윤디자인은 감성으로 만들어진 브랜드에 열정을 더한 것이다. 감성과 열정이라는 키워드는 윤디자인에서 빼놓을 수 없다.

리더들을 만나 제일 처음 묻게 되는 질문은 보통 '브랜드가 무엇이라고 생각하는가?'다. 브랜드에 대한 리더의 시각은 브랜드십을 갖는 조직이 될 수 있을지를 판가름하는 중요한 역할을 한다. 만약 리더가 '브랜드는 돈을 벌게 해주는 상표'라거나 '브랜드는 굳이 필요 없다'고 생각한다면 그 기업에서는 브랜드를 논하거나 브랜드십에 대한 생각을 물을 수조차 없다. 물론 기업에게 이윤은 중요한 것이다. 그러나 피터 드러커는 "이윤을 경영 활동의 결과가 아니라 목적으로 생각하는 것은 경영을 잘못 이해하고 있는 것"이라고 말한 바 있고, 존경받는 브랜드의 리더들은 대부분 피터 드러커의 의견에 전적으로 동의하고 있다.

그렇다면 편 대표는 어떻게 브랜드가 이윤을 위한 것이 아니라 감성이라는 결론을 내린 것일까? 그것은 앞으로 다루겠지만 이론을 통해서가 아니라 재미있게도 편 대표가 윤디자인에 결론적으로 브랜드십을 심기 위해서 직원들을 교육하는 방법과 밀접한 관련이 있다. 이 방법을 통해서 편 대표는 직원들과 함께 고객들의 반응도 배울 수 있었다. 직원들은 편 대표의 스캐폴딩 scaffolding (p44 '페어런트십' 참고) 방법으로 직접 시장과 부딪치며 고객의 감성과 시장을 보는 눈을 얻는 것이다.

다음은 윤디자인의 디자이너에 관한 편 대표의 언급을 통해 작성된 그의 짧은 가상 기록이다.

윤디자인 디자이너에 관한 기록 1.

솔직히 말하면 그간 경험에 의해서, 혹은 직관적으로 이것은 시장에 나왔을 때 잘 안 될 것 같다는 느낌이 오는 서체들이 있다. 좋게 말하면 '개성적인', 디자이너 자신이 좋아하는 스타일의 서체다. 나는 항상 윤디자인의 디자이너들은 '고객이 원하는' 서체를 만들어야 한다는 점을 강조한다. 그러나 디자이너들에게 가장 부족한 것은 자신이 자식처럼 생각하고 갖은 노력을 다해 만들어낸 서체기 때문에 자신의 디자인을 객관적으로 보는 눈을 갖지 못한다는 점이다. 그래서 디자이너들은 일단 자기 의견을 가지고 시장에 한번 도전해 보고 싶어 한다. **그러면 나는 디자이너의 의견이 어느 정도 설득력 있으면 우선 "그래? 그럼 한번 해 보자"라고 말한다.** 그리고 서체를 시장에 내놓은 뒤, 고객이 주는 피드백을 기다린다. 물론 때론 내가 틀리고 디자이너가 맞을 때도 있다. 그러면 내가 그 디자이너에게 한 수 배운 셈이다. 나는 이런 결과도 즐긴다. 그러나 디자이너의 판단에 객관성이 결여된 경우, 보통 고객들은 혹독하고 냉정한 피드백을 준다(매출로든지 직접 피드백을 주든지 말이다). **시장에서의 결과가 나온 뒤에야 나는 디자이너를 붙잡고 어떤 점이 부족했는지 이야기해 준다.** 물론 내가 하는 이런 결정들은 분명히 '출혈'이 있을 것이다. 기업 내부의 효율성이나 더 나은 이윤만 기대한다면 디자이너의 의견은 무시하고 내가 결정을 하는 편이 더 나을지도 모른다. 그러나 그렇게 하면 디자이너들은 아무 것도 배우지 못한다. 그건 브랜드에도 악영향을 끼친다. **브랜드를 생각해서라도 디자이너가 시장에서 혹독한 경험을 하면서 스스로 성장하고 생각할 기회를 갖는 것이 더 중요하다.** 한두 번 이런 실패를 경험하면 디자이너는 몰라보게 자란다. 디자이너는 시장에 어떤 디자인이 필요한지, 그리고 내가 윤디자인에서 어떤 일을 해야 할지 스스로 깨닫는다. 이런 과정을 거쳤기 때문에 이제 나는 어떤 프로젝트라도 10% 이상은 관여하지 않는다.

서체를 디자인할 때, 디자이너들은 특별한 경우 팀을 이루지만 대부분 개인적으로 일하게 된다. 그러면 자연스럽게 자신이 개발하는 폰트는 자신이 책임지는 체제가 된다. 짧게는 3개월, 길게는 1년 동안 이루어지는 서체 개발 과정, 즉 시장 조사부터 서체의 컨셉을 잡고 디자인을 해서 작업을 마친 뒤 시장에 나갈 때까지의 모든 과정이 개인이 책임감을 가지고 감당해야 할 몫인 것이다. 편 대표는 디자이너가 작업을 마친 서체를 시장에 내놓을 것인지 말 것인지를 결정할 때도 그 디자이너의 말을 들어 보고 되도록 그의 말을 따른다고 한다. 가끔 시장성 측면에서 실패할 것처럼 보이는 것들도 있지만 그런 위험을 감수하면서 디자이너의 생각을 따르는 것은 이를 통해 직원들 스스로 배우는 것이 더 크다는 사실을 알기 때문일 것이다.

편 대표의 이 같은 방식은 언제건 하나 하나 짚어 가며 상세히 알려 주는 선생님의 교육이라기 보단, 스스로 깨달을 때까지 도움을 주지 않고 기다리는 조금은 불친절한(?) 방식이다. 그러나 이런 방법들은 유대인의 교육이나 야생 동물들의 새끼 훈련법에서 이미 그 효과가 증명되었다. 이 교육의 목적은 단순히 직원 역량의 성장뿐만 아니라 부모가 없이도 스스로 살아남도록 하는 일종의 생존 훈련이다. 브랜드십 관점에서 볼 때, 브랜드뿐만 아니라 직원들도 리더의 존재 유무나 환경의 변화에 영향을 덜 받고 브랜드를 지속적으로 이끌어 나가기 위해서는 이런 방법의 훈련이 필요하다. 이것은 마치 《좋은 기업을 넘어 위대한 기업으로》에서 단계 5의 리더들이 자신의 존재를 각인시키기보다는 자신 없이도 굴러갈 수 있는 기업을 만드는 것과 같다.

윤디자인 팀장들에 관한 기록 2.

개인적으로는 회사에 외부에서 손님이 와도 "내가 사장입니다" 하면서 나서지 않고, 한 발 물러서 있는 편이다. **왜냐하면 외부에서 윤디자인의 얼굴이 되는 일도, 내부에서 권한을 가지고 판단을 하는 일도 나는 많은 부분 팀장들에게 위임하고 있기 때문이다.** 그것이 장기적으로 봤을 때 옳은 일이라는 생각이 든다. 위임된 부분이 많기 때문에 업무와 관련된 회의도 길지 않다. 팀장들과의 업무 미팅은 월요일 오전 10시에 시작돼 약 40분 정도면 끝난다. 내 의견이 필요할 때는 이메일을 보낸다.

직원 인사와 관련된 부분에서도 마찬가지다. 각 팀원에 대한 인사 문제도 팀장들의 의견을 많이 수렴한다. 내가 보기에는 '베짱이' 같은 직원이 있어도 팀장의 의견이 나와 다르면 나름의 이유가 있을 것이라고 판단한다. 그래서 내 맘대로 해고나 인사 이동을 결정하는 일은 거의 없다. **팀원의 옥석을 가려내는 것 또한 팀장의 몫이다.** 팀장과 논의 없는 결정은 오히려 독이 된다.

많은 부분을 위임하기 때문에 팀장들과는 '마음을 나눈다'고 해야 할까. 쌓아 두거나 돌려 말하지 않고 서로 문제를 꺼내 놓고 직접적으로 이야기하고 끊임없이 서로를 설득하는 과정을 거친다. **내가 보기에 밀고 나가야 하는 문제가 있는데 팀장이 반대할 경우 "왜 그렇게 생각하는지 설명하고 나를 설득해 보라"고 계속 요구한다.**

"솔직히 모든 결정을 대표가 하는 기업은, 아무리 큰 기업이라도 구멍가게 수준이라고 생각한다"는 편 대표의 생각은 그가 윤디자인의 팀장들을 대할 때 고스란히 드러난다. 리더가 자신의 권한을 지속적으로 분화시켜 줄여 나가는 페이딩fading 방법(p44 '페어런트십' 참고)이 바로 이에 해당한다. 권한을 나누어 준다는 것은 권한을 부여 받은 사람에게 일종의 '결정의 자유'를 준다는 뜻이다. 버진의 리처드 브랜슨도 '훌륭한 사람들을 찾아 그들을 자유롭게 하는 것'이 인재를 경영하는 가장 좋은 방법임을 지적한 바 있다. 재미있는 것은 이렇게 팀장들에게 자유를 제공하면서 리더 또한 동시에 자유를 얻을 수 있다는 점이다. 편 대표는 "직원들과 서로 믿는 구석이 생기니, 서로 자유를 얻게 되는 것 같다"고 말한다. 그 말에는 리처드 브랜슨도 공감하는 듯하다. 다시 한 번 그의 말을 들어보자. "좋은 소식이 하나 있다. 만일 사람들이 스스로 생각할 수 있도록 자유롭게 한다면, 그들은 그만큼 당신을 도울 것이다. 혼자서 이 모든 것을 다할 필요는 없다."

또 한 가지 이 기록에서 주목해야 할 점은 리더와 팀장이 서로를 끊임없이 설득하려고 대화한다는 점이다. 어느 한쪽이 일방적으로 의견을 포기하거나 권위에 눌리는 것이 아니라 설득을 통한 합일을 찾는다는 것이다. 이것은 억지로 시스템화된 것이 아니라 자연스러운 대화 문화로 정착되었거나, 혹은 정착될 가능성이 있음을 보여 주는 대목이다.

이렇게 리더와 권한을 (동시에 자유를) 나누어 가지면 조직이 리더 한 사람에게만 의지하지 않게 된다는 점은 굳이 지적하지 않아도 명백하다. 주의할 점은 서로 설득하고 브랜드 관점에서 중심을 함께 찾는 과정이 문화화되지 않으면 나뉜 권한은 브랜드의 일관성을 해치는 중구난방 경영으로 이어질 수 있다는 사실이다. 이 점이 리더들이 권한 위임 문제를 놓고 심각하게 걱정하는 이유 중 하나다.

초월적 책임감에 관한 기록

이렇게 윤디자인이라는 브랜드는 신뢰와 권한 위임을 통해 리더가 없더라도 윤디자인이 그간 운영해 온 방식대로 유지되도록 조직화하려 하고 있다. 그렇다면 이들은 무엇을 위해서 이렇게 일하는가?

물론 윤디자인이 오로지 한글의 세계화와 보전을 위해서만 일한다고 말하고 싶지는 않다. 이것은 윤디자인이 비영리 단체가 아닌 이상 사실이 아닐뿐더러, 사실이 되어서도 안 된다. 하지만 그들에게는 브랜드를 키우고, 이윤을 창출해 내는 기업 활동의 결과(목적이 아니다) 외에도 '왜 일하는가'의 문제를 놓고 이야기를 나누다 보니 초월적 책임감(p38 참고)의 씨앗이 발견되었다. "한글과 윤디자인은 하나의 유기체"라는 말은 편 대표가 아니라 '온한글'을 담당하는 전소연 대리와의 인터뷰를 통해서도 나왔다. 편 대표가 갖는 한글에 대한 초월적 책임감을 직원을 통해서도 거듭 확인한 셈이다.

초월적 책임감은 종종 일반적인 경영 상식에 위배되는 결정을 종용한다. 초월적 책임감이 "100% 윤디자인을 맡게 되면서 생겼다"는 편 대표는 한글에 대한 책임을 다하기 위해 온한글을 운영하고 있다. 더구나 온한글은 어떤 특별한 수익 모델이 없다. 이윤을 남기기 위한 것이 아니기 때문이다.

편 국민들에게는 그냥 산소처럼 중요성을 느끼지 못할 수도 있는 게 한글이다. 그런데 이 일을 하다 보니 자연스럽게 책임감이 생겼다. 사실 한글과 관련된 일을 하는 회사들도 많고 학회며 전문가들도 많은데, 필요는 절감하면서도 실제로 자비를 들여 이런 컨텐츠를 제작할 수 있는 분들을 찾아보기 어려웠다. 그러나 세상에는 한글에 관해 자긍심을 가지고 일을 하는 숨겨진 사람들이 많다. 컨텐츠를 제작하면서 그런 사람들을 인터뷰하기도 하는데 온한글을 계기로 조금씩 좋은 일에 동참해 주는 분들이 늘어나고 있다.

그렇다면 궁금한 것은 온한글에 대한 구체적인 업무를 주는 것 이외에, 이런 리더의 생각을 직원들과 어떻게 공유하는가 하는 점이다. 물론 100% 리더의 생각이 전달되는 것은 아닐 테다. 그러나 이와 관련된 아이디어가 생길 때마다 무조건 직원들에게 어떤지 묻는 것도 편 대표가 사용하는 방법 중 하나다. 계속 이야기를 하다 보면 같은 관심거리를 갖는 직원들도 자연스럽게 생기고, 더 좋은 아이디어를 보태는 직원들도 나타난다.

편 이런 책임감은 대부분 자부심과 연관이 있는 것 같다. 매일 "너는 대한민국의 얼굴이다" "자랑스러운 디자이너다"라고 이야기하는 것보다 윤디자인은 이런 일을 하는 회사고, 그런 회사에서 일하고 있다는 사실을 느끼게 해주는 편이 훨씬 좋은 효과를 낸다. 브랜드십도 자연스럽게 생기는 게 아니겠나.

온한글(www.onhangeul.com)

온라인 한글박물관을 컨셉으로 한 '온한글'은 웹진과 블로그 형태로 한글 관련 컨텐츠를 만들어 내는 윤디자인의 활동 중 하나다(온한글에서 '온'은 접속의 의미로 쓰이는 영어 on과 '완전한'이란 의미를 가지는 순 우리말 '온'으로, 다의적이다). 한글에 대한 쉽고 재미있는 컨텐츠를 제공하는 것을 목적으로 하는 온한글은 고유 문자인 한글에 대한 자부심 부재가 안타까워 윤디자인이 직접적인 수익이 없더라도 진행하고 있는 활동이다.

The interview with (주)윤디자인연구소 대리 전소연

온한글은 처음 어떤 목적으로 만들어졌나?
궁극적으로 온한글은 온 국민에게 한글에 대한 자부심을 불어넣어 주고자 만든 것이다. 한글은 해외에서도 인정하는 조형미가 뛰어난 문자이자 디자인 소재기도 하다. 그런데 정작 국내에서는 영어와 외국어에 대한 선호도가 높아지고 있는 반면 한글에 대한 인식은 그렇지 못하다. 영어로 프린트된 티셔츠는 입으면서 한글로 프린트 된 티셔츠는 왠지 촌스럽다, 세련되지 못하다고 생각한다. 교육의 영향이겠지만 한글을 보존하겠다는 생각조차 약화되고 있는 것 같다. 한글에 대한 자부심은 단순히 애국심에 호소하거나, 교육을 한다고 생기지 않는다. 좀 더 한글에 대한 실질적인 접근이 필요하기에, 온한글은 꼭 필요한 활동이다.

한글을 잘 모르는 외국인들을 위해서가 아니라 한국인들의 인식 개선을 위해서 만들어졌다는 것인데, 컨텐츠는 주로 어떤 내용인가?
한글과 관련한 역사적인 사실이나 트렌드, 한글을 위해 여러 활동을 펼치고 있는 단체들과의 행사 등 한글과 관련된 전반적인 소식들을 딱딱하고 어렵지 않게 접근하여 전달한다. 이를 통해 한글의 재미있고 새로운 모습을 보여 주고 공감대를 형성할 수 있도록 하는 것이다. 학문적으로만 한글을 이해하라는 것이 아니라 오히려 생각지도 못했던 한글의 디자인적인 아름다움, 교과서에 배우지 못하는 한글에 대한 역사 등을 통해 한글에 대한 인식을 바꾸는 것이다. 우리는 한글이 문화재에 머무르는 것이 아니라 하나의 주류 문화가 되길 바란다.

한글과 관계된 일을 하는 사람들은 윤디자인이 아니라도 많을 텐데 굳이 윤디자인이 이런 일을 하는 이유는 무엇인가?
윤디자인과 한글은 떼려야 뗄 수 없는 하나의 유기체라고 생각하기 때문이다. 우리는 한글이 바로서야 한다는 사명감을 갖고 있다. 그래서 한글 자체에 대한 대중들의 관심을 어떻게 얻을 수 있을까 고민하고 있다. 우리가 온한글을 통해 이익을 얻고자 운영하는 것은 절대 아니다. 오히려 무료 한글 글꼴 나눔이 '한글로 희망을 나누세요' 같은 한글을 통한 기부라는 컨셉의 캠페인을 통해 한글에 대한 인식 변화와 기부 문화를 만들려고 하고 있다.

온한글은 어떻게 운영되고 있나?
담당 직원과 함께 외부에서 온한글 블로그 기자단이 따로 구성되어 운영된다. 물론 기자단 활동 지원을 위한 비용은 우리가 부담하고 있다. 에너지를 많이 쏟아야 하기 때문에 어려운 부분이 있지만, 그렇다고 온한글을 그만둘 수는 없다고 생각한다. 기자단뿐만 아니라 직원들도 자신의 업무와 동떨어진 일이 아니기 때문에 다양한 전시회 소식, 학술 자료들을 참고하기도 하고, 반대로 컨텐츠에 대한 소재를 제공하기도 한다. 그러나 온한글은 윤디자인의 것이 아닌, 온한글 블로그를 방문하고 의견을 나누는 사람들의 것이다.

온한글을 운영하면서 가장 뿌듯한 때는 언제인가?
기사를 작성해 온한글에 참여하겠다는 분들을 접하거나, 정말 필요한 정보를 찾아서 도움이 됐다는 글들을 볼 때다. 물론 아직은 우리가 사회적으로 큰 영향을 미치고 있다고 생각하진 않지만 그래도 온한글의 정체성에 대한 확신이 생겼고, 우리의 노력이 인정받고 있는 것 같아 뿌듯하다. 이렇게 계속 소소하게나마 온한글이 한글의 입지와 위치가 왜곡되지 않고 바로 설 수 있는 공간이 되길 바란다.

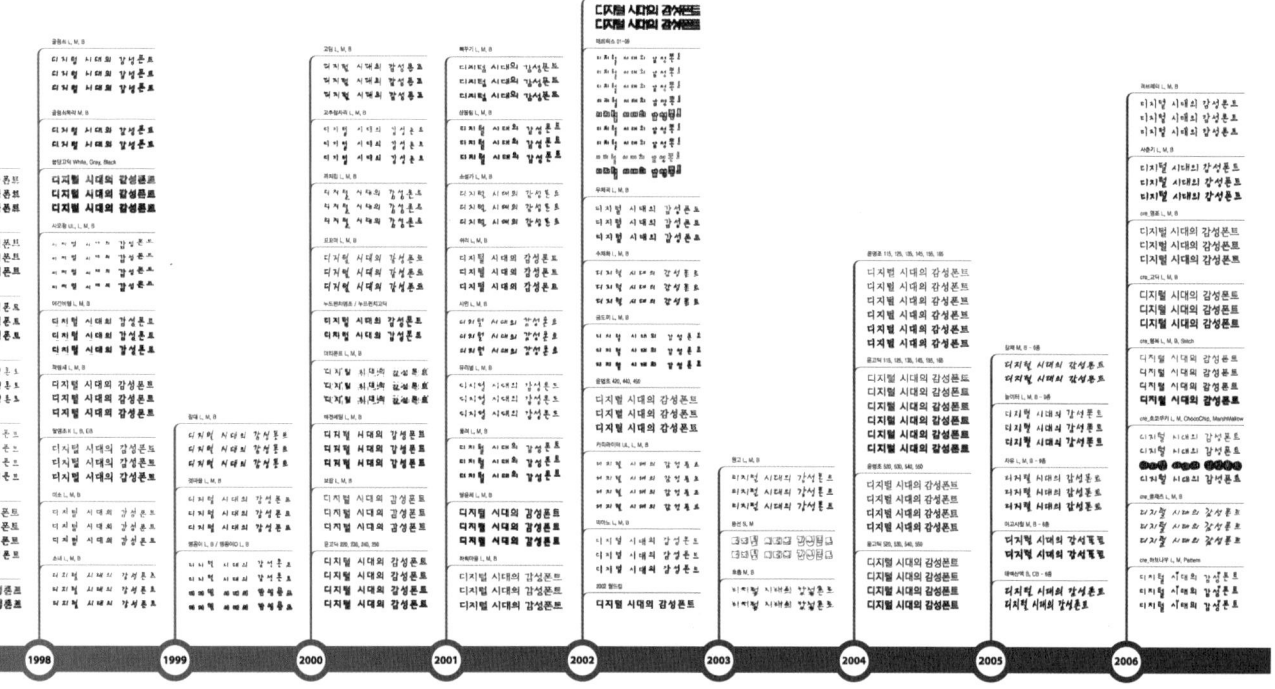

결국, 모든 것은 윤디자인에 대한 기록

"리더인 나 정도나 브랜드가 아니지, 팀장이나 디자이너들은 모두 브랜드다."

5년만 더 일하고 그만두는 것이 목표라는 편 대표는 결국 자신보다는 직원들이 윤디자인이 되고, 직원 한 명 한 명이 브랜드가 되었으면 좋겠다는 생각이다. 지금도 디지털 서체를 개발하는 디자이너나 팀장들은 모두 브랜드로서 터를 닦고 있는 셈이다.

리더가 직원들을 자신이 없어도 브랜드를 이끌어 나갈 수 있는 사람이라고 생각하기까지는 상당한 믿음이 필요하다. 리더는 항상 브랜드의 목적과 비전을 생각하지만 직원은 어떤 생각을 하고 있는지, 직원의 비전이 브랜드의 비전과 부합할 것인지에 대해서는 의심스러울 수밖에 없기 때문이다. 확실치 않다고 느껴지면 마음 놓고 브랜드를 함께 끌고 나가겠다는 생각은 할 수조차 없을 것이다.

편 한번 그러겠다고 마음먹으면, 직원들을 일단 믿어 주는 것이 최선이다. 한 번 의심하기 시작하면 그 친구에 대한 믿음이 금방 사라지고 말 테고, 그러면 그 친구가 무엇을 가져와도 마음에 들지 않을 것이다. 내가 만약 출장을 가거나 외부에 있을 때, 최악의 경우 사고라도 났을 때 서로 믿지 못한다면 윤디자인은 어떻게 되겠나. 그리고 일단 믿기로 했으면 그 다음에는 시스템으로 뒷받침해 줘야 한다. 결국은 믿는 직원들이 모여 만드는 조직력이 브랜드를 이끈다.

영속하는 브랜드에서 리더의 역할은 중요하다. 하지만 이보다 더 중요한 것은 리더가 어떻게 직원을 믿고, 믿음을 얻은 직원이 어떻게 브랜드 문화를 브랜드십에 맞게 정착시켜 나갈 것인가다. 그런 의미에서 편 대표의 믿음을 얻은 직원들이 함께 하는 윤디자인이 앞으로 브랜드십을 어떻게 지켜나갈지가 궁금해진다. UB

문화란 명령하거나 생산할 수 있는 것이 아니다. 요컨대 경영이 문화를 바꾸진 못한다. 경영은 일하는 사람들 스스로가 문화를 바꾸도록 초대할 뿐이다. 전 IBM CEO 루이스 거스너

BrandShip Keywords Summary

초월적 책임감	■ 편 대표와 직원들은 '한글과 윤디자인은 하나의 유기체'라는 생각으로 일하고 있다. 따라서 '온한글' 사이트가 윤디자인의 비즈니스에 꼭 필요한 일이 아니고 수익도 나지 않지만 계속 투자하며 운영하는 것도 한글에 대한 초월적 책임감 때문이다.
페어런트십	■ 편 대표는 디자이너와 팀장들이 자신이 없어도 윤디자인을 이끌어 갈 수 있도록 폰트 개발에서부터 외부 업무까지 많은 부분에서 직원에게 재량권을 주고 있다. ■ 이러한 편 대표의 경영 방침은 분명히 '출혈도 따르겠지만' 업무의 효율성보다는 직원의 성장과 브랜드십이 생기는 것이 더 중요하다고 생각한다.

편석훈 1996년 ㈜윤디자인연구소 영업총괄 부사장으로 본격적으로 경영에 합류했다. 창립자 윤영기 소장의 뒤를 이어 2005년부터 현재까지 대표이사로 재직 중이며, 윤디자인의 성장을 도모함과 더불어 한글에 대한 인식 개선을 위한 온한글 등의 사업을 진행하고 있다.

SUNGJOO GROUP

Success of Joined Power
함께 완성하는 브랜드십 점묘화, 성주그룹

The interview with 성주그룹 회장 김성주

영화 〈아마데우스〉를 보면 모차르트가 죽기 전 작곡을 하는 장면이 나온다. 재미있는 것은 모차르트의 머릿속에는 이미 완벽한 오케스트라 연주가 진행되고 있고 그는 그것을 펜으로 악보에 옮겨 적는데, 손이 그 연주를 따라가지 못한다. 아인슈타인과 찰스 디킨스도 모차르트와 같은 경험을 했는지 비슷한 말을 한 적이 있다. 아인슈타인은 "나는 직감과 직관, 사고 내부에서 본질이라고 할 수 있는 심상이 먼저 나타난다. 말이나 숫자는 이것의 표현 수단에 불과하다"라고 했으며, 찰스 디킨스 역시 자신의 소설은 머릿속으로 '본' 것을 글로 적은 것에 불과하다고 밝혔다. 패턴을 발견했는가? 이들은 무엇인가를 보았고, 음표나 숫자, 활자는 그것을 표현하는 수단이었다는 것이다. 그런데 이러한 패턴은 리더들에게서도 발견된다. 그들은 그들이 속해 있는 브랜드의 미래가 너무 명확하게 보인다고 말한다. MCM과 막스앤스팬서를 소유하고 있는 성주그룹의 김성주 회장 역시 성주그룹의 미래가 너무도 명확히 보이며(그녀는 인터뷰 중 '보인다'는 말을 20번 가까이 했다), 브랜드는 그것을 실현하기 위한 훌륭한 도구라고 밝혔다. 그러나 이 글에서 이야기하고 싶은 것은 그녀의 놀라운 능력보다 브랜드십을 만들어야 할 리더로서 남은 과제다. 그녀가 너무나 명확하게 본 것을 어떻게 하면 전 직원이 함께 보게 할까? 다음은 브랜드십의 첫걸음을 위한 리더의 '함께 보기'에 관한 이야기다.

브랜드십, 십만 개의 점이 만드는 점묘화

오른쪽의 〈그림 1〉은 프랑스의 신인상주의 화가인 쇠라(Georges Pierre Seurat, 1859~1891)의 마지막 작품 '서커스'다. 개인적인 감상으로 파리의 오르세 미술관에 전시된 250만 점의 작품 중 유명한 고흐나 고갱의 작품보다 이 그림이 더 인상적이었는데, 그 이유는 실제로 보았을 때 감동이 클 수밖에 없는 화법으로 그려졌기 때문이다. 185.5×152.5cm 크기의 '서커스'는 바로 눈앞에서 볼 때와 몇 미터 떨어져서 보았을 때 완전히 다른 느낌을 준다. 이러한 효과를 주는 기법이 바로 점묘법(點描法, pointillism)이다.

쇠라가 탄생시킨 점묘법은 순색의 점을 캔버스에 서로 겹치지 않게 찍는 방법이다. 그래서 가까이 들여다보면 하나의 색을 가진 점들이 하나하나 보이지만(〈그림2〉 참고) 조금 거리를 두고 보면 그 점들이 조화를 이루면서 아름답고 생동감 있는 그림을 만들어 낸다. 따라서 그림을 직접 감상하면 망막 위에서 이루어지는 시각 혼합 효과가 주는 놀라움과 동시에 그린이(쇠라)의 노고를 느낄 수 있어서 감동도 크다.

어느 분석가에 의하면 쇠라의 그림들은 점과 점 사이의 간격이 일정하다고 하는데, 그 점이 1cm²당 하나씩만 찍힌다고 해도 '서커스'의 경우 한 작품을 위해서 2만 8,000여 개의 점을 찍어야 했던 것이다. 그런데 1cm²당 적어도 서너 개의 점이 찍힌다고 본다면 한 작품을 위하여 적어도 십만 개의 점을 찍어야 한다. 그것도 색점들의 조화를 고려하면서 말이다. 그러고 보면 그를 유명하게 만든 '그랑드자트 섬의 일요일 오후'를 3년 동안 그렸다는 것도 이해가 된다.

잘 만들어진 브랜드란, 마치 점묘법으로 그려진 그림과 같다. 직원 한 사람 한 사람, 그리고 그들의 역할 하나 하나는 각각의 순색을 가지고 있지만, 그것을 멀리 떨어져서 보았을 때는 하나의 브랜드로 조화를 이루어야 한다. 이러한 브랜드의 리더는 쇠라가 그랬던 것처럼 머릿속에 전체 그림을 가지고 있어야 한다. 그래야 점 하나 하나가 조화를 이루며, 완성을 위해서 오랜 시간 인내할 수 있다. 완벽한 하나의 작품(브랜드)이 완성되면, 그 안의 점들(직원들)이 모여 감상자(고객)에게 감동을 주고, 사회에 영향을 미치며 시대의 유산으로 남아 후대에 이어질 것이다.

성주그룹의 김성주 회장은 성주그룹의 그림을 명확하게 그리고 있다. 그녀의 말에 의하면 "3년 후, 5년 후, 7년 후의 그림이 너무나 선명하게 보인다"고 한다. 인터뷰가 진행되며 "보인다"는 말을 15번쯤 들었을 때, 도대체 보인다는 의미가 무엇인지, 그리고 무엇이 보이는 것인지 물었다. 무엇을 그리고 있는지 알아야 무엇을 함께 그릴지 알 수 있을 것 아닌가.

〈그림 1〉 쇠라의 '서커스 Au Cirque' (좌)
〈그림 2〉 쇠라의 '퍼레이드 La Parade' 중 일부 (우)

김성주(이하 '김') 글쎄, 나는 믿음이라고 하고 싶다. 내가 보고 있는 것이 아직 이루어지지는 않았지만 곧 이루어질 현실이라고 생각한다. 우리 브랜드가 3년 내에 중국 시장에서 보일 성과, 5년 내에 세계 시장에서 차지할 위상, 7년 내에 글로벌 1위 브랜드가 될 것이 보인다. 옛날 이야기를 하나 해보자. 외환 위기 때 굉장히 어려워서 본사가 김포의 공장 자리에 있을 때였다. 그때도 나는 우리의 미래가 보였다. 그래서 직원들을 모아 놓고 힘을 내자고 말하며 5년 후에 *MCM을 인수하겠다고 했다. 아무도 믿지 않았지만, 결국 이루어졌다. 지금도 내 이야기가 믿기지 않을지 모르겠다. 그러나 나는 그것이 이루어질 것이고 그래야만 한다고 생각한다. 내 머릿속에는 완벽한 장면이 그려지고 있기 때문이다. 그 희열은 나를 멈출 수 없게 한다.

김 회장이 그리고 있는 이 선명한 그림이 그녀의 머릿속에서 완성된 것은 오래되지 않았다. 따라서 이제는 그 그림을 함께 공유해서 함께 완성해야 한다. 리더가 머릿속에 그리고 있는 그림을 모두가 함께 보고 있을 때, 그림의 완성 시점을 당길 수 있고, 더 많은 감동을 고객에게 전달할 수 있기 때문이다. 또한 그래야만 성주그룹이 진정한 브랜드십을 갖게 되어 성주그룹 사람들은 '지금의 리더(리더십)'를 따르는 것이 아니라, '미래의 우리 브랜드의 모습(브랜드십)'을 따르게 되어 성주그룹은 영속하는 브랜드의 길을 걸을 수 있다.

*MCM을 인수
성주그룹의 모태인 성주인터내셔널은 1990년 설립되어 구찌, 이브 생 로랑 등의 명품 브랜드를 공식 수입하는 패션 유통업으로 시작했다. 그러다 2005년 MCM의 독일 본사로부터 MCM을 인수하게 되었다.

*윤리경영모범 기업으로 수상
성주그룹은 유럽의회에서 열린 IAHV(International Association for Human Values; 국제 휴먼밸류 협회)가 선정하는 2009 Ethics in Business Awards에 지난 11월 6일 '우수한 기업' 부문에 선정되었다.

"나는 브랜드라는 도구가 단순한 제품의 집합이 아니라 역사를 바꿀 만한 것이라고 생각한다. 그래서 MCM의 가장 큰 목적은 브랜드라는 도구로 대한민국의 역사를 바로 세우는 것이다."

브랜드십의 밑그림, 브랜드의 원형 찾기

김 회장이 그린 그림이 함께 완성하는 그림이 되기 위해서 어떻게 해야 할까? 우선 밑그림을 그려야 할 것이다. 그것은 성주그룹이 갖고 있는 원형을 찾는 데서 시작한다. 이때 원형이란 제품의 원형이라기보다, 브랜드가 갖는 정신적 원형에 가깝다. 성주그룹의 원형은 세 가지 측면에서 발견할 수 있다. 하나는 성주그룹이 갖는 브랜드 철학의 원형, 그리고 성주그룹의 존재 목적에 있어서의 원형, 마지막으로 창업자인 김 회장의 원형이다.

원형 1. 브랜드 철학의 원형

김 회장이 '보인다' 다음으로 많이 한 말은 '스피릿(spirit, 정신, 영혼)'이다. 이 단어는 성주그룹의 브랜드 철학을 암시하는 듯했다. 대부분의 브랜드는 창업자의 개인적인 철학이 정리되어 브랜드의 철학이 되기 때문이다. 김 회장은 성주그룹의 브랜드 철학을 그들의 스피릿이라고 표현하며, 스피릿을 갖는 것이야말로 진정한 브랜드십을 갖는 것이라고 말한다.

그런데 성주그룹의 스피릿을 말하기에 앞서 해결해야 할 과제가 있다. '과연 기업이 영혼을 가질 수 있을까?' 또한 '기업의 영혼이란 것은 무엇일까?'에 대한 대답이다. 기업과 영혼은 그다지 어울리지 않는 단어이기 때문이다.

이 고민과 관련하여 안철수연구소의 창업자 안철수 의장은 저서 《CEO 안철수, 영혼이 있는 승부》에서 기업의 영혼에 대한 그의 생각을 밝힌 바 있다. "나는 우주에 절대적인 존재가 있든 없든, 사람으로서 당연히 지켜 나가야 할 중요한 가치가 있다면 아무런 보상이 없더라도 그것을 따라야 한다고 생각한다. 내세에 대한 믿음만으로 현실과 치열하게 만나지 않는 것은 나에게 맞지 않는다. 또 영원이 없다는 이유만으로 살아 있는 동안에 쾌락에 탐닉하는 것도 너무 허무한 노릇이다. 다만 언젠가는 같이 없어질 동시대 사람들과 좀 더 의미 있고 건강한 가치를 지켜 가면서 살아가다가 '별 너머의 먼지'로 돌아가는 것이 인간의 삶이라 생각한다." 이러한 인간이 추구해야 할 보이지 않는 가치를 중요하게 여겼기에 안철수 의장은 안철수연구소라는 기업 역시 이러한 가치를 지향하며 안철수연구소를 '영혼이 있는 기업 만들기'라는 목적 하에 구축했다고 한다.

마케팅의 구루 필립 코틀러 역시 그의 최근 저작 《마켓3.0》에서 '제품 중심'이던 1.0시장과 '소비자 지향'이 핵심이던 2.0시장에 이어, 3.0시장에서는 '가치 주도'의 기업이 시장을 주도할 것이라면서 기업의 영혼에 대하여 무게를 두고 말했다. 3.0

시장의 주요 요소 중 하나로 '영성 마케팅'을 설명하면서 그는 기업도 인간과 닮은 수준의 영성에 도달할 수 있다는 사실을 발견했으며, 따라서 영적 호소력의 대상을 소비자 전체, 즉 인류 전체로 삼아야 한다고 했다.

김 회장은 역시 사회학도로서, 그리고 1997년부터 차세대 글로벌 리더로 초대되어 참석한 다보스 포럼 등에서 '기업의 영혼'에 대하여 전 세계 기업가들과 함께 오랫동안 고심해 왔다.

김 지난 다보스 포럼의 주요 주제 중 하나가 기업이 스피릿을 가질 수 있느냐였다. 기업 활동을 통해 이 세상이 나아지도록 할 수 있을까를 논의 했는데, 이것은 실제로 많은 기업들의 고민이다. 작년 성주그룹이 *윤리경영모범 기업으로 수상하고 나서 한 말도 기업의 스피릿에 관한 것이었다. 나는 기업 경영에 대한 막스 베버의 사회학적 고찰을 믿는다. 자본주의 정신과 기독교 윤리의식이 되살아나야 한다는 것이 나의 기본 생각이기 때문이다. 자본주의가 부상할 때도 장 칼뱅은 자본주의 속에서의 윤리의식을 제창했다. 시간이 지나면서 우리가 그것을 잃었을 뿐이다.

이쯤에서 과연 성주그룹의 철학의 원형, 즉 '성주그룹의 스피릿은 무엇일까' 하는 의문이 들 것이다. 위에서 이야기한 윤리의식을 바탕으로 한 자본주의, 이것이 바로 성주그룹의 스피릿이고 그것을 성주그룹은 ⓐ'청지기적 자본주의Steward Capitalism'라고 말한다. 성주그룹은 현재 이 청지기적 자본주의라는 스피릿을 중심으로 사명화 작업(미션, 비전, 핵심가치의 명문화)을 진행하고 있다.

기업이 명문화된 사명을 갖는다는 것은 브랜드 구성원들이 나아가야 할 명확한 방향성을 제시한다는 측면에서 브랜드십을 갖기 위한 첫 단계라고 할 수 있다. 이것은 브랜드십을 만드는 브랜드 정언명령(p28 참고)의 역할을 하기도 한다. 청지기적 자본주의라는 사명은 성주그룹 사람들의 마음의 울림인 다이몬의 역할을 해줄 것이다. 또한 청지기적 자본주의라는 스피릿은 선의지를 가지고 있기 때문에 브랜드의 구성원을 움직이게 하고 몰입하게 하는 힘이 될 것이다.

원형 2. 존재 목적의 원형

성주그룹 철학의 원형에 그들의 존재 목적이 포함되어 있음에도 불구하고, 따로 떼어 살펴 보는 이유는 김 회장은 그들의 존재 목적에 대해서 대다수의 브랜드와 다른 목적을 이야기하고 있기 때문이다.

성주그룹 존재 목적의 원형을 찾기 위해서는 이런 질문이 가능하다. '성주그룹은 왜 청지기적 자본주의를 미션으로 삼았을까?' 성주그룹의 스피릿이라고 하는 이것의 원형은 무엇일까 말이다. 영혼에 대해서 오랜 고민을 해온 아리스토텔레스의 이야기를 들어 보면, 《영혼론》에서 영혼은 '육체의 본질적인 무엇', 즉 육체의 목적이라고 했다. '영혼을 팔았다'는 말로 유명한 괴테의 《파우스트》에서는 영혼이 없는 몸은 죽은 것과 같다고 한다. 김 회장과 인터뷰하면서 성주그룹의 본질적인 무엇, 이것이 없으면 죽는 것과 같은 이것에 대한 대답을 발견할 수 있었다.

김 나에게 브랜드는 너무나 재미있는 도구다. 브랜드는 돈을 벌기 위한 도구이기도 하지만, 사람들의 라이프스타일을 보여 주는 도구이기도 하고, 거기에서 창출되는 재화로 사회를 도움으로써 사회적 기업가정신social entrepreneurship을 발휘할 수도 있게 한다. 나는 이 브랜드라는 도구가 단순한 제품의 집합이 아니라 역사를 바꿀 만한 것이라고 생각한다. 그래서 MCM의 가장 큰 목적은 브랜드라는 도구로 대한민국의 역사를 바로 세우는 것이다.

대한민국의 역사 바로 세우기? 브랜드의 존재 목적으로는 너무 거창한 대의*義가 아닌가라는 생각이 들 수도 있다. 그러나 성주그룹과 김성주 회장의 행보로 보아서는 이것이 단순한 대외 홍보용 문구는 아닌 것 같다. 성주그룹은 회사 순이익의 10%를 사회에 환원하고, 매년 50개 이상의 NGO를

> ### ⊕ 성주그룹의 스피릿, 청지기적 자본주의
> 성주그룹의 스피릿인 청지기적 자본주의는 궁극적으로 '가치를 통해 사회에 영향을 끼치는 기업이 되겠다'는 것을 의미한다. 구체적인 이해를 위하여 먼저 청지기의 의미를 먼저 살펴본다. 고대 중동에서는 부유한 집주인이나 농부의 경우 누구나 '청지기steward'를 두어 집안일과 재산을 관리하게 했다. 따라서 그는 주인에게 절대적인 신임을 얻은 유능한 사람인 동시에 자신은 결코 주인이 아니며 그의 권한을 일시적으로 위임 받은 사람임을 확실히 알고 있어야 했다. 그러나 오늘날 자본주의 사회에서는 각 개인이 자신의 재산을 소유하고 시장경제를 통해 개인의 이익을 극대화하는 것이 당연한 것으로 여겨지고 있다. 이에 성주그룹은 선한 '청지기' 정신을 자본주의 사회 속에서 실현하는 것을 목표로 삼고 있다.

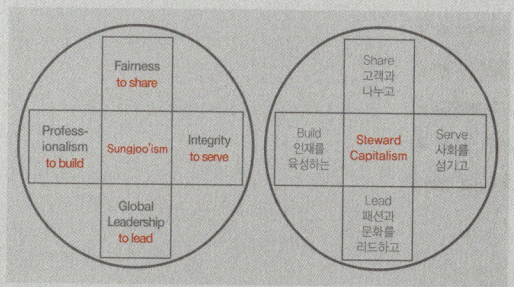

〈그림 3〉 성주이즘의 얼라인먼트 시스템

지원한다. 또 세계 여성지도자회의, 북한 의료 봉사, 각국의 아이들을 위한 학교 설립 활동 등을 하고 있다. 김성주 회장 개인적으로는 개인 수입의 30%를 사회에 환원하고 있으며, 사후에 자신의 전 재산을 북한을 위해 쓰겠다고 선언한 바 있다.

그녀가 평소에 많이 하는 "사업은 게임이다" "중국에 들어가는 이유는 돈을 더 벌기 위한 것이 아니라, 우리의 비전을 현실로 보여 주기 위해서다"라는 말 역시 성주그룹이 가진 존재 목적의 원형, 즉 대한민국 역사를 바로 세우겠다는 사회적 대의의 연장선 위에 있을 것이다.

김 우리가 지금 중국을 무시하고 아무런 준비도 하지 않으면 3년 후 중국이라는 글로벌 쓰나미라고 부를 만한 거대한 파도에 쓸려 내려갈 것이다. 그러나 이 파도를 탈 수 있는 기술을 배우면 5천 년 역사에서 가장 높이 오를 수 있는 기회다. 이 기회를 잡지 못하면 우리나라는 중국의 경제 속국이 될 것이 선명하게 보인다. 지금은 국가적 비상사태다. 내가 분초를 다투며 일하는 이유가 이것이다. 책을 쓰고 강연을 하는 시간도 아깝다. 선한 목적을 가진 브랜드가 성공할 수 있다는 것을 빨리 보여 주어야 한다. 여자 대표가 이끄는 우리 같은 조그만 회사도 하는데 나라고 왜 못하겠는가라는 생각을 우리 젊은 이들에게 느끼게 해주고 싶다. 자본력으로 움직이는 이 세계에 영적인 전사들spiritual warrior을 키우는 것이다.

이런 사회적 대의는 브랜드 구성원들에게는 부담이 되지 않을까? 하지만 한 연구 결과에 따르면 인간은 '자신들이 대의를 추구한다는 것' 자체로 심리적 상승 요인이 발생해 평상시보다 더 큰 힘을 발휘한다고 한다. 이러한 존재 목적은 직원들로 하여금 브랜드 자체를 따르게 한다.

미국 경제학의 거두 밀턴 프리드먼은 일찍이 "the business of business is business"라는 말로 경영의 목적은 돈을 버는 것이라 잘라 말한 바 있다. 그렇지만 기업 환경이 바뀌고 있고, 사회에서 원하는 기업가의 역할도 변화하고 있다. 앞으로는 기업이 사회적 기업화되는 경향이 커질 것이다. 김성주 회장이 브랜드를 통하여 사회적 기업가정신을 발휘하고 싶다고 한 것도 시대적 흐름과 연관이 있다. 선진국에서 사회적 기업은 단순한 대안 기업으로서만 존재하지 않는다. 사회적 기업이 정부를 보완하는 복지 모델로 각광받고 있기 때문이다. 영국의 경우만 해도 2005년 기준으로 무려 5만 5,000개의 사회적 기업이 65만 개의 일자리를 창출하고 있다. 어떤 브랜드의 존재 목적이 우리 사회, 우리나라의 번영까지 고려하고 있다면, 그래서 직원들의 가족, 후손에까지 긍정적인 영향을 미친다면 그 브랜드의 구성원들이 브랜드십을 갖지 않을 이유는 없을 것이다.

원형 3. 창업자의 원형

사실 성주그룹이 20주년을 맞는 이 시기까지 지속적으로 성장한 데는 김 회장의 개인 스토리를 빼놓을 수 없다. 김성주 회장은 끊임없이 스포트라이트를 받아 왔다. 여기에서 그 내용을 설명할 필요는 없겠으나 그녀 앞에 붙는 화려한 수식어만 나열해 봐도 김 회장이 갖는 인간 김성주의 원형을 짐작할 수 있다.

재벌가(대성그룹)의 막내 딸, 그럼에도 불구하고 월 18만 원의 봉급자 생활, 하버드 대학과 런던 정경대 출신, 월스트리트 저널이 선정한 '주목해야 할 여성 기업인 50인', 아시안 아메리칸 연맹 '올해의 인물', '가진 자의 의무'와 '투명한 손의 경쟁력'을 강조하는 기업인.

브랜드에 영혼을 주입하는 창업자의 경우 개인의 스토리가 브랜드의 히스토리로 남을 수 있다. 김성주라는 창업자의 이러한 스토리는 성주그룹의 자산이 될 수 있다는 것이다. 따라서 이 스토리가 어떤 히스토리를 만들고 전설로 남느냐에 따라 성주그룹의 브랜드십을 만드는 중요한 상징적 메시지가 만들어질 수도 있다.

진정한 성공이란 '다른 이를 위해 일하고 살아가는 것'이라는 청지기적 자본주의, 즉 성주그룹의 스피릿 역시 김 회장의 개인적인 체험에서 출발한다.

김 이런 생각을 갖게 된 것은 아주 오래전부터다. 아직도 기억에 선명한 사건이 있다. 그때 나는 컴패션 하트compassion heart를 갖게 된 것이 아닌가 한다. 중학교 때 한 친구가 학교에 일주일 동안 나오지 않아서 선생님이 반장이던 내게 그 친구 집에 가 보라고 했다. 한참을 헤매다 판자촌에 있는 친구 집에 도착했는데, 그렇게 추운 겨울에 그 친구 혼자 집에서 거적을 둘러쓰고 거의 아사 상태로 누워 있더라. 그 장면이 아직도 생생하다. 대궐 같은 집에서 공주처럼 살던 내게 그때의 충격과 죄책감은 지워지지 않았다. 그때부터 내가 왜 존재하는지를 스스로 물었고 나같이 너무 많은 것을 가진 사람이 그냥 있는 것은 죄라고 생각했다. 그런 의무감이 생겼고 다른 사람들을 돕기 위해서 성공해야 한다고 생각했다.

청지기적 자본주의라는 선한 목적을 가진 브랜드의 명령에 의무적으로 헌신하고 있는 것이다. 리더가 브랜드의 명령에 복종하고 헌신하는 모습은 브랜드십을 만드는 리더들에게서 발견되는 공통적인 모습이다.

이렇게 김 회장은 자신의 원형(개인적 철학)을 브랜드에 불어넣어 브랜드의 스피릿을 완성하고 있다. 그리고 직접 행동함으로써 브랜드의 구성원들과 같은 스피릿을 공유하려고 노력 중이다. 청지기적 자본주의라는 선한 목적을 가진 브랜드의 명령에 의무적으로 헌신하고 있는 것이다. 리더가 브랜드의 명령에 복종하고 헌신하는 모습은 브랜드십을 만드는 리더들에게서 발견되는 공통적인 모습이다. 하지만 브랜드십이 완성되기 위해서는 직원들 역시 브랜드 정언명령에 헌신해야 한다.

헌신에 대하여 워렌 베니스Warren Bennis는 말한다. "헌신이란 무엇인가에 대한 열정적인 믿음"이라고 말이다. 김 회장은 실제로 청지기적 자본주의에 대한 열정적 믿음을 실천하고 있는데 어떻게 하면 자신뿐만 아니라 직원들 역시 브랜드에 헌신하게 할 수 있을까? 이것이 브랜드십을 만드는 많은 리더들의 과제다. 성공해서 대한민국의 역사를 바로 세우고, 사람들을 돕겠다는 것은 어떻게 보면 김 회장 개인의 소명일 수 있다. 이러한 개인적 소명을 조직원들의 사명으로 바꾸어 어떻게 공명共鳴하게 만들 수 있을까?

미완성 점묘화의 완전성

"'너무 흔해져서 이제 싫어'라고 생각했는데, 오늘 김성주 회장을 만나 보고 조금 생각이 바뀌었다. 지금 갖고 있는 조금 질려 버린 지갑이, 아주 멋있는 사람이 이끄는 회사의 상품이라고 생각하니 조금 뿌듯해지기도 했다. 역시 이제는 상품의 가치보다 브랜드의 가치가 몇 배는 더 큰 것 같다."

위 글은 최근 김 회장의 특강을 들은 한 대학생이 자신의 블로그에 남긴 소감이다. 이 블로거가 말하고 있는 '멋있는 사람이 이끄는 브랜드의 가치'는 위에서 이야기한 성주그룹의 세 가지 원형에서 많이 벗어나 있지 않다. 또한 이 부분(세 가지 원형)이 성주그룹이 브랜드십을 만들 수 있는 방법이다.

성주그룹이 브랜드십을 완성해야 하는 이유는 고객에게, 나아가서 대한민국에 가치 있는 브랜드는 영속해야 하기 때문이다. 성주그룹이 브랜드십을 만드는 방법도 역시나 성주그룹이 갖는 가치를 활용하는 것이다. 이미 설명했듯 세 가지 원형이 직원들과 충분히 공유되고 이들을 공감하게 한다면 성주그룹의 브랜드십 구축은 속도가 붙을 것이다.

향속경영으로 완성하는 청지기적 자본주의

김 사람들이 힘들지 않느냐고 물어 보는데, 힘들지만 기쁘다. 마치 아드레날린이 분비되는 것처럼 너무 희열을 느끼기 때문에 무리하는 것이 문제다. 가끔은 엄청난 서류 속에 묻혀 출장을 다니고 새벽까지 회의를 하다 보면 수험생 같다는 생각도 든다. 그러나 내가 본 것을 빠른 시간 안에 보여 주고 싶었다.

그동안 김 회장은 자신이 본 것을 직접 보여 주는 방법으로 공명을 만들어 왔다. 김 회장이 직접 보여 준 열정 덕분에 MCM은 글로벌 시장에서 좋은 평가를 받고 있으며, 성주그룹이 윤리적으로 척박한 대한민국 사회에서 고수해 온 정직과 헌신도 이제 인정을 받고 있고, 그 자체로 주목을 끌고 있다.

직접 보여 줌으로써 공명을 만든 다음 단계는 성주그룹의

비전을 재정립하여 선포한 것이다. 성주그룹은 올해 초, 비전 선포식을 통하여 성주그룹의 스피릿을 명문화해서 공유했다. 그동안 기독교적 가치관에 근거한 '믿음, 소망, 사랑'을 미션으로 삼고 있었지만, 전 직원은 암묵적으로 '돕기 위해 성공한다 succeed to serve'는 비전을 공유하고 있었다. 그러던 중 브랜드의 미션과 비전을 재정리하여 선포한 것은 지금이 이러한 철학적 가이드라인이 필요한 적기라고 판단했기 때문이다.

많은 브랜드들이 기업의 핵심가치를 정리하고 재정립하는 시기를 거친다. 직원 전체가 브랜드의 존재 목적에 대해서 자연스럽게 동화되기 어려운 규모로 커지는 시점, 사장이 직원 한 사람 한 사람과 얘기를 나누는 것이 한계에 도달하는 시점, 부서장에게 대폭적인 권한 이임을 할 필요가 생길 때 등이 그렇다.

브랜드가 미션과 비전, 핵심가치를 명문화하고 공유함으로써 얻는 효과는 크다. 조직이 커질수록 모든 구성원이 브랜드를 위한 결정을 할 때 옳고 그름을 판단할 수 있는 잣대가 필요하며, 그 원칙이 뚜렷하고 엄격하게 지켜질수록 그 브랜드는 브랜드십을 갖기에 유리하다. 원칙은 브랜드에 유연함과 영원함을 가져다주기 때문이다.

성주그룹 역시 조직의 규모가 커지면서 직원들과 효과적인 커뮤니케이션과 권한 위임이 필요한 시점을 느꼈을 것이다. 또한 최근 글로벌 브랜드로 성장하면서 전 세계 고객이나 관계사들에게 성주그룹을 일관되게 소개하고 이해시킬 수 있는 방법도 필요했다.

김 사실 이렇게 선포하는 것은 무모한 짓이다. 못 이루면 어쩌나 하는 생각도 들기 때문이다. 그렇지만 우리 모두가 힘을 모아 같은 스피드로 움직임으로써 우리 브랜드의 속도를 높일 수 있는 기회라고 생각했다. 그래서 비전 선포식에서 비전과 함께 성주이즘, 즉 성주그룹 사람들의 이념인 '향속경영'에 대해서 공유했다. 향속경영이란 성주그룹만의 전략, 에너지, 스피릿 그리고 속도를 말한다.

김 회장이 성주이즘 Sungjooism이라고 말한 향속경영 Inte-Speed Management은 청지기적 자본주의를 실현하는 구체적인 방법론이다. 단지 비전을 공유하고 브랜드 아이덴티티 Brand Identity를 명확히 한 것이 아니라, 브랜드 아이덴티티를 위한 직원들의 행위 양식 즉, Behavior Identity까지도 제안한 것이다.

향속경영은 단순히 '빠름'을 의미하지 않는다. '방향성 있는 속력' 즉 속도를 의미한다. 기존의 통념에서 빠르다는 것은 빠른 결과를 얻어 내는 것을 의미했다. 그러나 성주그룹이 의미하는 속도는 '성공을 위한 속도'이기에 속력과 방향을 일치시켜서 성공의 속도를 높인다는 의미다. 청지기적 자본주의라는 방향을 향한 속력을 높인다는 것이다.

김 향속이 의미하는 바는 방향성을 가진 속력이다. 성주그룹은 성장과 성숙의 방향을 따라 성공하고 싶다. 물론 향속경영이 빠르고 목표에 부합하는 방향성만을 의미하지는 않는다. 그 안에는 성주그룹이 그동안 중요하게 생각한 가치들이 포함되어 있다. 그래서 향속경영의 영문 표현인 인티스피드에서 인티 inte는 Integrity 진정성, Integration 통합, Intelligence 지성, International Diversity 글로벌 다양성 의 네 가지 의미가 있다. 또한 스피드 speed의 진정한 의미도 재해석 했는데 그것은 Sustainability 경쟁력, Supeed 차원이 다른 속도, Super Spirit 초인 정신이다.

김 회장이 '청지기적 자본주의' 그리고 '대한민국의 역사를 다시 세우겠다는 대의'에 대해서 이야기한 것은 막연한 바람이 아닌, 이렇게 구체적 실행 전략이 구축되었기에 가능한 비전이었을 것이다. 성주그룹이 대한민국과 중국을 뛰어넘어 글로벌 브랜드가 되기 위해서는 차원이 다른 속도 inte-speed가 필요하기 때문이다.

2010년 1월에 있었던 성주그룹의 비전선포식 모습

함께 완성하는 점묘화

김 회장이 예상한 대로 비전의 공유는 성주그룹 사람들 개개인의 에너지가 되어 성주그룹 전체의 에너지를 높일 것이다. 19세기 사상계에 큰 영향을 끼친 철학자 토머스 칼라일의 다음 이야기가 성주그룹이 비전을 선포함으로써 얻는 효과를 이해하는 데 도움을 준다.

"어떤 인간일지라도 좀 더 고귀한 무엇을 갖고 있다. 총알받이로 고용되어 상소리나 지껄이는 가련한 병사들도 훈련 규정과 하루 1실링의 급여 외에 그 나름의 '군인의 명예'라는 것을 갖고 있는 법이다. 아무리 가련한 인간일지라도 그가 막연하게나마 그리워하는 것은 달콤한 사탕 맛을 보는 것이 아니라 고상하고 진실한 일을 하고, 신의 하늘 아래서 그 자신이 신이 만드신 인간이라는 것을 입증하는 일이다. 그에게 그것을 할 수 있는 길을 보여 주라. 그러면 아무리 둔해빠진 날품팔이일지라도 빛을 발하며 영웅이 될 것이다. 인간이 안일을 좇아 움직인다고 말하는 사람은 인간을 크게 모독하는 것이다. 어려움, 자기억제, 순교, 이런 것들이야말로 인간의 가슴을 자극하는 '유혹물'이다."

그가 든 상소리를 하는 병사나, 둔해빠진 날품팔이라는 표현은 인간은 누구나 그렇다는 보편성을 설명하기 위한 비유다. 따라서 그의 말대로라면 인간이라면 누구나 고매한 가치에 이끌리기 때문에 성주그룹이 갖는 스피릿이 직원 개개인의 영혼에 주입되면, 그들은 누구나 영웅이 될 수 있다. 즉, 조직에서 팔로워와 리더의 경계가 사라지고 누구나 리더(영웅)가 되는 것이다. 따라서 성주이즘을 충분히 공감한 성주 사람들은 각각이 영웅이 되어 이들이 성주그룹의 브랜드십을 완성할 것이다. 실제로 성주그룹 비전 선포식의 마지막은 '성주'에 대한 재정의로 마무리되었다. SJ는 성주의 이니셜이 아니라, 'Success of Joined Power'다. 즉 함께 모은 힘으로 성공을 거두겠다는 것이다.

글의 초반에 이야기한 쇠라의 점묘기법이 그 당시 사회에 영향을 미치고 지금까지 시대적 유산으로 남아 이어지고 있는 이유는 한 천재 화가의 영감만 있었던 것이 아니라 과학적 접근이 더불어 이루어졌다는 점 때문이다. 쇠라가 그의 대표작 '그랑드자트 섬의 일요일 오후'를 완성하기까지 3년이 걸린 것은 단지 찍어야 할 점의 개수가 많아서가 아니었다. 그 점들간의 관계를 고려해서 큰 그림 안에서 점 하나 하나로 선을 만들고 이미지를 만들며, 그림이 전달하고자 하는 메시지(당시 프랑스의 귀족 사회를 풍자하는)까지 담아야 했기 때문이다. 그는 이를 위해서 수많은 실험을 통해 보색 체계를 이론화했다. 예를 들어 청색과 황색의 작은 점들을 수없이 배열하면 시각적으로는 녹색으로 보인다는 것을 알고 그것으로 선명한 선을 만들 수 있었던 것이다.

이러한 과학적 접근이 점과 점 사이에 미미한 공백을 남겨 두고도, 즉 캔버스를 완벽하게 채우지 않더라도 위대한 작품을 만들게 했다. 그 여백으로 인해서 기존 인상파의 덧칠 효과로 만들어진 색의 탁함 대신 캔버스에 빛이 드는 듯한 밝은 분위기를 만들어 주었다. 불완전성이 오히려 위대함을 만든 것이다.

리더들은 때로 자신이 모든 것을 해야 한다는 완전함에 대한 부담 내지는 책임을 느낀다. 하지만 브랜드십은 리더 혼자서 완성할 수 있는 것이 아니라, 모두가 그 리더로서의 책임감을 느끼고 브랜드의 명령에 헌신하며, 브랜드의 다음 계승자를 고민할 때 완성된다. 그들이 함께할 공백과 여백을 남겨 둘 때, 그 불완전은 협력의 힘 Joined Power을 통해 위대한 브랜드십의 점묘화를 완성할 것이다. UB

BrandShip Keywords Summary

브랜드 정언 명령	■ 성주그룹은 20년간 암묵지로 존재하던 '돕기 위하여 성공한다'라는 자신들의 존재 목적을 최근 '청지기적 자본주의'라는 미션으로 재정립했다. ■ 이 미션을 김성주 회장뿐만 아니라 전 직원이 의무적으로 따르게 하기 위해 비전 선포식 등의 활동을 통하여 구체화 중이다.
초전도체	■ 김 회장은 청지기적 자본주의를 개인적인 삶에서도 실현하기 위하여 개인 수입의 30%를 사회에 기부하고, 자신의 전 재산을 북한을 위해 쓰겠다고 선언한 바 있다.
초월적 책임감	■ 성주그룹은 MCM이라는 명품브랜드를 통하여 럭셔리 비즈니스를 초월한 노블리스 오블리제를 보여주고자 한다. ■ 성주그룹은 브랜드라는 도구를 통하여 대한민국의 역사를 새로 쓰겠다는 초월적 책임감을 보인다.

김성주 연세대학교 신학과를 졸업하고 애머스트 대학에서 사회학을 공부한 이후, 런던정경대학원과 미국 하버드대 대학원을 수료했다. 미국 블루밍데일사 회장 직속 기획팀에서 근무한 경험을 바탕으로 귀국하여 1990년 성주인터내셔널을 설립하였으며 2005년 국내 유통을 맡아 하던 독일 브랜드 MCM 본사를 인수했다.

브랜드 B자 배우기 2.
'자기다움'으로 만드는 '남과 다름'

7월, 그리고 8월! 산으로 바다로 바캉스를 떠나거나, 뜨거운 열대야를 이기지 못해 집 근처 공원으로 돗자리를 들고 삼삼오오 모여들 요즘이다. 배달(?)의 민족답게 야식 배달 서비스에 여념이 없는 상인들로 휴가지는 불야성을 이루지만 초행길, 낯선 여행지라면 그 지역 배달업체의 맛과 질이 의심스러워 주문을 고민하는 경우도 빈번하다.

그런데 만약 우리나라에도 이런 서비스가 생기면 어떨까?

네덜란드의 도미노피자는 작년부터 위와 같은 서비스를 시작했다. 집이나 사무실 밖, 해변이나 공원 등에서도 시켜 먹을 수 있는 도미노피자.

문을 형상화한 구조물 하나로 많은 메시지를 전달하고 있다. '부분(야외에 설치된 문)'으로 '전체(배달 피자의 대표 주자인 도미노피자)'를 보여 주는 것이다. 이러한 서비스는 도미노피자의 분명한 경쟁 우위 요소다. 그간 지켜 온 그들의 명확한 아이덴티티가 아니었다면 문 모양의 구조물 하나로 도미노피자의 특성(배달)을 떠올리기 힘들었을 것이다(왠지 뻥 뚫린 양 옆을 놔 두고 틀 뿐인

저 문을 열고 배달원이 들어올 것 같다).

국내에서도 다른 메이저 피자 브랜드와는 달리, 매장 내 취식 공간을 최소화하고 '배달' 서비스로 차별화를 꾀하는 도미노피자가 이 같은 서비스를 시작한다면 어떤 성과를 얻을 수 있을까?

그동안 '30분 내 배달 보장제'를 실시해 오며 최근 국내 메이저 피자 브랜드 3사 중 최초로 스마트폰 어플리케이션을 개발해 '배달 서비스의 최적화'를 꾀한 그들은 더욱 '명확한 포지셔닝'을 가질 것이다. "배달, 배달, 배달?! 도미노피자!

브랜드가 '자기다움'에 대해 골몰한 결과

는 자연스럽게 '남과 다름'을 꾀한 묘책이 되곤 한다.

하지만 순서를 잊지 말아야 한다. '자기다움을 지키기 위한 차별화'인지, 단순히 '남과 다르기 위한 차별화'인지 말이다.

오늘도 후자의 방식대로 골머리를 앓고 있다면, 오늘 세운 미봉책은 점차 확고해지는 포지셔닝을 위한 '성벽'이 아닌, 쉬 사라지고 마는 '모래성'을 쌓고, 또 쌓는 격이다. UB

to CULTIVATE ETERNAL ORGANIZATION

EMBRYO CULTURE

브랜드의 '영속'은 브랜드의 '존재함'를 전제로 한다. 그 '존재함'을 있게 하는 것이 바로 창업자다. 창업자의 철학과 가치관을 고스란히 담고 태어난 브랜드는 이제 지속적으로 성장하여 소비자와의 관계 맺음을 통해 영속할 것을 목표로 한다. 유니타스브랜드가 만난 다섯 개의 브랜드는 탄생 25년차 브랜드에서부터 이제 막 2년이 지난 브랜드까지 다양하다. 그들의 현재까지의 평균 수명은 12.4년(대한민국 브랜드의 평균 수명은 약 12년이다). 영속을 위해서라면 앞으로 갈 길이 더 멀지만 이것을 가능하게 하는 창업자 CEO들의 노력에서 브랜드십을 위한 요건들을 엿볼 수 있다. 창업자 CEO들의 '영속 가능한 브랜드 배양'을 위한(to Cultivate Eternal Oranization) 기술을 들어 보자.

브랜드 창업자

130 이광희

138 휴넷

146 부즈

154 바앤다이닝

160 마코스 아다마스

3₃

Lee Kwang Hee

정성의 마름질, 혼의 박음질, 초월적 책임감의 매듭
브랜드십을 위한 예복을 짓다

The interview with 리패션시스템 대표 이광희

1996년 3월 홍콩의 시사경제지 〈아시아위크ASIAWEEK〉에는 이례적인 조사 결과 하나가 실렸다. 아시아 주요 도시의 여성들을 대상으로 선호하는 자동차, 의류, 레스토랑 브랜드들을 조사한 결과였는데, 조르지오 아르마니, 입생로랑, 베르사체 같은 명품 브랜드 사이로 눈에 띄는 한글 이름 하나가 있었다. Lee Kwang Hee. 그런 놀라움을 뒤로하고, 그녀가 자신의 이름으로 브랜드를 만들고 옷을 지어 온 지 올해로 25년이 됐다.

그런데 최근 이광희 대표는 옷뿐만 아니라 다른 일로도 더 바쁜 일상을 보내고 있다. '희망의 망고나무(이하 '희망고') 캠페인 같은, 타인을 위한 행사 때문이다. 이광희의 '옷'을 사는 고객들은 옷만큼이나 희망고 같은 캠페인에 에너지를 쏟는 디자이너에게 섭섭하지 않을까? 다행히 고객의 소리는 'No'다. 그들의 말에 따르면 브랜드 '이광희'에서 이런 '격'을 사서 입고 있기 때문이란다.

이광희 대표는 이것이 자신의 소명이기도 하고, 나아가 이광희라는 브랜드가 세상을 좀 더 따뜻하게 만드는 데 일조했으면 한다고 말한다. 그리고 패션 분야에 대한, 시대에 대한 책임감으로 브랜드가 영속하기 위한 브랜드십을 만들 수 있길 바라고 있다.

브랜드는 리더의 확장판인가?

브랜드의 리더는 자주 그 브랜드의 비교 대상이 된다. 이제 이름을 대기도 식상한, 마치 동의어처럼 느껴지는 애플과 스티브 잡스, 리더의 성격을 꼭 닮은 버진과 리처드 브랜슨, 월마트와 샘 월튼, 유니클로와 야나이 다다시까지 오늘날 브랜드의 존재에 큰 역할을 한 리더들은 브랜드의 역사뿐만 아니라 우리의 기억에도 선명하게 남는다. 간혹 이들 리더가 없는 그 브랜드는 상상조차 어려운 경우도 있다. 그래도 우리는 브랜드와 리더를 분리해 내는 데 어느 정도 성공한다. 브랜드는 그만큼 리더와는 다른 차원에서 고객과 여러 환경의 영향을 받으며 진화하기 때문이다.

그런데 가끔 리더와 브랜드를 함께 떠올리며, 구분하기도 난감한 브랜드들이 존재한다. 바로 사람이 브랜드로 확장된 사례다. 폴스미스, 바비브라운, 토미힐피거, 마크제이콥스, 이상봉, 안철수연구소…. 그나마 샤넬이나 필립스같이 오랜 시간이 지나서 여러 번 리더의 교체와 변화를 경험한 브랜드는 사정이 낫지만 아직 한 세기가 지나지 않은 브랜드는 이름만 들어도 리더들의 얼굴이나 스타일, 소문이나 특징이 떠오르곤 한다(어쩌면 코코 샤넬의 전기나 영화를 기억하는 고객은 세월이 무색하게도 브랜드와 그녀를 동일시할 것이다). 그래서 어느 정도는 리더의 명성이나 영웅담이 그 브랜드를 이끌어 가는 것이 아닐까 싶은 생각마저 든다.

'이광희'라는 자신의 이름으로 브랜드를 만들어 이끌어 오고 있는, 이광희 대표를 만났을 때 했던 첫 질문도 바로 그것이었다.

자신의 이름이 브랜드가 되는 것은 부담이 클 것 같다. 이광희라는 브랜드는 이광희라는 사람의 확장판인가? 두 객체의 차이점은 무엇인가?

이광희(이하 '이') 이광희라는 브랜드와 내가 일치한다고 생각하진 않는다. 브랜드로서의 이광희는 계속 젊어지려, 새로워지려 노력하고 있다. 반면에 사람으로서의 이광희는 더욱 성숙해지고 연륜이 생겨야 한다고 생각한다. 나와 브랜드 모두가 '거듭난다'는 관점에서는 같은 것 같다. 그렇지만 브랜드로서의 이광희는 나를 비롯하여 많은 사람들에게서 나온 요소들이 어우러진 결과물이기 때문에 완벽하게 같지는 않다.

항상 '거듭난다'는 것 외에 당신과 브랜드는 또 무엇이 닮았나?
이 내가 말한 '거듭남'은 일관성 없이 항상 변화만 있다는 것과는 다르다. 뭔가 한 가지를 꾸준히 하고, '내가 누구인가'를 찾고 있다는 것이 또 다른 공통점이다. 나는 브랜드를 특별히 공부한 적이 없다. 하지만 브랜드도 사람처럼 내면의 뿌리가 중요한 것이라는 생각이 든다. 어떤 사람이 '누구답다'라는 말을 했을 때, 그것은 그 사람의 정체성에 가까운 것이다. 이것을 꾸준히 가꾼다는 것은 브랜드나 나 자신이나 진짜 어려운 싸움 같다.

그렇다면 '이광희답다'는 것, 곧 인간 이광희의 정체성과 브랜드 이광희의 정체성은 각각 무엇이라고 생각하나?
이 인간 이광희에 대해서는 어떻게 스스로 말할 수 있겠나. 다만 브랜드 이광희는 한마디로 '정성'이자 '격'이다. 내 자식 같은 생명체이고, 내 업이기 때문에 나의 생각이 많이 반영된 것은 사실이다. 나는 항상 어머니로부터 "혼을 박아 일하라"는 이야기를 들어 왔다. 내가 옷 한 벌마다 잘 되고 못 되고를 '정성'으로 판단하는 것도 그 때문이다. 고객은 정말 브랜드의 피땀을 요구하는 존재다. 내가 내 혼과 정성이 들어가지 않았다고 생각되는 옷은 고객도 곧바로 알아챈다.

브랜드 이광희는 어떤 면에서 인간 이광희의 노력의 산물이자 확장이다. 할리데이비슨이나 부즈, 마코스 아다마스, 휴넷 등 이번 특집에서 만난 많은 브랜드의 리더들이 자신의 브랜드를 '자식'에 비유한 것은 아이를 낳고 기르는 것만큼이나 리더의 에너지와 열정이 브랜드에 녹아 있기 때문일 것이다. 하지만 정말 브랜드가 리더만을 위한, 리더의 개인적인 애정으로 점철된, 리더 자신의 확장판이기만 하다면 영속하는 브랜드, 그리고 브랜드십은 정말 이론에 그치는 게 아닐까?

"고객은 정말 브랜드의 피땀을 요구하는 존재다. 내가 내 혼과 정성이 들어가지 않았다고 생각되는 옷은 고객도 곧바로 알아챈다."

passion beyond fashion

브랜드의 존재 목적을 탐구하기 위해서는 그 브랜드가 걸어온 길을 살펴보아야 한다. 이광희 대표는 자신의 이름으로 브랜드를 이끌어 온 지난 25년을 이야기하며 스크랩북 하나를 펼쳤다. 스크랩북에는 그간 인간 이광희, 디자이너 이광희, 브랜드 이광희를 자랑스럽게 한 몇 가지 사실에 대한 기사와 사설, 캠페인 등의 자료들이 있었다.

이 1985년에 처음 일을 시작할 때만 해도, 패션 디자이너란 직업은 인정받지 못했다. 디자이너란 이미지가 한국에서는 많이 왜곡되어 있었다. 술을 마시고 담배를 피우며, 화장을 짙게 하고 제멋대로인 철부지 같은 느낌으로 말이다. 당시가 얼마나 어려운 시절이었나. 패션 디자이너는 그야말로 사치를 조장하는 사람이 돼 버린 것이다. 그때부터 패션에 대한 인식을 고치고 싶었던 것 같다. 내 이름 자체가 중요했다기보다는 패션도 절대적인 생활 문화라는 것을 보여 주고 싶었다. 매년 정기적인 컬렉션을 해야겠다고 생각한 것도 그 이유였다.

1980년 대만 해도 우리나라에서 정기적인 컬렉션을 여는 디자이너는 없었다. 단발적인 패션쇼들은 존재했지만 매년 컬렉션을 열기에는 여건상 너무 많은 부담이 따랐다. 그러나 이 대표는 그것이 자신의 '책임'이라고 느꼈다. 그래서 처음 쇼를 시작한 이후 정기 컬렉션을 한 해도 거르지 않았다. 1990년대 들어 패션쇼가 사회적으로 과소비를 조장한다며 단속을 받을 정도였지만 세무서를 찾아가 자진 신고도 하고 설득도 하면서 패션에 대한 인식을 바꾸고자 노력했다. 이광희라는 브랜드는 런칭하고 얼마 되지 않아 꽤 일찍 백화점에 입점했다. 그래서 매장 직원들을 관리하는 업무만도 버거웠지만 패션에 대한 인식 전환이라는 책임만큼은 절대 남에게 미룰 수 없는 일 같았다고 한다. '패션은 생활 문화의 한 부분으로서 주변을 아름답게 가꾸고, 나아가 사회를 아름답게 가꿀 수 있는 분야라는 메시지를 이광희의 모든 일에 심고 싶었다는 이 대표는, 패션쇼와 컬렉션에 올라가는 의상뿐만 아니라 쇼에 쓰이는 소품 같은 디테일까지도 밤을 새워 준비했다. 1986년 처음 신라호텔에서 연 컬렉션에는 '생활 문화'를 강조하기 위해 테이블 세팅을 위한 테이블보, 센터피스, 냅킨에 이르기까지 모두 직접 만들었다. 이 대표는 이렇게 쇼를 준비하고 당시 대형 가수들의 디너쇼보다 더 비싼 패션쇼 티켓을 팔았지만 수익을 위해서 한 것은 아니었다고 한다. 기자들에게도 표를 그냥 주는 법이 없었는데 이유는 단 한 가지, 쇼가 옷을 알리고 팔기 위한 것이 아니라 돈을 주고 즐길 수 있는 문화 행사라는 사실을 인식시키고 싶었기 때문이다. 그때도 지금처럼 열정의 근원은 자신의 이름과 브랜드라기보단 이를 초월한 책임감이었다.

처음 연 패션쇼 이야기를 듣고 싶다. 왜 그렇게 많은 어려움이 있었는데도 고집스럽게 일을 했나?

이 처음에 패션쇼 티켓 가격을 보더니 쇼 연출하시는 분이 펄쩍 뛰며 이러면 안 된다고, 못 한다고 말렸다. 그렇지만 그렇게 해야 패션에 대한 인식이 바뀐다고 생각했기 때문에 계속 고집했다. 당시로서는 획기적으로 패션쇼에서 유명 사진작가가 찍은 사진으로 영상을 만들고, 음악도 의뢰해 직접 제작하고, 꽃꽂이도 직접 해서 단순히 옷만 보여 주는 행사를 피했다. 그리고 패션 분야와는 전혀 상관없고, 그래서 패션에 대한 부정적인 인식을 가진 당대 유명 작가나 사회 인사들을 쇼에 초청했다. 그 분들이 먼저 우리 쇼를 보고 생각이 바뀌면 사회적 인식을 전환하는 데 도움이 될 것이라 생각했기 때문이다. 섭외조차 어려운 분들이었지만 발품을 팔며 초청하려 노력했던 것은 '패션은 문화라는 인식이 필요함을 느꼈기 때문이다.

'옷 이상의 것'에 관심이 더 많은 것 같다. 어떻게 옷을 예쁘게 만들까, 어떻게 하면 더 비즈니스를 키울까 고민했다는 말은 이제까지 한마디도 안 했다.

이 일을 처음 시작할 때는 어렸지만 줄곧 내가 존재하는 의미, 이광희라는 브랜드가 존재하는 의미가 중요했다. 그걸 생각하다 보니 행사를 통해서도 뭔가 새로운 제안을 하고 변화를 주는 것에 관심이 많아졌다. 아름다움을 예민하게 느끼는 사람으로서의 책임감도 있다. 사회가 어둡다는 말이 많던 시대에 나와 내 브랜드가 할 수 있는 일을 찾았다.

단순히 브랜드에 대한 책임감이 아니라 패션이라는 분야에 대한 초월적 책임감을 느껴왔던 브랜드 이광희는 패션에 대한 사람들의 인식을 바꾸기 위해 과거부터 현재까지 지속적으로 새롭고 다양한 시도를 해오고 있다. 이 대표에게 있어 패션쇼는 옷을 팔기 위한 '쇼'가 아니라 패션이 생활 문화의 한 부분임을 보여주는 '상징적 행위'였다.

브랜드 자체에 대한 책임감도 당연히 이 대표에게 존재한다. 브랜드에 대해서는 '책임감'이라는 단어로는 부족한 특별함을 느낀다는 그녀는 이 책임감이 직접 낳은 아이에게 갖는 마음과 같다고 했다. 조직이나 비즈니스에 대한 책임감을 이야기하자면, 어렵고 힘든 일들이 더 많았다는 이 대표. 그래도 일을 계속할 수 있었던 것은 나로 인해 패션의 '의미'가 바뀌고, 사람들의 패션에 대한 시선과 생각이 바뀌고, 그래서 세상을 조금이나마 변화시킬 수 있다는 책임감 때문이었다. 그 책임감이 패션passion이 된 것이다.

beyond pain, 통증은 악영향일 때만 온다

스스로 선택한 의무를 '열정'적으로 다했다는 그녀는, 그리스도의 고난에서 시작된 passion이란 단어를 짚어냈다. 단어의 어원(그리스어 pathos, 라틴어 passio가 어원, 영어로는 '열정'이나 '고통을 받다'라는 뜻을 내포)처럼, 열정에는 필연적으로 고통이 따른다는 것이다.

이 물론 어떤 리더에게나 어려운 점이 있다. 20대에 처음 백화점에 내 브랜드를 입점시킬 때 모 백화점 사장님이 내게 "어린 나이에 이렇게까지 일하는 게 힘들지 않냐"고 물었다. 철이 없던 때였는데도 "나는 어렵게 일하고 싶다"고 대답했던 기억이 난다. 성경에도 '좁은 길로 가라'는 말이 있지 않나. 열정에는 당연히 이런 어려움이 수반된다.
그래도 나는 25년 동안 무엇이 가장 힘들었냐는 질문에는 쉽게 답을 할 수가 없다. 뭐라고 설명해야 할지 모르겠지만 어렵고 힘들던 감정이 일반적인 '고통'이나 '부담감'만은 아닌 것은 확실하기 때문이다. 사명감 같은 책임감을 따를 때 느끼는 어려움은 내게 너무 당연한 것이다.

인터뷰를 진행하면서 브랜드적인 관점에서 이 대표가 고통스럽다고 생각하는 정도가 남과 다른 게 아닐까 하는 생각이 들었다. 리더라면 누구나 느끼는 어려움이 고통은 아니라고 말을 이어 갔기 때문이다. 마치 신체에서 통증을 느끼는 감각인 통각에 미세한 개인차가 있는 것처럼 말이다. 신체가 '아프다' '고통스럽다'고 느끼는 것은 자극이 일정 정도를 지나쳐 신체에 유해하다고 판단될 경우라고 한다. 그런데 이 대표가 느끼는 책임감은 자신에게 유해하거나, 브랜드에 유해하다고 판단하지 않아서일까. 이 책임감은 그녀를 고통스럽게 만들지 않았다.

리더가 조직을 꾸려 나가고, 자신의 사업을 유지해야 한다는 책임감에는 심심치 않게 바이러스가 생긴다. 수치로 보이는 결과와 유한한 시간 내에 성과를 내야 한다는 조급함이 스트레스나 부담감으로 작용하는 것이다(p38, '초월적 책임감' 참고). 그러나 브랜드를 초월해 패션 분야에 대한 책임감, 또 더 나아가 사회의 일부로서 갖는 책임감은 묵묵히 자신의 일을 하고,

> "나로 인해 패션의 '의미'가 바뀌고, 사람들의 패션에 대한 시선과 생각이 바뀌고, 그래서 세상을 조금이나마 변화시킬 수 있다는 책임감 때문이었다."

나로 인한 작은 변화가 큰 기쁨을 주기에 이 대표에게 오히려 유익한 것으로 작용했다. passion이라는 단어의 의미처럼 '고통을 받다'가 '열정적으로 일하다'로 변화한 것이다. '가치가 있는 것이 더 손이 많이 가는 법'이라는 이 대표의 말처럼 말이다.

이 집 앞 화단에 화초를 가꾸면서 깨달은 것이 있다. 잠깐 출장을 다녀온 사이에 신경을 못 썼더니 잡초는 잘만 자라는데, 꽃은 곧 시들어 버렸다. 이처럼 소중한 것은 가치가 없는 것보다 손이 많이 가는 법이다. 가치가 없는 것은 사람 손길이 없어도 잘 자라지만 정말 가치 있는 것은 언제나 많은 관심과 노력이 필요하다.

초월적 책임감의 전이라는 과제

이광희라는 브랜드는 더 이상 인간 이광희만의 몫이 아니었다. 이 대표는 브랜드를 넘어선 초월적 책임감을 토대로 일했고, 그것이 브랜드를 '리더의 확장판', 그 이상의 것으로 만드는 데 큰 몫을 했다. 이제 이 대표와는 가족같이 지내온 직원들에게 어떻게 초월적 책임감을 덧입혀, 브랜드 '이광희'를 영속하게 할 것인지가 과제로 남아 있다. 브랜드의 시작부터 이름까지, 특별히 브랜드가 리더 개인과 연관점이 많은 만큼, 진정한 페어런트십(p42 참고)을 가지고 브랜드가 이 대표 없이도 자립할 수 있게 하는 것이 브랜드 '이광희'가 영속하는 방법일 것이다.

미하이 칙센트미하이는 《몰입의 경영》에서 리더가 직원들이 일을 통해 '자신의 유한한 육체의 틀에서 자유롭게 벗어나 좀 더 '의미 있는 실체'와 연결되도록 하면 직원들에게 힘과 활력을 줄 수 있을 것이라고 말했다. 그리고 직원들이 자연스럽게 그 기업의 구성원이 되는 것에 매력을 느낀다는

브랜드 이광희의 초월적 책임감

이제 고객들과 함께 하게 된 크리스마스 컬렉션

"크리스마스 컬렉션을 시작하던 해는 '사회가 너무 어둡다'는 이야기를 많이 할 때였다. 그 때도 내가 뭔가 할 수 있는 일이 없을까를 막연하게 생각했었다. 그러다가 남녀노소를 불문하고 모두가 좋아하고 가장 행복할 때는 크리스마스라는 생각이 들어 크리스마스를 더 아름답게, 즐겁고 남을 도울 수 있는 행복한 시간이 될 수 있게 크리스마스 컬렉션을 시작한 것이다."

크리스마스 컬렉션은 이광희 부띠끄가 크리스마스 테이블이나 꽃장식, 트리, 리스 등을 준비해 크리스마스 시즌에 맞춰 전시하는 행사다. 이 전시를 통해 마련되는 수익금은 모두 불우이웃을 돕는 데 사용되어 결국 수익적으로는 남는 것이 없는 행사지만, 과거 이 대표와 직원들은 전시 전 한달 남짓한 시간의 대부분을 이 컬렉션을 준비하는 데 사용했다. 컬렉션은 손이 많이 가는 일이기도 하고 어려운 점이 많아서 도중에 포기하고 싶은 마음이 들 정도였지만 컬렉션이 시작되고 나면 무엇보다 뿌듯한 일이었다고 한다.

이 컬렉션이 의미 있는 이유는 브랜드 차원에서 좋은 일을 하려고 시작했던 일이 이제는 '봉사회'가 조직되는 등 고객이 참여하는 선까지 확대되었기 때문이다. 컬렉션을 눈여겨 보던 고객들 중 몇 명이 매주 한 번씩 모여 이 대표에게 크리스마스 테이블 꾸미기나 장식 만들기를 배우고, 결국 그것으로 컬렉션까지 열게 된 것이다. 전시를 하고 판매해서 생긴 수익금이 좋은 데 쓰이기 때문에 단순히 강습을 위한 것이 아니라 봉사를 위해 모인 고객들이다.

사단법인 희망고(희망의 망고나무)

사단법인 '희망고'의 대표. 이 대표의 또 다른 수식어다. '희망의 망고나무'를 줄여 만든 희망고라는 브랜드는 아프리카 수단 사람들을 돕기 위한 목적으로 만들어졌다. 작년 3월경에 이곳에 봉사 활동을 갔던 이 대표는 식량이 부족한 그곳에 꼭 필요한 것이 망고나무라는 것을 알게 되었다. 식량과 먹을 물이 부족한 수단에서 망고는 큰 힘을 들이지 않고 키울 수 있고, 일 년에 두 번 열매를 맺어 이곳 사람들의 주린 배도 채워줄 수 있었기 때문이다. 망고나무가 열매를 맺기까지는 약 5~7년이 걸리기에 빨리 시작하는 게 좋겠다고 생각한 이 대표는 한국에 돌아와 사단법인을 만들었다. 한 그루에 15달러나 하는 묘목 값을 수단 사람들이 감당하기 어렵기 때문이다(수단 사람들의 90%는 하루 1달러 미만으로 살고 있다). 그래서 이 대표는 희망고의 이름으로 패션쇼를 열거나 전시를 하며, 판매수익과 기부금으로 이들을 돕고 있다. 작년 11월 서울 그랜드하얏트호텔에서 열렸던 '레전드 오브 더 망고 Legend of the Mango' 패션쇼나 최근 홍익대 섬유미술 패션디자인과 학생들과 함께 티셔츠를 제작해 전시한 '희망고 展'이 그 구체적인 예다.

이 대표의 이런 행보 때문일까. 이 대표가 이토록 패션 이외의 다른 일로 바쁜데도 고객들은 '혹시 내가 입는 옷의 디자인이나 질이 떨어지지 않을까'를 걱정하기는커녕 오히려 함께 이 일에 참여하는 등 이 대표를 독려하고 있다고 한다. 또한 '(브랜드)이광희를 입는 것은 격을 입는 것'이라고 말하기도 한다. 초월적 책임감에서 비롯된 모든 일이 결국 고객이 느끼는 브랜드의 격을 높이는 데 일조하게 된 것이다.

것이다. 이렇듯 리더의 초월적 책임감은 '의미 있는 실체'로서 직원들에게 작용할 수 있다.

브랜드십이 중요한 이유는 브랜드가 리더에게 기대어 자립하지 못할 경우, 유한한 한 개인의 수명과 함께 사라질 가능성이 크기 때문이다. 물론 일반적으로 많은 리더들이 이를 대비하여 후계자를 정하고 개인적인 교육을 한다(특히 이런 교육은 가업처럼 내려오는 브랜드나 기업에서 주로 사용된다). 이를 보통 승계 계획 succession plan을 수립한다고 하는데, 요즘은 리더의 후계자뿐만 아니라 기업과 조직에서 직원들이 언제든지 상급 관리자를 대체할 수 있도록 훈련시키는 것도 포함한다. 그런데 문제는 이런 승계 계획이 보통 직원들의 이직이나 이탈로 인한 업무 공백을 없애기 위한 '직무 승계' 프로그램일 뿐 브랜드의 철학이나 가치 유지를 위한 교육은 진행되지 않고 있다는 점이다.

리더가 가진 초월적 책임감이 '교육'되기 어려운 암묵지 暗默知라는 것은 명백하다. 브랜드십을 갖기 위해 직원 모두에게 초월적 책임감을 심어 주는 것은 리더에게는 상당히 어려운 일일 것이다. 직원들이 초월적 책임감을 가지려면 이 책임 역시 리더 자신처럼 누군가에서 '부여받는 것'이 아니라, 자신이 '스스로 느끼고 선택해야' 하기 때문이다. 그래야 직원들도 그 책임감을 고통 passion이 아닌 열정 passion으로 느낄 것이고, 그 무게감도 100kg이 아니라 0kg에 가깝게 느낄 것이다.

지난 25년간 이광희라는 브랜드는 리더 자신뿐만 아니라 자신의 분야에서도 의미 있는 일을 통해 성장해 왔다. 이제 다음 25년, 브랜드 반 세기를 준비하면서 자신 없이도 영속하는 브랜드가 되도록 이 대표는 자신이, 그리고 브랜드가 브랜드십을 가지는 것을 남은 과제로 생각하고 있다.

이 나와 함께 지금까지 20년을 일한 직원도 있다. 물어 보진 않았지만 적어도 내가 '옷' 이외의 일을 하는 것을 가치 있다고 생각하기 때문에 긴 시간을 함께한 것 같다. 모두가 같은 생각으로 일하면 좋겠지만 그것이 내가 강요한다고 되는 문제는 아니다. 다만 나와 함께 일하면서 같이 느끼면 좋겠다. 내가 없어도 이런 생각을 가진 브랜드가 계속 이어지도록 하나씩 준비하는 것이 내게 남은 과제다.

프랑스의 시인이자 우화 작가인 장 드 라 퐁텐 Jean De La Fontaine은 "현자賢者는 갑자기 사망하는 법이 없다"고 말한다. 왜냐하면 그들은 늘 준비되어 있기 때문이다(Death never takes the wise man by surprise, he is always ready to go). 그 말을 브랜드십을 갖기 위해 준비하는 리더에게 인용해 보면 어떨까? 이렇게 말이다.

"브랜드의 영속을 원하는 현명한 리더는 (브랜드를 두고) 갑자기 떠나는 법이 없다. 왜냐하면 그들은 늘 준비하고 있기 때문이다." UB

BrandShip Keywords Summary

브랜드 정언명령	■ 어머니로부터 '혼을 박아 일하라'는 소명을 이어받은 이 대표는 사람들에게 그냥 '옷'이 아니라 '혼을 박은 옷' '우리의 피땀이 들어간 옷'을 제공하고, 나아가 사회가 더 나아지는 데 도움이 되는 브랜드가 되는 것을 존재목적으로 삼는다. ■ 그래서 이 대표는 소명에 따라 최근 '희망고'와 같은 사업에 브랜드 '이광희'를 참여시켜 패션뿐만 아니라 더 나은 사회를 만드는 데 일조하고 있다.
초월적 책임감	■ 이 대표는 자신으로 인해 '패션의 의미'가 바뀌고, 과거 사람들이 가지고 있던 패션에 대한 부정적인 시선과 생각이 바뀐다면 어려운 일이라도 즐겁게 일할 수 있다고 생각한다. ■ 정기 컬렉션을 열고, 옷뿐만 아니라 테이블 세팅, 꽃꽂이 등 작은 부분까지 직접 제작한 것은 패션쇼가 사치가 아닌 문화 행사라는 사실을 사람들이 알게 하기 위해서였다.

이광희 이화여자대학교 법정대학 비서학과를 졸업하고 국제 패션연구원을 수료했다. 1985년 파리 프레타포르테 참가, 1993년 대전 엑스포 공식 초청 패션쇼를 개최한 바 있으며 1993년 아시아 패션진흥협회 선정 '올해의 아시아 디자이너상'과 1999년 '신지식인상', 2000년 제2회 '대한민국 디자인 대상 부문 산업포장 대통령상'을 수상한 바 있다. 현재 리패션시스템 대표이사와 사단법인 '희망의 망고나무 심어주기'의 대표이사를 겸하고 있다.

HUNET

브랜드 정언명령의 예습, 브랜드십의 배움, 리더십의 과제
브랜드십을 위한 365학점, 휴넷

The interview with ㈜휴넷 대표 조영탁

온라인 MBA 과정 매출만으로도 200억 원 이상을 달성하는 회사, 국내 기업이 평균 –11%인 NPS(Net Promoter Score, 순추천고객지수)가 76%에 달하는 회사, 가입 회원 30만 명에 VIP 멤버십이 3만 명에 달하는 회사. 이제 11주년이 된 교육 회사 휴넷을 수식하는 문장은 이렇게 '화려할 수' 있다. 경영학 전공자에, 대기업 실무 경험이 있으며, 동시에 공인회계사이기도 한 조영탁 대표는 그러나, 첫 질답에서 "휴넷은 오로지 '행복'을 위해서 경영된다"고 말문을 연다. 행복, 이 얼마나 간단한 단어인가. 조 대표는 행복의 다른 말은 '선'이며 '영혼의 탁월성이나 미덕으로 행하는 작용'이라는 아리스토텔레스의 정의를 경영에 가져와 실천하고 싶은 듯했다. 그래서 휴넷을 수식하는 문장은 '행복한 성공 파트너' '고객이 행복한 삶을 개척하도록 돕는 회사'가 더 어울린다고 주장한다. 이제는 흔해져서 차별화도 어렵고, 경영의 목적으로는 너무 순진해 보이는 듯한 그 단어를 (말뿐만이 아니라) 휴넷의 리더처럼 믿도록 설득하며 '휴넷WAY'에 따라 직원들이 일하도록 독려하고 있는 그를 만나, 휴넷의 브랜드십에 대해 들어 보았다.

휴넷 헌법의 첫 페이지

매일 아침 이메일로 직장인들에게 배달되는 에세이가 있다. 2003년 10월부터 시작된 이 이메일은 책이나 여러 컬럼에서 직장인에게 도움이 될 만한 명언들을 간추린 내용에 짧은 메시지가 더해진 형태다. 간소하다고는 하나, 이미 '조영탁의 행복한 경영이야기'를 메일로 받아 보는 직장인이 무려 130만 명이다.

이 이메일에는 어떤 특별한 것이 숨어 있기에 직장인들이 기꺼이 매일 아침 열어 보는 것일까? 물론 매일 다른 명언을 마음에 새기고 싶다거나, 조영탁 대표의 생각에서 아이디어를 얻고 싶다거나, 혹은 무료로 받아 볼 수 있기 때문이라는 등 저마다 이유는 다르겠지만 모두 공통적으로 느끼는 점은 있을 듯하다. 바로 매일 아침 6시 30분에 출근해 책을 읽고 에세이를 써서 보내 주는 조 대표의 부지런함 없이는 8년여 세월 동안 이 이메일을 계속 받을 수 없었을 거라는 놀라움과, 유료로 사업 확장에 사용할 수도 있었던 컨텐츠를 무료로, 그것도 매일 보내는 것은 일종의 사명감 없이는 어려웠을 것이라는 감동 말이다. 어쩌면 130만 명의 직장인은 다른 게 아니라 조 대표의 성실함과 사명감을 매일 수신하고 있는 것인지도 모른다.

'조영탁의 행복한 경영이야기'로 대표 자신이 하나의 브랜드가 되어 가고 있는 것과는 상관없이, 조 대표가 운영하는 휴넷은 그와 같은 사명감으로 시작되었지만 또 다른 브랜드로 성장하고 있다. 온라인 교육 e-learning 전문 기업인 휴넷은 지난해 창립 10주년을 맞으면서 *휴넷WAY(휴넷이 일하는 기준과 방식을 정리해 놓은 것)를 다시 한 번 정립했다고 한다. 지난 세월 휴넷이 가진 사명과 직원들이 일하는 기준에는 큰 변화가 없었지만 특별한 해를 맞아 이를 헌법처럼 새기고 정리함으로써 조직의 주위를 환기하고 안정감을 주기 위해서다. 미국의 독립선언서 기초위원이자 3대 대통령이기도 한 토머스 제퍼슨도 "미국이 독특한 안정감을 가지게 된 것은 성문화된 헌법이 있기 때문"이라고 말하지 않았던가. 한 나라의 헌법처럼 브랜드 철학과 일하는 방법을 사명선언서 등으로 성문화하는 일은 그래서 중요하다.

조영탁(이하 '조') 일을 하면서 지킬 정신이나 준수사항 등을 정리한 것이 휴넷WAY다. 이 안에는 기본적으로 우리의 사명과 비전, 핵심 가치, 인재상까지 포함되어 있는데 역시 최우선은 휴넷과 관계된 모든 이들의 '행복'과 '성공'이다. 행복은 이제 너무 흔한 단어가 되어 버렸고 성공이라는 단어는 우리나라에서 조금 곡해된 경향이 있다. 본래 성공은 단순히 돈을 많이 버는 일이라기보다는 사회를 가치 있게 만드는 일이라 할 수 있다. 그리고 이를 통해서 사람들은 행복해진다. 그렇기에 사람들이 행복해 지는 성공을 돕는 것이 휴넷이 하는 일이다.

그런데 왜 꼭 '성공'과 '행복' 같은 흔한 단어여야 하는가? '브랜딩'이나 '마케팅' '광고'라는 단어가 익숙한 젊은 세대는 가끔, 제아무리 독특하고 세련된 컨셉으로 커뮤니케이션하는 브랜드나 기업이라 하더라도 궁극적으로 그들이 달성하고자 하는 비전이나 존재 목적이 '건강'이나 '국위선양' '행복' 같은 단어로 귀결되는 것을 지루해하곤 한다. 그러나 우리는 브랜드가 항상 젊고 독특하게 커뮤니케이션하는 것과 브랜드의 존재 목적을 분리하여 생각할 필요가 있다. 브랜드의 존재 목적에 이상적인 단어의 명시가 많은 이유는 이것이 기업이 속한 사회에서 인간이 필요로 하는 '가치'에 부합해야 하기 때문이다. 피터 드러커를 비롯한 많은 경영의 구루들이 기업의 목적이 가치가 되어야 한다고 말하는 이유도 이와 동일하다.

그리고 무엇보다 이 가치를 느끼는 사람은 고객이다. 휴넷이 이런 단어를 브랜드 중심에 명시한 이유 중 하나도 고객의 소리를 들었기 때문이다.

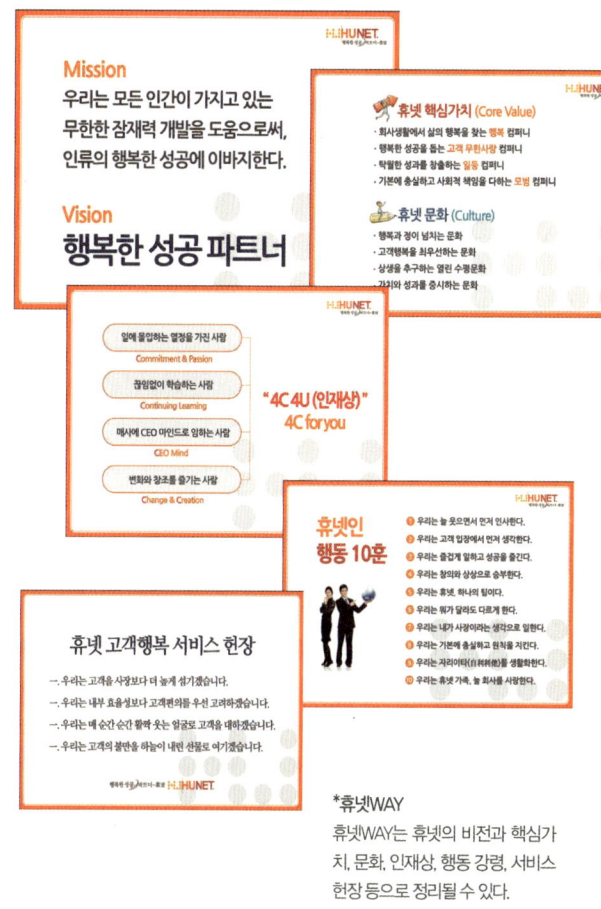

*휴넷WAY
휴넷WAY는 휴넷의 비전과 핵심가치, 문화, 인재상, 행동 강령, 서비스 헌장 등으로 정리될 수 있다.

브랜드십 1학점, 소명 확인하기

휴넷은 경영 지식을 주요 컨텐츠로 하는 교육 기업이다. 그 중 눈에 띄는 컨텐츠가 바로 '휴넷 MBA' 과정이다. 2003년 3월, 비즈니스 일선에 있는 직장인과 경영인을 위한 온라인 MBA 과정을 개발하여 선보였는데 현재까지 수료생이 만 명이 넘는다고 한다. 매우 활발한 편이라는 유명 대학의 온라인 MBA 과정의 수료자가 2,000여명인 것을 감안하면 놀라운 숫자다. 실제로 유학이나 대학을 다니면서 공부하는 것보다 적은 금액으로 공부할 수 있다는 점 외에도 휴넷은 온라인 교육의 단점, 즉 인맥을 형성할 수 없다는 점을 보완해 오프라인에서 함께 공부하는 사람들을 서로 만나게 해주는 것이 큰 장점이다.

그런데 고객 수보다 놀라운 것은 이 고객들의 반응이다. 일반적으로 나타나는 '커리큘럼이 좋다' '내용이 좋다'는 반응이라면 크게 놀라울 것이 없다. 하지만 작년 8월에 조 대표에게 25기 MBA 수강자 일동이 전달했다는 감사패를 보면 고객의 반응이 일반적이지 않다는 사실을 알 수 있다. 바로 MBA 동문들 사이에서 '총장님'이라고 불린다는 조 대표에게 '학생(고객)'들이 만장일치로 의견을 모아 감사패를 전달한 것이다. 매번 수료식에서 학생들에게 수료증을 주기만 한 조 대표가 이번엔 감사패를 받게 되었다. 자신들에게 '배움의 터전'을 만들어 준 것에 대한 감사의 뜻이었다. 달리 말하면 휴넷과 고객 사이에는 '고객이 낸 비용에 대한 값어치 있는 컨텐츠의 제공'과 같은 거래가 일어났다기보다는 학교에서의 스승과 제자 사이라고 할 법한 관계가 형성되고 있었다.

〈그림 1〉 감사패 전달에 대한 휴넷 MBA 수료자들의 반응

본래 '교육'이라는 분야에 종사하는 사람들이 갖는 '소명calling'은 다른 분야에 비해 남다른 경우가 많다고 한다. 우리가 제자로서 특별한 가르침(지식과 지혜)을 얻은 스승에게 느끼는 뭉클함과 애틋함, 존경을 생각해 보면 이해가 될 것이다. 이런 가르침은 특별한 소명과 헌신 없이는 나오지 않는다. 그런데 만약 휴넷이 온라인으로 교육 컨텐츠를 제공하는 일을 '업'이 아니라 '비즈니스'로만 생각했다면 어땠을까? 매출이나 경영 면에서는 남달랐을지 모르겠지만 고객들에게서 이런 반응을 이끌어 내기는 어려웠을 것이다.

MBA 과정에서 휴넷의 고객들이 이런 반응을 통해 휴넷이라는 브랜드에 준 영향은 200억을 상회하는 매출보다 더 크고 값진 것이다. 바로 이들의 피드백이 휴넷이 '행복'이라는 단어를 그들이 추구할 것으로 과감하게 선택할 수 있도록 해준 것이다. 하버드 비즈니스리뷰의 전 편집책임이었던 조안 마그레타 박사는 《경영이란 무엇인가》에서 고객이 기업에 미치는 영향을 다음과 같이 언급한다. "쉽게 느낄 수 없는 것이지만 가장 확실하고도 중요한 포인트는 가치란 것이 한 회사가 하는 일에 의해서가 아니라 그 회사의 상품이나 서비스를 사는 고객에 의해서 정의된다는 점이다." 휴넷도 자신이 하는 일이 앞으로 무엇을 위한 일이 되어야 할지 고객의 피드백을 통해 명확히 결정할 수 있었다.

조 우리가 행복한 성공이라는 키워드를 '과감하게' 선택한 것도 사실 고객들이 "휴넷 때문에 행복했고, 성공할 수 있었다"는 고마운 피드백을 해주었기 때문이다. 수강한 사람들이 "공부를 하다가 내 회사가 좋아졌다"거나 "내 인생이 행복하게 바뀌고 있다"는 글을 올려 주면 그것이 우리에게 가장 행복한 일이다. 처음에는 우리가 '행복'을 언급하는 게 너무 거창해 보이지는 않을까 했는데 고객의 피드백이 우리에게 용기를 주었다.

사실 기업의 사명을 창립자가 정하는지, 아니면 회사가 일정 수준 성장하고 난 뒤에 직원들과 고객의 의견을 수렴하여 결정하는지는 '닭이 먼저냐, 달걀이 먼저냐'와 같은 논제다. 많은 기업들이 창립자가 세운 뚜렷한 사명과 비전을 큰 변화가 없는 범위에서 조금씩 수정하거나 변화시켜 나가는 것은 이 두 가지 모두가 기업의 존립에 매우 중요하기 때문이다. 휴넷도 물론 조 대표의 소명의식이 기업의 방향성에 중요한 역할을 했다. 거기에 고객의 역할이 함께 어우러진 것이다.

조 소명이라는 단어를 중학교 때 직업의 의미에 대해 배우면서 처음 들었던 것 같다. 그런데 최근에 그 단어를 다시 생각하고 있다. 소명이 세워지는 바로 전 단계가 나는 무한한 잠재력의 발견이라고 생각한다. 《몰입》이라는 책을 쓴 황농문 교수의 이야기가 이렇다. 그는 고등학교 때부터 '나는 죽고 싶지 않은데 안 죽을 방법이 없나' 고민했다고 한다. 그러다가 답을 냈다더라. 안 죽을 수는 없다고(웃음). 그렇다면 죽음에 저항할 수 있는 가장 좋은 방법이 뭘까 고민했는데 그게 자신의 무한한 잠재력을 끝까지 발휘해 보고 죽는 것이었다고 한다. 그리고 그는 그간 아무도 풀지 못한 많은 과학적 난제들을 해결했다. 그것이 몰입하여 느끼는 '행복감'이었다고 하더라. 나는 그에게 크게 공감한다. 아인슈타인도 죽을 때까지 뇌의 5%밖에 못 썼다지 않나. 인간의 무한한 잠재력을 소명으로 전환해 이것을 죽을 때까지 다 쓰고 가도록 돕는 것이 어쩌면 나의 소명이라고 생각한다.

조 대표가 다른 사람의 소명을 찾아 주고 잠재력이 발휘되도록 돕는 일을 하겠다는 소명을 가지고 휴넷을 세웠다면, 행

"인간의 무한한 잠재력을 소명으로 전환해 이것을 죽을 때까지 다 쓰고 가도록 돕는 것이 어쩌면 나의 소명이라고 생각한다."

복을 위한 고객의 성공을 돕는 것은 고객의 반응을 토대로 세워진 휴넷의 존재 목적이 되었다.

브랜드십 2학점, 휴넷다운 조직 만들기

휴넷의 사무실 입구에 들어서면 '정년은 만 100세로 하고 정년에 도달한 월에 퇴직한다'라고 적힌 액자가 걸려있는 것을 볼 수 있다. 처음 그 액자를 보면 조금 난감하다. '사오정(45세가 정년)'이나 '오륙도(56세까지 직장을 다니겠다면 도둑놈)'라는 단어가 나도는 시대, 정년이 긴 회사라는 것을 보여 주기 위한 것일까? 그렇다고 해도 굳이 벽에 걸어 두어야 할 정도로 특별한 이유라도 있는 것일까?

'정년 100세'는 실제로 휴넷 취업 규칙 제8장 55조에 명시되어 있다. 말뿐인 원칙이 아니라는 말이다. 이 원칙이 만들어지게 된 계기가 꽤 재미있다. 일반적으로 기업을 세울 때 노동부에 신고하는 여러 항목이 있는데 그중 정년을 기입하는 란이 있다. 평소 직원들을 '언제 퇴직시켜야겠다'고 생각한 적이 없던 조 대표는 고민에 빠졌다. 그리고 기업들이 일

반적으로 사용하는 정년제를 휴넷에 적용하기에는 몇 가지 문제점이 있다는 사실을 발견했다.

정년제가 시행되는 이유 중 하나는 인간의 생산성이 약 25세부터 지속적으로 높아지다가 60세 전에 급격히 떨어진다는 판단 때문이다. 그리고 또 하나는 시간이 흐를수록 생산성과 상관없이 높아지는 직원 임금의 부담 때문이다. 이 두 가지의 사고는 테일러리즘(Taylorism, 프레데릭 테일러가 고안한 과학적 경영 관리법)에 그 바탕을 두고 있다. 생산성과 비용은 테일러가 살던 시대에는 가치를 가늠하는 기준이기도 했다. 그러나 소위 지식 창조 사회라고 하는 21세기, 특히 교육을 위한 컨텐츠를 제공하고 이를 통해 고객의 성공을 돕고자 하는 휴넷에서도 이것이 맞는 생각일까? 조 대표는 지혜와 노하우는 나이가 들수록 더 쌓이는 법이며, 휴넷에 맞는 임금피크제(워크 셰어링work sharing의 한 형태로 일정 나이가 되면 임금은 삭감되어도 직장이 보장되는 제도)가 있다면 100년까지 보장하는 것이 오히려 휴넷에 맞는 제도라고 생각했다. 인간의 삶은 이제 120년 이상 연장될 것으로 예상하고 있는데, 자신의 '업'으로 생각하고 일하는 직원들에게 60년은 너무 짧은 게 아닌가. 그래서 휴넷의 정년은 100세가 되었다.

그렇다면 100세까지 휴넷의 일부가 될 직원은 어떻게 성장시켜 줘야 할까? 휴넷은 '배움'을 주는 회사다. 그런 회사에서 '배움'이 없다면 휴넷답지 못하다. 그래서 직원이 매일 1학점씩 1년 내내 이수해야 하는 학습량이 총 365학점이다. 가끔 직원들이 '너무하다'는 볼멘소리를 할 때도 있지만 이것은 휴넷의 '양보할 수 없는' 철칙이라고 한다. 그래서 휴넷의 연간 도서 구입비는 2,000만 원에 달한다.

조 대인춘풍 지기추상持人春風 持己秋霜이라는 말이 있다. 남을 대할 때는 봄바람처럼 따뜻하게, 자신을 지킬 때는 가을 서리처럼 엄격해야 한다는 말이다. 개인적으로는 우리 브랜드나 내가 가야 할 길이 아직 굉장히 멀다고 생각하고, 채워야 할 것도 많다고 생각한다. 그래도 직원들에게 성장만 강요해서는 안 된다. 오히려 휴넷에서 일하는 데 대한 자긍심을 심어 주기 위해 노력해야 한다. 그래서 전체 직원들에게 나는 "여러분이 하는 일이 얼마나 가치 있고, 소중하며 자랑스러운 일인지 아느냐"는 말을 자주 한다. 물론 직원들 가운데는 사명감으로 일하는 사람도 있고 그렇지 않은 사람도 있을 것이다. 그래도 나는 모두에게 "일을 사랑하라"고 말한다. 예전에는 그게 혹시 노동 착취처럼 보일까, 괜히 고용자로서 닦달하는 것같이 느껴져 그런 말을 잘 못했는데, 요즘에는 서슴 없이 한다. 왜냐하면 나를 위해서가 아니라 직원을 위해서 그것이 최선이라는 사실을 알기에 스스로 떳떳하기 때문이다.

조 대표는 리더와 조직원, 브랜드는 서로 고리처럼 연결되어 상호작용을 하고 있다고 생각한다. 그렇기에 그가 '직원 최우선'을 내세우는 것도 어떻게 생각하면 당연한 일이다. 그런 관점으로 보면 직원의 행복과 성장이 담보되지 않으면 브랜드가 추구하는 행복과 성공이 이루어지지 않을 것이기 때

> 리더가 직원들을 브랜드의 존재 목적에 맞는 원칙을 토대로 배려하는 것은 단순히 직원 복지 차원을 넘어선다. 브랜드의 핵심가치가 자신에게 적용되는 직접적인 경험을 하지 않으면, 직원들이 자발적으로 이를 따르기 어렵기 때문이다.

문이다. 직원과 브랜드를 동일시하는 관점은 브랜드에서 가장 중요하게 여기는 것을 지키기 위한 '문화'를 만들겠다는 경영자의 생각과 일맥상통하는 면이 있다. 이런 문화는 직원들이 브랜드 영속을 위한 브랜드십을 갖기에 앞서 그들의 마음을 열어 주는 데 일조한다. 자신의 사명에서 비롯되었기 때문에, 혹은 특별한 책임을 짊어졌기 때문에 어떤 일을 하든 브랜드의 핵심가치를 염두하는 리더와는 달리 직원들은 브랜드와 조직에 감정이입을 하고 이에 걸맞는 의식을 갖기까지 브랜드가 추구하는 바를 피부로 느끼는 체험이 필요하다. 리더가 직원들을 브랜드의 존재 목적에 맞는 원칙을 토대로 배려하는 것은 단순히 직원 복지 차원을 넘어선다. 브랜드의 핵심가치가 자신에게 적용되는 직접적인 경험을 하지 않으면, 직원들이 자발적으로 이를 따르기 어렵기 때문이다. 따라서 직원들에게 핵심가치에 맞는 원칙을 적용하는 것은 매우 중요하다. 이와 흡사한 선례를 메리어트와 같은 브랜드에서도 찾아볼 수 있다(유니타스브랜드 Vol.14 p88 참고).

브랜드십 3학점, 휴넷으로 확장하기

'조영탁의 행복한 경영이야기'는 별개지만 휴넷 MBA, 휴넷 상상마루, 휴넷 가정 행복 발전소, 휴넷 팀장리더십스쿨, 휴넷 CEO포럼 등은 모두 '휴넷'이라는 큰 브랜드 아래 각기 브랜드로서 입지를 넓혀 가고 있는 하위 브랜드들이다. 이들은 모두 교육을 위한 것이지만 각기 그 성격과 내용은 다르다. 그런데 여기까지 읽다가 눈에 띄는 하위 브랜드가 하나 있을 것이다. '가정 행복 발전소'라니, 이것은 경영, 마케팅 등의 분야에 대해 체계적인 교육을 하고 있는 휴넷이라는 브랜드와 상관없는 일이 아닐까 하는 의심이 든다. 그런데 조 대표는 이에 대한 설명을 하며 버진그룹 이야기를 들려주었다. 바로 @브랜드 벤처 자본주의'를 예로 든 것이다.

휴넷은 버진의 브랜드 확장 모델인 브랜드 벤처 자본주의를 지향한다. 휴넷이라는 브랜드 파워를 통해 휴넷과 같은 사명과 철학을 지닌 작은 사업들을 키워 나가는 것을 목표로 하는 것이다. 여기서 중요한 것은 '같은 사명과 철학'이다. '경영과 마케팅 분야의 컨텐츠 제공'이 휴넷의 목표였다면 '행복한 아버지 학교'나 앞으로 생길 '행복한 어머니 학교' '행복한 자녀 교육' 같은 과정은 생각하지 않았을 것이다. 그러나 정말 휴넷의 존재 목적이 '행복'과 '성공'이라면 이것이 가장 필요한 곳은 가정이 아닐까?

조 대표는 앞으로 휴넷이 헤드헌팅 사업이든, 출판업이든, 심지어 결혼 정보회사도 할 수 있지만, 이것은 모두 '휴넷'이라는 브랜드의 깃발 아래 행복과 성공이라는 같은 목적을 가질 것이라고 말한다.

조 나는 이제껏 휴넷을 인간 조영탁과는 전혀 다른 DNA를 가진 생명체로 만들어 왔다고 생각한다. 브랜드를 내가 아닌 하나의 생명체라고 인식하고 있고, 그 생명체가 너무 소중하기 때문에 그 가치를 확장시켜 주기 위해서 또 다른 브랜드를 붙여 주려는 것이다. 거기다 고객들의 반응까지 좋으면 이 친구를 더 살려 줘야겠다는 생각이 계속 든다. 이 생명체가 같은 목적을 가진 새끼를 더 만들어 내고 확장된다면 우리가 주고자 하는 가치도 더 커지는 것이 아닐까.

버진과 같은 브랜드 벤처 캐피털 회사가 되기 위해서는 강력한 브랜드 파워가 먼저 갖추어져야 한다. 이것은 과연 어떻게 가능할까? 버진은 알다시피 독특한 문화를 공유하며 같은 기준으로 의사 결정을 하기로 유명하다. 이것이 가능하기 위해서는 끊임없는 커뮤니케이션이 필수다. 조 대표 또한 이를 인식하고 있었다.

조 리더들은 자나 깨나, 화장실에 가나, 골프를 치나, 걸어 다니나 늘 브랜드를 생각하기 때문에 직원들도 자신과 같을 것이라고 생각한다. 하지만 실제로 어떤 컨설팅 회사에서 조사해 보니 한 직원에게 같은 얘기를 일대일로 일곱 번을 이야기하면 겨우 '아, 우리 회사에 이런 게 있구나' 정도로 생각한다고 한다. 그만큼 리더는 다른 직원들에게 브랜드가 중요하게 생각하는 것들을 자주 일깨워 주어야 한다는 말이다. 내가 계속 반복해서 이야기하면 매우 싫어하리라는 것을 알지만 끝까지 이야기를 해 주는 것이 리더의 역할인 것 같다.

브랜드십 Final exam, 그리고 지속하기

지금까지 휴넷이라는 브랜드가 어떤 소명으로부터 시작되었고 이것이 어떻게 브랜드에 적용되어 성장했는지 살펴보았다. 휴넷이 지금의 모습으로 성장하기까지는 분명 조 대표가 가지고 있던 사명에 따른 원칙이 큰 역할을 했다.

고객의 성공을 통한 행복을 만드는 일을 하겠다는 브랜드 정언명령(p28 참고)에 따라 일을 하려면 '당연히' 도덕적으로 비즈니스를 해야 한다고 생각한다는 조 대표는 "비즈니스의 방법이 그렇지 못할 때는 차라리 회사를 정리하겠다"고 말하기도 한다. 따라서 휴넷은 자금이 부족해도 불법 소프트웨어는 사용하지 않고, 정도를 통해 나온 것이 아닌 매출은 포기한다거나 영업을 위한 접대를 하지 않는다는 것도 각각의 원칙으로 자리 잡았다. 이것을 지키지 못한다면 임원이라도

🔍 버진과 브랜드 벤처 자본주의

버진의 리처드 브랜슨은 최근 《비즈니스 발가벗기기 Business Stripped Bare》라는 책을 통해 버진그룹이 지향하는 브랜드 벤처 자본주의에 대해서 자세히 설명했다. 당신은 '버진'이라 하면 어떤 단어가 떠오르는가? '재미있는' '저지르는' '색다른' '괴짜 같은'이라는 단어들을 떠올렸다면 당신은 버진이란 브랜드에 대해서 꽤 정확하게 알고 있는 것이다. 리처드 브랜슨은 버진이라는 브랜드에 맞는 사업을 계속해서 만들고 싶었지만(정말 일을 '만들고 싶었다'는 표현이 맞다. '크기를 키우고 싶었다'가 아니다) 버진이 '크기에 발목 잡히는' 기업이 되기를 원치 않았다. 크기에 대해서라면 리처드 브랜슨은 경제학자 에른스트 슈마허 Ernest Schmacher의 '작은 것이 아름답다 Small is beautiful'는 명제에 매우 공감하고 있었으므로 버진은 다른 사업 구조를 생각하기로 했다. 미국의 주식투자 형태와 한국의 재벌 구조, 일본의 *게이레츠 모델이 여러 각도로 분석되었다. 그러나 자본만 제공하는 주식투자 형태는 버진의 문화에 맞지 않았고, 가족이 아닌 상황에서 한국의 재벌 구조는 버진에 그대로 적용하기 어려웠다. 게이레츠 모델이 마음에 들었지만 이 모델은 필연적으로 후원 기업에 대한 후원자의 간섭이 심했다. 버진의 잔소리가 늘어나는 것도 싫었던 리처드 브랜슨은 버진을 일종의 벤처 자본 기업 형태로 만들기로 했다. 버진은 브랜드 벤처 캐피털 회사로, 자신을 찾아오는 사람들의 아이디어를 보고 '버진'이라는 브랜드의 사용권과 경영 전략을 제공하기로 결정하고, 대신 그들의 주식을 받았다. 그들은 각자 경영을 하지만 버진이라는 강력한 브랜드 아래서 하나로 묶였다. "우리에게는 브랜드라는 깃발이 있었다"라고 말하는 리처드 브랜슨에게는 버진의 브랜드 파워에 대한 강한 자신감과 브랜드가 비즈니스를 이끄는 형태에 대한 만족감이 있었다.

*게이레츠 모델
일본의 기업 집단 형태. 독점적 지배권과 대주주가 있는 일반적인 재벌 경영을 자이바쯔라고 부르는 반면 게이레츠는 상호주식보유제도를 가지지만 실질적인 대주주가 없는 그룹 형태의 기업이다.

해고 사유가 되는 것은 물론이고 자신조차도 언제든지 회사를 그만둘 수 있다는 각오다.

그렇다 보니 직원들도 휴넷의 원칙에 따라 자연스럽게 일을 하고 있다. 일례로 영업이나 마케팅 담당자들은 실적에 대한 부담이 있더라도 윤리적이지 않은 것, 정당하지 않은 것을 요구할 때는 과감하게 실적을 포기한다. IT개발팀에 개발 요청이 들어왔을 때 조직 내 효율보다는 고객의 편의를 먼저 생각해서 개발 여부를 결정하는 것도 그렇다(휴넷WAY에는 '우리는 내부 효율성보다 고객 편의를 우선으로 고려한다'는 내용이 포함되어 있다). 이렇듯 휴넷의 원칙을 따른다는 것은 휴넷의 조직 내부에 브랜드십이 생겨나고 있다는 증거다. 하지만 이것만으로 영속하는 브랜드를 위한 리더의 고민이 끝이 날까?

"하지만 나는 《Built to Last》에서 언급하는 수준의 핵심가치를 우리 회사가 가지고 있고 전 사원이 내재화하고 있는지에 대해서는 자신이 없었다."

《CEO 안철수, 영혼이 있는 승부》에서 안철수 의장은 미국에서 《성공하는 기업의 8가지 습관Built to Last》의 공동저자 중 한 사람인 제리 포라스의 강의를 직접 듣던 날 느낀 부담감과 자괴감에 대해 이렇게 표현했다. 안 의장도 분명 안철수연구소의 정직과 성실을 중시하는 기업 문화를 지켜보았고, 1999년 말 컴퓨터 바이러스에 감염된 백신 프로그램을 제공하는 치명적인 실수를 했을 때 그 실수를 솔직하게 인정하는 등 핵심가치를 따르는 조직의 모습을 목도했다. 그러나 그런 증거를 앞에 두고도 안 의장은 불안함을 느꼈다고 고백한 것이다. 안 의장뿐만 아니라 대다수의 리더들이 이에 공감할 것이다. 비전, 철학, 우리 브랜드다움을 끊임없이 반복하고 설득했던 리더. 그래서 그 결과를 조직에서 조금씩 목격하고 있는 리더마저도 전 사원의 내재화에 대해서만큼은 100% 확신하기 어렵다. 그래서 리더에게는 항상 이 과제가 남아 있는 것일지도 모른다.

조 직원들이 현장에서 직접 지시하지 않아도 스스로 기준을 가지고 의사결정을 하는 것을 보면 보람을 느낀다. 10년 동안 나름대로 소중한 인생을 바쳐서 키워 온 브랜드가 비록 규모가 크지는 않더라도 나와 같은 생각과 가치로 똘똘 뭉친 직원들이 한 방향성을 가지고 일하고 있다고 생각하면 뭉클하다. 그래도 아직 부족한 것이 많다. 내게 남은 과제는 여전히, 내가 없더라도 끊임없이 성과를 창출하고 휴넷답게 일하는 조직을 만들어 놓고 떠나는 것이다. 그것이 내 리더십의 마지막 목표가 아닐까 한다.

> "그래도 아직 부족한 것이 많다. 내게 남은 과제는 여전히, 내가 없더라도 끊임없이 성과를 창출하고 휴넷답게 일하는 조직을 만들어 놓고 떠나는 것이다. 그것이 내 리더십의 마지막 목표가 아닐까 한다."

휴넷은 조 대표의 사명이 BI(Basic Identity)가 되어 만들어진 브랜드다. 휴넷뿐만 아니라 많은 브랜드가 창립자의 사명이나 목적을 근간으로 만들어지고 성장하게 된다. 리더의 사명은 그래서 브랜드를 키우는 배지(culture medium, 培地)다. 그러나 모든 생명체가 그러하듯 배지에서 어느 정도 성장하고 나면 그 배지를 벗어나서도 혼자서 영양분을 섭취하고 성장하여 열매를 맺을 수 있어야 한다. 배지가 없다고 더 성장하지 못하는 생명체는 결국 제 역할을 할 수 없다. 브랜드도 마찬가지다. 결국 휴넷이라는 브랜드가 영속하는 방법은 지금 싹을 틔우고 성장하는 브랜드십을 계속 문화로 전수하는 것이다. 이것은 리더 한 사람의 몫이 아니라 휴넷을 키우는 모든 사람들의 몫이다. UB

항상 마지막 순간을 가슴에 새긴 채 시작하라. _메이너드 웹 이베이 최고운영책임자_

BrandShip Keywords Summary

브랜드 정언명령	고객의 '행복한 성공'을 돕고 싶다는 조영탁 대표의 소명으로부터 시작한 휴넷은 '모든 인간이 가지고 있는 무한한 잠재력 개발을 도움으로써, 인류의 행복한 성공에 이바지한다'는 미션에 부합하는 원칙으로 고객과 직원, 비즈니스에 관련된 의사결정을 하고 있다.
초전도체	휴넷의 원칙을 지키지 못한다면 임원이라도 해고 사유가 되는 것은 물론이고 조 대표조차도 언제든지 회사를 그만둘 수 있다고 생각한다.
초월적 책임감	교육 분야에 종사하는 사람은 누구나 어느 정도의 초월적 책임감을 가지고 있다고 생각하는 조 대표. 휴넷은 '기업'이지만 그와 휴넷 직원들은 돈을 받고 컨텐츠를 제공하는 일을 한다고 생각하지 않고, 교육자로서 온라인 교육을 이끌어 나간다는 책임감을 가진다.

조영탁 서울대학교 경영학과를 졸업하고, 10여 년 동안 금호그룹에서 구매, 영업, 회계, 기획, 그룹 회장 부속실을 거치면서 다양한 현장 경험을 쌓았다. 1999년 경영과 리더십을 전문으로 하는 ㈜휴넷을 창립한 후 2003년 10월 '조영탁의 행복한 경영이야기'를 개설하였다. 저서로는 《100억 연봉 CEO》《조영탁의 행복한 경영이야기 1, 2》《행복경영》등이 있다.

EMBRYO CULTURE

VOOZ

페어런트십으로 만드는 브랜드십

父's Mind, 부즈

The interview with ㈜부즈 대표 김부경, 차장 김민선

제2차 세계대전이 한창이던 1945년 1월 2일, '이지중대Easy Company' 대원들은 벨기에의 아르덴느 숲에 다다른다. 베스톤 지역 사수를 무사히 마친 그들의 다음 미션은 포이Foy 지역을 점령하는 것이다. 관건은 포이 마을 앞에 펼쳐진 200m가량의 황량한 들판을 어떻게 지나가는가다. 몸을 숨길 만한 은폐물이 전혀 없는 그곳에서 순간의 판단 착오는 곧 죽음을 의미하기 때문이다.

윈터스 대위 : 다이크 중위! 내 말 잘 들어! 무조건 '전진'이야! 독일군이 대포로 공격을 시작하기 전에 최대한 빨리 들판을 지나 은폐물을 찾아야 해!

하지만 윈터스 대위(원래 이지중대의 '중대장'이었으나 대위로 진급하면서 '부대대장'으로 승진) 후임으로 온 다이크 중위(연줄로 들어와 중대장이 된 그에게 전투는 승진을 위한 경력일 뿐)는 겁을 먹고 전진하던 들판 중간 지점에서 결국 '퇴각' 명령을 내린다.

다이크 중위 : 이지 중대 정지! 퇴각! 퇴각!

작전본부에서 이들의 움직임을 총괄 지휘하던 윈터스 대위는 큰소리로 거듭 외친다.

윈터스 대위 : 안 돼! 계속 가! 계속 뛰어! 뛰어!

다이크 중위 : 정지! 퇴각!

순간 윈터스 대위에게는 작전 실패보다 더 슬플 것 같은 미래가 그려졌다. 이지중대원들의 죽음이다. 자신이 소위였을 때부터, 당시 훈련병이던 이지중대원들과 함께 힘겨운 훈련을 이겨 냈고, 또 미군 최대의 정예 중대로서 2차 대전의 수많은 전투에서 생사의 고비를 함께 넘겨 온 그들이다. 그에게 중대원은 계급을 떠나 전우이자, 형제, 심지어 자식과도 같았다. 결국 윈터스 대위는 총을 들고 들판으로 내달리기로 마음먹는다.

*본 기사에 대한 더 깊은 이해를 위해서, p42 '페어런트십'을 먼저 읽기를 권한다.

앞서 소개한 일화에서 만약 당신이 윈터스 대위였다면 어떻게 했을까? 그와 같은 마음을 먹었을까? 상상컨대, 아마 대부분의 독자들은 '당연한 것 아니오?!'라는 반응을 보일 것 같다. "눈앞에서 사랑스런 중대원들이 죽을 상황인데 뛰어들지 않을 리더가 어디 있겠는가?"라는 답변을 준비하면서 말이다. 어쩌면 이것은 거의 '무의식적' 반응일지도 모른다. 게다가 생각해 보면 군인으로서는 그리 나쁜 결정도 아닐 것이다. 만약 승리한다면 전쟁 영웅이 될 것이고, 전사하더라도 전우애가 뛰어난 용사로서 길이길이 기억될 것이기 때문이다. 여러 이유로 (실제 전장에서도 그럴지는 모르겠지만) 윈터스 대위의 선택을 지지했을 것이다. 그도 그럴 것이, 사실 그간 그러한 리더가 추앙 받아왔다. '카리스마 있는 리더, 솔선수범하는 리더, 앞장서는 리더, 의리 있는 리더!'

그럼 이제 윈터스 대위를 보자. 물론 그는 마음먹은 대로 총을 들고 들판을 향해 뛰쳐나간다. 그가 싱크 대령의 말을 듣기 전까지는 말이다.

싱크 대령 : 멈춰! 윈터스 대위! 자네는 대대 지휘관이야! 이지중대의 중대장이 아니라고!

Who are YOU?

말 그대로다. 윈터스 대위는 더 이상 이지중대의 중대장이 아니다. 그는 대대 부부대장으로서 이지중대를 포함한 전체의 대대(보통 2~4개의 중대를 합친 규모)를 지휘하고 있는 자다. 그가 해야 할 일은 작전본부에 남아 상황을 지켜보고 만약의 상황을 대비해 다른 전략을 구사하는 것이다. 그것이 그의 '진짜 역할'이다. 싱크 대령의 말을 듣고 자신의 '진짜 역할'을 깨달은 윈터스 대위는 자신의 자리를 지키고 대신 스피어스 중위를 투입시켜 큰 승리를 거둔다. 자신이 너무나도 사랑하는 이지중대지만 지켜야 할 '거리를 유지'했기에 가능한 승리였다. 만약 그의 계획대로 들판에 뛰어들어 전사했다면 대대 전체가 큰 위험을 당했을지 모른다.

드라마니까 가능한 이야기 아니겠냐고 물을지 모르지만,

*⟨밴드 오브 브라더스⟩
⟨라이언 일병 구하기⟩ 제작 이후 또 한 편의 전쟁 영화를 구상하던 스티븐 스필버그와 톰 행크스는 실화를 바탕으로 씌어진 스테판 앰브로스Stephen E. Ambrose의 책 《Band of Brothers》를 영화화하기로 결정했다. 이 드라마의 제작비는 1억 2천만 달러(약 1,500억 원)로 미국 드라마 역사상 최대의 프로젝트였고 제작 기간 3년 동안 500명의 출연자와 1만 명의 엑스트라를 동원해 촬영했다.

이는 세계 2차 대전에 참전한 실존 인물들의 실화를 바탕으로 만들어진 미국의 10부작 드라마 *⟨밴드 오브 브라더스Band of Brothers⟩ 중 7화, 'The Breaking Point(한계점)'의 한 장면이다.

'카리스마 있는 리더, 솔선수범하는 리더, 앞장서는 리더, 의리가 있는 리더…' 물론 의미 있고 리더로서 응당 보여야 할 모습이지만 중요한 것은 '자신의 직책과 신분에 맞을 때' 그렇다. 그렇지 않으면 지나친 참견이고 주책(?)이다. 더 심각한 문제는 조직(대대 규모)에 쏟아야 할 에너지를 일개 부서(중대 규모)에 쏟게 되면 정작 필요한 결과(승리)를 얻지 못한다. 자신이 누구인지, 어떤 역할을 하는 사람인지를 다시금 객관적으로 볼 필요가 있다. 이따금씩 (개입 여부가) 헷갈릴 때가 있다면 거울을 보며 스스로에게 물어 볼 필요가 있다. "Who are YOU?"

🔍 뿌까
2000년 1월 선보인 뿌까는 온라인 플래시 카드를 통해 유명해졌다. 10여 년이 지난 오늘 뿌까는 전 세계 140여 개국에서 사랑 받고 있으며 2009년 한 해에만 인형, 의류, 구두 등 3,000 종의 상품으로 5,000억 원이 넘는 소매 매출을 기록했다. 이에 따른 로열티 수입만 150억 원에 달한다. 국내에서는 유일하게 워너브라더스와 파트너십을 맺고 있으며, 베네통 등 유명 패션브랜드와의 콜라보레이션도 활발히 진행중이다. 지난 2월 뉴욕, 로스앤젤레스에서 런칭 행사를 가졌다.

리더와 교육자 사이

'브랜드십을 위한 리더십'이란 이번 특집 주제로 부즈VOOZ의 김부경 대표를 찾았다. 김 대표 역시 스스로 이러한 질문을 하며 자신의 위치를 잡아 가고는 있지만 그간 수많은 시행착오가 있었고, 현재도 여전히 그러한 문제로 고민하고 있음을 고백했다. 김 대표 또한 수많은 '창업자 CEO'처럼 부즈라는 브랜드와 현재의 부즈를 있게 한 캐릭터 @'뿌까PUCCA'에 대한 애착이 상당해, 좀처럼 거리를 유지하기 힘들다고 했다.

김부경(이하 '김') 2000년 1월 자식 같은 뿌까를 세상에 내놨다. 당시 우리나라 캐릭터 사업에서 국내 순수 캐릭터는 둘리나 로봇 태권브이 정도가 있었고, 그 외에는 미국 유명 캐릭터와 일본 캐릭터 몇 개가 대부분이었을 정도로 극히 열악했다. 이러한 불모지에서 모든 것을 개척해내야 했고 업무에 있어서도 런칭 멤버인 나와 동생(김유경, 현 뿌까클럽 대표)이 모든 것을 해야 했다. 캐릭터 시장에 대한 지식, 뿌까에 대한 지식을 직원들이 모두 알기까지는 시간이 걸리니 말이다. 이런 나에게 뿌까는 비즈니스 수단 이상의 것이었다. 당연히 애착이 생길 수밖에 없다.

대부분의 창업자 CEO가 그럴 것이다. 자신의 모든 에너지와 열정을 쏟은 만큼 몰입도도 높았을 것이기 때문이다. 하지만 이 '애착'이 변질되면 '집착'이 되면 모든 것을 그르친다. 그래서 김 대표는 태도를 바꿨다고 한다. '교육자'의 모습으로 말이다. 그가 교육자로서 양성해 내는 주체는 부즈를 이끌어 갈 '참모'들이다. 그리고 그의 교육 방식은 '인지적 도제 이론(p42, '페어런트십' 참고)'의 방법론과 유사했다.

참모 육성법

앞서 소개한 〈밴드 오브 브라더스〉의 일화에서 주인공은 분명 (실제로도) 윈터스 대위다. 하지만 그 일화에서 간과해서는 안 될 한 사람이 있다. 윈터스 대위가 자기 대신 내보낸 '스피어스 중위'다. 사실 스피어스 중위는 이지중대의 소속이 아니지만 혼란스러운 전시 상황에서 윈터스 대위와, 또 이지중대원들과 여러 전투에서 함께하면서 신뢰를 구축했다. 그렇기에 윈터스 대위는 위급한 상황에서 이지중대원들을 이끌 권한을 그에게 준 것이다. 이처럼 자신을 대신해 언제든지 (비즈니스) 전장에 투입시킬 '참모'를 평상시에 양성한다면 브랜드의 생명력을 연장시킬 수 있다. 그리고 그 수단 중 하나가 바로 '권한 위임'이다.

리더라면 반드시 풀어야 할 '문제'인 권한 위임은 늘 '숙제'로 남는다. 권한이라는 것은 '권력'이라는 미묘한 '힘의 관계'와 함께할 뿐만 아니라, 이것을 위임했을 경우 자신이 결정하지 않은 것이 실행된다는 불안감이 엄습하기 때문이다. 그래서 리더로서는 내어 주기 힘든 것이 권한이다.

많은 리더들이 그간 해온 대로 하길 원한다. 자신이 일을 더 잘할 수 있다고 믿는 것도 그 이유지만, 그보다는 더 속 편하게(?) 지내기 위해서다. 권한을 위임했을 때 감수해야 하는 위험(직원의 실패)부담을 감내하는 것보다 (권한 위임 없이) 차라리 자기가 육체적으로, 정신적으로 힘든 것이 더 낫다고 여기기 때문이다. 물론 그렇게 해도 조직은 성공적일 수 있다. 그 리더가 해당 자리에서 계속 존재할 때까지는 말이다. 그러나 그가 떠난 후에도 브랜드가 영속할 수 있는지는 의문이다.

《똑똑한 사장들의 9가지 경영원칙》의 저자 로버트 크리텐든이 말한 (그도 피터 드러커의 말을 적절히 응용했겠지만) '경영'의 기본적인 뜻을 다시 한 번 상기해 볼 필요가 있다. "따지고 보면 경영이라는 용어의 의미는 '사람을 통해 일을 하는 것'이기에 권한 위임이 필수적이다."

규모가 커지면서, 뿌까를 만든 디자이너이자 디자인 팀장의 역할(중대장급)보다 부즈의 리더 역할(총 사령관급)이 더 많이 요구되었을 김 대표는 권한 위임에 대해 이렇게 이야기한다.

김 처음에는 정말 힘들고 불안했다. 직원들의 작업물은 뭔가 마음에 안 들고 부족해 보였기 때문이다. 그래서 처음에는 "알았다. 여기까지만 하고 퇴근해라"라고 말한 뒤 내가 모두 다시 하는 경우도 많았다. 그러다 보니 퇴근을 못 하는 날도 부지기수였고 몸이 견뎌 내지 못했다. 그보다 더 심각한 문제는 제대로 된 참모를 키울 수 없다는 것이었다. 뭔가 결단이 필요했다. 그래서 나 스스로, 또 담당 직원을 테스트해 보기로 했다. 방법은 6개월 동안 내 승인 없이 담당 팀장이 결정하고 시장에 내보낸 결과물만 나에게 가져오게 하는 것이었다. 권한을 주는 만큼 책임에 대한 것도 강조했다. 과감한 만큼 분명 잠재된 리스크가 컸지만 부즈의 성장을 위해서는 반드시 필요한 일이었다. 런칭 후 약 4년이 흐른 시점이었다. 정말 '눈 딱 감고 했다'는 말이 그때만큼 와 닿은 적이 없다.

6개월간의 모험

당시 담당 팀장은 이 결정을 어떻게 받아들였을까? 당시 위임을 받은 팀장이 현재 부즈의 상품팀장인 김민선 차장이다. 입사 9년차인 그녀에게 당시의 상황을 물었다.

갑자기 김 대표가 최종 컨펌 없이 상품을 시장에 내보내라 했을 때 어떤 생각이 들었나?
김민선(이하 '선') 당시 직원들 사이에서 김 대표님의 별명은 '매의 눈'이었다. 디테일에 상당히 강했기 때문이다. 모니터 앞을 휙 지나가면서도 "한 픽셀 옮겨 간 거 아니야?"하고 말씀하시기에 확인해보니 정말 한 픽셀이 옮겨져 있었다. 그 정도의 디테일까지 꼼꼼히 챙기시는 분이 그런 결정을 내리셨다는 것을 믿기 힘들었다. 게다가 대표님 자신도 디자이너이거니와 뿌까를 만드신 분이기 때문에 나로서는 중압감이 상당했다.

개인적으로도, 조직적으로도 변화가 있었겠다.
선 사실 전에는 이렇게 생각하는 부분이 많았다. '어차피 대표님께서 보시거나 손대시면 또 달라질 건데 뭐. 그리고 워낙 섬세하시니 우리가 체크하지 못하는 부분까지 잡아 내실걸?' 즉 나도 모르게 대표님께 상당히 의존하고 있었고 그만큼 마지막까지 최선을 다하지 못한 것 같다. 하지만 위임이 이루어지고 내 결정에 의해서 제품이 시장에 곧바로 출시되니 마지막까지 꼼꼼히 체크할 수밖에 없었다. 책임감이 더 커진 것은 당연하다. 또한 내게는 상당한 자기계발의 계기가 됐다. 그리고 하나하나 컨펌 받을 때보다 시간이 단축된 것은 당연하다.

권한 위임은 시기적으로도 적당했나.
선 회사가 상당히 커지고 있었고, 팀도 세분화되면서 대표님이 챙겨야 할 부분이 몇 배로 늘어난 시기였다. 동시에 대표님 입장에서는 각 팀장을 성장시켜야 할 필요성을 느꼈을 것이다. 당시에 나는 늘 뿌까를 보고 디자인해온 사람이기 때문에 어떤 결과물이 어느 정도 수준인지를 가늠할 수 있는 눈은 있었다. 하지만 책임감에 대해서는 그만큼은 아니었는데, 그것까지 진지하게 생각해 보게끔 했기에 적절한 시점이었다고 생각한다. 동시에 권한 때문에 생기는 자부심이나 몰입도도 상당했다고 본다.

현재 팀원들을 대할 때도 많이 참고가 될 것 같다.
선 대표님을 더 많이 이해하게 됐다. 대표님의 관여가 많았던 것이 직원들을 못 믿어서가 아니라 어떻게 보면 당신 자식 같은 캐릭터고, 당신이 직접 봐야만 알 수 있는 부분이 많기 때문에 더 꼼꼼히 관리하셨던 것 같다. 나 역시 대표님과 비슷해져 가고 있다고 느낄 때가 많다. 내 디자인이고, 내 재산이고 하는 생각들 말이다. 그래서 웬만하면 내가 다 끌어안고 팀원들에게 시키더라도 중요한 것은 내가 직접 하곤 했다. 그런데 어느 순간 계속 이렇게 하면 팀원들의 성장을 방해하는 것이란 생각이 들었다. 그래서 대표님도 결단을 내렸듯이 나도 팀원들에게 점점 어느 정도의 책임과 권한을 나눠 주고 있는 중이다. 그래야 뿌까에 대해서 더 애착을 가질 수 있고 업무 성취도도 높아질 수 있기 때문이다. 또 그래야만 우리 팀원들도 후배가 들어왔을 때 이러한 문화 혹은 태도를 전수할 수 있을 것이라 본다.

2002년부터 뿌까와 함께해 온 부즈의 상품팀장인 김민선 차장. 그녀는 점차 부즈다움을 체화하고 있다.

뿌까와 가루의 생명력과 스토리가 만들어지는 부즈 본사의 사무실과 지하 쇼룸 전경이다. 이 지하 쇼룸에서는 뿌까와 콜라보레이션 된 다양한 제품을 볼 수 있으며, 직원들의 회의와 휴식공간이기도 한 그곳에서는 그들다움을 엿볼 수 있다.

하지만 결과적으로 깨달은 것이 있다고 한다. "그렇게 걱정할 만큼은 전혀 아니네!" 어쩌면 잦은 보고와 컨펌 과정은 일종의 '조직 습관'이었을지 모른다.

6개월간의 모험 결과는 어땠을까? 김 대표의 표현 그대로 '좋게 나온 것도 있고 안 좋게 나온 것도 있었다.' 솔직한 답변이다. 하지만 결과적으로 깨달은 것이 있다고 한다. "그렇게 걱정할 만큼은 전혀 아니네!"

어쩌면 잦은 보고와 컨펌 과정은 일종의 '조직 습관'이었을지 모른다. 그런데 김 대표의 6개월 간의 모험이 그 습관이 좋은 습관인지, 나쁜 습관인지를 객관적으로 볼 수 있게 해 준 셈이다. 이후로는 중간 접점을 찾아 시스템화했고 그것은 다른 부분까지 영향을 미쳐 하나의 '조직 문화'로 되어 가는 중이다. 해외 스튜디오를 대하는 김 대표의 모습만 봐도 어느 정도 알 수 있다. 원래 해외 스튜디오는 마케팅 대행만 진행하지만 때에 따라서는 한국 본사에서 제공하는 소스를 이용해 재해석을 하는 경우가 있다고 한다. 과거 같았으면 용납하지 못했을지 모르는 김 대표지만 '단 하나의 기준'을 통과한다면 이제는 재해석도 허락한다고 한다. 그것이 '부즈답다면' 말이다.

VOOZ다움과 父's다움

디자이너라는 직업은 상당히 어렵다. 자신의 창조성을 바탕으로 예술성과 상업성의 균형점을 찾아내 자아실현과 수익 실현을 동시에 성취해야 하기 때문이다. 만약 부즈의 직원들이 자신의 컬러와 해석이 지나치게 가미된 뿌까를 만들어 낸다면 그것은 더 이상 '뿌까'가 아닐 것이다. 그렇다고 똑같은 뿌까만을 기계처럼 찍어 내기만 한다면 그것은 더 이상 '살아 있는 뿌까'가 아닐 것이다. 그렇다면 뿌까답게 살아 있는 뿌까, 나아가 부즈답게 살아 있는 부즈가 되기 위한 방법은 무엇일까? 그것이 바로 부즈다움을 근간에 둔 진화다. 그래서 김 대표에게 부즈다움이 무엇인지 물었다.

김 부즈답다는 것은 여러 가지로 풀어 설명할 수 있다. 우선 '역할'적인 측면에서 보자면 '메신저'다. 세상에 감동적인 메시지를 지속적으로 전달하고 그 안에서 우리의 역할을 찾는 것이다. 그것을 위해 필요한 부즈인의 태도는 '탐구자'의 모습이다. 늘 '호기심'으로 세상을 바라봐야 한다는 의미다. 그런 사람만이 소비자의 호기심을 자극하는 소재를 찾아낼 수 있기 때문이다. 우리는 이미 컨텐츠 범람의 시대에 살고 있다. 우리가 아무리 좋은 메시지를 가지고 있다 해도 고객의 호기심을 자극하지 못하면 그것을 전달할 수 없다. 결국 사람들의 호기심을 자극해 관심을 끌고, 그 안에 진한 감동과 재미가 느껴지는 메시지를 담아 내는 것이 부즈가 추구하는 컨텐츠다. 이것을 충족시키지 못하면 더 이상 부즈의 것이 아니다.

이러한 부즈의 부즈다움에 마지막으로 컬러를 입혀 주는 것이 그들의 메인 컨셉인 'Funny Love'다. 이에 맞춰 뿌까의 캐릭터성격가 결정된 것이다. 10대, 20대 여성을 타깃으로 '사랑'이란 주제를 재미있게 표현하며 흥미를 끌 수 있도록 전형적인 남성과 여성의 역할을 바꿨다. 그래서 뿌까는 남자 친구인 '가루'에게 적극적으로 사랑을 표현하는 당돌한 파워걸이다.

여기에 메시지 전달자를 자처한 뿌까가 염두에 둔 것이, 'Love is…'다. Love is는 1960년대 후반, 카툰 작가 킴 그로

EMBRYO CULTURE

당신이 당신의 브랜드가 묻고 있는 다음 두 질문에 제대로 된 답을 할 수 있다면 브랜드를 위한 브랜드십을 만들어 낼 확률이 높다. "Do you love me?" (then…) "Love is?"

브Kim Grove가 자신의 미래의 남편에게 보내는 메시지를 컨셉으로 그린 카툰인데 이것이 1970년 LA 타임즈에 게재되면서 세계적인 유명세를 타게 되었다. 뿌까와 가루는 이것의 신세대 버전이라고 생각해도 좋다. 최근 뿌까가 영역을 확대하고 있는 성인 여성 패션 의류 아이템에는 이러한 문구를 사용한 디자인이 눈에 많이 띈다. "Do you love me?"

"Do you love me?"

물론 이 질문은 당연히 '뿌까'가 '가루'에게, 아니면 이 옷을 구매한 여성이 누군가에게 보내는 메시지일 수 있다. 그런데 이런 생각이 들었다. 만약 부즈의 메인 캐릭터인 뿌까가 김 대표에게 이러한 질문을 한다면 그는 어떤 답을 할까? 그를 떠나서, 만약 당신이 한 브랜드의 리더라면 당신 브랜드에서 이 같은 질문을 받는다면 어떤 대답을 하겠는가?

당연히 사랑한다고 대답할 것이다. 특히 창업자라면 더 절실하고 간절하게 고백할 것이다. 특히 김 대표처럼 자신과 꼭 닮은 브랜드가 그렇게 물을 때 더욱 그럴 것이다.

김 나는 주관이 강하고 고집도 센 편이라 주로 자신이 하고 있는 것에만 집중한다. 그 대신 단점도 있다. 관심 없는 분야를 알아 가는 데는 조금 더딘 편이다. 그래도 시대의 일시적 패드fad에 휩쓸리지는 않는 것은 마음에 든다. 부즈는 나와 상당히 닮았다.

창업자와 브랜드가 닮는 것은 더 이상 놀라운 일이 아니다. 그리고 자신을 닮은, 게다가 자신이 갖고 싶은 이상적인 모습까지 추구하고 있는 브랜드의 모습을 사랑하는 리더의 모습도 놀라운 일이 아니다. 그리고 브랜드의 미래를 '제대로' 생각해 주는 리더의 모습도 이제는 더 이상 놀라운 일이 아니어야 한다. 브랜드를 자식처럼 사랑한다면 말이다(p42, '페어런트십' 참고).

김 하지만 닮은 것으로 만족한다는 의미는 아니다. 부즈는 나보다 더 나아야 한다. 나는 이종 간의 연결에는 다소 소극적이라 다양한 분야를 다 섭렵하지는 못하지만 부즈는 해내야 한다. 나의 장점일 수 있는 '중심 잡기'는 물론이고 그간 캐릭터 비즈니스에서 시도하지 않던 독특한 스타일과 재미, 그리고 감동을 주는 아이로 거듭났으면 한다. 실제로 그 일이 이루어졌을 때, 생각한 것보다 더 큰 시너지가 나고, 내가 배우는 점이 많다. 그것이 내가 참모를 세울 때의 기준을 '이 사람이 나보다 뛰어난 점은 무엇인가?'에 두는 이유다. 참모가 단 한 가지라도 나보다 뛰어나야. 부즈가 더 성장할 수 있다.

"Love is…"

그것이 자식의 홀로서기를 돕는 아버지의(父's) 자식(부즈)을 향한 진정한 사랑의 모습이며, 표현이다. 앞으로 김 대표의 꿈은 부즈의 고유한 '스타일'을 갖는 것과 한국의 전통 요소를 소재로 하는 캐릭터를 갖는 것이다. 물론 이는 김 대표가 해낼 수도 있고, 앞으로 미래의 부즈인들이 해낼 수도 있다. 창작물을 탄생시키는 것, 그리고 그것이 생명력을 가져 사람들의 사랑을 받는 데는 시간이 걸리는 일이기 때문이다. 하지만 '스스로가 영웅 되기'를 바라는 리더가 아닌 '부즈가 영웅 되기'를 바라는 그의 입장에서는 자신이 못하더라도 부즈가 할 수 있다면 그것으로 만족할 것이다. 부즈의 성공이 부즈가 영속할 수 있는 밑거름이 될 것이고 그것은 곧 아버지인 김 대표가 원하는 궁극의 것이 될 테니 말이다.

지옥 같은 전쟁을 겪었지만 여전히 겸손한 실존 인물, 윈터스 대위가 남긴 말이 하나 있다. "제가 영웅이라고요? 저는 영웅들의 중대에서 잠시 근무했을 뿐이죠." 이 말이 어떤 의미인지 이해하고 공감하는 리더는 영속하는 브랜드를 위한 브랜드십을 만들어 낼 확률이 높다. 그리고 당신의 브랜드가 묻고 있는 다음 두 질문에 제대로 된 답을 할 수 있다면 더욱 그러하다. "Do you love me?" (then…) "Love is?" UB

BrandShip Keywords Summary

초월적 책임감	■ 김 대표, 그리고 부즈의 장기적인 꿈은 한국만의 캐릭터 스타일을 구축하는 것과, 한국만의 전통 소재를 이용한 캐릭터 개발에 성공하는 것이다. 이것은 한국 캐릭터 비즈니스 자체에 대한 책임감에서 기인한다.
페어런트십	■ 자신의 모든 에너지와 열정을 쏟았기에 생겨버린 브랜드에 대한 '애착'이 '집착'으로 변질되지 않도록 김 대표는 태도를 바꿨다. ■ 스스로도 힘든 일이기 때문에 한 가지 실험을 했다. 6개월 동안 담당 팀장에게 모든 의사결정권을 부여하고 진행된 결과만을 보고 받는 식의 실험이었고, 결과적으로 '그리 걱정할 필요는 없다. 믿고 맡기되 확인하면 된다'라는 생각을 갖게 되었다고 한다. ■ 이러한 그의 노력은 '브랜드 주인'이라기 보다는 직원을 대상으로 하는 '교육자의 모습'으로 자신의 마음가짐과 태도를 바꿔야 앞으로의 부즈를 이끌어 갈 '제대로 된 참모'를 양성할 수 있다는 것을 경험을 통해 깨달았기 때문이다.

김부경 영남대학교 시각디자인학과를 졸업하고 1999년부터 현재까지 부즈의 대표이자 PUCCA 아트 디렉터로 활동 중이다. 2003년부터 2005년까지 3년 연속 대한민국캐릭터 대상을 수상하였으며 2007년에는 대한민국 문화콘텐츠 해외진출 수출 유공 부분 대통령 표창의 영예를 안기도 했다.

Bar&Dining

브랜드십의 기술, 선으로 이끌라
브랜드십 여행기, 바앤다이닝

The interview with 바앤다이닝 대표/발행인 이성곤

'사진공학 전공, 사진작가 출신, 10년째 전 세계 77개국 여행 중'이라는 경력을 가진 리더가 있다. 여행 전문 매거진 바앤다이닝Bar&Dining의 이성곤 대표다. 이 세상에는 경영학을 전공하지 않고, MBA를 다녀 오거나 리더십을 미리 공부하지 않고 리더가 된 사람들이 더 많을 것이다. 그들은 각자의 경험과 가치관으로 나름의 리더십을 만들어 가는데, 이성곤 대표의 경우 그것은 '여행'이다. 일본에서 지(知)의 거장으로 불리는 다치바나 다카시는 "여행의 본질은 발견"이라고 했다. 그래서인지 그가 들려준 리더십과 브랜드십은 지식의 습득으로 만들어 졌다기보다는 발견을 통한 깨달음에 가까웠다. 그가 발견한 바앤다이닝의 리더십 여행기와 '리더십의 대가'로 불리는 신시내티 대학의 전 학장 워런 베니스의 리더십에 대한 조언이 만나 바앤다이닝의 브랜드십 스토리가 시작되었다.

* 본 기사에 대한 더 깊은 이해를 위해서, p28 '브랜드 정언명령'을 먼저 읽기를 권한다.

나는 욕망 덩어리였다

이성곤(이하 '이') 나는 욕망으로 똘똘 뭉친 이기적인 인간이었다. 아티스트는 이기적이지 않으면 살기 힘들다. 기본적으로 사진은 자기가 갖고 싶은 것을 찍어서 소유하려는 것이고, 때로는 생명이 위태로운 캄보디아 난민들에게도 렌즈를 들이댈 만큼 공격적이다. 사람들에게 감동을 줘야 하는데, 욕망 덩어리만이 욕망 덩어리인 이 사회를 제대로 표현할 수 있기 때문이다. 바앤다이닝을 창간한 것도 내 사진을 편집자의 편집 없이 내가 원하는 대로 싣고 싶어서였다.

이성곤 대표는 첫 인터뷰에서 자신이 인격적으로 불완전했으며, 지금의 존재 목적과는 다른 의도로 바앤다이닝을 런칭했음을 밝혔다. 사실 대부분의 브랜드들이 개인적 이유에서 런칭되고, 우연히 성공하기도 한다. 이케아IKEA는 잉바르 캄프라드가 17세 때 시험을 잘 봤다는 이유로 아버지에게 받은 상금으로 만든 회사다. 처음에는 용돈벌이를 할 생각이었지만, 지금은 세계적인 혁신 기업으로 통한다. 일본의 초우량 기업 닌텐도는 전시戰時에 서민들이 집에서 시간을 보낼 수 있는 오락인 화투를 제작하던 회사다. 이렇듯 기업은 어떻게 시작하느냐도 중요하지만 어떻게 성장하느냐도 중요하다.

마찬가지로 브랜드가 성장해 감에 따라 리더가 어떻게 성장하느냐 역시 중요한 이슈다. 이성곤 대표는 리더가 되기를 고대하거나 의도적으로 리더 자리에 앉은 것이 아니라 우연한 기회에 발행인이라는 리더의 위치에 서면서 자신도 모르게 어느새 개인의 인격도, 브랜드도 성장하기 시작했다고 말한다. 그의 표현대로라면 "항해가 시작되었고, 한 달에 한 번 잡지를 내야 하니 멈출 수 없었고, 나중에는 나까지 개조해 가며 항해를 계속해야 할 이유들이 속출했다"고 한다. 그런데 브랜드를 운영하며 인격적인 성장을 경험한다는 것은 어떤 기분일까?

이 인간 이성곤과 브랜드 바앤다이닝이 주거니 받거니 하면서 서로 성장한 것을 보고 스스로 놀라움과 고마움을 금치 못할 때가 있다. 울퉁불퉁 불완전한 인격체였던 내가 튀어 나온 곳은 깎이고 파인 곳은 채워지며 개인적인 치유에도 굉장한 도움을 받았다.

알랭 드 보통Alain de Botton은 《여행의 기술》에서 '여행은 생각의 산파'라고 했고, 지혜의 부족tribe이라는 아프리카의 투와레그족에게는 '여행은 약점을 극복하는 법을 가르쳐 주기에 꼭 필요한 것'이라는 말이 있다. 이를 '여행은 인간의 성숙을 돕는다'고 해석한다면, 사색을 하고 자신의 내면을 들여다보는 여행자의 태도를 가진 리더는 리더로서 좀 더 좋은 자질을 갖기 유리하다고 말할 수 있을 것이다. 이 대표가 리더 자리에서 '인격적 성장'이나 '치유'를 경험했다는 것 역시 그가 10여년간 직간접적으로 매달 77개 도시를 여행하는 여행자였다는 것을 감안한다면 그다지 놀랍지 않다.

리더십의 대가 워렌 베니스는 리더가 자신을 알아가고 인격적으로 성숙해가는 것이 리더의 '본질적인 임무'라고 말한다. 그의 표현대로라면 리더는 '자아 드러내기'를 해야 하는데 이는 '가장 자기다워지는 것'을 의미한다. 또 워렌 베니스가 리더십을 연구하며 남긴 다음의 말은 우리가 왜 이 대표의 리더십에서 브랜드십의 실마리를 보게 되었는지 말해준다.

"아이러니하게도 리더십에서 가장 중요한 부분이 정량화되지 못하는 것이 현실이다. 리더십은 품성에 관한 것이다. 품성이란 지속적으로 개발되는 것으로 리더가 되는 과정은 완전한 인간이 되어가는 과정과 매우 흡사하다."

〈파리〉

선으로 이끄는 것, 그게 가장 쉬운 방법이다

이 어떻게 하면 사람들이 잘 따라올까를 고민하게 되었다. 그런데 어느 시점엔가 내가 옳은 일, 그러니까 선한 일을 하면 사람들이 자연스럽게 따라온다는 것을 깨달았다. '인간으로서 당연히 좋은 것' 그래서 도덕적으로나 법적으로 문제가 없는 것을 원칙으로 세우니 직원들이 반대할 이유도 없고, 나 또한 머리를 써서 그들을 납득시킬 전략을 세울 필요도 없었다. 때로는 규모를 키우고 싶은 생각도 있고, 내 육신이 편하도록 쉽게 돈을 벌 수 있는 방법도 있다. 하지만 그때마다 내가 도덕적으로 무장되려고 노력한다. 이것이 내가 발행인 자리에 있으면서 느끼는 가장 커다란 숙제다.

이 대표는 예전에는 리더십이 카리스마와 동의어인 줄 알았다고 한다. 하지만 시간이 지날수록 카리스마가 필요한 순간도 있지만 그보다 선善으로 이끄는 것이 직원들을 움직이게 한다는 것을 알았다. 워렌 베니스 역시 관리자와 리더의 차이에 대해서 설명하며 '옳은 일'을 강조한다. 관리자가 일을 올바르게(doing things right) 하는 사람이라면, 리더는 올바른 일(doing right things)을 하는 사람이라고 말이다.

사진은 혼자서 찍을 수 있지만 잡지를 만드는 것은, 그리고 브랜드를 구축하는 것은 혼자서는 할 수 없다. 그래서 브랜드의 리더는 마음 맞는(미션을 공유하는) 사람을 모으고 그 사람을 한 방향으로 움직이게 해야 한다. 그래서 그가 택한 방법이 '선의 추구'라는, 올바른 일을 하는 리더가 되는 것이었

다. 그런데 그는 한 걸음 더 나아가 리더로서 도덕적 완전성이라는 높은 기준을 가지고 있다고 말했다. 바앤다이닝이 하는 일이 '옳고 선함'을 지향하는 것뿐만 아니라 리더 자신도 선한 인간이 되겠다고 말이다. 왜 그렇게까지 엄격해야 할까?

이 이중인격자가 되고 싶지 않다. 물론 바앤다이닝이 태어나기 전 내 멋대로 살 때도 행복했고 만족스러웠다. 그런데 지금은 높은 도덕적 기준으로 인한 성취감이 매우 높고 '내가 인간으로서 도리를 지키며 인간답게 잘 살고 있구나, 사회에 뭔가 공헌할 수도 있겠다'는 생각이 든다. 무엇보다 우리가 지금 제대로 된 길을 걷고 있다는 생각에 안심이 된다. 일종의 희망과 같은 것이다.

리더가 옳은 일을 함으로써 직원들을 이끌고, 인간적인 성숙으로 인한 만족감도 느낀다면 리더에게 이보다 더 좋을 수는 없을 것이다. 그렇지만 리더만 만족하는 리더십은 의미 없으며 브랜드십으로 나아가기 어렵다. 단지 리더로서 이 대표를 따를 만하다고 생각해서 따른다면 이후 그가 바앤다이닝을 떠나면 바앤다이닝은 힘을 잃는 것이 아닌가. 아무리 품성이 훌륭한 리더라 하더라도 그 리더만을 따르는 조직은 영웅주의에 빠질 위험이 있다. 조직원들의 무조건적인 사랑 혹은 신뢰를 받는 리더가 이끄는 조직, 즉 '영웅'이 이끄는 조직이 나쁜 이유는 리더의 우상화로

> "'인간으로서 당연히 좋은 것' 그래서 도덕적으로나 법적으로 문제가 없는 것을 원칙으로 세우니 직원들이 반대할 이유도 없고, 나 또한 머리를 써서 그들을 납득시킬 전략을 세울 필요도 없었다."

눈이 가려지면 직원들 역시 리더의 명령만을 기다리며 자신이 해결해야 할 일마저 스스로 판단하지 않으려 하기 때문이다. 또한 리더에게도 영웅주의는 독이 된다.

워렌 베니스는 "리더는 진정한 추종자를 원한다. 그들 없이는 리더의 훌륭한 아이디어나 강한 의지, 카리스마적인 미소도 아무 소용이 없다"고 했다. 그렇다면 진정한 추종자들은 어떻게 만들 수 있을까? 브랜드십 역시 팔로워follower(추종자로서의 직원)들과 경영 철학을 공유하고, 모든 팔로워가 브랜드의 리더가 되는 것이기에 직원들을 진정한 팔로워로 만드는 것이 우선 이루어져야 한다.

이 대표는 영웅주의를 경계하고 브랜드의 철학에 공감하는 진정한 팔로워를 만들기 위해 노력하고 있다. 그 노력은 그가 직원들에게 가장 많이 한다는 말을 통해 알 수 있었다. 이 지점은 이 대표의 리더십에서 바앤다이닝의 브랜드십으로 넘어가는 지점이다.

우리의 1mm의 움직임이 세상을 조금 더 나아지게 한다면 얼마나 기쁜가

이 대표가 직원들에게 가장 많이 하는 말은 '다음 세대가 누릴 럭셔리'다. 보통 리더가 직원들에게 가장 많이 하는 말에서 리더가 중요하게 생각하는 가치관을 읽을 수 있다. 그런데 어떻게 '사치'라는 단어를 먼저 떠올리게 하는 '럭셔리'가 선하다고 할 수 있을까?

이 우리의 후배나 아들 딸들 혹은 누구라도 누릴 수 있는 럭셔리에 대해서 한 번쯤 생각해 보자는 의미다. 루이비통 가방 하나로 만족하고, 유행처럼 와인을 마시는 것은 빈곤한 럭셔리다. 우리가 하고 싶은 것은 결국 뭔가에 대한 재해석이다. '명품이라는 것이 대체 뭔데?' '와인은 왜 마시는데?'라는 질문에서 시작할 수도 있다. 지금 당장은 의미 없는 생각일 수도 있지만, 지금 우리는 미래를 읽고 미리 보여 준다는 자부심이 있다. 그리고 우리의 작은 생각으로 많은 사람들이 행복한 삶을 누렸으면 한다. 캐비어에 막걸리를 마시고, 피카소의 그림을 200개월 할부로 사고, 베트남 뒷골목의 쌀국수 집에서 100원짜리 맥주를 마시며 슬로우 비디오처럼 지나가는 호치민 사람들을 바라보며 여행자로서의 시간을 누리는 것, 그것이 어쩌면 차세대 럭셔리라고 생각한다. 이렇게 작지만 더 큰 생각을 만들어 낼 수 있는 상상력들이 바앤다이닝을 통해서 계속 발신되었으면 한다.

매달 '여행 잡지를 만드는 것'이 아니라, '여행하는 법을 재해석'함으로써 미래를 읽고 다음 세대가 누릴 문화를 제안하는 것, 다시 말해 다음 세대에 정신적 유산을 전달하는 것. 바로 이것이 바앤다이닝의 브랜드십을 만드는 포인트일 것이다. 이러한 선의지가 담긴 브랜드의 존재 목적을 통하여 직원들은 리더만을 바라보며 리더의 결정을 기다리는 것이 아니라, 바앤다이닝이라는 브랜드의 명령에 따라 스스로 결정하게 된다

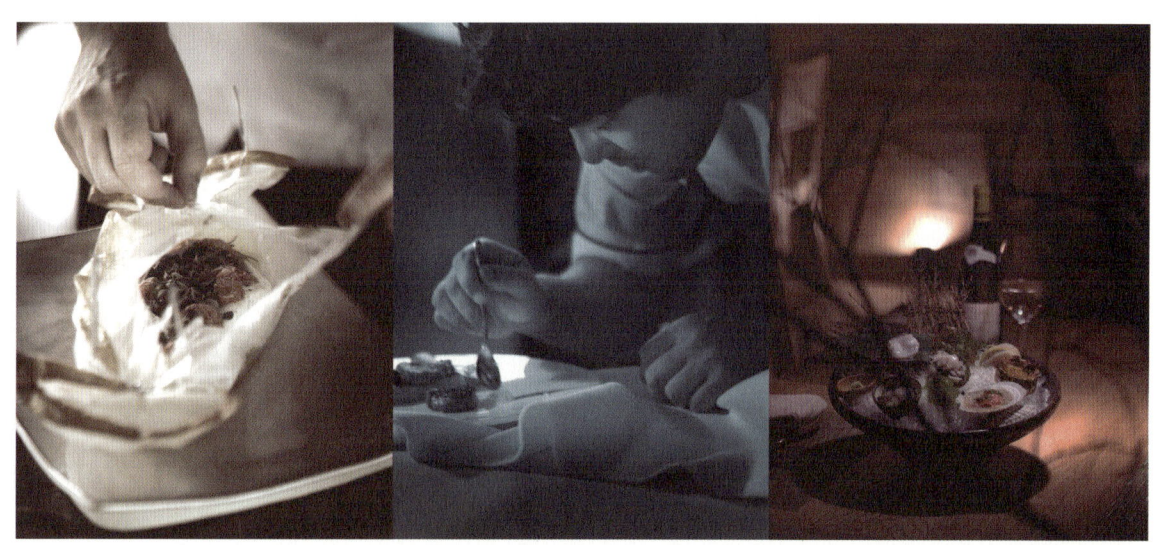

'리더는 나그네다. 리더는 주인이 되려 하지만, 브랜드는 단지 당신에게 자리를 빌려 준 것뿐이다.'

(p28, '브랜드 정언명령' 참고). 이 기사 하나, 이 사진 한 장이 '리더의 마음에 들까, 아닐까'가 아니라, '차세대 럭셔리를 보여주는가 아닌가'를 고민하는 것이다.

사람들은 리더가 따를 만한 사람인가뿐만 아니라 그 브랜드의 미래를 보고 누구(어떤 브랜드)와 인생을 동행할 것인지 결정한다. 스티브 잡스가 펩시 콜라의 존 스컬리를 영입할 때 "평생 설탕물이나 만들고 있겠소, 아니면 나와 함께 세상을 바꿔 보겠소?"라고 말한 것도 같은 이유다. 브랜드가 그리는 미래에 공감하는 사람들이 모인 브랜드가 브랜드십 상태에 이를 가능성이 높다.

브랜드의 미션은 보통 창업자의 철학에서 비롯되는 경우가 많다. 창업자의 철학이 브랜드의 존재 목적이 되어 미션, 비전, 핵심가치 등으로 정립되고 충분히 공유되면 그것이 다시 직원을 이끈다. 이제 11년차를 맞는 바앤다이닝은 아직 브랜드의 철학을 완성해 가는 과정에 있다. 30년의 역사를 가진 유니클로(유니타스브랜드 Vol.14 p114 참고)도 2년 전에야 기업의 존재 이유인 유니클로 웨이를 완성했고, 스타벅스(유니타스브랜드 Vol.14 p154 참고) 역시 하워드 슐츠 개인의 생각을 이사진들과 브랜드 전문가들과 함께 재정립하여 공유하는 시기를 거친 후에 지금의 사명선언서가 만들어졌다.

바앤다이닝에도 분명 아직 명문화되지 않았지만 그들을 이끄는 것이 있을 것이다. 이성곤 대표에게 "바앤다이닝의 리더로서 항상 '마음의 울림'으로 남는 한마디는 무엇인가"라고 묻자, 그는 "작은 것으로 세상을 바꾼다"라는 한 마디라고 말했다. 선하고 옳은 일을 하는 것, 항상 스탠더드(어려운 결정이 있을 때는 모든 욕구를 털어내고 남는 한 가지, 초심의 상태)에서 생각하는 것, 차세대의 럭셔리를 제안하는 것. 이 모두는 이 세상이 조금이라도 좋아지는 데 작은 돌맹이라도 던져서 파장을 만들기 위한 수단이라고 한다.

이 대답이 나오기 전까지 나눈 대화 중 이해되지 않은 부분이 있었다. "100년 뒤의 바앤다이닝도 지금처럼 꼭 무광택지를 썼으면 좋겠다" "우리가 시도한 퍼스널 다큐멘터리 형식을 유지했으면 한다". 대답을 듣고 나서야 별것 아닌 일 같던 이 작은 결정 하나 하나가 세상을 바꿀 수도 있는 일이었다는 것을 이해하게 되었다. 무광택지는 유광택지보다 친환경적이고, 퍼스널 다큐멘터리는 개인의 감성적인 목소리가 사회에 메시지를 전달할 수 있다는 것도 보여 주고 싶어서 한 것인데, 이후 비슷한 스타일의 잡지들이 많이 보이는 것을 보고 그는 바앤다이닝이 작은 물결 하나를 만들었다고 보고 있었다. 이 대표가 바앤다이닝을 운영하며 고수하는 원칙 중 하나인 "소규모 조직을 유지하겠다" 역시 작은 것의 힘을 보여 주기 위함이다.

장애를 갖고 태어난 이 아이가 이 사회에 잘 적응하게 하는 것까지가 내 일이다

많은 리더들은 특히 창업자들은 브랜드를 자신의 자식이라고 표현할 만큼 상당한 애착을 보인다. 그러나 좋은 브랜드라면, 그래서 오랫동안 많은 사람들의 삶을 나아지게 하는 브랜드라면 리더는 자신이 브랜드를 떠날 날을 염두에 두어야 한다(p42, '페어런트십' 참고).

이 내가 갑자기 1년을 비울 수도 있고, 언젠가 완전히 바앤다이닝을 떠날 수도 있다. 물론 바앤다이닝의 발행인 자리를 갑자기 비운다고 생각할 때는 인간적인 고뇌가 조금 있다. 내가 만들었기 때문에 내가 원하는 대로 해 줬으면 좋겠고, 아깝기도 하다. 나는 여전히 바앤다이닝에 집착한다. 그러나 그렇다 하더라도 이제는 그것조차 비워야 한다고 생각한다. 내가 무슨 도인이라서 그런 게 아니라 내가 놓지 못하면 정신건강에 매우 문제가 있겠다 싶어서다.

그는 당장은 바앤다이닝을 떠날 수 없다고 한다. 그러나 77권을 만들며 한 일이 자신이 없어도 바앤다이닝스러움을 유지할 수 있는 시스템을 만드는 것이었고, 한 매체의 대표로서 '숲을 보는 눈'을 스스로 트레이닝 했기에 언젠가 숲의 관점에서 문제가 없다면 여기 있는 사람들과 시스템을 믿을 것이라고 전한다. 그러나 아직 때가 아니라고 말하는 이유는 부족한 아이를 낳은 부모로서의 책임감과 의무감 때문이다.

EMBRYO CULTURE

이 언젠가 바앤다이닝을 위해서 내가 떠나야 한다는 생각은 분명하다. 브랜드십의 개념에도 완벽하게 동의한다. 내가 없어도 이 아이가 빨리 자립해서 스스로 잘 성장하기 바란다. 사실 창간호를 보고 주위에서 3호 이상 나오지 못할 것이라고 호언장담 했고 나도 그럴 것 같다고 생각했는데 여기까지 왔다. 바앤다이닝은 기존의 잡지들이 가진 기본도 가지고 있지 않은 너무 다른 잡지였다. 아이를 낳았는데 장애인이었던 것이다. 그래서 나는 이 아이를 보호할 책임과 의무가 있다. 하지만 수술을 시켜서 정상인을 만들거나 끝까지 내가 돌보는 것이 아니라, 이 아이가 나름대로 사회에 적응하고 특별한 아이로 친구들에게 인정받아 친구들도 생겼으면 좋겠다. 그래서 원칙을 하나 세워두었다. 바앤다이닝 안에서 리더가 나와야 한다는 것이다. 신입사원에게도 바로 당신이 그 사람일지도 모른다는 말을 한다. 무한 경쟁을 하라는 것이 아니라 이 장애인과 함께 사는 법을 몸으로 체험한 사람이 리더 역할을 해주기 바라는 마음에서 나온 원칙이다.

바앤다이닝의 브랜드십은 '선'에 의해서 만들어진다고 할 수 있다. 선하다는 것은 '착하다'는 말이 아니다. 누구나 옳다고 할 만한 것을 행동으로 옮기는 것이다. 바앤다이닝이 매체로서의 사회적 책임감과 '다음 세대가 누릴 차세대 럭셔리'라는 존재 목적의 선함을 가지고 있지 않았다면, 또한 그것을 실천하기 위한 작은 시도들을 실천하지 않았다면, 바앤다이닝은 브랜드십을 가진 브랜드라고 할 수 없을 것이다. 물론 바앤다이닝이 완벽한 브랜드십 상태에 있지는 않다. 브랜드 정언명령과 초월적 책임감을 가지고 있으며, 초전도체와 페어런트십의 태도를 가진 리더가 이끌고 있지만, 바앤다이닝이 진정 브랜드십을 가진 브랜드인지는 이 대표가 바앤다이닝의 발행인 자리에서 내려온 이후에 증명될 것이다.

인도 속담에 '인간은 나그네다. 인간은 주인이 되려 하지만, 신은 단지 우리에게 땅을 빌려 준 것 뿐이다'라는 말이 있다. 이 말은 브랜드십을 만드는 리더들에게 하는 말로 들리기도 한다. '리더는 나그네다. 리더는 주인이 되려 하지만, 브랜드는 단지 당신에게 자리를 빌려 준 것뿐이다.' 리더십이 부와 권력을 보장하는 것, 그에 따르는 책임과 스트레스만 감당하는 것이 아니라는 것을 깨닫고 리더는 나그네와 같은 여행자라고 생각하면 어떨까. 그래야 영속하는 브랜드십이 조직 내에 뿌리내릴 수 있을 것이다. 여행하는 동안 소유해야 할 것도 잃을 것도 없는 상태로 많은 타인들을 만나며 자기 자신을 알아가듯 말이다. UB

BrandShip Keywords Summary

브랜드 정언명령	■ 바앤다이닝의 존재 목적에는 '다음 세대에 차세대 럭셔리라는 정신적 유산을 남겨준다' '작은 것으로 세상을 바꾼다'는 선의지가 포함되어 있다. ■ 바앤다이닝의 리더는 선의지가 담긴 존재 목적을 의무적으로 따르고 있다.
초전도체	■ 이 대표는 바앤다이닝을 위해서 자신이 떠나야 한다는 생각이 분명하다고 한다. ■ 이 대표는 여전히 바앤다이닝에 집착하지만 갑자기 대표 자리를 떠나게 될 때 인간적인 고뇌가 따르더라도 깨끗이 마음을 비울 것이라 말한다.
초월적 책임감	■ 바앤다이닝은 무광택지를 쓰고 퍼스널 다큐멘터리 형식의 글을 씀으로 인해서 바앤다이닝뿐만 아니라 잡지업계 전체에도 긍정적 영향력을 미칠 것을 기대한다.
페어런트십	■ 이 대표는 언젠가 리더 자리에서 내려올 것을 염두에 두고 10년간 자신이 없어도 책이 만들어질 수 있는 시스템을 만들고 있다. ■ 이 대표는 이 부족한 아이(바앤다이닝)가 사회에 적응하는 데까지가 자신의 역할이라 생각한다.

이성곤 일본 동경공예대학 사진를 졸업하고 귀국 후 GRAY STUDIO를 운영하다 2003년 월간 바앤다이닝을 창간했다. 현재 워크컴퍼니 대표, 아트하우스 코발트블루, 스튜디오 5129 이사로 재직 중이며, 바앤다이닝, 더롯데, 서울클럽의 발행인 겸 아트디렉터로 있다.

MACOS ADAMAS

Steps to BrandShip

BM에서 BM으로, 마코스 아다마스

The interview with 마코스 아다마스 **대표 허명효**

"처음 세 줄."
세계적인 소설가이자 연출가인 이노우에 하사시에게 "글을 쓸 때 가장 어려운 것이 무엇인가"를 물었을 때 '시작의 어려움'을 단편적으로 표현하기 위해 사용한 말이다. 작은 씨앗이 싹을 틔우기 위해서는 사방으로 자신을 둘러싼 흙과 장애물들을 밀어내야 하는 것처럼, 또 창업자들이 새로운 브랜드를 런칭하기 위해서는 주변의 온갖 반대와 장애 요소들을 이겨 내야 하는 것처럼, 늘 시작은 어렵다. 하지만 모든 것을 이겨 낸 씨앗은 꽃을 피워 열매를 맺고, 모든 것을 견뎌 낸 창업자는 가치를 보전해 브랜드를 맺는다. "우리 브랜드만의 컬러를 찾는 것이 제일 어려운 숙제였다. 이미 '명품'이란 작위를 받은 브랜드로 비즈니스를 하는 것은 상대적으로 쉬운 게임이었다. '진짜 정성, 진짜 마음'이 담긴 브랜드를 만들어 보고 싶었고, 그것이 지금 내가 투자하고 투쟁하는 이유다." 룩옵틱스라는 이름으로 명품 아이웨어를 수입·유통하는 BM(Business Manager)으로서 성공가도를 걸어온 허명효 대표가 몇 해 전 새로운 브랜드를 런칭했다. 위의 말은 마코스 아다마스라는 주얼리 브랜드를 런칭하며, BM(Brand Master)으로 거듭난 그가 고백한 힘겨움의 '처음 세 줄'이다.

처음 세 줄

*마중물이란 펌프로 물을 길어 올릴 때 물을 끌어올리기 위해 붓는 물이다. 그 이름은 아마도 '큰 물줄기를 맞이하러 나가는 물'이라 해서 붙여진 듯하다. 신기하게도 마중물은 정말 펌프관을 타고 내려가 땅속 깊은 곳의 물을 밖으로 끄집어 내고, 힘차게 흐르게 한다. 한 바가지의 물이 주변 나무와 꽃을 충분히 적실 수 있을 만큼의 물을 뽑아 올리는 것이다. 그렇기에 마중물은 없어지는 물도, 그냥 버려지는 물도 아니다.

런칭을 위해 창업자가 쏟아 내는 열정, 헌신, 추진력, 그리고 철학은 이 마중물과 닮았다. 처음에는 창업자 개인의 철학과 이상적 가치를 담아 작게 시작되지만 이에 뜻을 더한 직원들의 힘이 더해지고 소비자가 응해 주면 세상을 변화시키는 브랜드가 될 수도 있기 때문이다.

2년 전, 허명효 대표는 자신의 철학을 *마코스 아다마스(이하 '마코스')라는 브랜드에 마중물로 부었다. '룩옵틱스'라는 아이웨어 수입·유통 사업에서 오랜 노하우를 지닌 허 대표라도 브랜드 런칭은 조금 다른 분야의, 어려운 일이었을 것이다. 해외 유명 브랜드를 국내에 소개하고 유통·관리하는 것과 브랜드 런칭은 다른 차원의 이야기이기 때문이다. 그는 왜 '브랜드'를 런칭하고 싶었을까?

허명효(이하 '허') 진짜 정성, 진짜 마음'이 담긴 브랜드를 만들어 보고 싶었다. 우리 주변에는 '과시욕' 때문에 생긴 브랜드도 부지기수다. 자신의 돈을 보여 주고 싶어서가 아니라, 철학을 보여 주고 싶어서 구매하게 되는 브랜드를 만들어서, '브랜드란 이런 것이다'라는 것을 알리고, 또 이로 생긴 수익을 브랜드의 철학대로 사용하는 브랜드, 그런 브랜드를 만드는 것이 지금 내가 투자하고, 투쟁하는 이유다.

그간 안정적인 수익 구조에 익숙했던 그에게 '브랜드 런칭'이란 전에 없던 '(당장은, 명백한) 지출'이었을 것이다. 실제로 그가 지난 2년 동안 브랜드에 투자한 금액은 100억 원 정도이며 현재도 지속적으로 투자하고 있다. 큰 지출이 있다는 것 외에 '브랜드를 유통하고 관리하는 것'과 '브랜드를 창조'하는 것에도 분명 차이가 있었을 것이다. 이에 관한 그의 '처음 세 줄'이 궁금했다.

허 우리 브랜드만의 컬러를 찾는 것이 제일 어려운 숙제였다. 인테리어와 제품 등에서 어떻게 한 방향, 한 컬러, 한 톤을 만들어 낼 것인가 말이다. '명품'이란 작위를 받은 브랜드로 비즈니스를 하는 것은 상대적으로 쉬운 게임이다. 이미 형성된 좋은 이미지가 있기 때문이다. 하지만 새로운 브랜드를 만드는 과정은 매 순간이 평가이며, 아무리 좋은 제품이라도 고객에게 인정받기까지는 상당한 시간이 걸린다. 처음부터 쉽게 될 것이라고는 생각하지 않았다. 지금은 수익보다 브랜드의 존재 목적과 철학, 그리고 컨셉을 공고히 할 때다.

우선 허 대표는 마코스 완성을 위한 1단계는 마쳐 가고 있는 상태라고 했다. 그가 말하는 1단계란 자신의 철학을 브랜드에 심고, 그것을 강화하고 정교해해 나가는 작업이다. 사실 현재 유니타스브랜드가 말하는 '브랜드십'의 시작이 여기다. 브랜드가 처음부터 브랜드십(①브랜드가 영속할 수 있도록 하는 힘, ②한 명의 리더보다는 전 직원을 리더화하는 힘, ③리더가 '주연의 자리'에 있기보다는 '조연의 역할'을 하는 것. ④리더십에 의한 브랜드 관리가 아닌 브랜드 문화에 의한 관리)을 가질 수는 없다. 누군가에 의해 만들어진 철학이 조직 내 뿌리내려 매 해 씨를 심지 않아도 스스로 자라날 수 있는 나무가 되는 것이다.

마코스의 '처음 세 줄'은 이렇게 허 대표에 의해 쓰여지고 있었다. 그러니 한 브랜드가 창업자와 닮게 되는 것, 혹은 창업자의 워너비wannabe가 되는 것은 당연한 일이다. 리더도 인간이기에 스스로는 완벽히 해낼 수 없는 것들, 이루고 싶은 가치들을 브랜드에 철학으로 심고 완벽하게 이루고자 하기에, 때로는 (일종의) 독선(獨善, 자기만 옳다고 믿고 행동하는 일), 독단(獨斷, 남과 상의하지 않고 혼자서 판단하거나 결정하는 일), 독재(獨裁, 모든 권력을 차지하여 모든 일을 독단으로 처리하는 일)의 모습을 보이기도 한다. 허 대표 역시 자신이 그러한 모습을 보여 온 것은 아닌지 우려된다고 고백했다. 하지만 '처음'은 그럴 수밖에 없지 않은가.

---

*마중물
일종의 사이펀siphon 현상을 이용한 것이다. 사이펀이란 원래 높은 곳에 있는 용기 속 액체를 기울이지 않고 낮은 곳으로 옮기는 연통관을 말한다. 석유통을 기울이지 않고 옮겨 담을 때 석유통에 호수를 넣고 조금 빨아들인 뒤 재빨리 옮겨 담을 통에 넣으면 석유를 힘들이지 않고 옮길 수 있는 것과도 같다. 여기서 처음에 호스 속으로 빨아들이는 이유는 압력차를 조정해 주기 위함인데 마중물 역시 펌프 내 관의 압력을 조절해 주는 것으로 보면 된다.

*마코스 아다마스
마코스 아다마스의 MACOS는 '건전한 양심은 청동벽이다'라는 뜻의 라틴어. 'Murus Aeneus COnscientia Sana'의 약자이며 ADAMAS는 '영원히 변치 않는 다이아몬드'라는 뜻의 그리스 고어, 'A DAM AS a da ma v'의 합성어다.

홀로, 독獨

때로는 견디기 힘든 창업자(혹은 CEO)들의 독단적인 모습은 어떻게 보면 당연하다. 씨앗으로서 주변 흙을 몰아낼 때도, 스스로를 희생해 마중물이 되었을 때도 그들은 '혼자'였다.

허 마코스를 처음 시작하자고 했을 때 회사 내에서 반대가 심했다. "우리가 무슨 주얼리 비즈니스냐"며 손사래를 쳤다. 처음에는 설득하려 했지만 결국 포기하고, 무시했다. 사실 무시'했다'기보다는 무시할'수밖에 없었다'가 맞을 것이다. 의도적이지는 않았지만 결과적으로는 그렇게 되었으니 말이다.

아직 형체가 보이지 않는 것을 누군가에게 이해하라고 하는 것만큼 힘든 일도 없다. 이럴 때 방법은 하나다. 리더 눈에만 보이는 그것을 실재로 만들고 형체를 보여 주는 것이다.

허 '우리의 주얼리는 이것이다. 우리는 이렇게 해 왔고, 우리는 이렇게 할 것이다'를 보여 줬다. 그럼에도 불구하고 시간은 걸렸지만 눈으로 보게 되니 차츰 호응하는 직원들이 생겨났다. 그 호응도가 차츰 높아져 이제는 체육대회든, 외부 행사든 내가 말한 것도 아닌데 내가 원하던 마코스의 모습을 그들 스스로 말하고, 그려 내고 있다. 지난 체육대회 때는 직원들 스스로 마코스팀, 아다마스팀으로 나눠 브랜드 스토리를 활용해 게임도 하고, 평상시에도 직원들 간에 사랑을 표현하는 각종 이벤트를 만들어 실천하고 있다. 그렇게 전이되는 모습이 나에게는 너무 신기하다.

말로 하는 설득은 또 다른 이야기를 만들어 내고, 나중에는 설득이 아니라 논쟁이 되고, 논쟁이 되다 보면 시비가 되고, 결국 감정만 악화되는 악순환 구조를 갖는다. 이 순환고리를 끊기 위해서는 무시하는 것도 (일시적으로는) 하나의 방법일 수 있다. 하지만 그것이 지속적인 면죄부가 될 수는 없다. 독獨이 독(毒, poison)이 되지 않기 위해서는 말이다.

독獨이 독毒이 되지 않기 위해서

새로 태어난 아이가 스스로 몸을 가누고 주변의 것들을 인지하기 전까지는 부모의 독단적인 보호가 필요하다. 아무 것도 모르는 갓난아이가 불을 만지려 할 때도 민주적으로(?) 아이의 의사를 존중할 수는 없는 노릇이다. 하지만 아이가 자신의 생각을 (어떤 방법이 되었건) 표현하고 대화를 시도하기 시작하면 그때부터는 이야기를 들어야 한다. 그렇지 않으면 욕구불만이 되고 그것은 어떻게든 표출되게 마련이다. 형체를 보아서건, 이론적인 설득에 의해서건 뜻을 함께하기로 한 동료들이 생기게 되면 그때부터 그 브랜드는 리더 혼자의 것이 아니다. 점차 단계를 두어 자신의 것이라 생각했던 브랜드를 공유하고 나누는 노력이 필요하다. 허 대표 역시 이에 대해 잘 알고 있었다.

허 아직은 나 역시 마코스에 집착하는 단계다. 하지만 점차 빠져나갈 것이다. 모든 것에는 단계가 있지 않은가. 오히려 지금은 심하게 집착하는 게 맞는 단계라 본다. 현재로서는 열심히 더 보여 주려 노력하고 있다. 내년이 그 정점일 것으로 예상한다. 올해까지가 농사를 위한 돌 거르기 작업이었다면 내년부터는 본격적인 '씨 뿌리기 작업'이 시작될 것이다. 그 씨가 잘 준비된 직원들의 토양에서 건강하게 자라날 것으로 본다.

그런데 그가 심고 있는 씨앗이 잉태하고 있는 것은 무엇일까? 그것이 맺게 될 열매 말이다.

표현하는 사랑이 진정한 사랑이다

"울리지 않는 종은 종이 아니며, 부르지 않는 노래는 노래가 아니고, 표현하지 않는 사랑은 사랑이 아니다"라는 시인 하만스타인Hammanstein의 명언을 떠올리게 하는 마코스의 메인 캐치프레이즈는 "표현하는 사랑이 진정한 사랑이다"다. 이것이 허 대표가 마코스를 통해 세상에 전하고 싶은 메시지다. 그리고 그 '표현의 매개체'로서, '사랑의 메신저로서 제 몫을 다하고 싶은 것이 브랜드 마코스다.

허 나무도 죽으라고 하면 죽고, 살라고 하면 산다. 고백하게 되면 더 사랑하게 된다고 믿는다. 오래된 연인일수록 사랑이 녹슬지 않는 방법을 배워야 한다. 그것이 '표현'이다. 사람들이 자신의 마음을, 사랑을 표현하지 않는 것이 안타까웠다. 있는 그대로 표현하기만 해도 세상은 훨씬 아름다워질 것이고 행복해질 것이다.

대부분의 CEO들은 허 대표처럼 세상에 전하고 싶은 메시지 혹은 철학을 자기 브랜드에 심는다. 그리고 그것이 죽은 씨앗이 되지 않도록 물을 주고 햇볕을 쬐어주며 영양분을 공급한다. 자신의 열정과 헌신으로 맺어진 영양분을 말이다. 그러한 경험을 통해 대부분의 BM(Business Manager)들이 BM(Brand Master, 브랜드에 능통한 자)으로 거듭난다.

> CEO들은 허 대표처럼 세상에 전하고 싶은 메시지 혹은 철학을 자기 브랜드에 심는다. 그리고 그것이 죽은 씨앗이 되지 않도록 물을 주고 햇빛을 쬐어주며 영양분을 공급한다. 자신의 열정과 헌신으로 맺어진 영양분을 말이다.

BM에서 BM으로

룩옵틱스라는 명품 아이웨어 유통 브랜드에서 그가 맡은 역할은 Business Manager에 가깝다. 하지만 브랜드의 철학을 심고 만들고 가꾸면서 제대로 된 브랜드를 만들어 가는 그의 오늘 모습에서는 Brand Master의 모습이 엿보인다.

허 브랜드란 문화를 만들어 나가는 주체라고 생각한다. 우리 브랜드는 '사랑의 표현'의 중심에 서겠다는 핵심적 사명이 있다. 이런 명확한 방향을 갖게 된다면 내가 이것을 지키려 애쓰지 않아도 직원들에 의해, 또 고객들에 의해 번져 나갈 것이라 믿는다. 사랑이라는 것은 인간이라면 누구나 힘쓰고 있고 열망하는 것이기 때문이다. 그렇기 때문에 사람들 간에 전이도 더 용이하고 빠를 것이라 생각한다. 그 전이 과정에서의 매개체가 마코스였으면 한다. 그리고 사랑이 전파되는 문화를 형성했으면 한다. 굳이 가르쳐 주지 않아도 삶 속에 살아 숨쉬는 브랜드 말이다.

'Brand Master'에서 마스터master는 '주인'이란 뜻 외에 '완전히 익히다' '숙달하다' '선생님'이란 뜻이 있다. 그래서 어떤 분야에서 마스터가 된다는 것은 그것을 가르치는 사람이 된다는 의미이기도 하다. 허 대표 역시 Brand Master가 됨으로써 그를 둘러싼 사람들을 가르치고 변화시키고 있다. 첫 번째 대상은 직원들이다. 직원들 또한 BM(Budget Manager)에서 BM(Brand Master)로 변화하고 있다. 단순히 수익 논리로 브랜드를 대하는 것이 아니라 브랜드의 핵심가치와 철학을 세상에 나누기 위한 아이디어를 내고, 의사결정의 기준을 브랜드 보호와 브랜딩에 두고 있다는 의미다. 그런 의미에서 직원 역시 Brand Master화되고 있다. 두 번째는 이렇게 변한 직원 Brand Master들이 소비자를 단순한 BM(Buzz Messenger)에서 BM(Brand Master)으로 변화시키고 있다. 일반적인 Buzz Messenger인 소비자와 Brand Master가 된 소비자는 다르다. 전자가 나르

내가 과연 마코스의 철학에 맞는 사람인가를 항상 되묻곤 한다. 그 철학을 심은 사람이 나라지만 그대로 살고 있는가 하는 문제는 또 다르다. 직원들과 갈등을 겪을 때, 그들을 '꾸짖을 때 그 '표현' 안에 '사랑'이 있는지 아니면 나의 '불만'이 있는지 자문한다. 그들도 그것을 느낀다.

는 입소문에는 가격, 판매처, 품질 등에 대한 긍정적, 부정적 메시지들이 대부분이다. 하지만 Brand Master격의 소비자들은 긍정적이든, 부정적이든 해당 브랜드의 철학을 논하고 브랜딩을 논한다. 그리고 브랜드를 (성장이라기보다는) 성숙시킨다. 해당 브랜드가 자기다움을 제대로 유지하고 있는지, 브랜드 약속을 제대로 지키고 있는지에 대한 날카로운 분석과 따끔한 쓴소리를 제공한다는 의미다. 그것이 Brand Master화된 소비자의 모습이다. 이러한 단계별 성숙은 결국 마코스에게 브랜드십을 갖게 하는 원동력이 될 것이다.

Brand-master

어미로서 '-master'는 이런 뜻을 가지고 있다. '~ 돛대의 배.' 예를 들어 'four-master'는 '네 개의 돛을 단 배'라는 의미다. 그렇다면 'Brand-master'의 뜻은 무엇일까? '브랜드라는 돛을 달고 바람(트렌드)을 타며, 목적지(브랜드 핵심가치 실현)를 향해 순항하는 배'를 의미하지 않을까? 브랜드십BrandShip에서 ship(배)이라는 단어가 들어간 것도, master라는 단어에는 '선장'이란 의미가 있다는 것도 어딘지 모르게 복잡하지만 미묘한 연결고리들이 있어 보인다.

그리고 그 배는 리더 한 사람에 의해 운항되는 것이 아니라 이미 Brand Master화된 직원들에 의해 이끌릴 것이다. 물론 허 대표가 이야기했듯 현재 마코스가 그러한 단계에 와 있다는 것은 아니다. 앞으로 나아갈 길이 더 먼, 이제 2년차 브랜드다. 하지만 허 대표가 브랜드를 대하는 태도(그는 이미 브랜드 성인식을 염두에 두고 있다. p42, '페어런트십' 참고)와 자사의 핵심가치를 조직의 '문화'로 정착시키기 위해 노력하는 모습을 보면, 그들의 배는 올바른 항로로 진입했고 방향키 역시 제대로 잡힌 것으로 보인다.

이러한 것은 한순간에 이루어진 것도, 그러한 마음이 있다는 것으로 해결될 수 있는 것도 아니다. 부단한 노력, 특히나 브랜드 유아기 때는 리더의 헌신과 명료한 일관성이 요구된다.

허 내가 과연 마코스의 철학에 맞는 사람인가를 항상 되묻곤 한다. 그 철학을 심은 사람이 나라지만 그대로 살고 있는가 하는 문제는 또 다르다. 직원들과 갈등을 겪을 때, 그들을 '꾸짖을 때' 그 '표현' 안에 '사랑'이 있는지 아니면 나의 '불만'이 있는지 자문한다. 그들도 그것을 느낀다. 또 내가 그들을 얼마나 사랑하고 있는지를 최대한 많이 '표현'하려 애쓰고 있다. 본사 직원뿐만 아니라 매장의 직원들에게까지 '표현하는 사랑이 진정한 사랑이다'라는 것이 몸으로 느껴져야 그 사랑을 고객에게 그대로 전달할 수 있을 것이다. 내가 직원들에게 배우는 경우도 많다. 별로 해준 것 없는 내게 보내는 적극적인 사랑 표현을 받을 때가 그렇다. 물론 아직은 내공이 부족하다. 그래서 좀 더 지켜 보다 직원들이 마코스를 완전히 이해한다고 느껴지는 순간 나는 마코스에서 빠지고 정신적 수양 시간을 더 갖고 싶다.

리더십의 대상 바꾸기

'훌륭한 리더십의 조건'들은 이미 무수히 많이 나왔다. '정직, 용기, 비전, 책임, 감정이입, 겸손, 헌신…' 그런데 그 리더십의 대상은 늘 '직원'이었다. 만약 그 대상을 '직원'에서 '브랜드'로 바꿔 보면 어떨까? 브랜드에게 정직하고, 용기를 보이고, 비전을 그려 보이며, 책임감을 갖고, 감정이입을 하며, 겸손하고, 헌신한다? 만약 리더가 이러한 면모를 보인다면, 이를 지켜보는 직원들은 리더와 자신과의 관계에서 가지는 세심한 배려에서보다 더 큰 감동과 감화를 받지 않을까?

리더 스스로 브랜드에 대해 '건전한 양심을 보이며 청동벽 같은 삶(MACOS)'을 산다면, 그에게서 영혼을 옮겨 받아 자라난 브랜드 또한 '영원히 변하지 않는 다이아몬드(ADAMAS)' 같은 브랜드가 될 확률이 높다. '진정성', 리더의 브랜드에 대한 진정성은 브랜드십을 형성하는 든든한 토대가 될 것이며 이것이 Brand Master가 된 리더가 직원과 소비자까지 Brand Master로 전이시키는 0단계가 될 것이다. UB

BrandShip Keywords Summary

브랜드 정언명령	■ 허 대표는 "표현하는 사랑이 진정한 사랑"이라는 자신이 중요하게 생각하는 가치를 신생 브랜드인 마코스 아다마스의 철학으로, 존재목적으로 또 정언명령으로 만들기 위해 노력 중이다.
초전도체	■ 허 대표는 자신이 브랜드의 정언명령을 지킬 수 있는 사람인지, 제대로 그 명령을 수행하고 있는지를 끊임없이 자문하며 스스로 삶의 태도를 수정해 나간다. 그것이 그가 말한 '정신적 수양 시간'에 관한 것이다. ■ 스스로 마코스 아다마스의 정언명령을 실천하기 위해 본사 직원 및 매장 직원에게 사랑의 표현은 최대한 적극적으로 하고자 한다. 그 사랑은 정서적, 금전적, 물리적 보상으로 '표현'된다.
페어런트십	■ 허 대표는 현재를 "농사를 위한 돌 거르기 과정, 내년은 씨 뿌리기 과정이라 생각한다"고 말한다. 그 씨는 그들의 조직문화 속에서 잘 자라날 수 있을 것이기에 자신이 없더라도 마코스 아다마스는 영생할 수 있을 것이라 믿는다.

허명효 1998년 설립한 세계 명품 아이웨어 수입·유통 브랜드인 룩옵틱스의 대표이며 2009년 런칭한 주얼리 브랜드 마코스 아다마스의 대표로 활동 중이다.

브랜드 B자 배우기 3.

김철수와
폴 스미스 Paul Smith

존경하는 김철수 회장님께

먼저 저희들에게 신규 브랜드 런칭에 관한 컨설팅을 의뢰하신 것에 대해서 감사의 마음을 올려드리고 싶습니다. 브랜드에 대해서 아직도 배울 것이 많고 부족한 것이 많은데, 짧은 지식을 높이 평가해서 선뜻 수십 억원의 컨설팅 비용과 수억의 선금금을 주신다기에 너무 놀라서 회장님이 보내신 비서의 얼굴을 한참 동안 쳐다만 보았습니다. 겨우 정신이 돌아와 찬물을 세 잔이나 마신 후에야 저에게 건네 주신 컨설팅 제안서를 자세히 살펴보았습니다. 회장님이 주신 제안서를 두 번이나 살펴보았고, 정말 하고 싶은 컨설팅이지만 과연 이것을 우리가 할 수 있을까라는 걱정 때문에 저는 찬물을 서너 잔 더 마셨습니다.

송구스럽지만 먼저 결론부터 말씀드린다면 '김철수'라는 회장님의 존함으로 패션 명품 브랜드를 만들라는 제안은 저희들의 능력 부족과 한계로 인해 응할 수 없게 되었습니다. 포털사이트 검색 창에 '김철수'를 입력하면 현재 활동 중인 높으신 분들이 무려 70여 명이 검색됩니다.

일단 브랜드 등록 자체가 안 됩니다. 회장님의 힘으로 어떻게 된다고 하더라도 김철수라는 이름에서 발산되는 지극히 한국적인 느낌으로 인해서 회장님이 원하시는 모던, 트렌드, 아상블라주와 미니멀리즘을 느낄 만한 프랑스 브랜드로 만들기는 불가능하다고 생각됩니다. 다시 한 번 저희들의 지식의 한계를 느끼면서 제안하신 컨설팅 제안을 받아들이지 못하는 것에 대해서 송구스럽게 생각합니다.

추신 : 혹시 '앙드레 김'처럼 '에드워드 김'이나 '리처드 김'이라고 쓰면 안 될까요? 부끄러운 아이디어지만 김철수의 '철수'와 발음이 비슷한 영어식 이름인 '찰스; Charles'로 바꾸면 어떨까요? '찰스 김'도 나름 좋은 것 같습니다.

IDEA ESSAY

Kim Chul Soo & Paul Smith

컨설턴트가 틀렸다. 김철수는 브랜드가 될 수 있다. 폴 스미스Paul Smith라는 영국 브랜드를 보자. 폴Paul이라는 서양 이름은 잭Jack, 빌Bill, 조지George와 함께 서구권에서는 아주 흔한 이름이다. 우리가 알고 있는 '폴'들만 해도 수십 명일 것이다. 폴 세잔느, 폴 뉴먼, 폴 메카트니, 폴 포츠, 장 폴 사르트르, 폴 앨런, 폴 모리아, 폴 고갱, 폴 오스터 등. 미국으로 이민 간 내 친구의 아들 이름도 폴 장이다. 스미스 또한 흔한 성으로 영화배우 윌 스미스, 경영학자 애덤 스미스, 농구 선수 조시 스미스 그리고 영화 〈메트릭스〉에 나오는 수만 명의 스미스 요원까지 아마 폴 스미스는 한국의 김철수 정도로 흔한 이름일 것이다. 그런데 어떻게 한국판 김철수라고 할 수 있는 폴 스미스는 영국의 대표 브랜드가 되었을까?

영국 브랜드라면 정통과 전통의 이미지가 떠오를 것이다. 만약 김철수처럼 폴 스미스를 평범한 이름으로만 알고 있다면 처음 듣는 브랜드 폴 스미스의 제품에 대해 그 이름처럼 매우 지루하고 평범한 이미지를 떠올릴지도 모른다.

그러나 영국 브랜드 폴 스미스는 유머와 재치, 그리고 낭만적인 캐릭터를 가지고 있다. 특히 그의 제품에는 옷 이상의 가치를 주고자 수십 번 생각하면서 지웠다 그린 데생의 흔적이 남아 있다. 한마디로 예상하던 평범한 영국적 이미지는 없다. 여기서 폴 스미스의 브랜드가 시작되는 것이다. 평범하지만 특별하고, 특별하지만 튀지 않는 것이 브랜드 폴 스미스다.

이론과 사례로 본다면 김철수도 분명 브랜드가 될 수 있다. 소비자가 단번에 김철수라는 브랜드에서 지금까지 보지 못한 가치와 의미, 그리고 철학을 발견할 수 있다면 말이다. 또한 일관성이라는 형태로 브랜드 김철수의 아이덴티티를 유지한다면 캐릭터 브랜드가 되기 어렵지만(캐릭터 브랜드를 원하면 비용이 많이 들 것이다) 국민 브랜드는 될 수 있을 것이다. 따라서 브랜드를 런칭할 때 가장 중요한 것은 경쟁 브랜드 제품과의 차별화보다 브랜드 김철수와 인간 김철수들 간의 차별화를 고민해야 한다.

경쟁사가 모방할 수 없는 것은 기술이 아니라 브랜드를 만드는, 브랜드가 되려는 인간 김철수의 철학(흔히 영혼 및 가치라고 부른다)이다. 결국 브랜딩이란 상품이 철학을 논할 정도의 수준으로 격상되는 을 말한다. 따라서 김철수 회장은 자신의 이름으로 브랜드를 만들기 전에 그 누구도 만들지 못한 자신만의 철학과 이미지를 만들어야 한다.

보이지 않는 것(철학)을 보이게(차별화된 상품) 하고, 보이는 것(인간 김철수)을 보이지 않게(브랜드 김철수와 인간 김철수를 다르다고 믿는 것) 하라.

익숙한 것(이름 김철수)을 낯설게(브랜드 김철수) 하고, 낯선 것(김철수가 주는 선입관과 다른 것)을 익숙하게(브랜드 김철수로 느껴지게) 하라. UB

Harley-Davidson

로카르의 법칙과 할리의 법칙으로 증명된
브랜드십의 법칙

The interview with 할리데이비슨 코리아 **대표 이계웅**

2년 전, 할리데이비슨 코리아의 이계웅 대표와 인터뷰를 하면서 우리는 브랜드로서 갖추어야 할 철학에 대해 나누었다. 그리고 할리데이비슨을 유니타스브랜드 Vol.12 '슈퍼내추럴 코드'에서 다루려던 계획을 수정하여 시즌II에 나가게 될 Vol.16에서 다루기로 했다. 왜냐하면 이 대표가 2년 뒤 자신의 철학을 '건물'로 보여주겠다고 말했기 때문이다. 괴테는 건물을 '얼어 붙은 음악'이라고 정의했다. 우리는 할리데이비슨 코리아의 '얼어 붙은 철학'을 보기 위해서 2010년 4월, 다음 인터뷰 때까지 기다렸다. 로카르의 법칙에 따라 심증(이론)보다는 물증(현장)을 확보하고 기사를 작성하기로 결정한 것이다. 그리고 오늘, 우리는 2년 전 이론(심증)으로만 들었던 할리데이비슨 코리아의 법칙이 실현(물증)된 것을 보았다. 이 대표가 브랜드 철학의 접점에서 행복이라는 흔적을 어떻게 찾았는지, 그리고 어떻게 공유했는지를 건물로 직접 보게 된 것이다. 그의 말은 진실이었고 현실로 구현되어 사실로 입증되었다.

로카르의 법칙으로 할리데이비슨을 찾다

로카르의 법칙Locard's Principle이란 프랑스 범죄학자인 에드몽 로카르Edmond Locard 교수가 제시한 것으로, 범죄가 발생하면 그곳에는 반드시 가해자와 피해자의 접촉으로 인한 흔적이 있다는 것이다. 그의 법칙은 얼핏 들으면 지극히 당연해서 상식 수준에서 이해되는 '현상에 대한 해설'일 뿐이다. 만약 '접촉하는 두 개체는 서로 흔적을 교환한다'가 법칙이라면 '비가 오면 땅이 젖는다'도 법칙이라고 우기면 법칙이 될 것 같다. 하지만 상식은 법칙으로 가려진 지식이다. 사과가 땅으로 떨어지는 것은 일반인에게는 상식이지만, 과학자 뉴턴은 사과가 떨어진다는 상식에서 만유인력이라는 논리적 지식인 '자연법칙'을 발견했다.

상식을 지식이라고 말해서 '법칙'이라 부르기에도 쑥스러운 이 로카르의 법칙은 과학수사의 철저한 원칙이 되었다. 왜냐하면 범죄 현장에서 이를 지키지 않고 자신의 직관만으로 범인을 추정하는 경우가 많기 때문이다. 수사의 시작은 로카르의 법칙에 따라 '흔적'이라고 하는 '증거'를 찾는 것이다. 그래서 로카르의 법칙은 범죄 수사를 어떻게 할 것인가에 관한 태도의 규정이 되었다. 한마디로 로카르의 법칙은 '심증'이 아니라 '물증'을 찾는 것이다.

'소비자와 기업이 만나는 곳에는 브랜드가 있다.' 분명 이것은 시장의 일반 법칙이라 말할 수 있다. 할리데이비슨 코리아의 이계웅 대표는 할리데이비슨 코리아를 로카르의 법칙 관점에서 이해하고 있다. 할리데이비슨 코리아는 어떤 브랜드인가라는 질문에 이 대표는 다음과 같이 대답했다.

이계웅(이하 '이') 브랜드는 기업의 헌신과 고객의 기대의 접점에서 만들어진다고 생각한다. 할리데이비슨 코리아도 분명 고객의 꿈과 그것을 만족시키려는 회사의 약속이 만들어 낸 브랜드다. 그리고 우리 브랜드의 중심은 행복이라고 생각한다.

그는 우리가 흔히 오토바이라고 부르는 모터사이클을 '행복'이라고 정의했다. 더 나아가 고객과 브랜드의 접촉 흔적에 '행복'이 없다면 브랜드가 아니라는 것이 그의 법칙이다. 이 대표의 브랜드 법칙은 '행복한 브랜딩을 하기 위해서는 직원이 행복해야만 한다'이다. 즉 내부 직원이 행복해야만 그 행복이 밖으로 흘러 나가서 소비자를 행복하게 할 수 있다는 말이다. 언뜻 듣기에는 그럴듯해 보이지만 과연 '내부의 행복함'이 외부로 전달될 수 있을까? 그러나 이 '행복 전이론'을 말하기 전에 고민해 보아야 할 문제가 있다. 바로 '행복'이다. 수천 년 동안 철학자와 시인들이 '행복'을 연구하고 노래했지만 아직까지 행복은 정의되지 않았기 때문에 할리데이비슨 코리아가 주는 행복이 무엇인가부터 정의해야 할 것이다.

평범한 어떤 사람은 "1년 동안 10억을 소유하는 것은 행복"이라고 말할 수 있겠지만, 재벌인 어떤 사람은 "1년 동안 10억을 소유하는 것은 불행"이라고 말할 수 있다. 이처럼 행복은 지극히 주관적이다. 할리데이비슨이란 브랜드의 주관적 행복은 '자유'라고 한다. 할리데이비슨의 자유를 어떤 이는 '폼'이라고 말하고, 또 어떤 이는 '일탈'이라고 말한다. 하지만 특별한 사람(주로 할리데이비슨의 모터사이클을 소유한 사람들)에게 할리데이비슨은 자신의 철학을 눌러 놓은 일종의 '자아'다. 여하튼 모터사이클이라는 운송수단의 역할이 '거리의 이동'에서 '마음의 초월'로 바뀌어진 것은 분명한 사실이다.

이 대표와의 첫 인터뷰는 2010년 4월이 아니라 2년 전인 2008년 8월이었다. 옛 본사가 있던 한남동 할리데이비슨 코리아 건물 지하 1층에서 만나 시작한 첫 인터뷰에서 그의 첫 번째 대답이 바로 위에서 언급한 '행복론'이었다. 이 대표는 '브랜드란 무엇인가'라는 에디터의 질문에 답하고는, "유니타스브랜드는 왜 존재하는가?"라는 질문을 도리어 에디터에게 했다. 이 대표는 우리의 대답을 듣고 나서 자신이 이런 질문을 한 이유를 설명했다.

이 이런 질문은 철학이 없으면 답할 수 없는 질문이다. 브랜드를 만들고자 한다면 그 회사는 반드시 자신에 관한, 자신의 존재에 관한 철학이 있어야 한다. 그렇지 않으면 브랜드가 방향을 잃기 때문이다. 우리(할리데이비슨 코리아)의 존재 철학은 모터사이클의 리더가 되는 것이다. 리더가 된다는 것이 매출 1등이 되어야 한다는 것이 아니다. 할리데이비슨 코리아가 한국에서 모터사이클 문화의 건전한 룰을 만들어야 하기에 리더가 되어야 한다는 것이다. 두 번째는 행복함을 추구하는 것이다. 나는 행복해져야 한다. 우리 직원들도 행복해져야 한다. 할리데이비슨 코리아를 통하여 행복할 수도 있겠지만 우리는 할리데이비슨 코리아와 더불어 행복하고 싶다. 나와 직원들이 행복을 브랜드와 삶에 얼라인먼트alignment 시킴으로써 할리데이비슨 코리아의 브랜드를 구축하고 있다고 생각한다.

명 자신이 어디로 가는지도 알고 있는 사람이다.

이 대표는 자신이 서 있는 곳을 알려 주기 위해 지갑에서 브랜드의 나침반에 해당하는 '비전 카드'를 꺼내 보였다. 할리데이비슨 코리아의 비전은 '모터사이클 관련 업계의 리더로서 해당 분야를 선도함은 물론 당사와 관련된 4대 주체의 행복을 추구하는 것'이라고 적혀 있었다. 4대 주체는 고객, 임직원, 할리데이비슨 본사, 그리고 대한민국 사회였다. 가치의 기준을 살펴보면 할리데이비슨 코리아의 방향을 쉽게 찾을 수 있다. '행복과 즐김, 정당함, 진실, 긍정적 사고, 약속 이행, 사랑, 상호존중, 투명, 창조적 사고, 그리고 최선'이다.

처음 할리데이비슨 코리아를 취재하러 갈 때 가지고 간 브랜드 구축과 전략에 관한 예상 질문은 하나도 묻지 못했다. 그보다는 오히려 그의 철학에 대해 더 많이 들었다. 이 대표는 그 이유에 대해 다음과 같이 말했다.

톰 피터스는 그의 저서 《미래를 경영하라》에서 "앞으로는 텃밭의 소유권이 아니라 명분을 위해서 싸우는 기업이 승리한다. 이때 명분을 세우는 것이 리더의 역할이다"라고 말했다. 최근 필립 코틀러 교수는 저서 《마켓3.0》에서 브랜드가 소비자에게 필요와 욕구를 파는 것이 아니라 '가치'를 팔아야 하는 시장 환경이 되었다고 설파했고, 브랜드의 구성원들도 가치를 공유하고, 그 가치에 따른 행동을 도출하게 하라고 당부했다. 명분과 가치를 통한 브랜딩 구축을 이야기한 경영의 구루들의 통찰력과 행복을 추구하는 경영 리더의 현장 경험의 접점에서 우리는 할리데이비슨 코리아의 '브랜드 구축'이라는 흔적을 발견했다.

"애플은 변함없이 기술과 인문학의 교차점에 서 있다." 이 말은 최근 스티브 잡스가 아이패드iPad를 출시했을 때 자신이 애플 제품을 어떻게, 그리고 왜 만들었는지를 설명하면서 한 말이다. 자신이 서 있는 곳이 어디인지 아는 사람이라면 분

이 할리데이비슨 코리아라는 브랜드가 절대 나의 행복은 아니다. 그것만이 나의 행복이 되어서도 안 된다고 생각한다. 할리데이비슨이라는 '브랜드'가 있고 할리데이비슨 코리아를 경영하는 '내'가 있다. 태양과 지구가 적당한 거리를 두고 공전과 자전을 하는 것처럼 나의 철학과 할리데이비슨이라는 브랜드의 철학은 적당한 거리를 두고 서로 균형과 조화를 유지하고 있다. 할리데이비슨과 할리데이비슨 코리아도 마찬가지다. 우리가 추구하는 할리데이비슨 코리아는 미국 브랜드가 아니라 한국에서 재해석된 브랜드라고 할 수 있다. 할리데이비슨이란 브랜드는 우리가 행복을 추구하는 접점에서 만난 브랜드이다. 우리는 '두 개의 바퀴를 가지고 있는 모든 것'에 관심을 가지고 있다. 할리데이비슨도 그중 하나라고 생각한다. 할리데이비슨은 우리의 꿈과 가치를 추구하는 데 동역자 같은 브랜드다. 그렇기 때문에 우리는 모터사이클을 파는 것이 아니라 할리데이비슨이라는 브랜드의 철학을 우리의 것과 함께 지킨다고 생각한다. 브랜드는 전략이 아니라 철학으로 구축하는 것이다.

1시간 30분가량의 인터뷰를 하면서 우리는 브랜드로서 갖추어야 할 철학에 대해 나누었다. 그리고 할리데이비슨을 유니타스브랜드 Vol.12 '슈퍼내추럴 코드'에서 다루려던 계획을 수정하여 시즌II에 나가게 될 Vol.16에서 다루기로 했다. 왜냐하면 이 대표가 2년 뒤 자신의 철학을 '건물'로 보여 주겠다고 말했기 때문이다. 괴테는 건물을 '얼어붙은 음악'이라고 정의했다. 우리는 할리데이비슨 코리아의 '얼어 붙은 철학'을 보기 위해서 2010년 4월, 다음 인터뷰 때까지 기다렸다. 로카르의 법칙에 따라 심증(이론)보다는 물증(현장)을 확보하고 기사를 작성하기로 결정한 것이다.

이계웅의 리더십으로 완성된
할리데이비슨 코리아의 브랜드십, 릴레이션십

2년 후인 2010년 4월. 할리데이비슨 코리아의 본사를 찾는 것은 쉬웠다. 왜냐하면 경부고속도로 하행선을 따라 내려가다 보면 보이기 때문이다. 하지만 도로를 에워싼 벽 때문에 본사의 건물은 보이지 않고 대신 벽 위로 튀어나온 할리데이비슨의 브랜드 심벌 기둥이 눈에 띈다. 마치 항공모함의 함교監橋처럼 보인다.

본사 건물을 들어갔을 때 제일 먼저 눈에 띈 것은 '탁아방'이었다. 왜냐하면 탁아방이 매장보다 커 보였기 때문이다. 아마 탁아방이 더욱 크게 보인 것은 두 명의 아이와 한 명의 교사만 있었기 때문일 것이다. 식당이 탁아방 맞은편에 있는 것도 특이했다. 탁아방 뒤편에 있는 건물과 어울리지 않는 커다란 피트니스 센터도 특이해 보였다. 대부분의 브랜드 본사에는 손님을 접대하기 위해 품위 있고 훌륭한 그림이 있는 안내데스크 혹은 접견실이 있어야 하는데 여기는 탁아방이 있었던 것이다.

이 대표와의 인터뷰는 탁아방이 왜 거기에 있어야 하는지부터 시작했다. 탁아방에 대한 첫 이야기는 할리데이비슨 코리아의 윤정희 재경팀장에게 들을 수 있었다.

윤정희 나는 탁아방의 최대 수혜자다. 내 자리 창문에서 보면 바로 저 탁아방이 보인다. 그걸 고려해서 탁아방을 만든 건 아니지만 내 자리가 탁아방에서 나의 아이들이 노는 모습을 볼 수 있는 가장 좋은 장소다. 또한 남자 직원의 아내들이 아이들과 함께 탁아방에 와서 잠시 놀고 가는 모습도 볼 수 있다. 여기가 직장이어서 아이들을 하루 종일 볼 수는 없지만 점심에 같이 밥 먹고, 얼굴 보고 이야기하고, 점심 때 화단에 가서 물도 주는, 그런 행복감들이 여기에 있다. 이런 직장 시설이 있기에 정말 큰 행복감을 맛보고 있다.

탁아방은 할리데이비슨 코리아가 행복을 추구한 결과였다. 대답을 모두 듣고 우리는 다시 이 대표에게 질문을 했다.

큰 탁아방에 두 명의 아기만 있는 것 같다. 비효율 아닌가?

이 현재 두 명이 사용하고 있다. 한 명이든 두 명이든 아이 수가 탁아방을 운영하는 기준이 되지는 않는다. 왜냐하면 경제적인 논리로 행복을 평가해서는 안 되기 때문이다. 행복은 규모의 경제로 풀어 갈 수 있거나 실현시킬 수 있는 것이 아니다. 중요한 것은 우리가 했던 '행복하자'는 약속을 지켰다는 것이다. 우리가 행복해야 하는 것이 존재의 이유이기 때문이다. 우리는 할리데이비슨 코리아를 경영하다가 행복하지 않으면 이 비즈니스를 접을 수도 있다고 생각한다. 할리데이비슨도 중요하지만 우리보다는 중요하지 않다. 우리가 할리데이비슨 코리아를 경영하는 것은 할리데이비슨의 미션이 우리가 추구하는 것과 동일선상에 있기 때문이다. 우리의 꿈은 할리데이비슨이라는 브랜드로 돈을 많이 버는 모터사이클 기업을 만드는 것이 아니라, 이를 통하여 꿈을 이루는 회사가 되는 것이다. 따라서 건물에서 가장 안전하고 쾌적한 공간인 남향은 꼭 탁아방이 있어야 할 곳이다. 우리는 건물을 짓기 전에 탁아방의 위치를 먼저 잡았다. 사람들은 탁아방의 위치가 건물 효율면에서는 좋지 않다고 말한다. 과연 건물의 효율은 무엇인가? 이익을 위한 공간을 만드는 것이 건물의 효율인가? 그것이 과연 행복한 건물인가? 건물은 직원이 행복하게 일하는 곳이다. 따라서 그 기준에서 행복을 가장 크게 느낄 수 있는 건물이 만들어져야 한다. 그렇다면 건물을 지은 다음 가장 행복한 사람은 누구일까? 나와 직원들이라고 생각하지만 더 행복해질 수 있는 사람이 있다. 바로 부모와 함께 회사에 온 아이들이다. 아이들이 행복할 때 직원들이 행복해진다. 엄마와 헤어지지 않고 언제든지 만날 수 있는 곳에 아이들이 있고, 그 아이들의 행복을 위해서 탁아방이 1층에 있는 것이다.

우리는 2년 전 이론(심중)으로만 들었던 할리데이비슨 코리아의 법칙이 실현(물증)된 것을 보았다. 이 대표가 브랜드 철학의 접점에서 행복이라는 흔적을 어떻게 찾았는지, 그리고 어떻게 공유했는지를 건물로 직접 보게 된 것이다. 그의 말은 진실이었고 현실로 구현되어 사실로 입증되었다.

아리스토텔레스의 《니코마코스 윤리학》 제1권 5장에 이런 말이 있다. "돈을 버는 삶은 일종의 강제된 삶이다. 또 부가 우리가 추구하는 가치가 아니라는 사실은 분명하다. 돈은 다른 것을 위해서 유용할 따름이다." 이 대표의 행복론은 '소유권'이 아니라 '추구권'에 있었다. 이 대표가 할리데이비슨 코리아를 통해서 배운 것이 있다면 행복할 수 있는 것, 행복하게 할 수 있는 것 그리고 행복해야만 하는 것이다. 더불어 '친구들의 것은 공동의 것'이라는 그리스 속담처럼 이 대표는 할리데이비슨이라는 브랜드를 '친구'인 고객과 직원이 공동으로 누려야 할 공동의 행복이라고 말하고 있다.

명료한 생각이 명료한 글이 되는 것처럼, 명료한 철학이 명료한 브랜드가 된다. 이 대표의 철학과 그 철학이 녹아든 리더십을 변환시켜 브랜드십으로 운영하고 있는 할리데이비슨 코리아는 어떤 기업인가? 이 대표의 대답은 명료했다.

이 만약 내가 우리 모두 함께 세우고 지키고 있는 할리데이비슨 코리아의 가치 기준을 지키지 않는다면 물러나야 한다고 생각한다. 직원들이 물러나라고 말했을 때 나는 그 요청을 받아들일 수밖에 없을 것이다. 왜냐하면 할리데이비슨 코리아는 법적으로는 나의 것이지만 영적으로는 우리의 것이기 때문이다. 나는 우리의 것을 지키는 사람일 뿐이다. 나는 이 가치 기준을 지킬뿐더러 여기에 있는 모든 사람이 지키길 원한다. 그것을 하지 못할 때는 아마 나도 굴욕적인 퇴임을 당하게 될 것이다.

그는 다시 한 번 주머니에서 2년 전에 보여 준 할리데이비슨의 비전 카드를 보여 주면서 이렇게 말했다.

이 내가 이 카드에 있는 내용을 지킴으로써 직원들이 브랜드를 지킬 것이다. 이것이 우리의 브랜딩이다.

만약에 어떤 기업이 브랜드로 사업 모델을 만들고 고객을 창조하여 수익을 창출하겠다고 하면 이는 곧 고객과 함께 '영속경영'을 하겠다는 뜻이다. 브랜드 경영을 하기 원하는 기업은 '영생불멸의 브랜드 구축 전략서'를 가지고 있어야 하는데, 이런 개념과 현상은 최근에 밝혀진 개념이기에 아직까지

'이론'만 존재할 뿐 실제적인 매뉴얼은 없다. 그러나 이 대표는 할리데이비슨 코리아를 어떻게 영속시킬 것인가를 알고 있었다. 그것은 '자신을 위한 리더십'을 포기함으로써 브랜드가 리더십을 갖는, 곧 브랜드십을 조직이 갖도록 하는 것이다. 그는 브랜드 영속성에 대해서 이렇게 말하고 있다.

이 나는 할리데이비슨 코리아에서 일하면서 가치 기준을 지키지 않을 때는 언제든지 떠날 수밖에 없는 문화를 만들었다. 이 말은 할리데이비슨 코리아는 가장 할리데이비슨 코리아다운 사람이 일하면서 행복할 수 있는 브랜드로 만들었다는 것이다. 오너가 없어도 브랜드가 존재하게 만드는 리더십이 진정한 리더십이라고 생각한다.

하버드 케네디스쿨 리더십 연구소 의장인 워렌 베니스Warren Bennis는 "매니저는 시스템에 집착하지만, 리더는 사람에게 초점을 맞춘다"고 했다. 또한 "리더는 리더십이 부족할수록 그만큼 그것을 더 갈망한다"고 했다. 이 대표는 자신만을 위한 리더십을 버릴 때 진정한 리더가 되며 또한 브랜드십을 얻는다는 것을 알고 있었다. 어떻게 이런 리더십을 버릴 수 있는가에 대해서 다시 한번 이 대표에게 다양한 질문을 했다.

당신 없이도 영속하는 브랜드로 만들기 위해 어떤 일을 하는가?
이 제품은 사라지지만 스토리는 사라지지 않는다. 미국 할리데이비슨도 심각한 경영 위기가 있었지만 사라지지 않은 것은 당시 '자유를 갈망하는 시대정신'이라는 스토리가 있었기 때문이다. 사람들은 언제나 대표적인 원형과 스토리를 가진 브랜드를 갈망한다. 할리데이비슨이라는 브랜드는 어려웠던 경영 위기를 자신의 가치와 정신으로 극복했다. 이것이 사람들이 할리데이비슨을 좋아하는 이유다.

나는 행복을 추구할 때 우리만의 스토리가 만들어진다고 생각한다. 그 스토리는 우리의 미션, 비전, 그리고 가치라는 삼겹줄로 만들어지기 때문에 웬만해서는 끊어지지 않을 것이다. 이렇게 하기 위해서 나는 직원들이 스스로 일하게 만든다. 내가 보는 것은 '우리 내부의 전문가들이 가치, 비전, 그리고 미션에 맞게 일하는가 아닌가'다. 이런 의사결정 과정에서 삼겹줄은 만들어지고, 브랜딩이 구축되며, 행복을 가질 수 있는 것이다. 실험적으로 나는 6개월 동안 자리를 비울 것이다. 여기에서 이계웅이라는 존재를 잠시 없애고 싶다. 만약 이계웅이 없어서 더 잘 되면 나의 중요도가 떨어지고 사라지는 것이 인간적으로는 서운하겠지만, 브랜드적으로는 브랜드를 잘 구축했다는 평가를 받는 것이다. 내가 없어도 할리데이비슨 코리아가 지속되어야만 영속하는 브랜드가 될 수 있다고 생각한다.

그렇다면 당신이 할리데이비슨을 떠날 때 어떤 사람이 리더가 되었으면 하는가? 기준을 듣고 싶다.
이 리더십의 힘은 리더가 얼마나 원칙을 지키는가에 달려 있다고 생각한다. 원칙을 지킨다고 하면 자칫 융통성이 없고 외길을 걷는다고 생각할 수도 있다. 그것은 변칙론자들의 변명이다. 무엇보다도 원칙을 지키기 위해서는 고집이 아니라 철학이 있어야 한다. 나는 그 사람의 능력보다는 어떤 철학을 가지고 있고, 그 철학이 우리의 것을 어떻게 공유하게 하며 지켜 낼 수 있을까를 더 먼저 보고, 고민할 것 같다. 돈을 버는 조직이 있고 가치를 지키는 조직이 있다면 나는 가치를 지키는 조직을 만들어야 된다고 생각한다. 그 조직이 결국 사회를 바꾸며 리드하게 될 것이다. 현재 할리데이비슨 코리아가 건전한 모터사이클 문화를 리드하고 이에 대한 책임감을 갖는 것은 단순한 브랜드 캠페인이 아니라 우리가 일하는 방식으로 세상을 바꾸겠다는 우리의 의지다. 따라서 우리의 방식을 이해하고 주도하는 사람이 차기 할리데이비슨 코리아의 대표가 될 것이다.

할리데이비슨 코리아의 이계웅 대표가 말한 모든 것을 법칙으로 말한다면 지극히 간단하다.

할리데이비슨 코리아의 브랜드십 법칙 : BrandShip by Neo-relationship(새로운 관계 설정으로 만들어지는 브랜드십)

이 법칙의 메시지는 할리데이비슨 코리아는 누가 리더가 되는가에 관심을 갖기보다는 우리가 어떤 관계를 통해서 함께 일하는가를 더 중요하게 여긴다는 것이다. 브랜드는 더 이상 '목표 달성 및 거래'가 아니라 '행복 추구 및 관계'다. 이것이 할리데이비슨 코리아의 법칙이다. 할리데이비슨 코리아의 법칙에서 말하는 관계는 우리가 개념적으로 알고 있는 '행복을 추구하는 가족 같은 관계'만을 말하는 것이 아니다. 브랜드에 의해서 관계가 재정립Neo-relationship되는 것을 말한다. 재정립되는 비밀은 할리데이비슨 코리아 직원들이 모두 지갑에 가지고 있는 비전 카드에 있다.

이 대표의 비전 카드나 말단 직원의 비전 카드는 직급에 따라서 권한과 임무가 달리 적힌 조직 운영 카드가 아니다. 오직 하나의 가치와 미션, 그리고 비전이 그 카드에 적혀 있다. 이 카드는 조직 구조에서 리더가 높은 '위치'에서 조직원들과 관계를 맺도록 만들지 않는다. 리더 역시 오직 브랜드를 완성시키는 사람들 중 하나일 뿐이며, 이러한 관점은 수직에서 수평으로 새로운 관계를 재정립시킨다. 한마디로 리더가 주연에서 조연이 되는 것이다. 비전 카드는 조직이 '브랜드 정언명령'을 따르게 하고 리더를 '초전도체'로 변화시켜 리더와 직원들이 조직의 핵심가치에 대해서만큼은 모두 평등해지는 새로운 관계를 형성하게 하는 역할을 하고 있었다. 모두 그것을 이루는 일원이며, 브랜드 안에서 하나의 관계로 재형성되었다. 이 대표에게 비전카드는 브랜드의 정언명령이고, 이를 이루기 위해서 스스로 초전도체가 되었다. 건전한 모터사이클 문화를 리드하겠다는 비전카드의 내용을 지키지 못하면 물러나겠다는 '초월적 책임감'을 가지며, 자신이 없어도 브랜드가 유지되도록 직원을 성장시키는 '페어런트십'을 가지고 있었다. 그들이 가지고 있는 카드는 액자에 갇힌 비전이 아니다. 자신이 어디에 있고 어디로 가야 할 지를 알려 주는 아이덴티티 나침반이며, 브랜드의 영원한 시간을 현재의 시간으로 알려주는 존재의 시계다. 비록 종이에 프린트해 코팅하여 만든 비전카드지만 분명 할리데이비슨 모터사이클의 엔진과 같은 소리를 내는 브랜드의 엔진이었다. 우리는 할리데이비슨 코리아에서 리더십이 브랜드십으로 차원이 달라지는 논리, 바로 시적인 브랜드 완성을 보았다.

혁신적인 비전과 창조적인 철학

innovate혁신하다의 어원은 라틴어로 innovare에서 나왔고 그 의미는 '재창조'다. 할리데이비슨 코리아를 인터뷰하러 갔을 때 우리는 할리데이비슨과 할리데이비슨 코리아가 같지만 다르다는 것을 알았다. 우리가 지금 보고 있는 한국의 할리데이비슨이라는 브랜드는 할리데이비슨 코리아에 의해 한국에서 재창조된 브랜드였다.

이 할리데이비슨은 자유를 갈망하는 미국의 시대정신을 가지고 있는 대표적인 미국 브랜드다. 미국의 시대정신을 알지 못한 채 할리데이비슨의 겉 모습만 따라 하는 것은 한마디로 영혼을 흉내 내는

것이다. 단지 미국의 할리데이비슨을 제대로 구현하는 것으로 만족해서는 안 된다. 할리데이비슨의 철학과 비전을 우리 것과 결합, 구축해서 우리만의 시대정신을 만들어야 한다고 생각한다.

할리데이비슨 코리아에 가면 할리데이비슨 모터사이클의 구매자가 자신의 스타일에 따라서 선택할 수 있는 옵션북이 있다. 할리데이비슨 모터사이클의 구매자는 그 옵션북을 보면서 자신의 스타일에 맞게 모터사이클을 재창조한다. 그래서 할리데이비슨의 모터사이클은 모두 같지 않다고 한다. '비슷하면 가짜다'라는 말이 있다. 그렇다면 모두 같다면 무엇일까? 할리데이비슨은 소비자를 소비자가 아니라 '자신'으로 만들어 준다고 한다. 한마디로 이 세상에 하나밖에 없는 '진짜'를 만들어 준다고 한다. 할리데이비슨 코리아는 소비자 자신이 '진짜'가 되어서 자유롭게 되는 것이 행복이라고 주장한다.

이 사람은 모방할 때 행복하지 않고, 자신의 것으로 새롭게 만들 때 행복해진다고 한다. 강력한 브랜드인 할리데이비슨을 재창조하려면 자신만의 철학이 있어야 한다. 철학은 내가 왜 이 브랜드를 소유해야만 하는가에서 시작된다. 철학 없이 사는 것은 남들이 사니까 나도 사는 충동구매에 불과하다. 하지만 철학을 가지고 할리데이비슨 모터사이클을 소유했다면 최소한 할리데이비슨의 가치에 동참했다는 것이다. 철학은 상대방의 가치를 비판하거나 동참할 수 있는 분별력을 줄 수 있다. 따라서 자신의 철학과 할리데이비슨의 철학이 만나서 또 다른 가치와 비전을 만들어야 한다. 그것이 지금까지 우리가 이야기한 행복과 기준에 관한 이야기다. 우리는 모터사이클을 수입해서 판매하는 사람이 아니라 행복을 창조하고 고객에게 전달하고자 하는 사람들이다. 우리는 고객에게 진정한 자아와 자유를 준다.

정량적인 목표란 선으로 한계를 그어 버린 비전이다. 업계와 브랜드의 기준이 되어 선으로 그을 수 없는 '행복'을 추구하겠다는 할리데이비슨 코리아 사람들을 보면서 토머스 로렌스Thomas Lawrence의 《지혜의 일곱 기둥》 머리말이 떠올랐다. "누구나 꿈을 꾼다. 그러나 그 꿈이 모두 같은 것은 아니다. 밤에 꿈을 꾸는 사람은 밝은 아침이 되면 잠에서 깨어나 그 꿈이 헛된 것이라는 사실을 이내 깨닫는다. 반면에 낮에 꿈을 꾸는 사람은 몹시 위험하다. 그런 사람은 눈을 활짝 뜬 채 자신의 꿈을 실현시키려고 행동한다. 그렇다. 나는 낮에 꿈을 꾸었다."

할리데이비슨 코리아 사람들과 이 대표는 할리데이비슨 코리아를 통하여 '목표를 달성하는 성공'보다 '목적을 발견하는 행복'을 꿈꾸고 있었다. 그리고 그 꿈으로 고객을 꿈꾸게 하고 있다. 그들은 분명 브랜드십으로 영속가능경영을 꿈꾸고 그것을 현실로 만들고 있었다. UB

BrandShip Keywords Summary

브랜드 정언명령	할리데이비슨 코리아의 존재 목적은 행복이다. 그래서 이들은 "할리데이비슨 코리아를 경영하다가 행복하지 않으면 이 비즈니스를 접을 수도 있다고 생각한다"고 말하기도 한다.
초전도체	할리데이비슨 코리아에는 그들만의 '비전 카드'가 있다. 그들이 꼭 지켜야 할 것이 명시된 이 비전 카드 앞에서는 모두가 평등하다. 이를 지키지 못하면 대표자도 자리에서 내려와야 한다고 생각한다.
초월적 책임감	이들은 한국의 모터사이클 문화를 바로 세우고 올바른 룰을 만들기 위해 업계를 할리데이비슨이 주도해야 한다고 생각한다. 모터사이클 문화를 할리데이비슨의 책임으로 느낀다.
페어런트십	대표 없이도 할리데이비슨 코리아가 잘 운영되고 지속적으로 성장하게 하기 위해 이 대표는 실험적으로 6개월 동안 자리를 비울 계획을 하고 있다.

이계웅 한국 외국어대학교를 졸업하고 ㈜대우 섬유사업부, 해외사업팀 멕시코 법인에서 근무하였으며, 1999년 ㈜할리데이비슨 코리아를 설립했다. 미국 상공 회의소 자동차 분과 위원회 공동 의장을 역임하고 현재 KoMIA(한국모터사이클산업협회) 공동 회장으로 있다.

브랜드의 줄기세포, 리더십
지속가능경영에서 영속가능경영으로

"줄기세포는 생체 내 세포들의 근원이라는 의미로서 무한대로 자가재생을 할 수 있으면서, 특정 세포로 분화가 진행되지 않은 채 유지되다가 필요할 경우 몸을 구성하는 모든 종류의 세포로 분화할 가능성을 가진 세포라고 할 수 있죠"라고 생물학자가 말한다면 브랜더는 이렇게 말할 것이다. "브랜드 쪽에서는 줄기세포와 같은 것을 '브랜드십으로 변환 가능성이 있는 리더십'이라고 합니다. 리더십 또한 필요에 따라 여러 가지 리더십으로 변환 가능성을 가지고 있기 때문이죠. 그중 브랜드십으로 분화하여 성장하는 줄기세포(리더십)는 브랜딩의 근원이 되어 브랜드를 구축하는 사람, 즉 브랜드 리더들을 무한 증식시키는 힘이라고 할 수 있습니다. 따라서 브랜드십이 구축된 브랜드는 특수한 조건과 상황에서 자신의 가치와 비전으로 배양한 사람들을 통해 생명을 영원히 유지할 수 있습니다."

리더십과 브랜드십, 그 차이와 차원에 대해서

아프리카에서는 침팬지를 사냥해서 먹는 부족도 있다. 침팬지 요리를 상상할 때 비위가 거북해지는 것은 우리가 알고 있는 침팬지는 타잔의 친구이며, 놀이공원에서 아이들에게 재롱을 부리는 귀염둥이로서 인간과 어느 정도 교감을 나누는 몇 안 되는 포유류 중 하나이기 때문일 것이다. 그런 친구를 음식으로 대하자니 거북한 것이다. 무엇보다도 소, 돼지와는 달리 인간의 몸과 유사한 형태를 가진 동물의 팔다리를 뜯어 먹는 것을 상상하면 마음이 편치 않다.

아마 침팬지를 유전학적으로 살펴보고 나서 '침팬지 수육'을 생각해 본다면 더 비위가 상할 것이다. 유전학적으로 인간과 침팬지는 98.4% 같다고 한다. 고릴라는 97.7%, 오랑우탄은 96.4%가 같다. 수치적으로 생각한다면 침팬지는 인간과 1.6%가 다를 뿐이다. 진화론에서는 원숭이를 인류의 먼 친척으로 생각하기 때문에 '침팬지 음식'은 존속 살해급으로 생각될지 모른다. 그러나 침팬지는 1.6% 부족한 인간이 아니라 침팬지다.

침팬지와 사람이 같은 지구에 있듯이, 시장에도 '상표가 있는 상품'과 '브랜드'가 섞여 있다. 이때 브랜드는 상품에서 진화한 것이다. 처음부터 브랜드인 것은 없다. 우리가 일반적으로 말하는 '잘 알려진 상표'는 돈의 힘으로 인지도를 올린 상품일 뿐이다. 브랜드는 돈으로 만들 수 없는 '충성도'를 가진 것으로서 인지도와 충성도는 1.6%의 차이지만 전혀 다른 것이다.

불과 15년 전만 해도 매장에 가면 사람들이 잘 모르는 상품은 직원들이 "이거 미제입니다"라고 소개하거나 아니면 '메이커가 대기업 A사입니다'라고 말하곤 했다. 이때의 기준은 '품질'이다. 그리고 이때 외국 제품들과 대기업 메이커들이 외친 슬로건은 '유사 상품에 주의하세요!'였다. 브랜드 연대기로 따진다면 이것은 '쥐라기 상표 시장'이라고 할 수 있다. 그러나 15년이 지났다고 지금의 시장이 브랜드 시장으로 완전히 변한 것은 아니다. 아직도 상표의 보조 및 비보조 인지도를 가지고 브랜드인지 아닌지 여부를 결정하고 있다. 그래서 TV광고를 통하여 많이 알려지면 브랜딩이 구축되고 있는 것으로 착각한다. 인지도를 올리는 행위가 마케팅(market+ing, 시장을 움직임)이라고 말할 수는 있겠지만 그것이 브랜딩(brand+ing, 문화와 가치를 구축)은 될 수 없다.

최근 케이블 채널을 틀어 보면 OO상조와 △△대출은행의 광고가 가장 많이 나온다. 그 이유는 선택 기준이 모호한 시장의 상품들은 광고를 통하여 인지도가 올라가면 익숙한 것을 선택하는 사람의 속성상 선택 받기 쉽기 때문이다. 시쳇말로 광고로 '잘 낚을 수 있다'는 것이다. 말 그대로 '그중에 하나'를 고르는 시장에서는 '익숙한 것'을 고르는 것이 안전하다는 지극히 일반적인 심리다. 이런 기업과 상품을 '브랜드'라고 말한다면 흔히 브랜드의 대명사라고 할 수 있는 할리데이비슨, 애플, 몽블랑과 같은 브랜드들은 '브랜드'라는 단어를 같이 쓰는 것에 대해서 마음이 불편할 것이다. 과연 상표가 붙어 있고 사람들이 그것을 알고 있다고 해서 브랜드가 될 수 있을까?

지구에 인간과 침팬지, 오랑우탄, 고릴라가 있듯이 시장에는 브랜드를 기준으로 그와 비슷한 것들이 있다. 하지만 인간과 침팬지는 차원이 다르듯이 '브랜드'와 '브랜드 비슷한 것'도 차원이 다르다. 인지도를 올리는 매체의 발달로 인해 이런 복잡한 분화는 더욱 심화되고 있다. 특히 기술의 발달로 인해 복제 기술이 향상되어서 유사 상품뿐만 아니라 유사 브랜드도 더욱 흔해지고 있다.

비록 이렇게 유상 상품, 유사 브랜드, 복제 브랜드가 범람하는 등 복잡한 시장의 변화가 있지만 덕분에 브랜드를 찾는 것은 오히려 더 간단해졌다. 특정 브랜드를 놓고 다음 질문에 답할 수 있다면 그것은 브랜드다.

1) 이것 말고 대체할 만한 다른 것이 있는가?
2) 이것은 자신만의 스타일이 있는가?
3) 이것은 유사한 것과 구별되는 가치와 철학이 있는가?
4) 이것을 소유하면 사람들은 나의 성격과 개성, 그리고 세계관을 알아맞힐 수 있을까?

그 외 여러 가지 검증 질문이 있지만 한마디로 말한다면,

5) 이것은 나의 identity^{아이덴티티}(동일함, 고유성, 독자성 그리고 주체성)가 될 수 있는가?

> 리더십이 리더가 있는 동안 비즈니스(기업)를 '지속가능'하게 만드는 것이라면, 브랜드십은 리더가 없어도 브랜드를 '영속가능'하게 만드는 것이다.

정글에 사는 침팬지와 고릴라는 '차이'가 있지만, 침팬지와 사람은 '차원'이 다른 것처럼, 오늘날 난잡한 시장에서 브랜드를 규명하는 작업은 commodity^{상품}에 관한 '차이'를 발견하는 것이 아니라 identity를 확인하는, 즉 '차원'이 다른 작업이다. 왜냐하면 상품은 기계적인 결과물이고 브랜드는 관계적인 결과물이기 때문이다.

그렇다면 상품과 1.6% 차원이 다른 브랜드는 누가 만들 수 있을까? 상품을 잘 만드는 사람이라고 브랜드도 잘 만들 수 있을까? 상표를 널리 알리는 사람이라고 브랜드도 만들 수 있을까? 이 부분에 대해서는 자신의 가치와 철학을 가진 브랜더가 브랜드를 만들 수 있다고 유니타스브랜드 시즌의 Vol.13 《브랜딩》에서 설명한 바 있다. 《브랜딩》에서 다룬 브랜드들이 공통적으로 말한 브랜드 경영의 정의를 먼저 읽어 본다면 브랜더가 무슨 일을 하는지 그리고 어떤 사람인지도 알 수 있다. 요약하자면 다음과 같다.

'브랜드 경영은 브랜드의 핵심적인 사명을 이루기 위해서 브랜드의 조직원들이 자신들의 가치관, 비전, 목표, 목적, 협력, 존경, 그리고 일하는 과정을 함께 공유하는 것이다. 또한 이 과정을 고객과 함께 공유하게 되는 것이 브랜딩이다.'

브랜드 경영을 위와 같이 정의하는 리더는 과연 어떤 리더십을 보일까? 우리가 알고 있는 그런 일반적인 리더십일까? 결론부터 말한다면 그들의 리더십은 '브랜드십^{BrandShip}을 만드는 리더십'이었다. 리더십이 리더가 있는 동안 비즈니스(기업)를 '지속가능'하게 만드는 것이라면, 브랜드십은 리더가 없어도 브랜드를 '영속가능'하게 만드는 것이다. 따라서 리더십과 브랜드십을 비교 분석하면 불과 1.6% 정도밖에 차이가 나지 않지만, 1.6%는 유한한 인간과 무한한 브랜드 간에 차원이 다른 이야기가 된다.

To be or not to be, that is question

개*와 평균 수명(15년)이 비슷한 대부분의 기업들은 런칭 초기 5년 동안은 '브랜딩'이라는 '무병장수無病長壽'를 추구하기보다는 '대박'이라는 '부귀영화富貴榮華'를 꿈꾸며 앞으로 내달린다. 한마디로 그들의 매출은 부귀이고, 종업원의 수는 영화다. 일반적으로 10년 동안 전심전력으로 열정을 다 바친 기업은 1등의 보좌에 오르거나 당장 사용하지 못할 정도로 많은 돈을 은행에 쌓아 놓게 된다. 하지만 '좀 더 많이' 벌고 싶어하는 기업 본능의 관성으로 인해 기업은 끊임없이 목표 매출 달성에 그치지 않고 돌파하려고 든다.

하지만 시장의 규칙을 바꾸는 경쟁자들의 출현 및 시장의 최고 성장 한계점에 이르면 멈출 것 같지 않은 이 돌격도 주춤거린다. 모든 수단을 동원하여 성장의 한계점을 뚫고 나가려던 기업은 결국 '수직 성장'에서 '수평 연장'이라는 전략적 후퇴를 결정한다. 하지만 그전까지 공격 모드를 풀가동시켜 끊임없이 성장하던 기업은 '방어'에 대한 이해가 없기에 '매출 유지'를 불쾌하고 굴욕적이라 여긴다. 정체된 시장 상황에서 간헐적으로 임기응변식 아이디어를 내서 무모하게 돌파하려고 애쓰기도 한다. 그러나 전략 없는 도전으로 계속 실수를 연발하고 결국 어느 순간 시장에서 소리 없이 사라진다. 이것이 15년 안에 사라지는 기업들이 반복하는 공통 운명이다.

물론 성장이 잘못되었다는 것은 아니다. 잘못된 성장이 잘못이다. 경영자는 성장하고 있는 기업에 대해 근시안적이고 낙관적인 평가를 하며 매출 성장이 기업의 성장이라고 믿고 있다. 그 믿음의 바탕은 '잘 되기 때문에' '잘 되어 갈 것이다'라고 믿는 것과 '무조건적인 성장'이 바로 기업의 '절대 성장'이라고 믿는 것에 있다.

그동안 시장의 역사에서 배운 분명한 교훈은 기업 성장의 길은 일반적으로 오르막인 동시에 수많은 장애물이 있고, 내리막도 분명 존재하기 때문에 단지 '속력'만 내서는 안 된다는 것이다. 속력보다 더 중요한 것은 방향을 잃지 않는 것이다. 속력으로 인한 매출 달성도 성장이지만 올바른 방향 설정으로 인한 브랜딩 구축도 성장이다.

성장 관점에서 리더의 의사결정은 목표 매출 초과 달성을 위한 '전략적 선택과 지시'였다. 초과 달성만이 기업의 생명력을 유지할 수 있다고 믿었기 때문이다. 만약에 그런 리더들에게 지속성보다는 영속성을 위해서 의사결정을 하라고 한다면 어떤 일이 벌어질까? 아마도 기준과 방향을 잡지 못할 것이다. 물론 유한한 생명을 가진 인간인 리더가 브랜드의 영속성을 이해하기란 쉽지 않을 것이다.

기업이 가야 할 방향은 어디인가? 대기업이 지나간 길인가? 아니면 업계를 리딩하는 기업들이 지나간 확인된 길일까? 이번 특집에서 다룬 기업들은 자신이 자신답게 되는 방향을 선택했다. 자신이 중요하다고 생각한 방향을 택했고 그 길을 걷는 것에서 빠르기보다는 '제대로' 그리고 '지속적으로' 가고 있는가를 더 중요하게 생각했다. 이런 기업의 '지속성'은 또 다른 시간을 만들었는데 그것은 '지속성'과 또 다른 차원의 시간인 '영속성'이다. 이들은 매출의 속력보다는 가치의 완성을 중요시하는 기업으로 지속가능성에서 영속가능성으로 시간을 초월하였다.

그렇다면 가치의 완성은 무슨 말이고 영속성은 무슨 정의를 가졌을까? 바로 브랜드에 관한 이야기다. 독자가 지금 보고 있는 매거북의 이름은 유니타스브랜드다. 그렇다면 이것을 만드는 기업의 이름이 바젤커뮤니케이션임을 아는 독자는 몇 명이나 될까? 바젤커뮤니케이션의 법인명이 모라비안유니타스로 바뀌는 것에 대해서 유니타스브랜드의 독자는 과연 관심을 가질까? 실제로 기업들은 여러 가지 상황적 이유(내부 조건, 인수합병 등)로 기업의 이름(혹은 주인)이 바뀐다. 그런데 독자가 원하는 것은 유니타스브랜드라는 브랜드의 영속성이지 바젤커뮤니케이션이라는 비즈니스 주체의 영속성은 아닐 것이다.

우리는 시장에서 브랜드의 주인은 계속 바뀌어도 브랜드는 여전히 브랜드로 존재하고 있는 것을 보았다. 브랜드는 영원하고 비즈니스는 일시적이라는 사실은 시장의 수많은 사례를 통해서 확인되었다. 따라서 리더는 브랜드의 영속성을 위한 의사결정을 할 때나 기업의 비즈니스를 위한 의사결정을 할 때 이제 '브랜드 관점'이 중요하다는 것을 인식해야 한다. 왜냐하면 기업의 영속성의 비밀은 바로 브랜드가 가지고 있기 때문이다.

기업을 위한 의사결정과 브랜드를 위한 의사결정은 그 근본이 매우 다르다. 기업의 의사결정에는 소비자 참여를 생각하지 않는다. 하지만 브랜드를 위한 의사결정을 한다는 것은 브랜드를 영속하게 만드는 소비자를 중심으로 의사결정을 하겠다는 뜻이다. 그리고 그 의사결정은 대부분 CEO, 즉 리더가 한다.

그렇기에 브랜드의 영속성을 위해서는 '리더'의 역할이 99%라고 해도 과언이 아니다. 하지만 1% 정도의 리더십 결함도 브랜드 실패의 치명적인 이유가 될 수 있다. 1%의 치명적 결함이란 리더가 자신이 유한하다고 생각하지 않는다는 것, 또한 자신의 브랜드가 무한할 것이라고 생각하는 것이다.

브랜드십을 갖기 위한 리더십의 첫 단계는 리더가 자신도 하나의 생명을 가진 유한한 존재라는 것을 인정하고 지금의 브랜드도 평균 수명 15년을 넘지 못할지 모른다는 사실을 인정할 때 가능하다. 유한함을 인정한 리더는 브랜드의 영속을 위해서 브랜드의 생명, 곧 리더들을 찾아서 브랜드십을 훈련 시키고, 브랜드 문화를 만들어서 브랜드가 '스스로 존재'할 수 있도록 만들어야 한다.

여기서 '스스로 존재'라는 개념은 브랜드 전략에서 나온 것이 아니라 신[God]의 영속성과 초월성을 설명할 때 나온 개념을 차용한 것인데(구약성서에서 이스라엘 백성을 애굽에서 구출하라는 하나님의 목소리를 들은 모세는 하나님에게 '이름'을 물어 보았다. 그때 하나님은 자신을 소개하면서 '스스로 있는 자(I am the one who always is / I am who I am / I will be what I will be)'라고 설명했다) 브랜드가 '스스로 존재'한다는 것은 카리스마 리더 없이 브랜드의 가치와 비전만으로도 브랜드가 지속 및 영속하기 위한 방법론적 접근과 이해다.

'End or endless, that is question.' 리더가 그동안 '죽느냐 사느냐'는 정신으로 브랜드를 런칭했다면, 이제는 브랜드 스스로 존재할 수 있도록 자신의 의사결정에 신중해야 할 것이다. 그 의사결정이 브랜드를 자신과 함께 끝나게[end] 할 것인지 아니면 영원히 지속[endless]하게 할 것인지를 판가름하기 때문이다.

> **브랜드의 영속성을 위해서는 '리더'의 역할이 99%라고 해도 과언이 아니다. 하지만 1% 정도의 리더십 결함도 브랜드 실패의 치명적인 이유가 될 수 있다. 1%의 치명적 결함이란 리더가 자신이 유한하다고 생각하지 않는다는 것, 또한 자신의 브랜드가 무한할 것이라고 생각하는 것이다.**

기억은 해석, 행동은 번역

일반적으로 작가는 대본을 먼저 쓰고 작품의 주인공과 맞는 배우를 찾는다. 간혹 작품의 인물에 몰입하기 위해서 주인공이 될 만한 배우를 먼저 정하고 쓰는 경우도 있다. 물론 명배우일 경우는 배우에 맞추어서 대본을 쓰는 경우도 있다.

리더는 작가일까? 감독일까? 배우일까? 만약 배우라면 주연일까? 조연일까? 이것에 따라서 모든 것이 달라진다. 리더의 취향과 성향에 따라 제각기 결정하겠지만, 소비자 관점에서 주인공은 브랜드와 소비자다. 그렇다면 기업의 조직 관점, 즉 내부 관점에서 리더는 무엇일까?

브랜드십을 가진 브랜드를 만들기 위해서 브랜드는 '작가'이자 '감독'이어야 한다. 리더는 주연이 될 '브랜드'라는 미래 리더를 위해서 자신의 역할을 충실히 하는 '조연'이다. '브랜드가 브랜드 되기 위해서' 리더는 직위가 아니라 역할이라는 것을 스스로 인정해야 한다. 알다시피 최고의 조연은 '주연 같은 조연'이다. 충분히 주연이 될 수 있는 배우가 조연이 될 때 주연과 작품이 더욱 빛나는 법이다.

그렇다면 주연급 조연 배우로서 리더는 어떻게 해야 할까? 이는 배우들의 연기 기술법에서 방법론을 찾을 수 있다. 배우는 극중 역할에 집중하기 위해서 정서적 기억과 감각적 기억을 활용한다. 정서적 기억이란 배우 자신이 과거에 겪었던 경험을 심리적으로 환기하여 무대에서 사실에 가까운 감정을 갖는 것이다. 예를 들어 배우가 무대에서 다리가 부러진 연기를 할 때 머릿속으로 '아프다는 시늉을 하라'고 명령만 내린다면 그야말로 관객은 '아픈 척'하는 배우를 보게 된다. 그러나 예전에 다리가 부러진 경험을 그대로 투영시켜서 보여준다면 관객은 정말 아픈 배우를 보게 된다. 그래서 셰익스피어는 '다쳐 보지 않은 사람은 남의 상처를 보고 웃는다'고 말했다. 배우들이 나이가 들수록 삶의 경험이 많아지면서 연기가 풍부해지는 것도 이 때문이다.

감각적 기억은 배우가 배역의 상황에 적합한 신체적 반응을 보여 주기 위해서 실제 생활에서 오감의 반응을 의도적으로 기억하고 다시 재현하는 연기 방법이다. 예를 들어 배우가 우는 연기를 하기 위해서 실제로 울어 보면서 그때 근육의 변화와 신체적 움직임에 따른 행동과 감정을 모두 기억해서 무대에서 우는 것을 재현하는 것이다. 감각적 기억은 흔히 스릴러 영화에서 형사가 연쇄살인범을 잡기 위해 의도적으로 살인을 하고 살인자의 태도 변화를 분석하여 살인자를 찾는다는 이야기로 종종 사용된다.

배우는 감각적 기억과 정서적 기억의 상호작용을 통해 극의 완성도를 높인다. 그렇다면 주연급 조연인 리더는 배우로서 어떻게 브랜드의 완성을 위해서 감각적, 그리고 정서적 기억을 활용할 수 있을까? 리더의 경험을 많이 해본 사람이거나 두 개의 리더십을 동시에 경험할 수 있는 리더라면 이 두 가지의 기억을 활용할 수 있겠지만 대부분의 리더들은 없던 기억을 창조, 재생, 그리고 환원하여 사용하기 어렵다. 그 대신 독특한 기억으로 리더의 역할을 할 수 있다. 바로 '창조적 모방 기억'이다.

일반적으로 롤모델, 오마주, 멘토로 생각되는 사람의 행동을 기억하여 자신의 역할에 투영하는 것이다. 예를 들어 '우리 아버지는 이럴 때 어떻게 하셨을까?' '피터 드러커라면 이럴 때 어떻게 했을까?' '〈CSI 과학수사대 – 라스베이거스〉의 길 그리섬 반장이라면 어떻게 했을까?'라는 모방 기준을 두고 역할을 상상하면서 상황에 맞게 그들이 하리라 예상되는 행동을 할 수 있다. 여기까지는 신입급 리더도 연습하면 할 수 있는 연기다. 우리가 보기 원하는 최고의 조연급 연기는 리더가 그 브랜드가 되어서 연기를 하는 것이다.

'만약 내가 몽블랑이면 지금 어떤 의사결정을 할까?' '내가 만약 스타벅스라면 어떻게 대처할까?' '내가 할리데이비슨이라면 이 상황에서 무엇을 포기할까?' 이런 브랜드급 연기를 하기 위해서는 리더는 브랜드의 가치, 비전, 존재 이유, 철학 등을 완전히 숙지하고 체화해야 한다. 만약 그렇지 않으면 보기 거북한 애드리브 ad lib 연기를 하게 된다. 배우가 배역을 충분히 이해해야만 탁월한 연기가 나오는 것처럼, 리더도 브랜드를 충분히 이해해야만 브랜드십을 보여 줄 수 있다.

리더십에서 브랜드십으로, 다른 연기를 하기 위해서 리더는 '정언명령'을 받은 '초전도체'가 되어야 한다. 그들의 극중(조직에서) 역할은 '초월적 책임감'을 가진 자로서 주연인 브랜드를 주연답게 만들고 올바른 방법으로 사랑하는 '페어런트십' 또한 가져야 한다. 브랜드가 브랜드 될 때, 브랜드는 주연의 역할을 한다. 브랜드는 조연급 리더가 건네준 리더십을 통하여 브랜드십으로 문화를 만들어서 자신의 내부 조직원을 브랜드의 리더로 세우며 영생불멸한 존재가 된다. 이것이 브랜드가 브랜드 되는 브랜드의 드라마다.

사람들의 기억은 '기록'이 아니라 그 당시 상황을 자신만의 기준으로 '해석'한 것이고, 사람의 '행동'은 기억된 것은 자신만의 언어로 '번역'한 것이다. 우리는 이번 특집에서 수많은 주연급 조연 리더들을 인터뷰하면서 그들의 기억 속에서 브랜드에 대한 해석을 보았고, 그들의 행동을 통해 자신의 언어로 번역한 브랜드를 읽었다. 그들의 해석과 번역을 통해서 알게 된 브랜드는 '영생불멸의 인격체'였다. UB

EMB
LOGI

브랜드십의 발생학자

엠브리올로지스트(embryologist, 발생학자)란 배아의 발생과 배배양 기술, 그리고 배아가 성체가 될 때까지의 발전 단계를 연구하는 학자를 말한다. 유니타스브랜드가 만난 네 명의 국내 '리더십' 분야 전문가들은 과거의 리더십의 변이 과정, 앞으로의 진화 과정에서의 숙제, 그리고 리더십이 만들어낼 브랜드십을 위한 훈련법 등에 관한 다양한 시각을 제시한다. 뿐만 아니라 '브랜드십을 만드는 리더십'을 위해 기꺼이 헌신하는 멀티맨(중간 관리자)들의 고충과 노하우가 담긴 기사에서는 브랜드십을 위해 조직원이, 또 중간 관리자가 지녀야 할 태도에 대한 힌트를 얻을 수 있다. 발생학자들이 밝히는 배아의 탄생과 성장, 그리고 진화의 방향성을 들어보자.

184 브랜드십을 위한 멀티맨의 리허설

191 브랜드십, 리더십의 노맨스랜드

Multiview of BrandShip

브랜드십을 위한 멀티맨의 리허설

The interview with (유)듀폰 코리아 재무담당 **이사 손길준**, 썬마이크로시스템즈 인사총괄 수석상무 **정태희**,
유한킴벌리 대외커뮤니케이션 **부장 손승우**

뮤지컬 〈김종욱 찾기〉 공개 오디션장. 많은 지원자들이 모였는데 유독 많은 과제(역할)를 수행하고 무대를 내려와야 하는 배역이 있다. 이 배역의 응시자들은 일정 시간 동안 대머리 아저씨, 여자 애인, 편집장, 아버지, 집주인 등 대여섯 가지 이상의 연기를 보여 준다. 그러나 이렇게 다양한 연기를 해도 이 배역에 적합한지 알아보기엔 부족한 듯하다. 왜냐하면 90분가량의 이 뮤지컬에서 '이 배역을 맡은 한 사람이 연기해야 할 캐릭터가 무려 22가지나 되기 때문이다. 약방의 감초 역할을 하는 1인 다역. 이 배역의 이름이 바로 '멀티맨'이다. 기업에서도 이런 멀티맨을 찾아볼 수 있다. 바로 기업의 CEO도, 일반 직원도 아닌 중간관리자다. 이들은 CEO의 리더십이 충분히 발휘될 수 있도록 훌륭한 '팔로워'가 됨과 동시에 한 영역(부서)의 '리더'로서 자신의 팔로워를 이끄는 리더가 되어야 한다. 또한 그들은 자신의 부서가 기업 내·외부의 다른 조직과 커뮤니케이션을 할 때 '대변인'이 되기도 하고, 경영자와 직원이 커뮤니케이션을 해야 할 때는 양쪽의 입장을 모두 고려하는 '중간자'의 역할도 해야 한다. 그래서 이들은 조직의 멀티맨이다. 이들은 브랜드가 브랜드십을 갖도록 하는 과정에서도 멀티맨의 역할을 한다. 멀티맨 세 명이 출연하는 다음의 대담을 통해 브랜드십이 있는 브랜드의 스토리와 멀티맨의 역할을 들어 보자.

*본 기사는 인터뷰이와 각각의 인터뷰를 진행한 뒤, 대담 형식으로 재구성된 것이다.

멀티맨의 출연작, 작품명 '브랜드'

> 그간 CEO의 역할과 책임, 자질에 대해 사회가 가진 끊임없는 관심에 가려져 재조명되지 못한 것이 바로 팔로워다.

"20% 리더가 아닌 80% 팔로워follower가 조직의 운명을 결정한다." 미국 카네기멜론 대학의 로버트 켈리Robert kelley 교수는 리더를 따르는 사람이 조직의 존폐에 얼마나 결정적인 영향을 미치는지에 대해 위와 같이 밝혔다. 리더의 범주를 어디까지로 생각하느냐에 따라 차이가 있겠지만 그간 CEO의 역할과 책임, 자질에 대해 사회가 가진 끊임없는 관심에 가려져 재조명되지 못한 것이 바로 팔로워다. 이처럼 대다수를 차지하며 조직에서 중요한 역할을 하는 팔로워와 소수의 CEO 사이에서 밸런스를 맞추는 것이 '멀티맨'이라 불리는 중간관리자의 역할이라 할 수 있다. 여기서 말하는 중간관리자는 때로는 경영진의 한 사람으로서, 때로는 직원의 한 사람으로서 그 모습을 바꿀 수 있어야 하고 이에 따라 역할도 수시로 달리해야 한다.

그나마 최근 '팀장 리더십' 등의 이슈로 조금씩 이들에 관한 관찰과 연구가 진행 중이지만, 이것도 (누구나 가져야 하는) '리더십'을 어떻게 하면 가질 것인가에 초점이 맞춰져 있다. 더군다나 아직 브랜드십이라는 관점으로는 중간관리자의 역할에 대한 논의가 없었던 터라 아무도 이들이 조직 내부에 브랜드십을 심는 데 어떤 역할을 할 것인가에 대해서는 생각해 보지 못했다. 그래서 이를 알아보기 위해 만난 세 명의 멀티맨은 듀폰 코리아(p64 참고), 유한킴벌리(유니타스브랜드 Vol.3 p100 참고), 썬마이크로시스템즈의 일원으로 각각 재무와 교육, 커뮤니케이션, 인사를 담당하고 있다. 이들에게 먼저 각자 소속되어 있는 브랜드가 브랜드십을 생각할 만한 미션과 핵심가치가 있는지, 그리고 그것이 각자의 삶에 어떤 변화를 주었는지 먼저 물어 보았다.

안전 및 보건, 환경보호, 윤리준수, 인간존중이라는 핵심가치를 따르고 있는 듀폰

정태희(이하 '정') 썬마이크로시스템즈(이하 '썬')에서 일한 지도 벌써 11년째다. 오랫동안 한 브랜드에서 일하면서 그 브랜드의 문화에 젖어, 그것의 팬fan이 된다는 것이 어떤 의미인지 알겠다. 인사를 담당하다 보면 내부 직원들을 주의 깊게 살피게 되는데 이런 사람, 그러니까 브랜드의 팬이 되는 사람이 나뿐만은 아닌 것 같다.

손승우(이하 '승') 나도 벌써 유한킴벌리에서 17년이라는 시간을 보냈다. 첫 직장이었던 만큼 애정도 컸고, 그만큼 유한킴벌리가 중요하게 생각하는 핵심가치를 지키려고 회사뿐만 아니라 일상에서도 노력했다. 30~40년 동안 강화되고 정착된 유한킴벌리의 기업 문화는 이미 나의 삶에 많이 들어와 있다.

손길준(이하 '길') 내 삶에 들어왔다는 말이 정말 맞는 것 같다. 다른 회사에 있다 듀폰으로 옮긴지 이제 8년이지만, 나는 그 시간에 다른 곳에서 얻을 수 있는 것 이상으로 많이 얻었고 변화했다. 듀폰의 네 가지 핵심가치 때문에 이제 집에서도 '많이 변했다'는 말을 듣곤 한다. 오죽하면 나보다 내 아내가 듀폰을 더 좋아하겠나.

정 나보다 가족이 더 회사를 좋아할 수 있다는 것은 놀라운 일이다. 어떤 점에서 그런가?

길 듀폰의 핵심가치가 굉장히 특이하고 특별한 것은 아니다. 생각해 보면 인간이 너무도 당연하게 생각하는 훌륭한 가치들이다. 안전 및 보건, 환경보호, 윤리준수, 인간존중 이 네 가지가 듀폰의 핵심가치인데 이것이 일하는 동안 나에게 많은 영향을 준 것 같다. 예를 들어 운전을 할 때만 해도 그렇다. 나는 '안전 및 보건'이라는 가치를 따르게 되면서 그렇게 변하기 어렵다는 '운전 스타일'조차 조심스럽게 변했다. 가족이나 친구들을 대할 때도 윤리준수나 인간존중과 같은 가치들에 자연스럽게 맞추게 되다 보니 "행동이 예전과 달라졌다"며 그들조차 듀폰을 달리 보게 됐다.

승 어디 친구와 가족뿐이겠나. 뚜렷한 가치와 원칙을 따르는 곳에서 일하면 협력업체처럼 함께 일하는 파트너들에게도 신뢰와 확신을 주게 되어 좋은 것 같다. 유한킴벌리는 인간존중, 고객만족, 사회공헌, 가치창조, 혁신주도라는 다섯 가지 경영 방침 외에도 주주회사인 유한양행 때부터 이어져 오는 윤리경영, 투명경영을 굉장히 중요하게 생각하는데 이 때문에 '약속'과 그에 따르는 책임을 많이 강조한다. 그걸 지키려다 보니 나도 바뀌고, 그런 우리를 보고 파트너들도 '유한킴벌리는 신뢰할 만하다'고 생각하는 것 같다.

정 맞다. 브랜드가 일으킨 개인적인 변화가 업무에도 영향을 주는 것 같다. 나는 썬에서 배운 중요한 가치들이 많기 때문에 썬을 'Sun University'라고 부르기도 한다. 나를 비롯한 직원들은 썬에 있으면서 사람의 중요성과 유연한 사고방식을 배우게 된다. 썬은 인간의 존엄성과 다양성을 존중하는 것이 문화화되어 있다. 그래서인지 직원 만족도 조사를 하면 '일을 하면서 항상 내가 존중 받고 있다고 느낀다'는 항목은 대부분 90점이 넘는다.

나 역시 라틴아메리카, 중동 지역, 중국, 인도 등의 인사를 총괄하고 있어 국가와 인종을 불문하고 많은 사람들을 만나는데 우리 기업 문화 때문인지 이들의 다양성을 존중하고 유연하게 대처할 수 있었다. 썬에 있으면서 '틀림'과 '다름'을 구분할 수 있게 된 것이다.

유한킴벌리의 핵심가치는 이미 문화로 정착되어 있다.

브랜드십이 있는 브랜드에 이들과 함께 출연하는 사람들

브랜드가 고객을 변화시킬 수 있다거나, 브랜드가 직원을 변화시킬 수 있다는 사실에 관해서는 이미 유니타스브랜드 Vol.12 '슈퍼내추럴 코드'와 Vol.14 '브랜드 교육'에서 논의한 바 있다. 이 세 명의 중간관리자는 모두 브랜드의 철학과 가치가 문화화된 기업에서 오랜 시간 일하면서 개인적인 변화를 겪었고, 다른 사람(고객을 포함한 외부인)까지도 변화하는 것을 지켜보았다.

그렇다면 이 문화를 정착시키기까지 CEO가 한 역할에 대해 이들은 어떻게 생각할까? 1인 다역을 하는 이들은 맡은 하나 하나의 역할을 제대로 완수하기 위해서 브랜드(주인공)와 리더(주연급 조연)란 배역(p181 참고)을 제대로 이해해야만 한다. 그래야 그들이 맡은 배역에 몰입할 수 있고, 큰 흐름을 읽음으로써 자신을 그 흐름에 맡길 수 있기 때문이다.

1인 다역을 하는 이들은 맡은 하나 하나의 역할을 제대로 완수하기 위해서 브랜드(주인공)와 리더(주연급 조연)란 배역을 제대로 이해해야만 한다.

정 나는 인사 담당자로서, 경영진으로서 CEO를 이해하고 함께 일해 나가기 위해 발을 맞춰야 할 필요가 있다. 그래서 리더를 통해 알게 되는 점과 느끼게 되는 점도 많은 것 같다. 브랜드십 관점에서 CEO의 행동과 그에 따른 조직 변화에 대해 다른 분들은 어떻게 느끼는지 궁금하다.

길 나는 아무래도 재무 부서에 있다 보니 재무적인 부분에서 비교가 된다. 과거에 있던 회사에서는 인위적으로 매출이나 순이익을 올리려 해서 회계 감사를 하는 과정 중에 충돌이 많았다. 그러다 듀폰에 와서 처음에는 문화적 충격이 대단했다. 나는 이제껏 듀폰에서는 '이번 단기 이익을 얼마로 조정하라'는 가공된 숫자(매출 증대)에 관한 지시나 제재를 받은 적이 한 번도 없다. 내가 들어온 지 얼마 안 돼 한 직원이 회사 돈을 쓴 적이 있는데 사실 금액은 얼마 되지 않았다. 그 친구도 나름대로 회사에 기여한 부분이 많을 텐데, 처음에는 그 돈 때문에 직원을 해고하는 게 이해되지 않았다. 그런데 시간이 지나고 보니, 그것이 CEO를 비롯한 탑매니지먼트가 듀폰이란 브랜드는 핵심가치에 대해서는 절대 타협하지 않는다는 메시지를 직원들에게 전달하기 위함이었다는 사실을 알게 되었다. 물론 이것은 탑매니지먼트의 신념을 넘어서 듀폰이라는 브랜드가 가진 신념이다. 경영진이라고 해서 핵심가치를 지키는 데 예외를 두진 않기 때문이다. 이렇다 보니 나도 핵심가치에 대해서 정말 신뢰하고 회사를 존경할 수밖에 없다.

승 유한킴벌리의 브랜드십은 다른 브랜드도 그렇겠지만 하루아침에 만들어진 것이 아니라 30~40년 동안 확고히 지켜 온 신념이 만들어 낸 것이다. 때문에 새로 CEO가 취임하면 항상 처음에 우리의 핵심가치를 지켜나갈 것이라는 맹세를 한다. 이들의 취임 인사나 첫 외부 공표를 살펴보면 알 수 있다. 이를 보면 CEO의 리더십이 무조건 자신만 따라오게 만드는 힘은 아닌 것 같다. CEO의 리더십이 서번트 리더십이든, 카리스마 리더십이든 그 스타일은 큰 문제가 되지 않는다. 다만 그것이 기업이 본래 가지고 있는 존재 목적에 부합해야 하고, 그렇기에 이 문제에 대해서만큼은 꼭 리더가 앞서 가야 할 필요도 없다. 핵심가치가 문화로 합의된 부분이 있다면 리더가 갈 방향을 직원 누구나 알 것이기 때문에 직원들이 앞장설 수도 있는 것이다.

정 꼭 리더가 앞장서서 행동하고, 리더에 의해서만 움직일 수 있는 기업이 아니라 모두가 함께 움직이는 기업이라는 맥락에서 동의한다. 결국 리더십이라는 것도 리더에게만 필요한 것이 아니라 브랜드에 기준을 두고 모든 사람에게 필요한 것이 아니겠나.

승 그렇다. 나는 기업의 철학이나 핵심가치는 결국 '공감대가 형성되는 방향'이라고 생각한다. 누가 혼자 말한다고 해서 만들어지는 것이 아니라는 말이다. 그래서 만약 굉장히 좋은 철학과 문화를 가진 기업이 있다면 CEO가 바뀌었다고 해서 쉽게 모든 것이 따라 변하지는 않을 것이라고 생각한다. 리더가 바뀌기 전부터 합의된 철학과 문화가 있는데 그것을 리더 한 사람이 망가뜨리거나 변질시킬 수는 없다는 말이다.

**멀티맨의 대본 리딩,
브랜드십을 위한 역할 파악**

앞서 세 명의 인터뷰이가 말한 것처럼 브랜드십이 문화로 정착되면 그 브랜드는 CEO의 리더십 스타일에 크게 동요되지 않게 되고, 따라서 직원들도 그에 영향을 크게 받지 않는다(p56 참고). 그러나 아직 그렇지 못한 브랜드나, 브랜드십이 있는 브랜드라 하더라도 지속적으로 직원들에게 브랜드를 따를 것을 일깨워 주지 않으면 흐르지 않는 물이 썩는 것처럼 문화도 쉽게 바이러스에 걸려 변질되게 마련이다. "CEO는 365일 24시간 어느 장소에서든 브랜드의 방향성이나 기업 철학에 대해서 고민하기 때문에 자신만큼 모든 직원들도 고민하리라고 생각한다. 하지만 그렇지 않기 때문에 이것을 어떻게 지속적으로 직원들 마음에 남도록 잘 전달할 것인지를 고민해야 한다." 휴넷의 조영탁 대표(p138 참고)의 말처럼 지속적인 브랜드십 유지를 위해서 과연 중간관리자들이 할 수 있는 일은 무엇일까? 물론 중간관리자가 어떤 영역을 담당하고 있느냐에 따라 다르겠지만 세 명의 인터뷰이는 각자 자신의 역할이 무엇이라고 생각하는지 들어 보았다.

길 듀폰의 신입사원이 되면 제일 먼저 받는 교육이 바로 핵심가치에 대한 교육이다. 핵심가치를 지키는 것이 고용 조건이며, 다시 말해 이것을 어기면 회사를 떠나야 한다는 말이다. 한국의 비즈니스 문화가 아직은 핵심가치를 지키는 듀폰의 문화와 정확히 일치하지는 않아서 이직한 직원들의 경우 '이 정도는 괜찮겠지'라고 생각하곤 하는데 듀폰의 기준에서는 그건 정말 잘못된 생각이다. 나는 재무 담당이긴 하지만 또한 윤리준수 부문의 챔피온으로서 직원들에게 매년 듀폰의 핵심가치에 대한 리프레시 트레이닝 refresh training 을 시키고 있다. 그 이유는 아무리 매일 강조해도 어느 순간 타성에 젖어 경계심을 풀면 금방 '사고'가 날 수 있기 때문이다. 물론 이 '사고'는 안전에 관련된 사고뿐만 아니라 윤리 사고 등 핵심가치에 반하는 모든 사고를 말한다.

승 유한킴벌리의 커뮤니케이션 담당자로서 나는 외부에서 듣는 우리에 대한 이야기가 도움이 될 때가 많다. 내부 직원을 제외한 이해관계자나 고객이 생각하는 유한킴벌리의 철학과 아이덴티티가 있는데, 내부적인 시각에서 우리는 나름대로 해석해서 한 행동들이 외부의 시각과 맞지 않을 경우 브랜드에도 심각한 손상을 입힐 수 있다. 예를 들어 '우리 강산 푸르게 푸르게'라는 슬로건과 환경 사업이 유한킴벌리에 대한 외부인들의 인식인데, 우리가 그들의 기대에 부응하지 못한 행동을 했다면 우리는 거짓말하는 사람이 되는 것이다. 그래서 내 경험에 비추어 볼 때 브랜드십을 유지하는 데 외부의 시각이 적지 않게 도움이 된다. 그들이 우리를 어떻게 보는지 알고 있기 때문에 더 책임을 느끼고, 마음을 다잡게 되는 경우가 많으니 말이다. 외부와 우리의 합의점, 즉 (좋은 브랜드 아이덴티티일 경우) 그 아이덴티티를 유지하는 것도 커뮤니케이션 담당자의 몫이다. 중간관리자로서는 여기서 좀 더 나아가 직원과 리더 사이에서 아이덴티티의 합의점을 찾아야 한다.

정 담당 영역에 따라 그 역할이 조금씩 다른 것 같다. 나는 썬의 인사 담당이기 때문에 인재들이 계속 같은 문화를 유지하고 가치를 따르도록 석세션 플랜 succession plan 을 짜는 것과 같은 부문에서 도움을 줄 수 있다고 생각한다. 사실 어떤 기업에서 리더가 되는 것, 그리고 직원을 포함해서 모두가 어떤 브랜드의 온전한 일부가 되는 것은 많은 부분 '암묵지'로 익혀야 할 때가 많아 실질적인 공유와 전파가 어렵다. 이를 몸으로 느끼고 배우게 하는 것도 중간관리자의 역할이라고 생각한다. 그래서 CEO가 매뉴얼을 비롯한 큰 가이드라인을 제시하는 역할을 해주면 그것을 실질적으로 적용 가능하게, 그래서 체험할 수 있게 바꾸어 주는 일도 내 일이다.

길 앞에서 말해 주었지만 중간관리자의 가장 중요한 역할은 리더가 말하는 브랜드에 관한 아주 기본적인 이야기를 잘 습득해서 이해할 수 있는 언어로 전달하는 것이라 생각한다. 이것이 말이 아니라 액션이 되게 하는 것이다. 우리는 마치 문화의 고리 같아서 우리가 끊어지면 철학이 문화로 이어지는 순환이 어렵게 된다.

승 맞다. 그래서 나도 유한킴벌리를 충분히 이해해야 하기에 기업에 대해 끊임없이 관찰하고 연구한다. 경영 방침이나 철학을 미리 숙지하는 것은 물론이다. 그래야 리더가 100% 이야기 했는데 직원이 80% 선에서 이해하고 있으면 그 사이의 갭을 줄여 커뮤니케이션을 조정할 수 있다. 그리고 직원이 80% 안다면 그것을 문답을 통해 끌어올리는 작업이 꾸준히 이뤄져야 한다. 직원과 리더의 입장을 동시에 이해해야 가능하기 때문에 듣는 능력을 키워야 하고, 다른 두 시각을 매칭할 접점을 찾는 데 전문가가 되어야 한다. 리더가 근본적인 이야기를 하면 거기에 대한 디테일한 원칙을 준다. 유한킴벌리 또한 모든 업무에 세부적인 가이드라인이나 원칙이 강력하게 적용된다. 명확한 기준이 있으면 자기 일에 책임감을 가지고 일하는 데도 도움이 된다.

"브랜드십을 유지하는 데 외부의 시각이 적지 않게 도움이 된다. 그들이 우리를 어떻게 보는지 알고 있기 때문에 더 책임을 느끼고, 마음을 다잡게 되는 경우가 많으니 말이다."

성공적인 공연을 위한 준비, 브랜드십

정 직원들을 살펴보면 각자 회사에 다니는 이유가 다 다르다. 어떤 사람은 경제적으로 만족스러워서, 또 어떤 사람은 합리적인 업무 스타일이 마음에 들어서, 또 어떤 이는 좋은 근무 환경 때문에 썬을 택해 일하고 있다. 그러나 썬이 추구하는 인간존중과 다양성이 썬의 기업 문화에 반영되어 있고, 그것이 변하지 않을 것이라는 믿음이 직원으로 하여금 썬에 몰입할 수 있게 하는 가장 큰 이유라고 생각한다. 나는 개인적으로 nurturing$^{양육, 성장}$이라는 단어를 매우 좋아하는데, 직원들 모두 내가 그런 것처럼 썬에서 훌륭한 개인으로, 썬의 일부로 자라고 있다.

인터뷰이의 말들에서 중간관리자는 브랜드십을 위해 CEO와 직원, 브랜드와 직원을 연결하는 다리의 교각 역할을 해야 한다는 의지를 느낄 수 있었다. 직원들을 가장 가까운 곳에서 보고 이해할 수 있으면서 동시에 CEO의 이상과 꿈을 이해하는 사람. 중간관리자는 누구보다 브랜드십을 조직에 심는 것이 CEO 한 사람의 몫이 아니라 모두의 몫이며, 그럴 때 브랜드가 이끄는 기업을 만들 수 있다는 사실을 잘 아는 사람이 아닐까. 그들이 아는 브랜드십은 이렇다.

승 우리가 핵심가치를 너무 강조하다 보니 조직의 창조성을 저해하는 것이 아니냐는 질문을 많이 받는데, 전혀 그렇지 않다. 나는 브랜드의 (핵심가치를 기반으로 한) 원칙을 파이프와 탄탄대로에 비유한다. 확고한 원칙이 있다는 것은 자유는 있되 방향은 정해진 탄탄대로 위를 걷는다는 것이지, 사방이 꽉 막히고 어두운 길은 정해져 있으나 잘 보이지 않는 파이프 속을 지나간다는 뜻은 아니다. 탄탄대로를 따르면 걸을 수도 있고, 날 수도 있어 목적지를 향해 가는 방법이 다양하다. 또 주위를 둘러보며 햇볕을 쬐면서 즐겁게 그 길을 갈 수 있다. 원칙을 지키고 따른다는 것은 브랜드의 창조성을 저해하는 것이 아니라 오히려 브랜드를 따르는 다양한 방법을 생각하면서도 목적은 잃지 않는 것이다.

길 같은 의견이다. 듀폰도 윤리를 강조하다 보니 자칫 굉장히 딱딱하고 규정만 강조하는 재미없는 회사로 오해할 수 있는데, 잘 생각해 보면 우리가 말하는 원칙은 하나같이 너무 기본적인 것들이다. 이에 반하는 일을 한다는 것은 정말 나쁜 의도를 가졌다는 말밖에 되지 않는다. 그래서 대부분의 직원들에게는 마치 공기처럼 자연스러운 것이라 달리 어렵고 무겁다고 느낄 이유가 없다. 이것은 문화로 배우는 것이지 윤리 교과서 공부하듯 배우는 것이 아니다. 브랜드를 따르는 것이 공기를 들이마시고 내쉬는 것처럼 자연스럽게 느껴지는 것, 그게 브랜드십이 아닐까?

미국의 첫 흑인 국무장관인 콜린 파월은 대통령과 국회의원 간의 중간관리자, 정부와 대중 간에 중간관리자로서 자신의 역할에 대해 고민을 많이 했던 사람이다. 이런 그가 말하는 훌륭한 중간관리자는 어떤 사람일까?

"무능한 중간관리자는 '공식적인 허락을 받지 못했으니 난 그 일을 할 수 없어'라고 생각하지만 훌륭한 중간관리자는 '공식적으로 하지 말라는 지시가 없었으니 할 수 있어'라고 생각한다."

브랜드의 이해관계자 모두가 브랜드를 따르게 하는 일은 훌륭한 중간관리자가 있을 때 더 쉬워진다. 당신이 만일 브랜드십의 필요성을 아는 중간관리자라면 'CEO를 열심히 따르는 사람' '직원들의 권익을 대변하는 사람' '맡은 일만 열심히 하는 사람'이 되기보다 브랜드를 리더로 따르는 좀 더 훌륭한 중간관리자가 되어야 하지 않을까? 브랜드가 하지 말라는 지시만 없다면, 브랜드를 위해 할 수 있는 일이 가장 많은 사람이 바로 당신일 테니 말이다. UB

손길준 서울대학교 경영학과를 졸업하고 서울대학교 마케팅 MBA를 수료하였다. SKC, Medison, Altoon 등을 거쳐 2002년 9월에 ㈜듀폰 코리아에 입사하였다. 현재 ㈜듀폰 코리아의 재경담당 이사로 재직중이다.

정태희 고려대학교에서 산업심리와 기업교육학 석사, 한양대학교에서 교육공학 박사 학위를 받았다. 썬마이크로시스템즈 한국 지사 인사총괄 이사에서 아시아 태평양 서비스사업부 인사 총괄 상무를 거쳐 동·남부 유럽, 인도, 중국, 라틴 아메리카 서비스사업부 인사 총괄 상무를 역임한바 있다.

손승우 영남대학교 법학과를 졸업하고 한양대학교 광고·홍보학 석사, PR전공 박사 학위를 받았다. 1992년 유한킴벌리에 입사해 교육, 사회공헌 담당을 거쳐 대외커뮤니케이션팀장을 역임하였으며 현재 유한킴벌리 PR실장으로 재직중이다.

Think to Sync
브랜드십을 위한 서재

브랜드십을 연구하면서 편집팀이 가장 많이 인용한 책들에는 공통점이 있다. 그것은 최근 브랜드 사례집도 아니고, 훌륭한 리더들의 패턴을 분석한 책도 아닌 '경영학의 고전'으로 불리는 것들이라는 점이다. 경영의 아버지 피터 드러커, 마케팅의 아버지 필립 코틀러, 리더십의 아버지 워렌 베니스, 현존하는 최고의 경영 전략가 게리 해멀, 그리고 경영자들이 입을 모아 필독서로 꼽는 여러 저서의 주인공인 짐 콜린스까지. 이 다섯 구루의 5대 고전은 브랜드십이라는 개념이 정해진 후, 브랜드십이라는 나무에 물과 햇볕이 되어 이 개념을 성장하게 도와주었다. 바이런의 "과거는 예언자다"라는 말을 떠오르게 할 만큼 다음의 고전들은 브랜드십을 예언하고 있다. 따라서 이 책을 보면 다섯 구루들의 생각 속에서 브랜드십과 교집합되는 것을 발견하게 될 것이다. 다음의 5대 고전은 브랜드십을 더 깊이 이해하기 위한 목적이 아니더라도 브랜드를 연구하는 사람들이라면 반드시 읽어 보아야 할 명저다.

좋은 기업을 넘어 위대한 기업으로 Good to Great
김영사 | Jim Collins

짐 콜린스가 말하는 '단계 5의 리더십'은 브랜드십을 만드는 리더의 모습과 상당 부분 닮아 있다. 그가 말하는 '겸양'과 '의지'의 리더는 또 다른 측면에서 브랜드십을 위해 필요한 초전도체와 페어런트십을 가진 리더의 모습이라고 할 수 있다. 좋은 기업을 넘어 위대한 기업으로 나아가야 한다는 짐 콜린스의 개념이 지속가능경영을 넘어 영속가능경영으로 나아가야 한다는 브랜드십의 방향 설정에도 영향을 주었음은 무시할 수 없다.

경영의 미래 The Future of Management
세종서적 | Gary Hamel

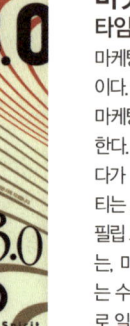

최근 수년간 '관리 혁신'을 강조하고 있는 게리 해멀. 그가 말하는 관리 혁신은 의사결정 구조, 조직 구성 등 사람 관리와 관련된 혁신을 의미한다. 그리고 이것이 '혁신 사다리'의 가장 꼭대기에 있다고 말한다. 그의 관점대로라면 브랜드십 역시 관리 혁신의 하나다. 브랜드십도 사람과 관련된 혁신이기 때문이다. 이러한 그의 생각은 8장 '새로운 원칙을 받아들이며'에서 많이 읽을 수 있다. 또한 그가 경영 혁신 사례로 설명한 고어는 우리가 고어 코리아를 만나고 싶게 만들었다.

피터 드러커의 자기경영노트
한국경제신문 | Peter Drucker

자기경영노트가 아니어도 좋으니 피터 드러커의 저서는 무엇이든 일독을 권한다. 속독이나 발췌독이 아닌 정독을 말이다. 수많은 경영자들이 가장 존경하는, 가장 많은 영향을 받은 경영의 구루로 꼽은 이유를 확인할 수 있을 것이다. 그가 이미 수십 년 전에 말한 "리더는 곧 조직이다" "비즈니스의 목적은 가치를 창출하는 것이고, 돈은 결과일 뿐이다"라는 개념은 브랜드십의 전제와 딱 들어맞는다.

마켓3.0
타임비즈 | Philip Kotler

마케팅의 거장으로 통하는 필립 코틀러의 최신작이다. 필립 코틀러는 이 책에서 그가 이전에 주장한 마케팅과는 굉장히 다른 마케팅 패러다임을 제안한다. 마켓 3.0의 핵심은 협력, 문화, 영성이다. 게다가 그가 강조하는 기업의 진정성이나 아이덴티티는 그의 이전 책에서는 발견하기 힘든 단어였다. 필립 코틀러의 이러한 생각은 '영혼이 있는, 영속하는, 미션이 이끄는, 고결한 존재 목적을 지닌'이라는 수식어가 붙는 브랜드의 브랜드십과 여러 가지로 일맥상통한다.

워렌 베니스의 리더
김영사 | Warren Bennis

브랜드십을 만드는 데는 리더의 영향력이 결정적이다. 따라서 우리는 많은 리더십 책 또한 참조했다. 그러나 수많은 리더십 관련 저서 가운데서도 가장 많은 영감을 준 책의 저자는 리더십을 학문의 영역으로 격상시켰다고 평가 받는 워렌 베니스의 고전이다. 리더십을 유형별로 나누어서 설명하는 리더십 책이나, 유명 리더들의 공통점을 정리해 놓은 책보다 반세기 전의 생각이 인상적이었던 이유는 워렌 베니스가 인간의 본질에 관심을 두었기 때문이다. 리더 역시 한 사람의 인간이다. UB

No Man's Land of Leadership

브랜드십, 리더십의 노맨스랜드

노맨스랜드No Man's Land. 본래 전쟁에서 양쪽이 대치 중이어서 한쪽에 의해 점령되지 않은 무인 지대를 말한다. 철학자 버트런드 러셀은 철학의 세계가 노맨스랜드라고 했다. 신학과 과학 사이에 자리 잡고 있으면서 양측의 공격에 노출된 채, 어디에도 속하지 않는 영역이기 때문이다. 브랜드십은 '리더십의 노맨스랜드'를 기대하는 개념이다. 리더 자리에 사람man이 있는 것이 아니라, 브랜드라는 존재가 앉게 된다. 이 자리는 리더가 주는 달콤함을 노리는 인간들의 공격에 노출된 채, 누구에게도 속하지 않는다. 언어가 인간의 세계관을 '결정'할 수는 없다. 그렇지만 비트겐슈타인이 "내 언어의 한계들은 내 세계의 한계들을 뜻한다"라고 말했듯이 특정 어휘는 새로운 세계 인식에 도움을 주기도 한다. 경영의 구루 게리 해멀 역시 "설명하려는 언어가 부족하면, 그런 상황을 상상하기 어려운 법"이라고 했다. 그래서 우리는 '브랜드십'이라는 새로운 개념에 대하여 네 명의 리더십 전문가에게 자문을 구했다. 준비가 되었다면 앞으로 이어질 그들의 한마디 한마디에 '브랜드십'이라는 단어를 올려놓고 리더십의 노맨스랜드를 상상해 보기 바란다.

No Man's Land of Leadership 1
브랜드십을 위한 리더들의 마인드셋_ aSSIST 교수 한근태

No Man's Land of Leadership 2
대한민국 리더들의 자기경영 노트를 위한 팁_ 고려대학교 경영학과 교수 이장로

No Man's Land of Leadership 3
미래의 리더십을 위한 제도적 제안_ 성균관대학교 시스템경영공학과 교수 신완선

No Man's Land of Leadership 4
브랜드십을 위한 석세션 플랜_ 한양대학교 교육공학과 교수 송영수

No Man's Land of Leadership 1

브랜드십을 위한 리더들의 마인드셋

브랜드십의 창조적 긴장점, 순수한 의도

The interview with aSSIST 교수 한근태

한 저널리스트가 디즈니의 새 영화를 취재하기 위해 일찌감치 기자 회견장에 갔을 때, 거기에는 부산하게 의자를 배치하고 있는 한 남자 외에는 아무도 없었다. 기자는 그 남자에게 물었다. "월트 디즈니 회장님은 언제 오시나요?" 그러자 남자는 씩 웃으며 말했다. "내가 바로 월트 디즈니라오." "그래요? 그런데 왜 여기서 의자를 정리하고 계십니까?" "그건 내가 워낙 깔끔한 걸 좋아해서라오."

한근태 교수는 브랜드십을 갖춘 브랜드의 리더가 갖추어야 할 태도에 대해 이야기 한다. 그가 말하는 리더의 태도인 '순수한 의도'는 (의도가 있다는 것 자체가 순수하지 않은 것이기에) 모순적인 말이지만 어떠한 의미인지는 느껴질 것이다. 마치 위의 월트 디즈니처럼 자기가 하는 행동에 대한 순수한 목적성을 말한다. 브랜드는 리더 개인의 소유물이 아니며, 리더 자리는 권력을 얻기 위한 수단이 되어서는 안 된다. 그의 말대로 '브랜드는 결과물이며 리더십은 얻어지는 것'이 되어야 할 것이다.

한근태 한스컨설팅 대표 겸 서울과학종합대학원 교수로 서울대학교 섬유공학과를 졸업하고 ㈜력키화학 중앙연구소(현 LG화학연구소)에서 연구원으로 근무했다. 이후 미국 애크론대학에서 고분자공학으로 박사학위를 받았으며 헬싱키 대학에서 경영학(석사)을 공부했다. 주요저서로 《나를 위한 룰을 만들어라》《경영의 최전선을 가다》《채용이 전부다》 등이 있다.

실제 기업의 임직원들을 대상으로 강의하다 보면 훌륭한 리더라고 판단되는 리더들이 있을 것 같다. 그들의 공통적인 특징이 있다면 무엇인가?
나는 리더십이 있다는 것은 좋은 의미의 영향력이 있다는 말이라고 생각한다. 그래서 좋은 리더들은 좋은 영향력을 만들어 낸다. 사람들을 돈으로 이끌 수도 있고, 권력이나 협박으로 이끌 수도 있다. 그렇지만 법정 스님이나 김수환 추기경은 파워가 있어서가 아니라 좋은 영향력으로 사람들을 이끌었다. 이것이 진정한 의미의 리더십이라고 본다. 반면 리더십이 없다는 것은 아무도 그 사람을 따르지 않는다는 말이다. 그런데 이렇게 좋은 영향력으로 사람을 이끄는 훌륭한 리더들 중에는 생각과 달리 샤이가이shy guy들이 많다. 잘 알려지지 않은 사람들이고 굉장한 카리스마로 사람들을 이끄는 것도 아닌데 사람들이 따르는 데는 그만한 이유가 있다. 나는 그것을 '순수한 의도'라고 본다.

순수한 의도란 무엇을 의미하나? 상상력을 일으키는 하나 단번에 어떠한 이미지나 상황이 떠오르지는 않는다.
자기 일과 자기 사람에 대한 순수한 의도를 말한다. 내가 알고 있는 훌륭한 리더들은 사람들을 따르게 하기 위해 특별히 무언가를 의도적으로 하지 않았다. 순수하게 자기 일을 좋아하고, 그러다 보니 열정이 쏟아지고, 규모가 커져서 일손이 더 필요해졌고, 그래서 사람들이 모여 자연스럽게 생긴 리더십인 경우가 많다. 준오헤어의 강윤선 대표(유니타스브랜드 Vol.14 p126 참고)가 대표적이다. 사람 보는 감각을 타고 났고, 결정적인 순간에 동기부여를 한다고 할 수 있겠지만 워낙 그 일 자체를 좋아하는 사람이었다. 좋은 영향력을 미치는 대부분의 리더들은 리더의 위치 자체에 목적이 있지 않았던 것 같다.

순수한 의도로 선한 영향력을 갖게 되는 리더는 완벽해 보인다. 그렇지만 그것은 리더로서는 완벽할지 몰라도 브랜드로서는 위험할 수도 있다. 너무나 완벽하고 강한 끌림이 있는 리더가 이끄는 조직은 구성원들이 그 한 사람만 보고 따라갈 수 있지 않나. 브랜드십이란 한 사람의 훌륭한 리더에게 의지하는 것이 아니다.
나는 조금 다르게 생각한다. 훌륭한 리더라면 기업의 가치관을 직원들에게 체화시킬 것이다. 기업의 가치관과 직원들의 행태가 이질적인 회사가 있는 반면, 일치되는 회사가 있다. P&G나 샤넬과 같은 기업은 사업을 통해서 이루고자 하는 것이 분명하고, 그것이 직원들에게 체화되어 직원들의 행동지침뿐 아니라 상품이나 광고에까지 동일하게 유지된다. 이

> "나는 리더십이 있다는 것은 좋은 의미의 영향력이 있다는 말이라고 생각한다. 그래서 좋은 리더들은 좋은 영향력을 만들어 낸다."

렇게 브랜드 운영에도 순수한 의도가 있다면 리더의 가치관이 기업의 문화가 되어 유니타스브랜드가 말하는 브랜드십 역시 자연스럽게 생겨날 것이다.

브랜드십을 만들려는 리더에게 필요한 것이 순수한 의도라는 지점에서 한 번 더 생각하게 된다. 리더가 자신의 권좌를 브랜드에 내어 준다는 것이 브랜드를 영속시키겠다는 순수함이 없이는 쉽지 않은 일 아니겠나.
권력을 가진 자가 하는 행동을 보고 그 사람을 평가할 수 있다는 말이 있다. 순수한 의도로 브랜드를 잘 성장시키고, 그것에 브랜드십까지 부여한다면 정말 이상적인 리더가 아닐까. 그러나 우리나라는 이제야 브랜드 1세대에서 2세대로 넘어가고 있는 시점이다. 우리나라 기업 중에는 100년 된 기업도 거의 없고, 길어야 40~50년 되었기 때문에 한창 이러한 고민을 시작하고 있는 단계다.

그럼 과도기에 있는 국내 기업들에게 조언을 한다면 무엇이라고 하겠는가? 창업자가 40~50년간 잘 키워 온 회사를 떠나도 브랜드가 100년 이상 지속되기 위해 준비해야 하는 기업가에게 말이다.
브랜드십은 사람이 만드는 것이기 때문에 채용이나 석세션(succession, 후계·승계)이 매우 중요하다. 사람을 바꾸는 것은 어렵다. 브랜드십을 가진 브랜드를 보면 후계 문제로 형제끼리 다투거나 하지 않는다. 그 브랜드의 가치관과 가장 잘 맞는 사람이 후계를 잇기 때문이다. 최근 한미파슨스의 경

후계자 문제를 공식화한 한미파슨스(좌)와 자기다움이 문화로 자리잡은 P&G는 브랜드십 상태의 브랜드로 나아가고 있다고 볼 수 있다.

우 현재의 대표가 60세 정도밖에 되지 않았는데 기업을 자기 아들에게 물려주지 않고 적당한 사람을 찾겠다고 공식적으로 선언했다. 이것을 계기로 많은 경영자들이 석세션에 대한 눈을 뜬 것 같다.

채용의 중요성에 대해 조금 더 이야기해 달라. 브랜드십 관점에서 본다면 채용의 기준은 인간성이나 직무 능력도 중요하지만 그 브랜드의 컬러와 맞는 사람을 뽑아야 할 것 같다. 신입사원이든 경력사원이든 말이다.

맞다. 똑똑하고 안 똑똑하고의 문제가 아니다. 샤넬은 서소문에 한국 본사가 있는데 빌딩 주인이 홍보를 위해서라도 샤넬 간판을 걸고 싶어 했다. 그렇지만 샤넬은 자신을 드러내는 것을 굉장히 꺼린다. 이것이 회사의 문화인데, 드러내고 설레발치는 사람이 샤넬에 채용되면 어떻겠는가. 이것은 옳고 그름이 아니라 브랜드에 어떤 영향을 주는가의 문제다.

순수한 의도, 선한 영향력, 가치관 동화의 문제 등이 키워드로 정리된다. 그런데 주변에서 이러한 리더는 찾아보기 쉽지 않다.

이런 리더는 자신을 잘 드러내지 않는다. 그래서 찾기 어려울 것이다. 두 가지 이야기를 하고 싶다. 하나는 이러한 조사를 할 때 허명虛名을 조심하라는 것이다. 모두 그런 것은 아니지만 언론에 자주 노출되는 사람이나, 사무실에 언론에 실린 자기 모습을 액자에 걸어 놓는 사람은 C급일 가능성이 높다. 다른 하나는 리더십에 대한 이야기는 자칫 잘못하면 성인군자를 찾는 이야기가 되기 쉽다. 그러나 리더는 성인군자가 아니니 완벽한 사람을 찾기를 바라지 않으면 한다. UB

BRANDSHIP CASE STUDY 1.

유언장에 담긴 브랜드십
재단에 의해 움직이는 브랜드 보쉬 BOSCH

"독일의 보쉬라는 브랜드를 소개하고 싶다. 최근 국내의 한 기업은 보쉬 때문에 기업의 커다란 이슈인 '상장'을 하지 못했다. 그 이유인즉, 보쉬의 철학 때문이었다."

한근태 교수가 보쉬를 브랜드십이 있는 브랜드로 꼽은 이유다. 보쉬는 왜 상장을 원치 않았을까? 그의 말을 조금 더 들어 보자.

"보쉬는 120년 정도 된 건실한 독일 기업인데, 외부 자본의 영향 때문에 기업 철학이 손상되는 것을 방지하기 위하여 여전히 비상장 회사로 남아 있으며 오너가 8%의 지분만을 가지고 있다. 나머지는 재단이 운영하는데, 이들은 주로 사회를 돕는 일에 주력한다. 호기심이 생겨서 조금 더 알아보니 단순히 전자기기를 만드는 기업이 아니라 기업가정신을 갖춘 브랜드였다."

기업가정신을 갖춘 기업, 보쉬

마케팅 서적에서 '누구나 손쉽게 쓸 수 있는, 공구에 대한 인식을 바꾼 드릴'을 만든 회사로 자주 인용되는 보쉬는 1886년 독일의 작은 정밀기계 및 엔지니어링 정비소에서 시작되었다. 현재 보쉬는 독일 최대 기업 중 하나이며, 전 세계 50여 개국에서 22만여 명을 고용하고 있다.

보쉬가 기업가정신을 갖춘 기업, 존경받는 기업으로 평가되는 데는 창립자인 로버트 보쉬Robert Bosch의 영향이 크다. 그는 일찍이 기업이 기업주의 것이 아님을 강조하며 기업의 사회적 책임에 대해 역설해 왔다. 그는 생전에 "내가 하려는 것은 사람들이 겪는 일체의 역경을 경감시키는 일을 넘어서 그들의 윤리적, 신체적 그리고 정신적 능력을 고양시키는 데 있다"고 말한 바 있다. 하지만 위대한 창업자가 세상을 떠난 후에도 여전히 위대한 기업으로 성장 중인 보쉬의 브랜드십은 어떻게 유지되고 있을까?

창업자정신을 잇는 구조적 대안, 보쉬재단

보쉬를 보쉬답게 만드는, 즉 로버트 보쉬의 창업자 정신을 잇는 비결은 보쉬재단에 있다. 1964년 그의 유언을 구체화하기 위해 만들어진 재단은 이후 40년 이상 발전하여, 재단이 많기로 유명한 독일에서도 재정 규모 면에서 최상위권에 속한다.

보쉬재단은 보쉬의 명목자본 중 약 92%를 소유하고 있으며, 나머지 8%는 보쉬 가家가 사적으로 소유하고 있다. 보쉬의 주인은 보쉬재단이지만, 경영에 대해서는 아무런 결정권도 가지지 않는다. 보통의 주식회사가 주주 이익 극대화를 목표로 하고, 소수의 대주주가 실질적인 의사결정권을 가지는 것과 대조적으로 재단을 실질적 소유주가 되게 함으로써 소유와 경영을 분리하고 있다.

로버트 보쉬가 남긴 유언장의 내용을 확인할 수는 없으나, 그가 원한 것은 자신과 동료들이 구축해 놓은 브랜드 정신이 후대에도 이어지는 것이었을 것이다. 인간은 부와 명예 앞에서 나약한 존재임을 알았기에 브랜드를 한 사람의 후계자에게 맡기는 것을 원치 않고, 그의 유언을 존중한 후대의 자손들은 보쉬의 정신이 인간의 욕망에 의해 흐려지는 것을 막기 위한 구조적 대안을 만든 것이다.

참고: 희망제작소 '독일의 정책 브레인을 해부한다(12) 로버트 보쉬재단'

No Man's Land of Leadership 2

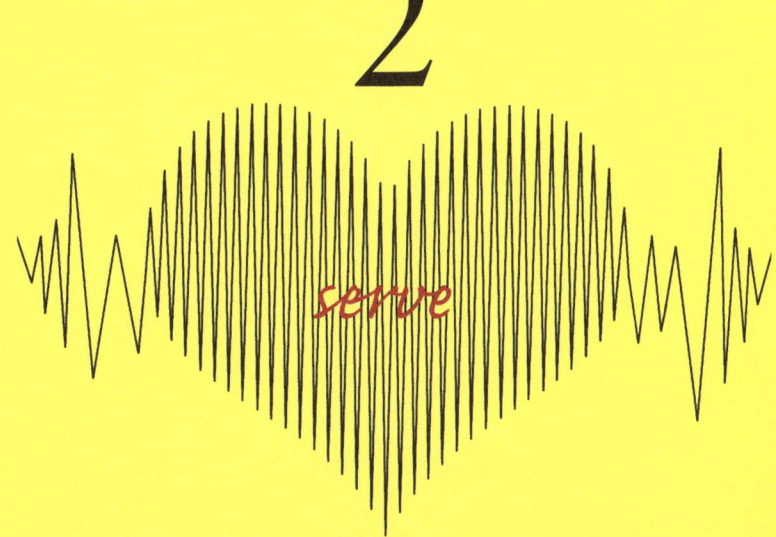

대한민국 리더들의 자기경영 노트를 위한 팁

브랜드십의 분비선, 섬김

The interview with 고려대학교 경영학과 교수 이장로

2009 IT업계 CEO 연봉 순위 1위, 실리콘밸리의 사무라이. 오라클의 전설적인 창업자 래리 앨리슨의 다른 이름이다. 반면 그는 말을 너무 잘해서 거짓말을 하는 줄 알면서도 열심히 듣게 만드는 세일즈 맨, 다른 사람의 아이디어를 마음대로 이용하는 리더로 불리기도 한다. 그래서인지 "래리 앨리슨과 신의 차이점은 뭘까? 신은 자신을 래리 앨리슨으로 생각하지 않는다는 것이다"라는 냉소가 그를 향하기도 했다. 권력과 권한, 권위 지향은 리더의 관성이기도 하다. 그런데 이장로 교수는 이것들을 내려 놓고 직원을, 고객을 섬기는 '참 인간'이 되는 것이 진정한 리더라고 말한다. 리더의 자질로 섬김, 겸손, 자기성찰을 이야기하는 이장로 교수와 래리 앨리슨이 만나면 어떨까? 래리 앨리슨은 "교과서는 필요 없다"고 말할지 모른다. 그러나 우리는 윤리 교과서 같은 다음 대화에서 브랜드십의 키워드인 초전도체와 초월적 책임감을 갖는 리더의 태도를 발견할 수 있었다.

이장로 고려대학교 경영대학 교수로, 고려대학교 상과대학, New York University 경영대학원에서 석박사 학위를 취득했다. 고려대학교 대외협력처장, 고려대학교 경영대학원장, 한국국제경영학회장, 기획재정부 경제정책심의위원, 한국자산관리공사 사외이사를 역임했으며 현 한국리더십학교장, 대한민국 교육봉사단 대표다.

이번 특집 주제는 영속하는 브랜드를 위한 리더십, 즉 브랜드십에 관한 것이다. 우리는 브랜드가 영속하기 위해서는 구성원들이 한 사람의 훌륭한 리더를 따르는 것이 아니라, 브랜드 자체를 따라야 한다고 본다.

브랜드십의 개념에 공감한다. 그러나 브랜드십이 내부 고객이 한 사람의 리더보다 브랜드를 따라야 한다는 것이라면, 나는 그 전에 브랜드가 외부 고객으로부터 신뢰를 얻는 것이 먼저라는 점을 이야기하고 싶다. 영속의 전제는 고객이 주는 것 아닌가. 그러기 위해서는 브랜드가 지향하는 바가 윤리적이어야 한다. 이제 전설이 된 존슨앤존슨의 타이레놀 독극물 사건(유니타스브랜드 Vol.9 p210 참고)은 굳이 설명할 필요가 없을 정도다. 대부분의 브랜드는 결국 이익을 얻기 위해 존재하는 것처럼 보인다. 그렇지만 신뢰를 얻으며 동시에 많은 매출을 올리는 기업들을 보면 분명한 가치관이 있고, 그 가치관 안에는 윤리적인 개념이 포함되어 있음을 알 수 있다. 고객을 진정으로 존중하고, 타인을 위해 봉사하고, 기업의 사회적 책임을 다 하고, 인류나 보편적 가치를 중시하는 브랜드들이 사랑을 받는 것 같다. 누구나 이것이 중요한 기업가치라고 말하지만 실제로 행동하는 브랜드를 주위에서 찾아보기란 쉽지 않다.

그런 가치를 실현하는 브랜드를 만들기 위하여 리더들은 어떤 역할을 해야 할까?

리더 역시 브랜드의 가치에 충실해야 한다. 수익 증대에 충실할 것이 아니라 기업의 존재 목적에 충실하게 반응하는 리더가 장기적으로 브랜드 가치를 극대화할 수 있다. 정직하지 않거나 탈법 등을 해서라도 단기 이익에 집중하다 보면 당장은 많은 이익이 발생할 수 있어도 결국 사업을 접을 수도 있다.

엔론Enron 사태만 떠올려도 그렇다. 그렇지만 현실에서 눈에 보이는 단기 이익을 포기하고 장기적 관점에서 가치에 따른 결정을 내린다는 것은 교과서 속 이야기일 수도 있다.

쉽지 않기에 위대한 것이다. 하지만 앞으로는 비윤리적이라면 브랜드의 존재 자체가 어려워질 것이다. 예전에는 사회가 투명하지 않았다. 그래서 기업이 윤리적인 경영을 한다거나 사회적 책임을 다한다는 것이 장기적으로 브랜드 파워를 키우는 생존 방법이라고 믿지 않았고, 체감하지 못했으며, 때로는 불가능하다고 생각했다. 그렇지만 사회나 국가들이 투명해지면서 편법으로 성장하는 데는 한계가 따르게 되었다. 국내 기업도 이제는 우리나라 고객만 상대로 하는 것이 아니라 글로벌화되었기 때문에 정직, 환경보호, 인간 존중과 같은 인류 보편의 가치를 추구해야 한다. 더 많은 고객을 상대한다는 것은 거의 모든 사람의 요구를 만족시켜야 하는 것이다. 인류에 대한 섬김이 있어야 한다.

지금까지의 이야기는 마치 '참 사람이 되어라'는 말처럼 들린다.

실제로 리더십은 참 인간이 되어 가는 과정과 흡사하다고 *워렌 베니스Warren Bennis가 말했다. 리더가 자기만의 독특한 자아를 꽃피워 가고 그것을 얼마나 잘 표현하느냐, 그래서 자기만의 메시지를 갖게 되고, 그것으로 하여금 선한 영향력을 미치는 것, 이것이 리더가 리더십을 얻는 과정이다. 이러한 관점에서 보면 브랜드도 태어날 때부터 선한 영향력을 미치기 위해 숙명적으로 만들어지는 브랜드는 많지 않다. 인간이 깨달음을 얻으며 참 인간이 되는 것처럼, 선한 영향력을 미치는 브랜드야말로 만들어지는 것이다.

==

<mark>"리더 역시 브랜드의 가치에 충실해야 한다. 수익 증대에 충실할 것이 아니라 기업의 존재 목적에 충실하게 반응하는 리더가 장기적으로 브랜드 가치를 극대화할 수 있다."</mark>

*워렌 베니스
리더십을 학문으로 승화시킨 주인공인 그가 1960년대 처음 리더십을 연구 주제로 선정했을 때 하버드대학의 동료 교수들은 '리더십은 포르노그라피와 같이 뭐라고 정의하기 어렵지만 누구나 아는 것'이라며 적당한 주제가 아니라고 충고했을 정도로 연구가 미비한 상태였다. 하지만 그는 20년 동안 90명의 리더들과 면담을 통하여 최초의 과학적 리더십 연구 보고서를 냈다. 그가 꼽은 리더의 자질은 비전, 실력, 그리고 품성이었다.

윤리, 도덕, 정직과 같은 단어가 벌써 여러 번 오갔다. 리더라 하더라도 완벽한 인간일 수는 없을 텐데, 이런 것을 강조하는 이유가 궁금하다. 당신이 정의하는 리더십은 무엇인가?

내가 강조하는 것은 '팔로워follower' '과정' '관계'다. 리더십은 팔로워를 얻어 가는 '과정'이고, 팔로워와의 '관계' 속에서 만들어지는 것이라는 의미다. 리더십은 사람을 얻어 가는 과정에서 생겨나는 영향력이기 때문이다. 어떠한 리더에게 따르는 자가 없고, 그가 아무런 영향력도 미치지 못한다면, 리더 스스로는 리더라고 칭할 수 있겠지만, 팔로워들에게 아무런 영향력도 미치지 못하기 때문에 진정한 리더십은 없는 것이다. 그리고 정말 탁월한 리더는 팔로워를 위한 종이 되겠다는 섬김이 있는 리더다. 그것을 *서번트 리더십이라고 하지 않나.

그렇다면 팔로워들을 섬기고, 인류를 섬기는 마음이 있는 리더가 브랜드십을 만들기 위해서 가장 주의해야 할 점은 무엇인가?

가장 중요한 점이 섬기는 것이라면 반대로 가장 주의해야 할 점은 교만이다. 그래서 리더들은 겸손해야 한다. 리더들은 항상 자문해야 한다. 내가 나의 욕심 때문에 일하는 것인지, 내 명예 때문에 일하는 것인지, 진정 종업원과 회사를 위하여 희생하고 봉사하고 사랑하고 있는지 말이다. 리더의 위치에 오르면 자신의 이름을 내걸고, 파워를 행사하고, 권력을 휘두르고 싶어 한다. 권력욕과 명예욕 때문에 독선에 빠지는 것을 경계해야 한다.

로마시대의 역사가 타키투스는 "권력욕은 욕망 중 가장 맹렬한 것"이라고 했다. 권력이란 강한 본능적인 욕구에 가까운데 마음만 먹으면 얼마든지 권력을 누릴 수 있는 리더가 이것을 멀리하기란 굉장히 어려울 것이다. 일종의 포기 아닌가. 이를 위해 리더가 자신을 반추해 볼 수 있는 방법이 있다면 무엇일까?

나는 매일 새벽 시간을 잘 활용하라고 말한다. 하루에 다만 15분만이라도 자기 성찰의 시간을 매일 의도적으로 만들라는 것이다. 나를 돌아보며 내 안에 자리 잡은 욕심이 무엇인지 바라보고, 내가 정말 회사를 위해서, 직원을 위해서, 그리고 고객을 위해서 일하며 그들을 사랑하고 있는지를 자문하다 보면 지혜가 생길 것이다. 이렇게 참 인간이 되려고 노력하는 존경스러운 리더가 브랜드를 섬기는 행동을 보여 준다고 상상해 보라. 직원들 역시 브랜드를 존중하고 아낄 수밖에 없을 것이다. UB

---

*서번트 리더십Servant Leadership 타인을 위한 봉사에 초점을 두고, 종업원과 고객을 우선으로 그들의 욕구를 만족시키기 위해 헌신하는 리더십을 뜻한다. 1977년 AT&T에서 경영 관련 교육과 연구를 담당한 로버트 그린리프가 저술한 《서번트 리더십》에서 처음으로 제시되었다.

🔍 **엔론 사태**

미국 역사상 최대의 스캔들로 기록된 엔론Enron Creditors Recovery Corporation의 파산 사건을 말한다. 엔론은 혜성처럼 나타나 15년 만에 미국의 7대 기업으로 성장한 에너지 공급 회사였다. 그러나 내부고발자에 의해 분식회계를 통한 회계부정사실이 드러나면서 주가가 90달러에서 30달러로 곤두박질치면서 파산했다. 엔론 사태는 단순한 윤리경영 여부의 문제가 아니라 브랜드가 소비자를 기만했을 때의 결과를 보여주는 사례다.

엔론은 6년 연속 포춘지가 선정하는 '미국에서 가장 혁신적인 기업상'을 수상했고, '가장 일하기 좋은 회사'에서도 높은 순위를 차지했으며, 사업으로 인해 생기는 환경과 사회 문제, 고용인과의 관계, 부정부패에 반대하여 뇌물을 주지 않는 회사정책 등에 대한 보고서를 발간하는 등, 이윤 면에서나 사회 공헌 면에서 이상적으로 성장하는 존경받는 기업으로 스스로를 알린 바 있다. 엔론은 단지 분식회계를 해서 고객의 돈을 악용한 것뿐 아니라, 공론화된 브랜드 아이덴티티 자체가 '거짓'이었기에 고객들은 엔론을 떠난 것이다.

비슷한 시기에 월드콤의 회계 부정사건이 잇달아 일어나면서, 실제로 고객을 속인 기업들이 생명을 부지하지 못하는 모습을 보고 많은 기업들이 윤리성이나 도덕성이 기업의 생존 및 지속가능성에 중요한 역할을 하게 된다는 것을 체감했다. 반면 고객들은 브랜드를 신뢰하는 기준으로 품질을 넘어서는 그 기업의 도덕성을 중요하게 여기게 됐다.

최근의 도요타의 리콜 사태 또한 브랜드의 도덕적 의사결정에 대한 중요성을 보여주는 사례다. 고객의 생명에 치명적인 기계상의 결함이 있음을 알고 그것을 숨기려 했기에, 추후에 리더가 공식 석상에서 사과문을 발표했다 하더라도 이미 고객들은 도요타의 윤리성을 의심한 이후였다. 엔론이나 도요타 사태는 리더의 윤리적인 의사결정이 기업의 생존에 어떠한 영향을 주는지 생각해 보게 한다.

No Man's Land of Leadership
3

미래의 리더십을 위한 제도적 제안

브랜드십의 골격근, 의사결정 시스템

The interview with 성균관대학교 시스템경영공학과 교수 신완선

신완선 교수는 공학을 기반으로 하는 리더십 연구가다. 그래서인지 브랜드십을 만드는 방안에 대해서 물었을 때 그는 브랜드의 철학을 기반으로 한 '의사결정 시스템'을 제안했다. 공학 전문가다운 제안이라는 생각을 하는 순간 짐 콜린스가 《좋은 기업을 넘어 위대한 기업으로 Good to Great》에서 한 말이 떠올랐다. "위대한 기업들은 좋은 사람들을 선발한 뒤, 사람을 관리하는 것이 아니라 시스템을 관리했다."

신완선 성균관대학교 시스템경영공학과 교수로 미국 오클라호마 대학에서 공학 박사를 받았으며 성균관대 품질혁신센터 센터장, 미국 미시시피 주립대학 부교수, 대한산업공학회 부회장을 역임하고 POSCO, KT, 삼성, LG 등 100여 개 기업을 자문 및 교육했다. 주요 저서로는 《준비된 리더가 미래를 경영한다》《CEO 27인의 리더십을 배우자》《컬러 리더십》등이 있다.

리더십에 관한 당신의 저서 《컬러 리더십》에서는 리더들의 특성을 무지개의 컬러에 비교하여 컬러별로 분류해 놓았다. 컬러 리더십을 연구하게 된 배경이 궁금하다.

사실 컬러별로 분류한 이유는 우리 사회를 바꿀 수 있는 사람들은 지금의 CEO들이 아니라 청소년들이라고 생각했기 때문이다. 그래서 청소년들이 리더십을 쉽게 이해할 수 있도록 무지개 컬러별로 리더십 스타일을 연결시킨 것이다. 리더십과 관련된 책을 쓰면서 처음 든 생각은 대한민국 사회의 약점은 흑백 사회라는 것이다. 그래서 누구는 리더답고 누구는 리더답지 않다고 말하는데, 나는 모두가 리더일 수 있다고 생각한다. 다만 스타일과 영향력이 다를 뿐이라고 보았다.

그래서인지 책의 전반적인 맥락이 리더십 성향에 좋고 나쁜 것이 있는 것이 아니라 자신의 강점을 가장 잘 살릴 수 있는 리더십을 개발하고 트레이닝하라는 메시지였다. 이를 분류하는 과정에서 150여 개 기업을 만난 것으로 알고 있는데, 조사를 하고 저술을 하면서 새롭게 깨달은 점이 있을 것 같다.

시작은 리더십을 쉽게 접하게 하자는 취지였는데 결론은 리더십에 대한 자기만의 컬러 갖기가 되었다. 이 세상의 모든 컬러가 세 가지 컬러의 믹스로 표현되는 것처럼, 리더십의 본질도 사실은 과업지향, 관계지향, 비전지향의 세 가지가 어우러져서 만들어진다. 따라서 구분 자체가 중요하다기보다 스티븐 코비 박사가 말한 "Find your voice & help others find their voices, 즉 당신의 목소리를 찾고, 다른 사람들의 목소리를 찾게 만들어 주라"는 것이 컬러 리더십의 주요 내용이다. 재미있는 것은 3년 정도 컬러 리더십에 대한 기사를 연재했는데, 내용이 리더십 스타일에 관한 것이라기보다는 주로 기업 문화에 대한 것이 되었다는 점이다. 결국은 리더십 스타일이 문화로 정착되기 때문인 것 같다.

그 점이 브랜드십을 만드는 중요한 포인트가 될 것 같다. 조금 더 설명해 달라.

간단히 리더십은 의사결정 스타일에 근거를 두고 있으며, 의사결정 스타일은 결국 조직 문화로 이어진다. 리더십은 의사결정의 연결고리다. 예를 들어 경주 최 부자를 생각해 보자. 경주 최 부자 집에는 최 부자 집안만의 문화가 있다. 애민 사상, 나눔의 문화와 같은 가풍이 있다. 최 부자 집은 대대손손 그 가풍에 해당하는 의사결정을 공유하고 승계가 이루어질 때마다 이러한 가풍이 살아 있게 한다. 예를 들어 '만 석 이상은 벌지 않는다' '흉년에는 땅을 사지 않는다'와 같은 의사결정 기준이 있는 것이다. 이러한 의사결정 기준이 있다면 브랜드십에서 강조하는 대로 리더가 바뀌더라도 그 브랜드다움은 유지되지 않겠는가.

==**"리더십은 의사결정 스타일에 근거를 두고 있으며, 의사결정 스타일은 결국 조직 문화로 이어진다. 리더십은 의사결정의 연결고리다."**==

그렇다면 기업들이 브랜드십을 갖추기 위해서는 의사결정의 기준을 만드는 것이 하나의 방법이 될 수 있을 것 같다.

그렇다. 오너가 운영하는 기업들의 경우에는 기업 문화가 오너의 영향권 안에 있기 때문에 기업 특유의 문화라는 것이 있고, 그것은 자연스럽게 의사결정 시스템으로 연결된다. 의사결정의 원칙들이 시간이 흘러 자연스럽게 만들어질 때까지 기다리는 것도 좋겠지만, 없는 것을 만드는 것이 아닌 정리하는 차원이라면 의사결정의 기준을 만드는 것도 좋다. 실제 기업에서는 어떠한 것이 정말 중요하다고 느끼면 변화의 노력을 보이는데, 공통적인 것이 있다. 첫째 교육을 만들어서 전파하고, 둘째 그것을 표준화하기 위해 표준 가이드라인을 만든다. 셋째 홍보를 하고, 넷째 사람을 뽑을 때 그 표준에 맞는 유형의 사람을 쓰려고 애를 쓴다. 공유된 가치를 시스템화하자는 것이다. 이것이 온전한 문화로 정착되고 그것이 기업의 유산이 되어 하나의 헤리티지heritage로 계승된다면 브랜드십이 있다고 할 수 있을 것이다.

문화를 계승하는 방법 중에는 시스템과 같은 보이는 방법도 있지만 리더의 상징적 행동과 같은 것도 방법일 것 같다. 책에서 소개한 월트 디즈니 사례가 인상적이었다. 월트 디즈니는 그들이 진짜로 고객의 행복을 위한다는 것을 상징적으로 보여주기 위해 회전목마에 금색 페인트가 아닌 실제 금을 칠했다는 내용 말이다. 국내 기업 중에도 이러한 리더의 상징적 행동을 통해 기업의 문화가 만들어지고 있는 브랜드를 발견한 적 있나?

KD운송그룹의 허명회 회장은 자신의 철학이자 회사의 가치를 실천하는 사람으로 유명하다. KD운송그룹은 버스회사이기 때문에 '안전'이라는 가치가 중요하다. 그래서 KD운송그룹의 모든 버스에는 스페어타이어가 없다. 안전 운행을 하기 때문에 스페어타이어는 필요 없다는 것을 상징하기 위해서다. KD파워라는 중소기업의 사장실은 음악실이다. 유연해야만 중소기업의 특장점을 살릴 수 있고, 직원들이 일하기 좋은 일터라는 것을 알려 주기 위한 상징이다. 또한 크라운제과의 윤영달 회장은 등산 갈 때마다 꼬냑을 가져와서 나눠 마시고 시를 읊게 한다. 제과업은 예술과 미식을 즐길 줄 알아야 한다는 생각 때문이다.

브랜드십에서는 문화만큼이나 후계 문제가 중요하게 부각된다. 책에서도 '리더에게는 후계라는 부채가 따른다'라고 했는데, 브랜드의 영속을 원하는 리더는 어떤 사람을 후계자로 삼아야 할까?
나는 이 리더십과 브랜드십이라는 이슈도 사회 흐름 속에서 읽어야 한다고 본다. 과거의 수평적이고 정적인 사회에서는 멈추어 있는 시대를 평화롭게 이끌어 가는 사람이 좋은 리더였다. 그래서 1940년대 이전에는 성품이 평안하고 원만한 사람, 무탈한 사람이 좋은 리더였다. 그러다 1940년대부터 1990년대 까지는 상당히 성장지향적이었기 때문에 자신이 떠나도 이 성장곡선을 지속시킬 만한 처세지향적이고 사업지향적이고 영업지향적 리더가 떠올랐다. 하지만 이제 2000년대에 접어들면서 기업의 수명이 굉장히 짧아지고 격동하는 시대가 되었다. 또한 사회가 원칙 중심적이고 가치 중심적으로 흐르고 있다. 따라서 선대의 가치관과 조직 문화를 계승할 수 있으며 양적인 성과도 낼 수 있는 복합적 리더십을 가진 사람이 필요할 것이라고 본다. UB

BRANDSHIP CASE STUDY 2.
Behavior Identity가 만드는 Being Identity

철학에 근거한 의사결정이 만드는 브랜드십, KD운송그룹

KD운송그룹은 브랜드나 마케팅 케이스 분석에서 잘 다루어지지 않은 낯선 브랜드다. 그렇지만 리더십과 브랜드십의 취재 과정에서 여러 명의 전문가에게 추천을 받았다. 한근태 교수는 "KD운송그룹의 허명회 회장 자신은 매스컴 타는 것도 이름이 알려지는 것도 싫어한다. 하지만 직원들은 모두 그를 존경한다"고 전한다. 신완선 교수는 브랜드십을 가진 브랜드는 리더가 가치관에 근거한 의사결정을 하면, 그것이 의사결정 시스템과 문화로 정착된다고 말한다. KD운송그룹은 그의 가치관이자 회사의 철학에 근거한 의사결정을 하고 그대로 실행하고 있다. 또한 이러한 의사결정은 상당히 합리적인 원칙이자 모두가 공유하는 문화로 자리 잡아 post-허명회 이후에도 KD운송그룹다움을 유지하는 브랜드십을 만들어 줄 것이다.

KD운송그룹
경기대원의 이니셜을 따서 이름 지어진 KD운송그룹은 1971년 설립된 대원여객을 모기업으로 시작하여 현재 15개 버스회사, 5,000대의 버스, 9,500명의 근무 인력으로 운영되고 있다. 하루 200여 만 명의 승객이 이용하고, 지난해 매출은 7,000억 원이 넘었으며, 그동안 단 한 건의 노사분규도 없는 건강한 회사로 꼽히고 있다. 경기여객의 평사원으로 입사해 50년째 운수업에 몸담고 있는 이 회사의 창업자이자 대표인 허명회 회장의 철학은 이렇다.
"직원을 1등으로 대접하면 직원이 승객을 1등으로 모신다. 그래야 회사도 1등이 된다."

'직원을 1등으로 대접하라'는 철학에 근거한 리더의 의사결정들
- 호칭은 운전기사가 아니라 '승무사원'으로 부른다.
- 승무사원은 앙드레 김이 디자인한 유니폼을 입는다. 명품 옷을 입은 직원이 명품 서비스를 할 것이라 믿었기 때문에 앙드레 김을 5년 동안 설득했다.
- 승무사원에게는 최고의 음식을 제공한다. 식자재는 늘 현지로부터 최고의 것을 구입한다. 콩나물콩은 제주에서, 쇠고기는 안동, 쌀은 충주, 김치는 고랭지배추, 보이차도 중국에서 직접 구입하고 생선은 원양어선으로부터 직접 사온다.
- 모든 임직원이 정규직이며 정년은 60세로 몸이 건강하면 연장 근무할 수 있다.
- 인센티브 제도는 파격적이다. 금년 창립기념일에 지급된 '10년 무사고 운전 포상금 및 성과급'만 해도 순이익의 10%에 해당하는 10억 원이 넘었다.

'나보다 직원이 먼저다'라는 철학에 근거한 리더의 의사결정들
- 50년 동안 허 회장의 휴일은 13일이었다. 버스는 하루도 쉬지 않는데 자신이 이렇게 쉬냐는 생각에서다.
- 한 달에 한 번씩 5,000만 원어치의 국내산 소갈비를 산다. 직원들의 생일 파티를 해주기 위해서다.
- 과거에 타고 다니던 그랜저는 너무 오래 타서 삼성화재 자동차 박물관에서 전시 예정 중이고, 현재 체어맨은 9년째 타고 있다. 고객을 위한 버스는 8년에 한 번 바꾸니 자신은 더 타야한다는 것과 1년에 500대의 버스를 구입하는데 자신이 차를 바꾸면 499대밖에 바꾸지 못한다는 이유에서다.

참고 : 한근태 교수의 'Han's letter'

No Man's Land of Leadership

4

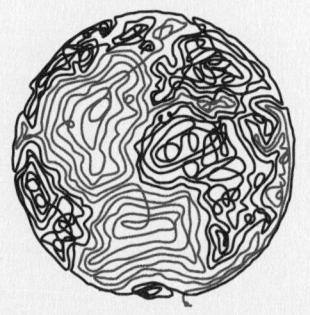

브랜드십을 위한 석세션 플랜

브랜드십의 만유인력, 핵심가치

The interview with 한양대학교 교육공학과 교수 송영수

브랜드 경영에서 '핵심가치'는 너무나 강조되어서 그 중요성마저 식상해져 버렸다. 맛보지 않았어도 맛이 느껴져서 먹어 본 듯한 느낌을 주는 음식과 같은 존재다. 이 책을 읽는 대부분의 독자들에게 '핵심가치'는 마이동풍 격일지도 모른다. 그렇지만 다시 생각해 보라. 당신은 진정 핵심가치에 의해 모든 것이 결정되고 운영되는 브랜드를 주위에서 목격한 적이 있나? 송영수 교수와의 인터뷰는 이 의문에서 시작되었고, 그는 핵심가치가 왜 지금 우리에게 중요한지 되짚어 주었다. 이어질 인터뷰 내용에 《CEO 안철수, 영혼이 있는 승부》에서 안철수 의장이 말한 '영혼이 있는 기업의 핵심가치의 세 가지 조건'을 적용해 보길 바란다.

1. 구성원들이 '진심'으로 믿어야 한다.
2. '일관성' 있게 유지되어야 한다.
3. '제도' 속에 스며들어 있어야 한다.

송영수 한양대학교 리더십센터장 겸 교육공학과 교수로 미국 Florida State University에서 교육공학 박사를 받고, 삼성그룹에서 23년간 리더십 및 인력개발전문가로 활동하며 삼성인력개발원 리더십팀장(상무)을 역임했다. 현재 대한리더십학회장, 한국산업교육학회장이며 저서로는 《리더웨이》, 역서로는 《트루컬러》가 있다.

한 조직이 브랜드십에 의해서 움직이기 위해서는 다음 세대의 리더를 양성하는 것이 중요한 미션일 것이다. 리더들은 어떠한 점을 기준으로 차세대 리더를 양성해야 한다고 보나?

그 조직이 가진 고유한 문화를 계승, 발전시킬 수 있는 리더를 양성하는 것이 중요하다. 이것을 최근 HR분야에서는 임플로이 브랜딩employee branding이라고 하는데, 그 회사가 자신의 강점을 살린 시스템으로 움직이게 하는 것까지를 의미한다. 결국 조직은 사람이 만드는 것이 아닌가. 한 조직이 이러한 유형의 직원을 리더로 키우는 것은 그 회사의 경쟁력과 일하는 방식에 영향을 준다. 그래서 임플로이 브랜딩은 일반 경영 활동에서도 이미 키워드로 떠올랐다.

임플로이 브랜딩의 핵심이라고 할 수 있는 고유 문화의 계승, 발전을 위해 어떠한 점을 가장 염두에 두어야 하나?

경영 철학의 계승이다. 다시 말해 핵심가치의 계승이다. 창업자가 건재할 때는 크게 문제가 되지 않는다. 그 사람의 말이 바로 가치고, 기준이 되기 때문이다. 그렇지만 창업자가 조직을 떠난 이후가 문제다. 새로운 CEO가 온다 하더라도 다시 문화를 만들기까지 상당한 시간과 진통이 필요하다. 이 때는 브랜드의 일관성에 역행할 수도 있다. 따라서 기업의 핵심가치를 꾸준히 일관성 있게 가지고 나갈 수 있는 리더가 양성되는 것이 대단히 중요하다. 그것이 해야 할 일, 하지 말아야 할 일, 해야 할 사업, 하지 말아야 할 사업의 판단 기준이기 때문이다.

하지만 우리에게 '핵심가치'라는 이 네 글자는 경영자뿐 아니라 모두에게 너무나 식상한 단어가 되어 버리지 않았나. 또한 모두가 중요하다고 말하지만 핵심가치에 의해서 움직이는 브랜드를 주위에서 찾아보기란 쉽지 않다.

사실이다. 우리에게 '핵심가치'는 경영 서적 속에서만 익숙한 단어이기도 하다. 해외 브랜드들은 100년 이상 된 브랜드들이 상당수 되기 때문에 역사적으로 핵심가치가 익숙한 만큼 당연히 중요한 것으로 받아들이지만 우리 브랜드들은 그럴 기회가 많지 않았다. 예를 들어 듀폰을 만나서 208년 동안 꾸준히 성장한 이유가 무엇이냐고 물어 보면, CEO는 물론이고 각 권역을 맡고 있는 아시아, 태평양 지역의 CEO가 100% 핵심가치 때문이라고 이야기한다. 존슨앤존슨의 네 가지 크레도credo의 순서는 실제 의사결정의 순서다. 독극물 사건 때 100% 회수라는 의사결정을 한 것은 '고객'이 핵심가치의 1순위이기 때문이다. 또한 핵심가치라는 개념이 국내 기업 경영의 실질적인 경영 방법으로 도입된 것도 그리 오래되지 않았다.

우리 또한 취재나 조사를 하다 보면, 오래된 글로벌 기업들은 모두 (윤리성을 기반으로 한) 핵심가치를 강조하더라. 때로는 지나칠 정도로 말이다.

나 역시 그러한 모습을 많이 접한다. 만약 그러한 브랜드의 직원들이 비즈니스 때문에 골프를 치는데 4명을 예약하고 한 명이 못 나오는 상황이 되었다치자. 그래서 그중 한 사람의 와이프가 대신 오면 그냥 못 온 사람 몫으로 처리할 만도 한데 꼭 와이프 비용은 법인카드가 아닌 개인 비용으로 처리한다. 또한 나는 선진 기업에 강의 요청을 많이 하는데 그들은 강사료를 주면 안 받는 경우가 많다. 이유를 물어 보면, 회사의 룰 중에 인티그리티(integrity, 성실성 혹은 완전성)가 있기 때문이란다. 회사 업무 시간에 들어온 수입에 대해서는 업무 외 수입이라 하더라도 보고를 해야 하는데 그냥 봉사활동 했다고 생각하겠다는 것이다. 독일의 전통 있는 강소기업들에서도 이러한 특징이 발견되는데, 그 중 하나가 '절대적 가치authoritarian value'를 갖는다는 점이다. 즉 핵심가치를 무조건 지켜야 하는 것으로 생각할 만큼 핵심가치에 있어서는 보수적이다.

그러한 핵심가치가 절대적으로 지켜야 하는 원칙이 된다면, 조직의 구성원들이 자연스레 리더를 따르는 것을 넘어 브랜드를 따르게 될 것 같다. 우리 브랜드들이 이제 핵심가치가 식상한 단어가 아니라 브랜드의 근간이자 브랜드십을 만드는 초석이라는 것을 알게 된다면, 그 다음은 어떠한 준비를 해야 할까?

초일류에 대해서 고민해야 할 것이다. 우리는 역사적으로 진정한 일류를 경험해 보지 못했다. 세종대왕 때 최정점을 이룬 뒤 임진왜란을 겪었고 그 이후 성장보다는 유지하기에 바빴다. 5,000년 동안 외세에 시달리느라 적당히 타협하여 내 것을 챙기는 것이 보편적 문화였다. 내가 보기에는 지금이 5,000년 역사 중 가장 클라이맥스가 아닐까 한다. 2등이나 3등은 1등이 기준이니 그들을 따라가기 바쁘다. 하지만 우리는 이제 1등 브랜드도 많이 가지고 있다. 즉 2, 3등에서 1등을 좇는 자세가 아닌 1등으로서의 태도를 익혀야 한다는 것이다. 또한 그들에게 중요한 건 가치관이나 철학이 아니라 성과performance다. 그렇지만 1등의 자리에서는 스스로가 이노베이터가 되어야 하고 크리에이터가 되어야 한다. 자신과의 싸움을 주도해야 하고 가치 기준이 있어야 하니 그것이 핵심가치가 되는 것이다. 그래서 국내 브랜드들이 핵심가치를 중요하게 생각하게 된다면 그것은 기업 경영을 더 편하게 하기 위한 것이 아니라 초일류가 되기 위함이라는 것을 말하고 싶다. 또한 진정한 초일류가 되기 위해서는 이에 따른 의식과 문화가 따라야 한다.

핵심가치는 '단지 몇 마디 문구를 정하는 것이 아니라는 점'이 명확해진다. 그렇다면 특히 브랜드에서는 어떠한 의식적인 노력이 필요할까?
정신적인 훈련이 필요하다. 최근 대기업들이 핵심가치를 하나하나 정해 가고 있는데, 그동안 직원들에게 테크닉만 가르쳐 왔다면 이제 의식적인 부분의 훈련도 필요할 것이다. 정답은 없지만 가치관을 제대로 정립하는 것이 중요하다고 본다. 그래서 나 역시 수업에 이러한 훈련 프로그램을 적용시킨다. 어찌 보면 대학 입장에서 기업은 고객이다. 기업에 필요한 올바른 인재를 양성하는 것이 내 일이다. 취업 걱정만 하다 연봉 500만 원 더 주는 회사를 선택하는 발상을 하는 학생은 원치 않는다. 그래서 산학협동 프로그램 중에는 1학년 공통 과목으로 '가치관 중심의 value-based 리더십'이 있다. 사회와 기업에서 원하는 인재는 실력도 있어야 하지만 바른 기업의식을 가지고 있어야 하기 때문이다.

그렇다면 핵심가치에 대해 리더는 어떠한 자세를 가져야 할까?
리더들이 어떠한 리더십 행태 behavior를 보여 주느냐가 대단히 중요하다. 리더십은 머리로 하는 것이 아니라 전적으로 행동이다. 어떤 행동을 보여주느냐가 영향력을 만든다. 어디에 손가락을 가리키고, 누굴 보고 웃는지, 언제 기뻐하는지가 모두 행태에 해당하기 때문에 리더의 행동양식 중심에 그 핵심가치를 두는 것이 중요하다. 사실 핵심가치가 선포되면 가장 힘든 사람이 CEO다. 리더가 어떤 상황에서도 그것을 지켜 냈을 때 그 핵심가치는 진실이 된다.
또한 리더는 핵심가치가 승진 제도나 평가 시스템에까지 반영이 되도록 해야 한다. 예를 들어 정도경영을 핵심가치로 내세운 기업이 거대한 프로젝트를 리베이트를 주는 조건으로 가져왔다고 하자. 이때 최고경영자가 그것을 받아들일 것이냐 거절할 것이냐는 쉬운 결단이 아니다. 핵심가치와 맞지 않다면 이런 유혹도 이겨 내야 하는 것이 리더의 역할이다.

마지막으로 브랜드십을 고민하는 브랜드의 후계 문제에 도움을 주었으면 한다. 당신이 말한 대로라면 리더가 후계자를 선택할 때도 핵심가치에 따라 사람을 선택해야 하지 않을까 한다. 예를 들어 리처드 브랜슨 이후 버진그룹에 새로운 CEO가 온다면 어떤 사람이어야 할까?
버진의 경우를 적용하기는 무리가 있겠지만, 대개 창립자가 후계를 생각하기란 상당히 어렵다. 창립자는 브랜드에 혼을 불어넣은 사람이기 때문에 끝까지 놓지 못하는 경우가 대부분이다. 하지만 물려줄 줄도 알고, 물러날 줄도 알아야 한다.

> "리더들이 어떠한 리더십 행태를 보여 주느냐가 대단히 중요하다. 리더십은 머리로 하는 것이 아니라 전적으로 행동이다. 어떤 행동을 보여주느냐가 영향력을 만든다."

후계자 입장에서는 자기 스타일을 그 브랜드에 맞추는 것은 어렵다. 갑자기 자신의 본성을 바꾸는 것은 쉽지 않기 때문이다. 따라서 스타일의 문제가 아니라 행태의 문제다. 리더의 행태는 의사결정으로 나타나는데 스타일을 바꾸는 것이 아니라, 그 브랜드의 핵심가치에 맞는 의사결정을 하면 되는 것이다.

역시 어떤 캐릭터의 사람이냐보다 핵심가치를 얼마나 잘 이해하는 사람이냐가 중요하겠다.
경영의 신이라고 불린 마쓰시다 고노스케가 연로해서 야마시타라는 새로운 CEO를 선발 했다. 그런데 선발한 이후 3년 동안 한 것이 야마시타가 자기와 같은 '정신'을 갖게 하는 것이었다. 마쓰시다는 야마시타의 연설문, 회의록을 모두 가져오게 해서 검토한 후에 그와 대화를 나누었다. 의도가 무엇인지, 자신의 뜻과 다른 점과 같은 점이 무엇인지 이야기 했다. 3년 동안 두 사람이 정신적 일체감을 이룬 후에야 마쓰시타는 회사를 그에게 완전히 맡겼다고 한다. 대기업의 후계자들도 엄청나게 혹독한 훈련을 받는다. 그런데 이때 가장 중요한 것이 철학의 계승이다. 얼마나 선대의 정신을 깊이 있게 받아들였는지, 어느 수준까지 올라왔는지가 중요한 잣대다. 그걸 쉬운 말로 하면 믿을 수 있는 사람인데, 믿을 수 있다는 것이 정직하다는 것이 아니다. 정직한 것은 당연하고, 철학이 같아서 방향이 같고, 자기 이상을 할 수 있느냐에 대한 믿음을 말한다. 나아가서 브랜드의 정신이 직원들에게까지 연결된다면 유니타스브랜드가 말하는 브랜드십이 생길 것이다. UB

No Man's Land of Leadership

리더십을 위한 레퀴엠

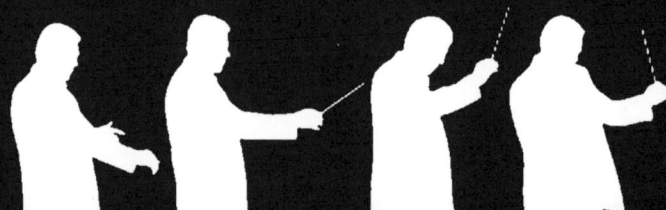

Brand Ship

기존의 '강력한'이라는 수식어가 붙던 리더십은 두 번의 세계대전과 대공황을 겪으며 만들어진 패러다임이다. 하지만 새 시대는 새로운 패러다임이 이끌어야 한다. 이 시대의 리더십 패러다임이 변화하고 있다는 것을 이미 경영의 구루들은 암시하고 있었다. 하버드 경영대학원의 빌 조지는 "우리 모두 한 사람의 뛰어난 리더 the great man 는 죽는다는 사실에 동의할 수 없을까?"라고 묻는다. 게리 해멀 역시 "(사람들은) 기업의 성공이 CEO와 경영진의 리더십에 달려 있다는 신념에 집착한다"고 말하며, 짐 콜린스는 "'리더십이 모든 것의 답이다'라는 식의 관점은 암흑 시대에 물리 세계에 대한 우리의 과학적 이해를 퇴보시킨 '신이 모든 것의 답이다'식 관점의 현대판이다"라고 전한다.

레퀴엠Requiem이란 죽은자를 위한 미사곡 또는 위령곡을 말한다. 브랜드십을 기대하는 브랜드의 리더라면 다음의 문장을 악보 삼아 구시대적인 리더십을 위한 레퀴엠을 연주해 보길 바란다. 리더십의 죽음을 알리라는 것이 아니다. 레퀴엠의 어원은 라틴어의 requies로 이는 '휴식'을 의미한다. 리더들은 이제 자신이 모든 것을 책임져야 하는 부담감에서 내려와 휴식을 취하라는 의미다. 또한 가장 유명한 레퀴엠 중 하나인 모차르트의 '레퀴엠 D단조'는 그가 생전에 마지막으로 작곡한 곡으로 미완성 곡이지만 모차르트 사후에 제자들에 의해서 완성되었다. 이처럼 한 사람이 완성하지 않아도 된다. 이후의 승계자와 남은 직원들에 의해서 완성될 수 있기 때문이다. UB

결국 이 진혼곡Requiem은 나의 죽음을 위해서 쓰여진 것이었다. 볼프강 아마데우스 모차르트

브랜드십은 리더, 당신 혼자 하는 일이 아니다.
리더와 영웅은 동의어가 아니다.
지배하고 싶은 본능을 거스르라.
비효율적이더라도 존재 목적을 따르라.
브랜드의 성장은 매출 성장이 아니다.
지속가능 경영이 아니라, 영속가능 경영이다.
품질 혁신, 기술 혁신이 아니라, 인간 혁신, 리더 혁신이다.
브랜드의 사명을 금과옥조로 떠받들라.
주주이익 극대화는 브랜드십의 적이다.
생계형 리더가 아니라, 가치지향형 리더가 되어라.
중간관리자 대신 브랜드의 철학과 문화로 관리하라.
이 세상을 위한 의미 있는 일을 찾으라.

안녕하신가, 민 과장!

오늘도 민트 향이 너무 강하군. 쌉싸래한 맛도 더하고, 또 실패야. 다른 음료는 밍밍하고 달아서 아메리카노 더블샷 외에는 잘 마시지도 않던 내가 민트 향 운운하니 의외라고 생각할걸세. 아무래도 요즘 커피를 너무 많이 마시는 것 같아서 뭔가 다른 걸 찾다가 몇 달 전 집 근처에서 'Tea Tone'이란 찻집을 하나 찾았다네. 시애틀로 옮겨 온 지 거의 1년이 되어 가는데 왜 몇 달 전에서야 눈에 보였는지, 역시 사람은 관심 있는 것에만 촉수가 서는 것 같네. 여기 민트 차는 아주 좋았어. 그래서 매주 토요일 아침이면 거의 왔었거든. 내 정신을 깨워 주기에는 카페인보다 외려 나은 것 같네. 그런데 요 몇 주째 계속 맛이 이상하지 뭔가. 나만 그렇게 느끼는 것이 아니라 내 아내도, 그리고 내 친구들도 같은 이야기를 하기에 알아보니 그전에 일하던 매튜라는 사람이 그만둔 모양이야. 그래도 나는 여전히 그 맛이 되돌아오길 기다리며 다시 찾는데, 아직까지는 기미가 보이지 않아. 매튜가 다른 사람들에게 민트 차를 우려 내는 제대로 된 방법을 알려 주고 떠났다면 좋았을걸.

민 과장, 보내 준 이메일은 잘 보았네. 분명히 벅찰걸세. 기존에 하던 업무도 있는데 벌써부터 내년 상반기 전략 어젠다와 마케팅 아이디어까지 제안하라는 이 부장이 야속하기도 할 거야. 민 과장으로서는 '왜 그것까지 내가 해야 하나' 의문도 들 것이고, '그럼 이 부장은 무엇하러 있는 사람인가' 싶은 생각도 들걸세. 자네는 그런 일은 이 부장 몫인 것으로 생각할 테니 말이지.

그런데 작년 하반기 2차 프로모션 때의 일을 기억하나? 이 부장이 중국 출장으로 자리를 비웠을 때 말이야. 하필이면 출장 지역에 지진이 나서 휴대폰도, 이메일도 안 되고, 다들 우왕좌왕 했지 않나. 이 부장의 결제가 없는 상황에서 2차 프로모션을 진행할 것인지 여부를 두고 의견이 분분했지. 게다가 원래 사은품으로 나가려던 인덱스 툴키트 물량에 차질이 생겨 대체할 사은품을 찾는 것도 관건이었지. 이 부장이 없는 상황에서 이 모든 것이 자네 결정에 달려 있었지. 물론 상당히 당황스러웠을 걸세. 하지만 자네의 선택에는 나 역시 적잖이 실망했었어. 그러니 이 부장이 자네에게 그토록 화를 낸 것도 어느 정도 이해가 돼. 아마 그때 이 부장이 화를 낸 것은 자네의 '무능함' 때문이라기보다는 우리 브랜드에 대한 '무관심' 때문이었을 걸세. 대체할 사은품으로 양말이 뭔가.

그때의 실패를 지금 다시 들춰 내자는 것은 아닐세. 하지만 똑같은 실수가 없으려면 그때 그 일이 주는 교훈은 잊지 말아야지. 만약 민 과장이 계속해서 '우리다움'에 대해 고민하고 있었다면, 그래서 그것에 기반한 전략이나 프로모션 플랜을 고민하고 있었다면 양말이라는 어이없는 사은품을 생각해 냈을까? 내 생각에는 이번 이 부장의 과한(?) 업무 지시는 민 과장이 좀 더 우리 브랜드에 깊숙이 관여하고 고민하길 바라는 마음에서 그런 것 같네. 지금 민 과장처럼 '진행'에만 초점을 두고 일한다면 민 과장은 이 일을 통해서 얻어 가는 것도 없을 뿐더러 회사 내에서도 독보적인 자리매김을 할 수 없을걸세. 민 과장 스스로를 위해서라도, 회사를 위해서라도 우리 브랜드에 대해 좀 더 고민해 보는 진정성이 필요하다는 말이지.

만약 이 부장이 요구한 것처럼 내년 상반기 전략을 고민하다 보면 우리 브랜드의 아이덴티티와 그것을 응축한 전략적 캐치프레이즈, 그리고 그것을 실제로 소비자들이 느낄 수 있도록 하는 프로모션 플랜까지 고민해 보는 기회가 될 걸세. 이제 자네도 과장 3년차라면 '정서적 월권'을 해도 좋을 시기라고 생각하네. 좋은 게 아니라, 해야지. 그래야 이 부장이 자리를 비워도 자네 역시 '우리다움'에 근거한 의사결정을 할 수 있을 것 아닌가.

우리나라는 참 신기해. 자네 HRD의 가장 중요한 세 가지 요소가 무엇인지 아나? '채용hiring, 개발development, 셀렉션selection'이네. 대부분의 한국 기업이 '채용'에 가장 많이 힘을 쏟는 것 같더군. 채용 시즌만 되면 대학에 부스를 설치하고, 또 유명 헤드헌터를 고용해서 '인재 모시기'에 여념이 없지. 셀렉션에도 아주 열을 올리고 있어. 셀렉션이란 '누구를 어느 직책에 놓을 것인가'에 관한 것일세. 인사권 놀이라도 하는 양 이번에는 A가 연차가 찼으니 부장으로, B를 차장으로, C를 이사로 승진시키자는 둥, A는 D와 사이가 좋지 않으니 같은 직책에 있으면 문제가 생길 것이라는 둥 셀렉션 문제로 골머리를 앓지. 이것 자체가 잘못되었다는 것은 아닐세. 물론 필요한 부분이지. 하지만 그보다 더 중요한 것이 있어. 바로 '개발'일세. 채용과 셀렉션에는 한껏 열을 올리면서 왜 개발에는 상대적으로 신경을 덜 쓰는지 모르겠더군. 내가 말하는 '개발'이란 단순히 외국어 교육이나 리더십 교육, 또는 직능 교육을 이야기하는 것이 아니네. '우리 브랜드다움'이 뭔지, 그것이 왜 중요한지, 그것을 어떻게 전 직원에게 전파할 수 있는지에 관한 것일세. 그리고 승계, 석세션 플랜succession plan에 관한 문제야. 석세션 플랜은 꼭 차기 CEO를 위한 것이 아니네. 현재 조직 구성원이 맡은 모든 역할에서 연결고리가 이어져야 조직 전체의 체인이 튼튼할 수 있는 걸세. 하나만 끊겨도 힘들어지는 것이 사실이니까. 사실 셀렉션 부분도 개발 측면만 잘 해결되면 쉽게 해결될 수 있는 문제지. 그런데 이것을 등한시하니까 갑자기 사람이 빠지면 그 자리를 대체할 사람이 어디 없나 눈에 불을 켜고 찾지.

하지만 미리 준비해 두지 않으면 그 자리와 역할에 공백이 생기고 조직 차원에서 힘들어지는 걸세. 최악의 경우는 그 사람을 대체할 법한 고급 인력을 외부에서 '모셔 오는 것'인데 별로 성공 확률이 높지 않지. 돈을 많이 주고 데려왔어도, 아무리 영특한 인재여도, 역시나 '우리다움'을 체화하는 데는 시간이 걸리거든. 내가 아는 한 회사는 일정 이상의 직책에는 그 자리에 누구를 세울지 미리 고민해서 3명을 후보로 두고 1, 3, 5년 계획을 세워 미리 교육시킨다고 하더군. 차차 그 영역에 맞는 능력과 자질을 갖출 수 있도록 준비시키는 것일세. 아마 이 부장이 지난번 이곳에 출장차 왔을 때 내가 들려준 어떤 회사 이야기를 듣고 자네에게 슬슬 그런 준비를 시키는 게 아닌가 하는 생각이 드는군.

민 과장, 힘들겠지만 이 모든 것이 자네와 회사를 동시에 위하는 길임을 잊지 말고, 힘들어도 잘 이겨 내 보게나. 그럼 수고하게…. UB

브랜드 B자 배우기 4.

휴지 idea와 휴지 identity

당신이 사용하는 휴지에는 특별한 아이디어(idea)가 있는가? 있다면, 당신은 대단한 아이디어 제품을 사용하고 있다. 그런데 당신이 사용하는 휴지의 아이덴티티(identity)는 무엇인가? (분명 마음 속에 '?'만 가득할 것이다.)

'쓸모없는 종이' 혹은 '밑을 닦거나 코를 푸는 데 허드레로 쓰는 얇은 종이.' 국어 사전에서 '휴지(休紙)'를 정의하는 말이다. 휴지가 생활 필수품이 된 지는 그리 오래 되지 않았다. 우리나라에서는 1970년대가 지나서야 휴지가 대량 공급되기 시작했다고 하니, 역사적으로 우리는 운좋게 휴지 호사(?)를 누리고 있는 것이다.

이제 휴지는 너무 흔한 상품이 되었다. 이런 휴지가 과연 브랜드가 될 수 있을까? 두루마리 휴지처럼 겉으로 보기에 차별점이 없는 상품도 드물다. 그나마 우리가 '화장용'으로 주로 사용하는 티슈는 종이상자 안에 들어있어 박스 디자인에서나마 차이를 둘 수 있지만, 보통 35~100m 길이로 둘둘 말린 흰 두루마리 휴지는 비닐 포장만 벗겨놓으면 어떤 브랜드인지를 쉽게 알 수가 없다. 물론 요즘은 심심치 않게 흰 휴지 위에 꽃 무늬나 물결 무늬가 그려진 향기나는 두루마리 휴지가 생산되지만, 그나마도 흔해져서 이제 브랜드 간의 차별점을 찾을 수가 없다.

'휴지도 차별화가 될까?' 하는 의문을 품고 있던 찰나, 재미있는 사실을 알게 되었다. 일본에서 공포 소설을 모티브로 한 휴지가 만들어졌다는 것이다. '하야시'라는 이 일본의 종이회사는 《링》으로 유명한 스즈키 코지의 작품인 《드롭(Drop)》을 모티브로 한 두루마리 휴지를 만들었다. 이 두루마리 휴지는 낱개 포장되어 있음은 물론이고, 휴지에 소설이 9챕터로 나눠져 인쇄되어 있다고 한다. 소설의 주요 모티브가 화장실이라는 점에 착안한 하야시의 아이디어였던 셈이다. 자신의 소설이 화장실에서 읽히고, 쓰여지고, 버려지는(?) 것을 스즈키 코지가 어떻게 받아드렸는지는 모르겠지만 이 휴지는 개당 210엔으로 기념품 매장에서도 팔리고 있으며 일본 공중 화장실에도 설치되었다고 한다. 우리나라에까지 뉴스가 될 정도로 이슈가 된 것은 확실하다.

하야시의 휴지는 다른 두루마리 휴지와 비교할 때 '차별화'에는 성공했다. 그리고 개당 수익으로 비교해 봤을 때도 24롤이나 36롤 세트로 팔리는 것보다 훨씬 큰 수익을 얻을 것이라고 예상할 수 있다. 이 휴지에는 분명 사람들의 이목을 끌만한 아이디어가 있다.

아이디어는 제품을 차별화하는데 유용하다. 차별화는 브랜드에 꼭 필요한 것이다. 그러나 과연 하야시의 휴지를 '브랜드'라 칭하는 데 이 반짝이는 아이디어 하나만으로 충분한가? 이목을 끄는 독특한 아이디어 하나로 이 휴지가 브랜드가 될 수 있느냐는 말이다. 상품이 브랜드가 되기 위해서는 소비자의 가치와 하나가 될 만한 브랜드 아이덴티티가 필요하다(유니타스브랜드 Vol.13 p38 참고).

아이디어만 있는 상품은 여전히 상품일 뿐, 브랜드가 될 수 없다. 만약 하야시의 휴지에 놀랄만한 브랜드 철학과 가치로 구축된 브랜드 아이덴티티가 있다면? 그러니까 그들이 이런 휴지를 만드는 것이 '화장실 문학'이라는 새로운 장르의 창조(시리즈로 사전 휴지, 시집 휴지 등도 낼 수 있다)를 위한 것이라든가, 아니면 소비자에게 '즐거움'이라는 가치를 전달하기 위함이라면, 이들의 아이디어는 브랜드 아이덴티티의 날개가 될 것이다. 그러나 만약 브랜드 아이덴티티가 없다면 아이디어는 반짝했다 사라지는 혜성(아이디어 상품)일 뿐, 소비자의 마음에 남는 별자리(브랜드)는 되지 못할 것이다. UB

UB 2.0 SEASON I

유니타스브랜드 시즌 II 에서는 시즌 I 에서 다룬 12가지 특집 주제 중 6가지(Vol.3 고등브랜드, Vol.4 휴먼브랜드, Vol.7 RAW, Vol.10 디자인 경영, Vol.11 온브랜딩, Vol.12 슈퍼내추럴 코드)를 선정하여 2.0버전으로 연재 중이다.

- Higher Brand
- Human Brand
- RAW
- Design Management
- ON-Branding
- Supernatural Code

208 Higher Brand_사회적 기업, 오요리

216 Human Brand_구본형

organization
YORI
존재의 당위성으로 이름 짓다
비즈니스 모델의 대안적 유기체, 오요리

The interview with
오가니제이션 요리 공동대표 이지혜

서울에서 부산까지 걸어가는 것이 목표라고 해보자. 456km를 걷는 것, 결코 쉬운 일이 아니다. 하지만 '어떻게 해서든 도착하기만 하면 되는 것'은 '도착하는 길에 A, B, C의 특별 지령을 수행하는 것'보다는 훨씬 수월할 것이다.
기업이 수익을 내는 것은 어려운 일이다. 그런데 그 수익을 내는 방식에 있어 몇몇 사회적 문제까지 해결해 가며 수익을 내야 한다면, 더한 고행길일 것이다. 이번 '고등브랜드 2.0'에서 소개할 브랜드가 바로 이같은 길을 가기로 한 사회적 기업, ㈜오가니제이션 요리의 레스토랑 브랜드 '오요리'다. 이들은 기업으로서 지속성을 갖기 위해 영리를 추구하되 사회적 약자인 십대 청소년, 여성(가장), 결혼이주여성, 장애우 등의 자립을 돕는다는 사회적 문제 해결까지 동시에 이뤄 내야 한다. 쉽지 않은 길임에 분명하지만 그들은 이것이 '고행길'이 아닌 '행복길'이라고 말한다. 그들은 어떠한 고등 DNA를 가졌기에 이렇게 말할 수 있는 것일까?

* 본 기사는 유니타스브랜드 시즌 I 중 Vol.3 고등브랜드의 2.0버전이다.

목적이 이끄는 브랜드

오가니제이션 요리. 그다지 특별할 것 없어 보였다. 사실 어색 했다. 피상적으로 해석하자니, '조직 요리? 단체 요리?' 정도가 먼저 떠올랐기 때문이다. 하지만 이지혜 대표로부터 "오가니제이션organization이란 단어는 '유기체organism'의 의미를 포함한다"는 이야기를 듣고는 생각이 많아졌다.

유기체[有機體] [명사]
1. 많은 부분이 일정한 '목적' 아래 통일·조직되어 그 각 부분과 전체가 필연적 관계를 가지는 조직체.
2. 〈생물〉 생물처럼 물질이 유기적으로 구성되어 생활 기능을 가지게 된 조직체. ≒생물체.

이것이 '유기체'의 사전적 정의다. 분명 우리에게 (org라는 약어로도) 익숙한 A 오가니제이션, B 오가니제이션에서의 그 의미다. 여타 기업에서는 종결어미 정도로 사용하는 이 단어를 오가니제이션 요리는 자신을 규정짓는 '이름'으로 사용하고 있다. 이름은 하나의 주체가 상징계 안에서 표상이 되는 출발점이다. 달리 말해 이름은 곧 '상징'이며 이름을 갖는다는 것은 '그것으로 인식될 것'을 관계 속에서 약속하는 행위다. 대체 오가니제이션 요리는 어떠한 조직이기에 이것을 자신의 이름으로까지 사용하게 되었을까?

20세기를 이끈 비교사상가이자 심리학자인 다이온 포춘은 《미스티컬 카발라Mystical Qabalah》에서 '능력의 단어word of power'라는 개념을 소개한다. '단어는 우리에게 의미를 갖는 정도에 비례해 힘이 생긴다'는 것이 요지인데, 그렇다면 오가니제이션이란 단어는 그들에게 분명 능력의 단어이며, 그 능력의 단어를 자신의 이름으로 둠으로써 그 뜻을 공고히 하고 있는 셈이다.

우선 오가니제이션 요리에 대해 간략히 설명하자면, 하자센터(서울시립 청소년직업체험센터)가 ㈜노리단에 이어 두 번째로 런칭한 '사회적 기업'이다. 십대 청소년, 여성(가장), 결혼이주여성, 장애우 등 다양한 사회적 약자를 구성원으로 두고 카페, 급식, 케이터링 사업을 진행 중이다.

오늘날의 기업들이 가진 문제나 사회적 문제를 해결할 수 있는 대안alternative이 된다는 의미에서 '대안 기업'이라고도 불리는 사회적 기업은 (이에 대한 정의도 다양하지만) NGONon-Governmental Organization같은 비영리기구와는 달리 '사회적 목적'을 추구하는 동시에 그러한 활동이 지속성을 가질 수 있도록 '수익'을 창출하고자 하는 영리기구다. 그렇다면 오가니제이션 요리는 자신의 이름, 즉 '오가니제이션'이 가진 본연의 의미(필요하다면 단어의 뜻을 다시 한 번 읽어 볼 필요가 있다)를 강조하는 동시에, '목표'가 아닌 '목적'이 이끄는 브랜드임(유니타스브랜드 Vol.14, p20참고)을 다시 한 번 확정 짓고 싶었던 것은 아닐까?

오가니제이션 요리가 얼마 전 홍대 근처에 '오요리'라는 아시안 퓨전 레스토랑을 런칭했다. 목적 실현의 열망을 브랜드에 담아 소비자와 호흡하기 시작한 것이다. 분명 목적에는 적극적인 수익 창출도 있다. 그래야 진정한 사회적 '기업'이기 때문이다. 그들이 선보인 비즈니스 모델을 움직이는 '건강한 힘'은 이주여성과 장애우, 그리고 일반인들이 함께 만들어 내는 아시안 퓨전 음식이다. 그 중심에는 그들만의 명확한 비전이 있다. 비전에 대한 조직원의 합일이 어느 기업에게 중요하지 않겠냐만은, 사회적 기업처럼 그 설립 이유 자체에 이윤 추구 외에 '특별한 목적성'을 띠고 있다면 그 어떤 기업이나 조직체보다 비전에 대한 합의와 공유가 최우선 과제일 것이다. 이것이 오요리가 '선한 마음'에서 끝나지 않고 '선한 브랜드'로 성장해 나갈 수 있는 첫 번째 '고등 DNA'다.

고등 DNA 1.
연봉 협상 profit share 〈 비전 협상 vision share

이지혜 대표가 조직원 개개인과 비전에 관한 이야기를 나눈다. 최대한 많이 나누려는 이유도 이 때문이다. "당신이 하고 싶은 일이 무엇인가?"라는 질문으로 시작되는 그들의 대화는 끊임 없이 이어지며 스스로의 존재의 이유를 찾아나간다.

이지혜 (이하 '이') 함께 일을 해도 좋을지를 결정하기 전에 상당히 오랫동안 대화한다. '하고 싶은 일은 무엇인가? 배우고 싶은가? 그리고 당신이 진심으로 일하고 있는 게 맞는가?'가 주된 내용이다. 물론 재계약 시즌이나 연봉 협상 때도 마찬가지다. 나역시 일반회사에서 오래 근무해 봐서 잘 알지만, 이런 질문은 연봉 협상 때 나오기 힘든 질문들이다. 대체로 오로지 개인의 능력과 성과로 근로계약 여부와 연봉이 결정된다. 하지만 우리 같은 조직에서는 무엇보다 비전이 같지 않으면 함께 일하는 것 자체가 불가능하다. 때로는 능력보다 우선시 되는 부분이 비전이다.

비전에 대한 합일을 알아보는 방법 중 하나가 그 사람의 진정성을 확인하는 것이다. 일종의 '정신적 코드 spiritual code'를 맞추는 것인데, 일을 하기 위한 '자기 진심'을 의미한다. 한번은 이런 경우가 있었다. 서울의 명문 대학교 석사까지 마친 상당히 유능한 친구였는데 좋은 일을 한다는 마음으로 일하긴 했지만 진심으로 힘써 일하는지, 즉 '진정성'이 느껴지지 않아 이런 질문을 했다. "당신은 학교 레포트 쓸 때는 밤을 새워 하면서 왜 회사 보고서 쓸 때는 밤을 안 새우는가?"라고. 물론 밤을 새우라는 것이 아니다. 하지만 그러한 질문에 대한 그 사람의 표정 변화와 태도에서 그의 진정성이 확인된다.

하지만 당장에 비전이 맞지 않는다고 관계가 끝나는 것은 아니다. 특히 결혼이주여성이나 장애우의 경우는 지속적인 직능교육과 함께 지속적인 대화로 비전을 확인하며 충분히 기다려준다. 그것이 그들의 또 다른 존재 목적이기 때문이다. 그러나 그들의 '목적'이 여기서 (사회적 약자의 자립을 돕고 같은 꿈을 꾸는 것) 끝난다면 그들은 여느 NGO나 NPO Non-Profit Organization와 다를 바 없을 것이다.

그들의 또 다른 목적 혹은 숙제는 '수익 창출'에 있다. 수익 창출, 이것이 참 어려운 부분이다. 소비자의 '심리적 지지'와 '금전적 지출'은 엄연히 다른 일이며, 경쟁이 치열한 시장에서 '좋은 일'을 한다는 것만으로는 지속적인 경쟁 우위를 가진 브랜드로 자리잡기는 쉽지 않기 때문이다. 지속적인 사랑을 받기 위해서는 소비자의 지출에 대한 효익을 제공할 수 있어야 하는데, 오요리에게 그것은 음식의 맛이다. 이를 위해 그들에게는 전문가가 필요했다.

수익 창출, 이것이 참 어려운 부분이다. 소비자의 '심리적 지지'와 '금전적 지출'은 엄연히 다른 일이며, 경쟁이 치열한 시장에서 '좋은 일'을 한다는 것만으로는 지속적인 경쟁우위를 가진 브랜드로 자리잡기는 쉽지 않기 때문이다.

하지만 오요리의 처음을 준비한 구성원은 적어도 '요리'라는 것에 있어서는 전문가가 아니었다. 게다가 말이 잘 통하지 않는 이주여성, 그리고 지적 장애를 가졌거나 활동이 불편한 장애우들을 교육해 가며 비즈니스를 운영하기 위해서는 외부 전문가를 영입하는 것이 급선무였다. 하지만 그 영입 과정이 생각만큼 어렵지는 않았다고 한다.

이 이 분야에서 일하던 외부 전문가들 스스로도 오요리에서 존재감을 찾는다는 점에 큰 의미를 둔다. 사회적 기업이 갖고 있는 무거움보다는 자신의 능력이 이곳에서 쓰이면 그것으로 행복하다고 여기기 때문이다. 그들 주변에서는 "사회복지 하러 가느냐"며 우려하기도 한다는데 정작 본인 스스로는 보통의 회사처럼 자신의 능력을 발휘하기 위해 온 것뿐이다. 나는 그것이 핵심이라고 생각한다. 착한 일에 대한 생각은 아주 기본적인 마음으로 충분히 가능하다. 불편한 것을 감수해야 하는 부분이 있지만 좀 더 자세하고 친절하게 설명하고 상대를 이해해 주는 분위기가 되면 자연스럽게 녹아들 수 있다고 본다. 여기는 '경쟁'하는 곳이 아니라 서로의 능력을 향상시키며 수평적이고 자율적인 '공생'을 꾀한다. 요리에서 인생을 배우고 내가 가진 것을 공유하는 마음가짐이라면 '즐거움, 정직, 배움'을 요리한다는 오요리의 철학에 동의하며 생활할 수 있을 것이다.

고등 DNA 2.
컨텐츠contents 〈 컨텍스트context

오요리가 갖는 두 번째 고등 DNA는 조직원 개개인의 삶의 컨텍스트(환경)를 헤아리려 노력한다는 점이다. 일반적인 기업이 구성원의 컨텐츠, 즉 현재 가지고 있는 능력과 모습 자체에 비중을 두고 평가하거나 채용 계약의 유지 여부를 결정하는 것과는 사뭇 다른 모습이다. 이 대표가 컨텍스트에 더 많이 신경을 쓰는 이유는 오요리의 구성원들이 가진 특수성 때문이다. 장애우와 결혼이주여성들이 처한 상황은 보통 일반적인 직원보다는 더 큰 이해(관용의 이해라기보다는 말 그대로 이해)가 필요하기 때문이다.

이 이주여성이나 장애우들일수록 그들이 처한 환경을 이해하는 것이 상당히 중요하다. 도의적인 차원뿐만 아니라 제대로 업무를 수행할 수 있도록 돕는 측면에서도 그렇다. 이주여성의 경우는 본의 아니게 말수가 적어진다. 우리도 해외 나가서 말이 잘 안 통해 입을 닫지 않는가. 웬만큼 불편한 것이 아니면 참는다. 또 제한된 표현밖에는 사용할 수 없으니 자신이 어떤 사람인지 제대로 보여 주지 못한다. 한국어가 서툰 그들은 무슨 일이 있는 것 같아 물어 보아도 계속 괜찮다고만 할 뿐이다. 하지만 남편 직장과 관련된 문제, 현재 살고 있는 집이나 집주인과의 문제, 아이들 문제들이 늘 얽히고 설켜 있다. 그럴 때일수록 구체적으로 물어 보고 의사소통을 하지 않으면 일할 때 굉장히 문제가 된다. 구체적으로 물어 보면 대부분의 일은 어렵지 않게 해결되는 것들이다. 그래서 언제든지, 누구든지 자신이 처한 상황에 대해 터놓을 수 있도록 최대한 나뿐 아니라 회사 자원에서 먼저 관심을 보이는 편이다. 장애우들 역시 마찬가지다. 의사소통이 힘든 경우는 부모나 보호자와라도 끊임없이 대화해 그들이 가진 문제를 하나씩 해결할 수 있도록 도와야 한다.

이 대표의 표현 그대로라면 '라이프스타일'이었다. 개인의 삶의 맥락을 보고 그 안에 필요한 실질적인 도움이 되고 싶기에 그들을 살펴보니 결국 그들의 라이프스타일에 관심을 갖게 되었다는 의미다. 그러한 관심에서 생겨난 대표적인 결과물이 하자센터 안에 생긴 어린이방(하마방)이다. 하자센터의 어린이방은 어린이방으로서 상상되는 기능 그 이상의 역할을 하며, 그들 간에는 비언어적 의사소통의 계기가 되기도 했다. 어린이방을 만든 후 계속 부모 모임을 가지면서 공통된 관심사를 자연스럽게 나누고 서로의 아이를 돌봐 주다 보니 '신뢰'가 쌓이게 되었는데, 이것은 그대로 회사에 대한, 이 대표에 대한 신뢰로 이어졌기 때문이다. 또한 다문화 가정의 아이와, 장애우, 이 대표의 아이가 함께 어울리다 보니 서로가 서로에게 이모와 삼촌이 되어 주면서 가족 이상의 친밀감을 갖게 되었다. 컨텐츠보다 컨텍스트를 고려한 태도, 이것이 그들의 숨겨진 두 번째 고등 DNA가 되었다.

"이주여성들을 위해 친정집 같은 공간을 만들자!"
아이가 아프면 맡길 친정도 없는 이주여성들의 컨텍스트를 이해하면서 생긴 하자센터 내의 다문화 어린이방, 하마방이다.

오요리에서 일하는 타티아나의 일상이 담긴 일기다.
오요리의 공식 블로그 (http://blog.naver.com/org_yori)에는 더욱 다양하고 현장감 넘치는 그들만의 이야기가 있다.

고등 DNA 3.
시스템 system 〈 문화 culture

연봉 협상보다는 비전 협상에 더 큰 무게중심을 두고 직원 한 사람 한 사람이 가진 '현재의 재능보다는 미래의 재능을 염두에 두고 그들의 삶에 대해 관심을 갖는 것, 이것은 시스템(제도나 체제)으로 만들 수 있는 것이 아니다. 서로가 서로를 얼마나 배려하는지를 보여 주고 (의도하지 않더라도) 그러한 분위기가 만들어지는 것 속에서 자연스럽게 형성될 수 있다.

이 우리는 시간이 많다. 실은 시간이 많다고 생각하려 노력한다. 일반 기업은 '성과 자체가 목표'인 경우가 많지만 우리는 '과정 속에서 목표가 생기고 그것을 성과로 만드는 것'에 더 큰 보람을 느낀다. 당연히 조금은 느릴 수 있다. 실수를 인정하며 경험에서 얻는 교훈을 더 값지게 생각하기 때문이다. 하지만 그것이 오요리가 가고자 하는 방향이고, 또 문화다.

오요리가 이러한 문화를 가지고 있지 않았다면 대화가 통하지 않는 이주여성에게 같은 이야기를 수 없이 반복해 가며 요리법을 알려 주는 것도, 보통 30분이면 구울 수 있는 브라우니를 4시간 동안 굽는 장애우를 이해하는 것도, 버터 같은 간단한 요리 재료도 어디서, 얼만큼 사와야 하며 돈을 내는 방법까지 알려 줘야 하는 특별한 상황을 견뎌 내기 힘들었을 것이다. 시스템적인, 그리고 조직적인 '효율성'만 따지자면 일반 기업에서 일할 때 드는 에너지의 서너 배 정도는 더 써야 겨우 뭔가를 해낼 수 있는 구조를 이해할 수 없을 것이기 때문이다. 하지만 그들의 이러한 노력이 조직 차원에서, 또 사회 차원에서 갖는 '효과성'은 상당할 것이다.

이 이주여성이나 장애우도 열심히 일하지만 한국 직원들이 더 대단한 사람이다. 사실 이주여성들은 오전 9시~오후 6시, 화요일에서 토요일까지 근무하는 것 외에는 일하는 경우가 거의 없다. 하지만 요식업이, 케이터링 사업이 그렇게 할 수 있는 일이 아니다. 전날 아무리 준비를 많이 해 둬도 새벽 4시부터 나와 일해야 하는 경우가 많다. 그렇게 되면 당연히 빈자리는 모두 한국 직원들이 채운다. 또 요리는 결과물이 바로 보이고 실수를 돌이킬 수 없는 것이다. 언어 때문에 오는 어려움을 넘어 이러한 모든 것들을 뒤에서 받쳐 주는 사람들이 한국 직원들이다. 그들이 없으면 사업을 이어 나가기 힘들 것이다.

이러한 그들의 모습은 '공동의 목표를 중심에 두고 서로 이끌겠다는 마음가짐'이 없다면 불가능한 일이다. 사실 이것은 모든 기업의 조직원이 '비전'을 대하는 태도가 되어야 하지만 잊는 경우가 많다. 그래서 몇몇 브랜드는 종종 스스로의 존재 목적을 잊어버리고 '목표'만을 향해 내달리기도 한다. 그러한 기업들에게 오요리식 삶의 방식은 그들의 질주 방향을 재조정하는 데 많은 힌트를 주고 있다.

이처럼 자신들이 지닌 세 개의 '고등 DNA'로 존재 목적을 공고히 하며 성장해 가는 그들이기에 고등브랜드로서 소개해도 좋다고 생각했다. 그런데 이쯤에서 고백하자면, 사실 우리가 오요리를 '고등브랜드로 해석하려 한다'는 기획 의도를 이 대표에게 전했을 때 그로부터 들은 말은 의외였다.

"고등브랜드? 우리는 우리가 고등하다고 생각하지 않는다"

이 대표는 이 말에 덧붙여 "고등하다고 생각하지 않았으면 한다"고 강조하기까지 했다. 그가 말한 어조를 그대로 전할 수는 없지만 그 반응은 분명 '겸손'과는 다른, 조금은 심각하고 진지한 우려가 섞인 것이었다. 수익을 내는 것만으로도 힘겨운 일반 브랜드들이 갖는 어려움에 사회적 문제 해결까지 짊어진 그들이기에 '고등하다'고 표현하려 한 것인데, 이 대표는 왜 우리의 이러한 해석에도 우려를 표했을까?

이 어떤 의미로 '고등하다'란 표현을 쓴지는 충분히 이해한다. 하지만 우리는 원숭이가 아니다. 때문에 타자에 대한 일종의 배려나 헌신 등은 기본적인, 인간의 본성이라 생각한다. 그런 이유로 고등higher하다는 표현이 부담스러운 것이다. 우리가 하고 있는 일이 높은 일인가? 나는 단지 '다른 일'이라고 생각한다. CSR이나 사회적인 일을 하는 것 자체가 좋은 일을 하기 때문에 'higher' 하다고 생각하는 순간 이 일은 '힘든 일'이 된다.

'힘든 일'이 되는 것을 우려한다는 이 대표의 말이 곧 '오요리를 운영하는 것이 쉬운 일이 되어야 한다'는 의미로 받아들인다면 오해다. 당연히 한 조직을 운영하는 것은, 또 위와 같은 인력으로 수익 구조를 만드는 것은 결코 쉬운 일이 아니며, 인터뷰 도중 이 대표 역시 그로 인한 힘든 점을 토로했다. 이 대표가 의미하는 '힘든 일'이란 정신적 측면을 의미하는데, 사회적 기업가라면 짊어지고 가야 할 것만 같은 일종의 '중압감 혹은 심적 어려움'을 뜻한다. 그것도 선입견과 '필요 이상의 책임감' 때문에 생긴 어려움 말이다.

사회적 기업, 대안 기업하면 떠오르는 이미지들이 있다. '선하다, 착하다.' 하지만 그러한 선입관이 사회적 기업가는 물론 구성원으로서 참여하려는 사람들에게 큰 부담이 될 때가 있다. 일반적인 비즈니스와는 다른 차원의 훌륭한 일, 그래서 왠지 모를 '희생이 뒤따를 것 같다'는 생각 때문에 비록 첫발을 내딛더라도 어려운 상황이 오면 지레 포기하거나 일종의 '피해의식'에 휩싸이는 경우가 많다. '내가 너무 일방적으로 희생하고 있잖아?'라는 생각과 함께 말이다.

이 우리는 단지 착한 기업, 선한 기업으로 인식되고 싶은 생각은 없다. 맛과 전문성으로 승부하고 싶다. 그런 후에 '착한, 선한' 등의 수식어가 붙는 것은 상관 없지만 말이다. 우리에게 외부 전문가가 필요한 이유도 이 때문이다. 그런데 이 분야의 전문가들도 막상 들어와 보면 정서적으로 힘들어 하는 경우가 있다. 이 일이 굉장히 '숭고하고 고등하다'고 생각해서 들어온 것도 여러 이유 중 하나였을 것이다. 그런데 막상 들어와 보면 초창기에는 함께 일하는 사람의 전문성이 일반적인 사회적 기준에 미치지 못하고, 그들의 생활 역시 힘겨운 것을 보면서 많은 고민 한다. 레스토랑과 케이터링 서비스를 하는 우리 비즈니스 특성상 전문가들은 7~8만 원짜리 스테이크도 먹어보고 다양한 맛집도 경험해야 하는데 함께 일하는 사람들은 7~8,000원짜리 불고기도 먹기 힘든 상황이니 말이다. 나 역시 초기에는 그런 것 때문에 힘들어 했던 것이 사실이다. 하지만 그렇게 부담을 갖게

되면 스스로 '소진'되기 쉽다.

'착한 기업'과 '착한 소비자'가 일종의 유행어처럼 번지고 있는 요즘, 이따금씩 훈훈한 뉴스를 접하면 '착한 일하네' '좋네, 나도 언젠가는…' 정도의 소극적 지지(?)를 보내는 것이 우리네 보통 사람들이다. 그런 우리에게 일종의 경종이라도 울리듯 무겁게 말을 이은 이 대표는 현장 경험을 통해 그러한 선입견 때문에 생기는 어려움, 그리고 그 선입견이 깨지기까지 겪어야 하는 진통이 얼마나 힘겨운가를 말하고 있었다. 그리고 이제는 사람들도, 스스로도 그러한 시각에서 벗어나야 한다는 생각이 컸을 것이다. '(어쩌면 느끼지 않아도 되는) 죄책감' 때문에 힘들어하는 것은 오히려 오요리가 영속성을 갖는 데 해가 되기 때문이다.

이 그러한 문제로 힘들어 하는 전문가들에게 나는 이렇게 말한다. "당신이 이 회사에서 일하는 것이 일방적인 희생은 아니었으면 한다. 당신의 역할은 이곳에 있는 사회적 약자들의 삶을 바꾸는 일에 동참하는 것이고, 이를 위해서는 당신의 전문성이 필요하며 그 '전문성을 약화시키는 죄책감'은 오히려 이 일의 본질을 흐린다. 당신의 전문성을 더 크게 키워 오요리가 잘 되게 돕는 것이 그러한 죄책감을 상쇄하는 방법 중 하나이자 보람이 될 것이다."

이 대표의 말대로 괜한 죄책감은 외려 조직의 영속성에 해를 입힐 뿐이다. 조직의 성장을 위해서는 전체적인 전문성과 퀄리티가 향상될 수 있도록 자신의 전문성을 키우는 데 집중해야 한다.

이 대표가 사실 이러한 기사를 통해 오요리가 좋은 일을 하는 선한 기업으로 비춰지는 것 자체를 우려한 또 하나의 이유, 여느 레스토랑처럼 맛과 분위기로 승부를 보고 싶은데 그보다 다른 이유로 소비자의 구매를 유도하는 것처럼 비칠까 봐서였다. 브랜드의 영속성을 위한 그의 고민이 엿보이는 대목이다. 만약 당신이 사회적 기업에 관심이 있는 사람이라면 이 대표의 이러한 마음가짐을 곰곰이 생각해 볼 필요가 있다. 오가니제이션의 의미를 다시금 떠올리게 하는 이들은 기업이, 또 브랜드가 어떠한 행보를 가져야 하는가에 대한 많은 힌트를 주고 있는 셈이다.

유니타스브랜드는 Vol.3에서부터 현재까지 기업의 사회적 책임이라는 이슈의 스펙트럼을 소개하고 있다. CSR 활동, 프로보노 CSR, 그리고 대안 기업까지, 기업의 행태 변화를 브랜드라는 유기체의 진화를 통해 현실 세계에서 관찰하고 있는지도 모르겠다. 그리고 그 진화 양상의 추이는 '목적을 제시하고 그것을 향해 매진하는 브랜드'로 향하고 있다. 오가니제이션의 존재 이유 그대로 말이다. UB

이지혜 이화여대 교육학과를 졸업하고 동 대학원 철학과를 수료했다. 한국여성연구원 연구원, (주)노머니커뮤니케이션, (주)지모바일에서 기획 및 마케팅을 담당했고 서울시 대안교육센터 정보기획팀에서 근무한 바 있다. 2004부터 기획부 팀장을 시작으로 서울시립청소년직업체험센터(하자센터)와 연을 맺은 그녀는 2008년부터 현재까지 오가니제이션 요리의 공동대표로 활동 중이다.

우리는 원형으로 태어나 복제품으로 죽는다
'나'의 원형을 찾아, 휴먼브랜드로 뛰어내리기

The interview with 변화경영연구소 소장 구본형

하루는 몸이 아픈 남자에게 의사가 물었다. "운동은 꾸준히 하고 계십니까?" "네. 하고 있습니다." "어떤 운동을 하십니까?" "등산을 갑니다." "일주일에 몇 번이나 가십니까?" 그는 내심 뿌듯하게 여기며 말했다. "글쎄요. 일주일에 두세 번 정도는 갑니다." 그러자 의사는 그에게 이렇게 말했다. "많이 가시네요. 그러나 매일 하지 않으면 운동이라 부르기 어렵습니다."
휴먼브랜드가 되기를 원하는 사람들의 가장 큰 불만은 '나는 왜 타고난 재능이 없을까'일 것이다. 그리고 누구나 재능이 있다고 믿는 사람일 경우, '그 재능을 어떻게 찾을 수 있을까'를 고민할 것이다. 어떻게 내 재능을 발견하고 휴먼브랜드로 거듭날 것인가? 자기계발 분야의 멘토이자 베스트셀러 작가, 경영 컨설턴트이자 강연자인 구본형은 '브랜드'가 된다는 것은 자신의 강점을 조합('and'매니지먼트)해 독특한 포지션을 만드는 것이라 말한다. 그리고 포지션을 찾으면 매일 같은 '수련(운동)'을 해서 브랜드로 성장하고, 어떻게 자신의 선한 영향력을 더 크게 확장시킬 것인지 고민해야 한단다. 이것이 책을 쓰기 시작한 지 13년째, 이제야 자신을 '작가'라고 말하고 싶다는 휴먼브랜드이자 휴먼브랜더, 구본형의 메시지다.

* 본 기사는 유니타스브랜드 시즌 I 중 Vol.4 휴먼브랜드의 2.0버전이다.

타인의 삶으로부터 뛰어내리다

"타인의 삶으로부터 나는 뛰어내렸다. 내가 되기 위해 나는 혁명이 필요했다." 1998년 이후 10쇄 이상 발행된 《익숙한 것과의 결별》, 이 베스트셀러의 첫 장은 이렇게 시작한다. '진정한 내가 되기 위해서는 다른 사람이 만든 삶의 기준과 환경으로부터 벗어나는 혁명이 필요하다'는 의미의 이 문장은 단지 사람의 삶에만 적용되는 것이 아니다. 브랜드도 마찬가지다. 어떤 브랜드가 되었든, 브랜드가 '자기답기' 위해서는 다른 브랜드가 만든 세상으로부터 벗어나야 한다. 그런 혁명적인 사건이 있을 때만이 우리는 그것을 '브랜드'로 인정할 수 있게 된다. '다르다' '혁신적이다' '새롭다'는 수식어를 단 브랜드는 모두 다른 브랜드의 삶으로부터 뛰어내린 브랜드라고 할 수 있다.

휴먼브랜드라는 연구의 시작은 사람이 만들어 낸 '브랜드' 혹은 훌륭한 브랜드의 법칙들이 반대로 사람에게 적용될 수 있지 않을까 하는 아이디어로부터 시작되었다. 《익숙한 것과의 결별》을 포함하여, 진정한 내가 되기 위한 고민을 담고 있는 구본형 소장의 책들은 그가 왜 휴먼브랜드라는 주제에 적합한지를 보여 준다. 물론 구 소장이 (인간에게도 적용할 수 있을 만한) 브랜드라는 개념을 인식하게 된 데는 20여 년간의 IBM 근무 경험도 한몫 했을 것이다. 그러나 그는 스스로 '브랜드'가 되기 위해 과감하게 IBM에서도 뛰어내렸다.

구본형(이하 '구') 브랜드는 시장에서 불리는 이름이다. '불리는' 이름이 중요한 이유는 이렇다. 사람은 누구나 존재한다. 그렇지만 그 존재에 대한 가치를 인식하는 것은 시장에 있는 사람들이다. 그래서 그것이 존재한다는 사실뿐만 아니라 타인으로부터 가치 있는 존재로 인정받고 있어야 브랜드라 할 수 있다.

존재가 가치 있다고 인정받기 위해서는 남과 다른 강점이 필요하다. 그렇다면 생기는 질문은 '나만의 강점은 어떻게 발견하는가?'다. 이것은 곧장, 브랜드를 구성하는 중요 요소 중 하나인 '차별성'으로 이어진다. 그러나 많은 브랜드들이 어려움을 겪듯, 사람도 남과 차별되는 자신만의 강점을 찾기는 쉽지 않다. 그래서 이를 발견하고 키워 낸 사람은 곧 '비범한^{genuine}' 인물이 되곤 한다. 이들은 휴먼브랜드의 3요소인 (잠재)능력과 목표, 태도를 모두 갖추고 있다 (유니타스브랜드 Vol.5 p54 참고). 이것이 결코 쉽지 않은 일이기에 하워드 가드너도 《비범성의 발견》이란 책에서 "우리 대부분은 비범한 인물에 대해 애증의 감정을 가지고 있다"고 말하지 않았을까.

그러나 하워드 가드너는 이 비범한 사람들을 상대로 우리와 다른 별개의 종種(개별성)으로 여기거나 별 다를 것이 없는 사람들(무차별성)로 여기는, 어느 한쪽에 치우친 사고를 하지 말 것을 당부했다. 어느 쪽으로든 비범함에 대해 이렇게 생각하면, 결국 자신이 비범해지는 것을 포기하고 말 것이기 때문이다.

구 소장은 '구본형'이라는 브랜드가 될 만한 자신의 강점을 어떻게 찾았을까? 강점을 '발견'한다고 하면 우리는 갑작스럽게 내 삶 모두를 포기하고 한 번도 보지 못한 세계로 탐험을 떠나야 할 것 같은 막연한 불안감을 느낀다. 무엇인가를 '발견'하려면 현재의 삶과는 동떨어진, 콜럼버스가 신대륙을 발견하듯 큰 용기와 우연이 필요하다고 생각하기 때문이다. 하지만 구 소장은 강점이란 이제까지 자신이 가장 좋아하던 것, 가장 잘하던 것, 그래서 사람들이 잘한다고 자신을 칭찬해 주던 어떤 것의 '조합'이라고 말한다.

or 매니지먼트에서 and 매니지먼트로

구 경영학과 인문학은 서로 전혀 다른 세계였다. 그렇지만 그 두 가지 모두에 관심이 있던 나는 결국 그 접점에 섰다. 두 세계의 교집합이라는 좁고, 독특한 좌표 위에 있는 것이다. 이런 몇 가지가 더 중첩될수록 차별성은 커진다. 특별하다는 것은 결국 차별성이 있다는 것이 아니겠나. 많은 것 중에 하나를 선택하는 것이 아니라, 여러 개를 조합하여 내 자리를 찾는 것이다.

구 소장의 이 말은 많은 것을 생각하게 한다. 우리는 혹, 우리의 강점을 '특별한 한 가지'로 생각하고, 그것을 찾고자 노력하진 않았는가? 그러다 특별한 것이 없다고 생각되면 좌절하고 쉽게 휴먼브랜드 되기를 포기하고 만다. 그런 우리에게 구 소장은 다음과 같은 질문을 해 보길 권한다.

무엇에 끌리고, 무엇을 좋아하는가?

구 소장의 인생을 돌아보면, 결코 지금 그의 위치가 '신대륙'은 아니었다는 사실을 알게 된다. 역사학도였던 그는 대학생 시절 유난히 혁명사에 관심이 많았다고 한다. 물론 환경적인 영향도 컸다. 군사독재 시절이던 터라 학기 중 반은 수업이 없었다. 개혁과 혁신은 시대의 코드이기도 했다. 하지만 그가 특별히 혁명사에 관심을 두었던 것은, 그의 입을 빌려서도 '일종의 끌림'으로밖에 표현할 수 없다. 그 끌림은 돈을 벌기 위해 입사했던 IBM에서도 이어졌다. 2년 정도 일하고 미국으로 유학 갈 계획을 세운 그는 IBM의 경영 혁신 부서에서 일하게 되면서 진로를 수정했다. 당시 경영 혁신 부서는 다른 사람들은 일하기 싫어하던 곳이다. '그것은 잘못이다' '바꿔라'고 말하는 것이 주 업무인 이 부서는 사람들의 미움을 사기 쉬웠다. 그렇지만 변화를 주는 것에 '끌림'이 있던 구 소장은 IBM에서 일한 기간 중 거의 16년 동안을 이 부서에서 보냈다. 무엇인가를 바꾸고 '변화'시키는 일은 그의 인생 키워드이자 독특한 자신만의 포지션을 찾아내는 데 필요한 수많은 레이어(layer, 여러 막으로 이루어진 층 중 하나의 막) 중 하나였다.

무엇을 잘할 수 있는가?

구 소장은 글쓰기를 잘했다. 하지만 그는 스스로 '소설을 쓰는 타입'은 아니라고 생각했다. 그러나 인문학에 관심이 많고, 사실에 근거한 글을 잘 쓸 수 있다는 것은 그의 타고난 강점 중 하나였다.

구 **인문학적 감수성이 있다고 생각했다. 하지만 내가 문학적인 글을 쓰는 사람들처럼 잘 할 수 없다는 것은 명확했다. 그걸 스스로 안다는 것 자체가 내게 '소설을 쓴다면 망할 것'이라는 경고 같은 것이었다. 그리고 또 잘하는 것을 생각해 보니, 오랜 직장 경험 때문인지 수많은 자료들을 체계적으로 정리하는 것이 있었다. 흩어져 있는 것도 모아 놓고 체계를 잡을 수 있었다. 그것 또한 내 강점이라고 생각했다.**

그가 좋아하고 잘할 수 있는 것은 세월을 거쳐 온 인생과 동떨어진 것이 아니라 평소에 끌리던 것, 그리고 겹겹이 쌓아 온 필살기, 그리고 환경이 만들어 준 기회였다. 처음부터 계획하고 겪은 인생은 아니기에 누구나 잘하는 것, 좋아하는 것이라고 꼽을 수 있는 것들 말이다.

구 **휴먼브랜드로 자리 잡기 위해서는 자신 내부에 끊임없이 열정을 제공해 줄 에너지원이 있어야 한다. 에너지원은 보통 자신이 가장 좋아하는 것에서 얻는다. 하지만 그것이 경제적 이익을 주지 못하는 일이라면 그렇게 되도록 만들어야 하지 않겠나. 주변 사람들이 나를 보며 가장 신기해 하는 것이 '어떻게 좋아하는 것으로 먹고살 수 있느냐'는 것이다. 하지만 '무엇을 할 것인**

〈그림 1〉 휴먼브랜드 구본형의 and매니지먼트

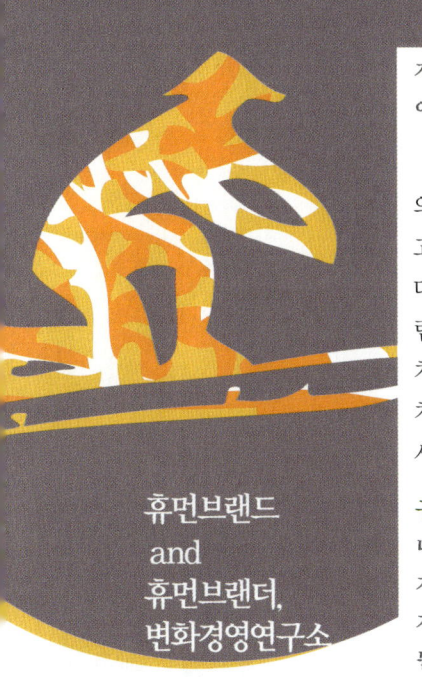

가 '무엇을 잘하는가' 등 몇 가지 질문을 나에게 던져 보고 그 답을 '겹쳐 보면' 꽤 괜찮은 모델이 나온다. 그저 이 모든 것을 '나열해 놓기만' 하면 알 수 없다.

많은 것 중 하나를 선택하는 'or매니지먼트'가 아닌, 'and매니지먼트'인 '전략적 겹침'은 브랜드의 아이덴티티를 결정하는 컨셉화 과정 conceptualization 과도 닮아 있다(유니타스브랜드 Vol.8 참고). 각각의 요소를 원으로 생각했을 때 그것이 자신의 인생에서 차지하는 넓이는 다 다를 것이다. 어떤 원은 다른 원에 포함된 것이기도 할 것이며, 나열해 두면 전혀 겹치는 부분이 없는 것처럼 보이는 원도 있다. 그러나 이것을 나열된 채로 내버려 두지 않고, 좀 더 고민해 전략적으로 겹쳐 보면 자신이 휴먼브랜드로서 어떤 좌표 위에 설 것인지 생각해 볼 수 있다. 이 모든 원이 겹치는, 아주 좁지만 명확한 위치가 당신의 위치가 된다. 휴먼브랜드로서의 구본형은 바로 그곳에 서 있다.

구 우리는 흔히 '경쟁력'이라는 단어를 쓴다. 그런데 경쟁력이라는 단어 속에 숨어 있는 의미를 생각해 보니, 내가 별로 원하지 않는 기초 위에서 만들어진 단어였다. 경쟁은 지금 내가 '전쟁'과 '전투'를 하고 있는 상황을 가정으로 한다. 내 목표가 '승리'이고, 승리하지 않으면 싸움에서 '졌다'는 의미가 되는 것이다. 그래서 이 단어가 나는 싫다. 나는 전쟁처럼 뭔가를 뺏고 뺏기는 과정에 있다고 생각하고 싶지 않다. 오히려 다른 사람에게 뭔가 '줄 수 있는 능력', 즉 선한 영향력이 있는 사람이고 싶다.

구 소장의 명함 제일 윗부분에는 '우리는 어제보다 아름다워지려는 사람을 돕습니다'라는 문구가 적혀 있다. 앞서 휴먼브랜드로서 구 소장의 위치를 만들어 준 키워드(원) 중 단연 돋보인 것은 '변화'라는 키워드였다. 정치적인 변화의 시대에 혁명사를 공부하고, 경영 혁신 부서에서 오랜 시간을 보내면서 그가 끊임없이 '변화'에 끌림을 느껴 온 이유, 그것을 그는 삶의 목적이라고 바꿔 말한다.

구 내게 변화 이상의 삶의 키워드를 말하라고 한다면, 그것은 역시 '공헌'인 것 같다. 어떤 사람이 휴먼브랜드가 되어 영향력을 가진다는 것은 그 사람이 다른 사람에게 '줄 수 있는 것'이 있다는 것이다. 이것은 상당한 힘이자 나의 목적이기도 하다. 그래서 항상 명함에도 '돕는다'는 말을 쓰는 것이다. 변화경영연구소도 그 일환이다.

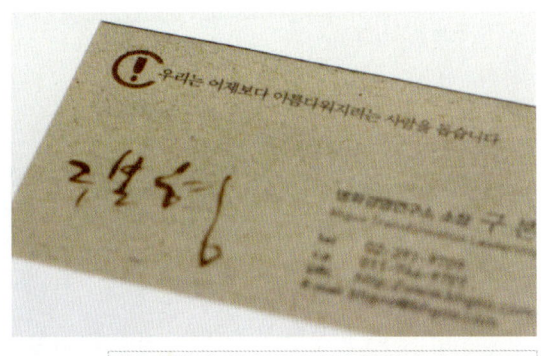

〈그림 2〉 구본형 변화경영연구소 홈페이지 첫 화면에 등장하는 문구

구본형 변화경영연구소는 '인생을 다시 시작하고 싶어 하는 사람들의 공간'으로 정의된다. 구 소장의 연구소는 기업을 위한 곳이기도 하지만 그보다는 '휴먼브랜드'를 위한 공간에 가깝다. 이 연구소는 구본형이라는 '휴먼브랜드'의 확장된 공간이자, 구본형과는 상관없던 사람들이 모여 스스로 브랜드가 되기 위해 준비하는 곳이기도 하다.

개인이나 기업을 위한 '변화 경영' '자아 경영' 강연 프로그램 이외에도 이곳에는 연구원 제도라는 독특한 프로그램이 있다. 연구원이 되면 처음 1년 동안은 50권의 책을 읽고 정해진 틀에 맞춰 정리하는 작업을 한다. 동시에 읽은 책과 자신의 관심사를 연결하여 50개의 컬럼을 쓴다. 이런 일을 하면서 자신이 어떤 사람인지 파악하고, 두서없이 동떨어진 원으로 존재하는 자신의 강점을 모아 그 접점(브랜드로서 자신의 포지션)을 찾기 위해서다.

그리고 연구원 생활 2년차가 되면 자신의 이름으로 책을 한 권 출간해야 한다. 자신의 책이 한 권 만들어져야 졸업이 가능하며, 공식적으로 '연구원'이란 타이틀을 쓸 수 있는 것이다. 연구원의 졸업이 '책'을 통해 이루어지는 것은 구 소장이 '논문'은 큰 의미가 없다고 생각하기 때문이다. 논문은 많은 사람들이 보지 못하고, 따라서 아무리 소중한 지식을 담더라도 다른 사람에게 선한 영향력을 미치지 못하기 때문이다. 주제는 상관없다. 자신이 쓰고 싶은 것을 대중이 보는 책으로 완성한다는 데 의미가 있다. 구본형이라는 휴먼브랜드에게서 나온 것은 무엇이든, '공헌'이라는 키워드를 담을 수 있어야 한다.

구 변화경영연구소는 어떻게 보면 '구본형'이라는 브랜드의 확장이기도 하다. 내가 중요하게 생각하는 것들, 그리고 나의 배움이 많이 녹아 있다. 그런데 그냥 확장이 아니라 매우 '다른 형태'의 확장이다. 여기서는 나와 다른 휴먼브랜드들이 자라고 있기 때문이다. 그것에 가장 큰 공헌을 하는 프로그램이 바로 연구원 제도다. 연구원 제도는 즐거운 프로그램으로, 교육 받는 데 직접적으로 드는 개인 비용을 제외하고는 모두 무료다. 무료가 좋은 것은 서로가 돈으로 이루어진 의무와 책임의 관계에서 벗어날 수 있다는 점이다. 돈을 벗어나면 그들과 나는 선생과 제자라고 하는 관계 안에서 자유롭다. 연구원 사이에서도 순수한 조언과 공헌이 생겨난다.

MEMORANDUM
변화경영연구소 휴먼브랜드들의 자기 파악 학습법

1. '신화'를 통해 자신을 파악하라.
구 나는 '신화'에 등장하는 수많은 이야기가 인간에게 나타나는 공통적인 특성들을 파악하기에 매우 좋은 교재라고 생각한다. 시간과 공간을 떠나서 인간은 공통된 속성을 가지고 있다. 그래서 신화를 잘 들여다보는 것으로도 자신이 어떤 사람인지 파악할 수 있다고 생각한다.

연구원들은 맨 처음 한 달 동안 신화에 관한 책들을 보고 자신과의 공통점을 파악하는 연구를 시작한다. 숙제는 예를 들어, 신화 중에서 가장 좋은 이야기를 고르고 그 이야기가 왜 좋다고 생각하는지를 찾는 것이다. 그런 후에 다른 연구원들과 같이 토론한다. 오랫동안 자신이 좋아하는 신화에 대해 곱씹으면 거기에 자신의 해석도 가미된다. 신화에 등장하는 인물이 자신과 닮았는지 물어도 좋다. 그리고 그 인물이 자신과 왜 닮았다고 생각하는지도 말해 본다. 이런 과정은 신화에 대한 질문이기 이전에, 이를 바라보는 자신에 대한 질문이 된다. 발표와 토론을 하고, 다른 연구원으로부터 질문을 받고 대답하면서 자신이 어떤 사람인지 자연스럽게 연구하게 되는 것이다. 이것은 휴먼브랜드 관점에서 자신이 어떤 브랜드가 될 것인지 파악하고 앞으로의 계획을 세우는 데 유용한 바로미터가 된다.

2. 물어라, 그러면 답한다. 그리고 서로 묻고 답하라.
구 나는 조언을 그냥 하지 않는다. 그들이 먼저 질문하지 않으면 내 조언을 얻을 수 없다. 자신이 원하지 않는, 갈급함이 없는 조언은 곧 잔소리가 되기 때문이다. 나뿐만 아니라 연구원 서로에게도 질문하고 답하라고 항상 말한다. 질문과 대답은 적절한 때가 있다. 이것을 얻어 내는 것은 오롯이 자신의 몫이다.

'50권의 책, 50꼭지의 칼럼, 그리고 100개의 조언.' 변화경영연구소 1년의 연구원 기간 동안 얻게 되는 것은 바로 이것이다. 소크라테스는 자신의 지식을 숨기고 계속해서 질문을 거듭함으로써 대화하는 상대로부터 더 나은 것을 끌어내는 대화법을 사용하였다. 이 대화법은 '산파술'로 불리기도 하는데 바로 소크라테스의 어머니가 아이의 출산을 돕는 산파였다고 한다. 어머니의 직업에서 가르침을 얻은 소크라테스는 자신이 낳을 수 없는 지혜마저 질답으로 대화하는 산파술로 탄생할 수 있을 것이라 생각한 것이다. 소크라테스의 산파술처럼 끊임없이 질문하고 대답하는 것은 자신을 아는 데 절대적인 도움을 준다. 휴먼브랜드로서 구 소장은 자신이 일일이 가르치는 것이 아니라 질문을 통해 스스로 얻을 수 있도록 '돕는다'. 물론 이 과정에는 구 소장과 연구원 사이뿐만 아니라 연구원 서로가 돕는, 선한 영향력의 시너지가 더 크다.

휴먼브랜드의 씨앗

그렇다면 휴먼브랜드를 키워 내는 농부로서 구 소장에게도 휴먼브랜드의 씨앗, 연구원을 뽑는 기준이 있을까? 처음에는 이 연구원을 뽑는 과정이 순수하게 '글'을 통해서만 이루어졌다고 한다. 연구원이 되기 위해 내는 이력서와 20페이지 정도의 개인사에 관한 글로 말이다. 그리고 1년 동안 할 일을 한 달 동안 경험하게 해준다. 그런 후 1년 동안 이것을 계속할 수 있을지를 물은 후 연구원이 되는 것이다. 그런데 5기 연구원부터는 면접도 이루어졌다.

구 글은 사람의 표현력과 창의성, 그리고 지적 수준이나 성실성도 보여 준다. 그래서 글만 보았는데 5기부터는 면접도 보고 있다. 글만 보았더니 직접 만나 보면 표현된 자신과, 실재하는 자신이 너무 다른 경우가 많았기 때문이다. 우리는 이런 사람들을 '창조적 부적응자'라고 부르는데, 결코 나쁜 뜻이 아니다. 다만 나도 휴먼브랜드를 키우는 농부로서 내가 도와줄 수 없는 사람을 씨앗으로 보고 똑같은 에너지를 쏟을 수 없다는 것이다. 직접 만나니 이 사람이 내가 도와주면 휴먼브랜드로 거듭날 수 있는 사람인지 더 명확히 알 수 있었다.

휴먼브랜드의 중요성을 알기에, 구 소장은 휴먼브랜드가 될 가능성을 갖추고 있더라도 자신이 키울 수는 없는 사람들을 걸러 내는 작업을 한다. 자신이 키워 낼 수 없는 사람이거나, 앞으로 휴먼브랜드가 될 사람으로서의 자질을 미리 파악하는 것이다. 그리고 이를 파악하기 위하여 던지는 다음의 질문은 그 사람이 다시 다른 휴먼브랜드를 만들어 내는 데 도움을 줄 수 있을 것인가를 알기 위함이다.

구 면접에서 제일 중요한 질문은 '당신이 함께 연구원 생활을 할 다른 사람에게 공헌할 수 있는 것이 무엇일지 이야기해 보라'다. 쉬울 것 같지만 실제로 물었을 때 답하기 제일 어려워하는 질문이다. 내가 내 동료를 위해서 1년간 무엇을 내놓을 것인지 3개 정도 말하고 나면 그 다음부터 모임의 관점이 달라진다.

이런 과정을 거치면서 휴먼브랜드의 씨앗들은 변화경영연구소에서 각자 저마다 다른 휴먼브랜드로 자라난다. 구 소장은 이 과정에서 연구원들과 함께 이야기하고 이들을 키워 내며 휴먼브랜드로서 자신의 지계를 넓히고 있다. 기존에 가지고 있던 역량을 활용해 휴먼브랜드의 입지를 넓히면서 '공헌'이라는 키워드를 몸소 실천하며, 또 다른 휴먼브랜드를 키워 내기도 하는 것이다.

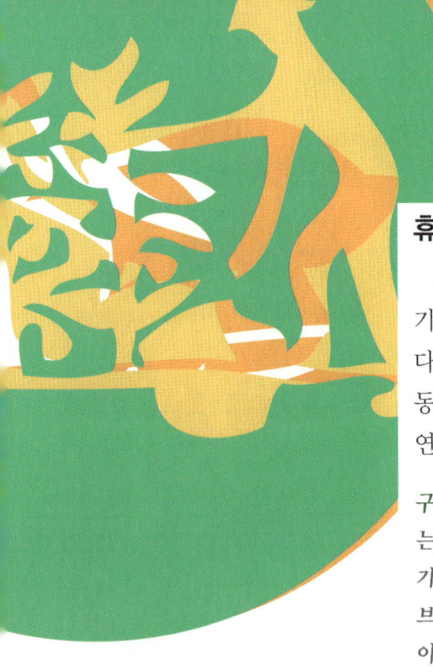

> "변화경영연구소는 어떻게 보면 '구본형'이라는 브랜드의 확장이기도 하다. 내가 중요하게 생각하는 것들, 그리고 나의 배움이 많이 녹아 있다."

10년 법칙, 10,000시간의 수련, 나는 이제 휴먼브랜드다

그의 책 한 권이 베스트셀러가 된 시점부터 사람들은 구 소장을 기억하기 시작했지만, 그는 그 책이 나온 뒤 13년이 지난 지금에야 "나는 작가"라고 말하고 싶다고 한다.

구 1997년부터 책을 쓰기 시작했으니, 이제 13년쯤 되었다. 하루에 2~3시간은 꼭 글을 썼다. 그게 1년에 1,000시간쯤 되니, 이제 1만 시간이 넘었을 것이다. 예전에는 스스로를 작가로 생각할 수 없었다. 그런데 10년이 넘고 나니, 이제야 작가라고 말하고 싶어진다.

그는 휴먼브랜드에 대해서 논하며 '수련'이라는 단어를 즐겨 사용했다. 인생에서 '내 길' 같다는 우주적 떨림을 만나더라도 그곳에서 10년을 버티지 못하면 천재성을 가진 사람도 휴먼브랜드가 될 수 없다는 것이 구 소장의 지론이다.

구 항상 현실을 탓하며 '차선책'만 선택해 온 인생이라면, 한 번쯤 용기를 내서 나를 휴먼브랜드로 만들 '최선책'을 선택하기 바란다. 그 계기는 아주 특별한 것이 아니라, 사소한 경험일 때가 많다. 체 게바라도 남미를 여행하다 아주 추운 날 노동자들과 모포 없이 밤을 보낸 것을 계기로 전혀 다른 사람이 되었다. 의외로 사소한 계기로 다른 선택을 한 사람들이 많다. 그런데 그 선택이 꼭, 지금 당장 회사를 그만두고 뛰쳐나오라는 게 아니다. 다만 최선책에서 10년을 버티기 위한 준비를 지금 당장 시작하라는 것이다.

휴먼브랜드가 된다는 것은 어쩌면 자신이 어떤 사람인지 그 원형을 찾고, 자신이 아닌 것으로부터 그곳으로 뛰어내리는 일일 것이다. 구 소장은 스스로 휴먼브랜드가 되기 위해 강점의 조합으로 자신을 정의하고, 긴 시간을 이를 튼튼히 하는 데 사용했다. 뿐만 아니라 '공헌'이라는 키워드를 통해 자신의 휴먼브랜드를 확장함과 동시에 휴먼브랜더로서 다른 사람을 브랜드로 키워 내는 일도 할 수 있게 되었다. 만약 휴먼브랜드가 타고난 비범함에서만 비롯된다면 우리는 휴먼브랜드를 그저 특별한 유전자를 가진 사람으로 생물학적인 관점에서만 연구하면 됐을 것이다. 그러나 우리가 휴먼브랜드를 연구하는 이유는 평범함을 비범함으로 변화시킨 휴먼브랜드가 더 많기 때문이고, 이들이 스스로, 혹은 더 나은 휴먼브랜드 육성을 통해 우리가 아는 혁신적인 브랜드들처럼 세상을 변화시킬 발화점이 될 것임을 알기 때문일 것이다. UB

구본형 서강대학교와 동대학원에서 역사학과 경영학을 전공하였다. 1980년부터 2000년까지 한국 IBM에서 경영혁신의 기획과 실무를 총괄했으며 IBM 본사의 말콤 볼드리지Malcolm Baldrige 국제 심사관으로, 아시아태평양 조직들의 경영혁신과 성과를 컨설팅하였다. 저서로는 《더 보스 : 쿨한 동행》 《세월이 젊음에게》 《사람에게서 구하라》 《익숙한 것과의 결별》 등이 있다.

마케팅 성지순례

몰링의 유혹, 타임스퀘어

첫째 주에는 홍콩의 쇼핑몰 같은 곳이 생겼다기에 관광지 방문하듯 '구경'하러 갔다.

둘째 주에는 궁금해하는 친구가 있어 '가이드'를 해주기 위해 갔다.

셋째 주에는 지하에 유명한 일본식 라면집이 생겼다기에 '맛집 탐방'을 갔다.

넷째 주에는 어버이날과 어린이날 선물을 한꺼번에 '사기' 위해 갔다.

다섯째 주에는 4D 영화관을 '체험'하기 위해 갔다.

쇼핑몰을 연구하는 인류학자, 파코 언더힐Paco Underhill의 《몰링의 유혹》이라는 책을 접했을 때 그건 '미국 사정'이라고 잘라 말할 수 있었던 이유는 몰링malling의 유혹을 느껴 본 적이 없기 때문이다. 그러나 그것은 타임스퀘어가 생기기 이전의 말이다. 몰링의 유혹이란 대형 쇼핑몰을 자주 찾는 사람들은 몰을 찾는 특별한 목적이 없더라도 이번 주에 볼 만한 TV 프로그램이 없어서, 비를 피하러, 딸이 가자고 해서 몰에 간다는 것이다. 그래서 몰고어(mall-goer, 몰링을 즐기는 소비자들)들은 몰에서 쇼핑의 유혹을 느끼는 것이 아니라 단지 머물고 싶은 유혹을 느낀다.

타임스퀘어가 그렇다. 타임스퀘어는 코엑스몰이나 센트럴시티와는 다르게 유혹한다. 가장 커다란 이유는 그곳이 메가 쇼핑몰이라는 점이다. 규모가 큰 만큼 메리어트호텔, 모던하우스, 이마트, CGV, 교보문고, 신세계백화점 등 의식주휴미락과 관련된 모든 매장이 그것도 중저가부터 럭셔리까지 모두 입점해 있어서 특별한 목적이 없어도 남녀노소 누구라도 두문불출하며 하루를 보낼 수 있다. 부모님과 가도, 아이들과 가도, 친구들과 가도, 연인과 가도 같은 공간에서 하루를 보낼 수 있다.

또한 타임스퀘어는 쇼핑을 하는 곳이 아니라 '보물찾기'를 하는 곳이다. 쇼핑 마니아들에게 타임스퀘어는 하루 안에 다 돌아볼 수 없는 보물섬이다. 익숙한 브랜드와 낯선 브랜드의 매장을 탐색하며 다른 곳에서는 볼 수 없는 브랜드의 상품들을 발견한다. 몰 워커(mall-walker, 몰을 운동 삼아 돌아다니는 사람)들은 산책하러 타임스퀘어에 가지만, 은연중에 언제 맞닥뜨릴지 모를 자신이 찾던 보물(영화, 책, 옷, 공연)을 기대하게 된다. 특히 브랜더라면 (아직까지의) 타임스퀘어는 더없이 좋은 보물찾기 장소가 된다. 모든 성별의, 모든 연령대의, 모든 소득 수준의 소비자들을 빨아들이고 있기 때문이다. 특히 중앙 로비에 있는 빈폴 매장 옆 에스컬레이터 앞은 불특정 다수를 한눈에 볼 수 있는 더없이 좋은 장소다. 그곳에서는 머릿속으로 분류해 둔 타깃 고객만을 본다거나, 고객들이 들고 있는 쇼핑백만 보는 등의 방법으로 직관력 훈련(유니타스브랜드 Vol.15 브랜드 직관력 참고)도 가능하다.

타임스퀘어가 몰링의 유혹에 성공한 이유. 그것은 익숙한 것(쇼핑하기)을 낯설게(거대한 공간 속에서 보물찾기) 했고, 낯선 것(처음 보는 브랜드)을 친숙하게(보물찾기라는 개념으로 생각하게) 만들었기 때문이다. 그래서 타임스퀘어는 '한 번 방문해 볼 만한 유명지'가 아니라 소비자들에게는 '이번 주에도 시간을 보낼 만한 놀이터', 브랜더들에게는 성지가 되었다. UB

강력한 브랜드 구축을 위한 야전교범

Unitas BRAND
SEASON I
브랜딩

10% OFF
Vol.1~Vol.12 총12권
~~205,000원~~
(BOX, 발송비 포함)
184,500원

Unitas BRAND 시즌 I 완성
2007.11~2009.12

마케팅은 판촉 행위를 불필요하게 만드는 것이다.
브랜딩은 마케팅을 불필요하게 만드는 것이다.

총 3,000페이지를 12권으로 구성한 유니타스브랜드 시즌 I은 기획기간 3년 그리고 제작기간 2년 동안 해외 석학 및 전문가 60명, 국내 전문가 및 브랜드 현장 리더 257명, 성공 브랜드의 현장 사례 172개의 인터뷰를 집대성한 브랜딩 구축 사례집이자 참고서입니다.

Unitas BRAND 시즌 I은
'브랜딩'에 대해서 집중적으로 다루었습니다. 브랜드의 창조, 운영, 혁신, 이익 그리고 경쟁과 독점에 이르기까지 기업의 모든 부분을 브랜드 관점에서 어떻게 '경영'할 것인가에 대해 다룬 것입니다. 2010년부터 시작되는 시즌 II의 테마는 '솔루션', 시즌 III의 테마는 '진보'입니다.

Unitas BRAND 시즌 I 세트는 두 가지 용도로 기획됐습니다.
1. 브랜드 교육 과정에 참고서로 활용할 수 있습니다.
  유니타스브랜드 시즌 I이 제안하는 커리큘럼으로 수준 높은 브랜드 교육을 하십시오.

2. 클라이언트와 사원들의 선물용으로 만들어졌습니다. 최고의 선물은 '지식'입니다.
  지금까지 어디에서도 볼 수 없었던 방대하고 체계적인 '성공 프로그램'을 선물하십시오.

브랜드 현장 전문가들이 완성한 브랜드 현장 참고서입니다.
유니타스브랜드 시즌 I은 브랜드 경영과 브랜드 전략 실무자를 위한 지침서로서, 2007년 11월부터 2009년 12월까지 약 9만 권이 판매되었습니다. 또한 마케팅 및 브랜드 전문 교육회사인 유니타스클래스는 유니타스브랜드를 '전 사원의 마케터화'를 위한 교육 교재로 제작하여 현재 약 80여 개 회사가 이 교재를 통해 브랜드 교육을 하고 있습니다. 유니타스브랜드는 잡지가 아니라 비즈니스 현장에서 최고의 전략으로 검증된 '브랜딩 전략'에 관한 참고서입니다.
체계적인 교재와 교육 커리큘럼으로 브랜드 전략 구축을 위한 직원 교육을 시작해 보십시오.

브랜딩에 대한 이해를 돕기 위한 STEP별 구성

유니타스브랜드 시즌 I의 학습 커리큘럼은 브랜드 입문과 브랜딩 이해를 위해 스텝별로 재구성되었습니다.

STEP 1
브랜드 전문가 입문

1단계 : 브랜드 최고의 가치, RAW (Vol.7)
2단계 : 판타지와 브랜드 (Vol.1)
3단계 : 브랜드의 진보와 진화, 고등브랜드 (Vol.3)

[브랜드 전문가 입문]은 브랜드에 대한 정의, 개념, 관점, 본질 그리고 해석에 관해 혁신적이며 창의적으로 접근하는 방법을 소개합니다. 시장에서 성장 및 성숙한 브랜드의 이야기와 전문가들의 경험담을 토대로 브랜드가 어떻게 창조되고 성장하는지에 대한 사실과 정보가 기록되어 있습니다. 또한 브랜드 런칭과 리뉴얼을 할 때 반드시 필요한 브랜드 철학과 전략에 관한 실질적인 사례를 소개합니다.

STEP 2
마케팅과 브랜딩의 이해

4단계 : 디자인 경영 (Vol.10)
5단계 : 브랜드와 컨셉 (Vol.8)
6단계 : 런칭 전략서는 브랜드 묵시록 (Vol.6)

[마케팅과 브랜딩의 이해]는 브랜드 경영과 디자인 경영에 대한 이해를 돕는 실질적인 사례로 구성되어 있습니다. 특히 디자인 경영을 하기 위한 이론적 전략과 현장의 전략들을 매뉴얼화 했습니다. 또한 컨셉을 통해서 브랜드를 구축하고, 구축된 브랜드와 상품을 결합시켜 런칭하는 일련의 프로세스를 체계적으로 소개하고 있습니다.

STEP 3
소비자에 의한 브랜딩의 이해

7단계 : ON-Branding (Vol.11)
8단계 : 슈퍼내추럴 코드 (Vol.12)
9단계 : 브랜드 뱀파이어 (Vol.2)
10단계 : 호황의 개기일식 (Vol.9)

[소비자에 의한 브랜딩의 이해]는 브랜드를 가지고 있는 기업의 주도적인 마케팅 활동과는 별개로 소비자에 의해서 브랜드가 구축되는 과정, 전략, 그리고 소비자 심리와 미래의 모습들을 상세히 소개하고 있습니다. 특히 작은 기업들이 큰 브랜드를 만들기 위해서 소비자와 함께 할 수 있는 현실적인 마케팅 전략과 브랜드의 사례를 소개하고 있습니다.

STEP 4
브랜드와 브랜더

11단계 : 휴먼브랜드 (Vol.4)
12단계 : 휴먼브랜더 (Vol.5)

[브랜드와 브랜더]는 브랜드에 관한 본질적인 이야기, 곧 브랜드를 누가 만드는가에 관한 자료를 소개하고 있습니다. 브랜드가 된 사람의 이야기, 그리고 사람을 어떻게 브랜드로 만들 것인가에 관한 사례를 소개합니다. 특히 1인 기업과 1인 브랜드에 관한 실질적인 사례와 방법 및 노하우를 상세하게 소개하고 있습니다.

브랜드 학습을 위한 5개의 학습 가이드

첫 번째, 3~5명으로 이루어진 스터디 팀으로 공부하십시오.
두 번째, 유니타스브랜드에서 소개한 브랜드의 매장은 직접 방문하여 확인하여 보십시오.
세 번째, 유니타스브랜드에서 인용했던 책들을 읽어 보십시오.
네 번째, 유니타스브랜드에서 소개했던 사례들과 유사한 사례들을 모아서 비교해 보십시오.
다섯 번째, 자신만의 브랜드 노트를 만들어 새롭게 알게 된 지식을 정리하여 보십시오.

• 구입 문의 Tel 02.545.6240 Web www.unitasbrand.com • 브랜드 컨설팅 문의 Tel 02.542.8508 Email sun@unitasbrand.com 조선화 실장

유니타스브랜드의
핵심 브랜드 지식을 활용한
브랜드 코칭 프로그램을 소개합니다.

UNITAS COACHING

기업의 CEO와 Top Management의
실제적 브랜드 경영을 돕기 위한
브랜드 전문가로 구성된 프로그램입니다.

코칭 분야

브랜드 전략 수립
브랜드 경영을 위한 철학 및 비전 구축
브랜드 경영을 위한 리더십 업그레이드
브랜드 경영을 위한 트렌드 통찰력
브랜드 혁신을 위한 인사, 교육, 조직 관리

코칭 방법론 1회 3시간 8회가 기본 구성이며, 각 회 시작 전 사전 과제와 적합한 교재를 제시하고,
본 코칭 시간에는 발제와 토론이 이루어 집니다.

Unitas BRAND
www.unitasbrand.com

코칭문의 조선화 실장 Tel 02-545-6240 Cell 010-5252-0838 Email sun@unitasbrand.com 각 브랜드의 목표에 따른 방법론과 진행계획을 제안합니다

왜 리더가 되면
사람이 변할까?

리더십 바이러스와 백신

리더가 되면 바로 감염된다.

저자 권 민

Unitas BRAND RAW, Fantasy, Higher Brand, Design Management, Conceptualization, Launching, ON-Branding, Supernatural Code, Brand Vampire,
by MORAVIANUNITAS The Immortal Brand, Human Brand, Human Brander, Education, Leadership, Intuition, Strategy, Brand Management, Culture ...
 서울 마포구 동교동 203-40 ST 빌딩 2층 문의 02-542-8508 www.unitasbrand.com

Unitas BRAND
유니타스브랜드

SEASON II Vol.16

CONSULTING EDITOR 주우진

PUBLISHER / EDITOR-IN-CHIEF 권민
ART DIRECTOR 안은주

COMMUNICATION MANAGER 조선화

EDITOR
김경희, 윤현식, 조아라

SPECIAL FEATURE EDITOR
UNITAS CLASS 김우형, 김경필

UNITAS SERIES
SENIOR EDITOR 배근정

COMMITTEE OF EDITORS
김미선, 주로니

BOOK DESIGN AND ARTWORK
ART DESIGNER 이상민
ASSISTANT DESIGNER 권경

UNITAS FINDER
PHOTOGRAPHER 김학중

BUSINESS MANAGER 진경은
MARKETING MANAGER 김일출
WEB MANAGER 박요철
CONSUMER MARKETING 양성미
CHANNEL MARKETING 방경환

EDUCATION MANAGER 신현선

KNOWLEDGE DIRECTOR 홍성태

도서등록번호 서울 라 11598
ISBN 978-89-93574-35-7
출판등록 2007. 7. 3
인쇄발행 2010. 7. 1
인쇄 ㈜프린피아

2F, ST Bldg., 203-40 Dongkyo-Dong
Mapo-Gu, Seoul, KOREA, 121-819
서울시 마포구 동교동 203-40 ST빌딩 2층
Tel 02) 542-8508 Fax 02) 517-1921
광고문의 02) 542-8508
구독문의 02) 545-6240 010) 4177-4077

유니타스브랜드는 한국도서잡지윤리위원회
윤리강령 및 실천요강을 준수합니다.
수록된 글, 사진, 그림 등은 ㈜모라비안유니타스에
저작권이 있으며, 이미지는 저작권자의 허락을
얻어 실었습니다.
계약을 얻지 못한 일부 이미지들에 대해서는
편집부로 연락하여 주시기 바랍니다.

www.unitasbrand.com

기업구독자

경기도교육정보연구원(문헌자료실), 한국광고단체연합회, ㈜웰캄, 교촌에프앤비㈜, 스튜디오바프㈜, 꿀크리에이티브, ㈜뉴데이즈, ㈜디자인파크, 텍스, (사)유엔글로벌콤팩트한국협회, ㈜이즈피엠피, 제이에스티나, 중앙일보미디어디자인㈜, 주식회사 양재하이브랜드, ㈜이지에이치엘디, ㈜인픽스 아이디랩, 애드쿠아 인터렉티브, 해피머니 아이엔씨, ㈜루나 크리에이티브 커뮤니케이션즈, 라온비티엘그룹, 세브란스병원, 이노션월드와이드, 이들디자인, ㈜피엑스디, ㈜이투스, ㈜팍스넷, 까사스쿨, ㈜컨셉, pposs.in, 동일레나운㈜, MD SPACE, ㈜구산구산, 타고커뮤니케이션즈, ㈜아이디스트, 넥스브레인, ㈜스튜디오애니멀, 야후!코리아, ㈜두영푸드, ㈜네이처앤휴먼지피, ㈜빅인더크리에이티브, 한국암웨이㈜, ㈜예스북, ㈜네티션닷컴, 엑스포디자인브랜딩, ㈜이이씨엘리트, 동양생명, 한국우편사업지원, 다인, ㈜sscp, 서울도시가스㈜, 영원무역, 우리컴, 에임어스, ㈜기분좋은커뮤니케이션, 한국고주파 산업연구조합, ㈜브라운스톤인터렉티브, (사)한국용기순환협회, ㈜디자인원, 삼성에버랜드, 제이앤하이, 언일전자, 고양문화재단, 헤이프레스토, ㈜이너스커뮤니티, 이담트리, ㈜비콘커뮤니케이션, 새한정보시스템주식회사, 엔씨소프트, 인크로스, ㈜창조E&C, ㈜디지틀조선일보, 얼반테이너, 사람과디자인㈜, ㈜마이스터, ㈜지프커뮤니케이션즈, ㈜넥서스커뮤니티, 민주화 운동기념 사업회, 컨셉추얼, ㈜하일아트, 광고인, 함께일하는재단, ㈜종합건축사사무소 건원, 연세의료원, 동숭아트센터, ㈜필로마인, 에고이즘, 엠앤서비스, 디자인수목원, 그랑팰리스웨딩홀, ㈜에스마일즈, 모노솜디자인, ㈜퍼셉션, 한화호텔앤드리조트, 바오로딸수녀회, ㈜헤어웨어, 다우그룹, 중앙M&B, 경희사이버대학교, 주식회사 보배네트워크, 에스엘컨설팅

외부 교육 프로그램 진행

LG 전자 CVI그룹(고객가치 혁신팀) 마케팅 교육, 서울 시청 해외 마케팅팀 브랜드&마케팅 교육, 펀 마케팅 클럽, PMC 프러덕션 교육, 이화여자대학교 평생교육원 MD과정 교육, 연세대학교 브랜드 전문가 과정(BM스쿨), ㈜세정그룹 마케팅 교육, ㈜톰보이 임원 워크샵 특강, ㈜티디코 브랜드 특강, 프랭클린 플래닉 마케팅 특강, 한국디자인진흥원 실무디자이너 재교육, 기획마케팅 과정 특강, ㈜알파코 2008 우편원격교육 교재지정(노동부), 라쿼진 아카데미 트렌드 강의, 특허청 디자인 트렌드 강의, 한국관광공사 온라인 브랜드 강의, 대우 일렉트로닉 디자인 트렌드 강의, Daum 브랜드 강의, 신세계 유통 연수원, MD들의 수다장 정기세미나 , Microsoft Advertiser Summit 브랜드 강의, 전략지식클럽 「네버랜드 브랜드 전략」 강의, 서울문화재단 「2009 서울 문화예술 사회공헌」 세미나, 브랜드 커뮤니티 「링크나우」 세미나, 「패션 인사이트 창간 10주년 기념」 제 1회 인사이트 포럼 강의, 웹어워드 2010 온라인 브랜드마케팅 세미나, 서울 패션 소싱 페어 2010 강의, 마포청년 창업아카데미 「마포명물가게만들기」 브랜드 특강, ㈜하이트 임원 역량 강화 교육

Unitas BRAND MEMBERSHIP

www.unitasbrand.com
TEL 02.545.6240
MOBILE 010.4177.4077

격월 홀수달 초 발행

등급별 가이드

회원 여러분의 필요에 맞춰 다양한 등급별 정기구독 제도를 마련하였으니, 각각의 혜택을 참조하여 꼭 필요한 멤버십 회원으로 신청하시기 바랍니다.

등급	브랜드 매거진		지식 세미나		통합지식 네트워크	
Unitas BRAND Purple MEMBERSHIP 300,000원	유니타스브랜드 정기발송 (연 6회)	유니타스브랜드 뉴스레터 (연 12회)	UB 컨퍼런스 (동반 2인 포함)	브랜딩 클래스 (연 2회)	북 세미나 (연 6회)	Keynote (연 4회)
Unitas BRAND Black MEMBERSHIP 120,000원	유니타스브랜드 정기발송 (연 6회)	유니타스브랜드 뉴스레터 (연 12회)	UB 컨퍼런스 (동반 1인 50% OFF)			
Unitas BRAND Green MEMBERSHIP 96,000원	유니타스브랜드 정기발송 (연 6회)	유니타스브랜드 뉴스레터 (연 12회)				

- 적용시점은 2010년 1월 1일 기준입니다.
- 현재 구독회원이 재구독할 경우 3가지 등급 중 하나를 선택해 연장하실 수 있습니다.
- 정기구독 기간 중 제품가격 및 운송료 인상시에도 추가 과금되지 않습니다.
- 기업구독 신청시 비 노출 혜택을 받으실 수 있습니다.

세미나 및 교육 가이드

*사정에 의해 일정이 변경될 수 있습니다.

구분	횟수/시간	참가비	무료 참가자격	1월	2월	3월	4월	5월	6월	7월	8월	9월	10월	11월	12월
Branding Class (권민 편집장 브랜딩 클래스)	2회 (pm 7:00~8:30)	100,000원	퍼플 (동반 1인 50% OFF)		2/23								10/19		
UB Conference (UB 컨퍼런스)	4회 (pm 1:30~6:00)	70,000원	퍼플 (동반 2인 포함) 블랙 (동반 1인 50% OFF)				4/2			7/8		9/14		11/16	
Book Seminar (북 세미나)	6회 (pm 7:00~9:00)	20,000원	퍼플			3/17		5/19		7/6		O	O	O	
Knowledge Donation Conference (지식기부 컨퍼런스)	2회 (pm 1:00~6:00) 예정	무료 (예치금 제도)											O		

구입처

Unitas BRAND
- ONLINE: YES24, 교보문고, 인터파크, 영풍문고, 반디앤루니스, 알라딘, 리브로
- OFFLINE: 교보문고 전점, 영풍문고 전점, 반디앤루니스 전점, 리브로(수원점), 프라임문고(신도림점), 대교문고 외
  기타 자세한 내용은 홈페이지 www.unitasbrand.com FAQ 참조

UNITAS MATRIX
- ONLINE: FUN SHOP, 10X10, 1300K, 후추통, YES24, 인터파크
- OFFLINE: 반디앤루니스(종로, 신림점)
  반디앤루니스(사당점), 영풍문고(종로점), 링코코엑스 : 7월 입점 예정

㈜모라비안유니타스 서울시 마포구 동교동 203-40 ST빌딩 2층 Tel 02.545.6240 Email unitas@unitasbrand.com Web www.unitasbrand.com

Unitas CLASS
School of Marketing and Strategy

마케팅과 전략의 교육 솔루션으로
10만 명의 전략가를 양성하는 기업 교육 회사입니다

Brand Education
기업 맞춤형 브랜드 교육과정

독특한 브랜드 교육 도구로 전사적 브랜드
패러다임 전환을 위한 교육

E-reading
유니타스클래스
자체적으로 개발한 독점교재

블랙브랜드 1, 2
과정명 : 실천브랜드, 마케팅교육, 블랙브랜드 (2개월 과정)

패션브랜드 1, 2
과정명 : 패션브랜드마케팅 (2개월 과정)

Book Seminar

회원들을 위한 북세미나 (연 6회)
컨퍼런스 (연 4회 /
Unitas BRAND 공동 주최)

㈜유니타스클래스　www.unitasclass.com
2F ST Bldg., 203-40 Dongkyo-Dong, Mapo-Gu, Seoul, KOREA
T +82.2.517.1984 / +82.333.0478　**F** +82.2.517.1921　**E** class@unitasclass.com　담당 **신현선** 팀장

디자이너들의 디자인 마케팅 마인드 함양을 위한

2010 Business Trend-Design management Seminar

서울시 디자인산업 육성을 지원하는 서울디자인재단 강남/마포디자인지원센터는 국내 디자인 경영 전문가들을 초청하여 디자인 마케팅 마인드 함양을 위한 2010 비즈니스 트렌드-디자인 경영 정기세미나를 개최합니다. 많은 참여 부탁 드립니다.

	주제	강사	참가인원	시기
1	모토로라 코리아 디자인 경영	황상걸 상무 (모토로라 코리아 디자인센터장)	100명	6월
2	컨셉 브랜드 아이덴티티의 핵심적 요약	한명수 이사 (SK커뮤니케이션즈)	100명	7월
3	디자인 경영과 브랜드 경영의 개념	권민 편집장 (UnitasBRAND)	70명	8월
4	디자인 마케팅	김경필 이사 (UnitasBRAND)	70명	9월
5	브랜드 가치창출 디자인 경영 사례 II	구규우 상무 (애경 디자인 센터장)	100명	10월
6	실용 디자인, 감성 디자인	배수열 대표 (mmmg)	100명	11월

2. 컨셉 브랜드 아이덴티티의 핵심적 요약

시기	2010년 7월 21일 (수) 늦은 7시~9시
주제	컨셉 브랜드 아이덴티티의 핵심적 요약
장소	마포디자인지원센터
참가대상	서울 소재 디자인 전문기업 및 디자이너, 디자인전공 대학(원)생
참가방법	이메일 접수 (강남/마포디자인지원센터 홈페이지 접속 > 해당팝업 클릭 > 신청서 다운로드 > 이메일 접수) 접수이메일 : embrace@seouldesign.or.kr 선착순 100명 (조기 마감될 수 있습니다)
신청기간	7월 5일(월) ~ 7월 14일 (수) 참가자 발표 : 2010년 7월 16일 (금) 강남/마포디자인지원센터 홈페이지 및 개별통보
참가비	무료
접수 및 문의	강남/마포디자인센터 www.dcluster.seoul.kr 강남디자인지원센터 02) 517-3671~2

한명수 이사
홍익대학교 시각디자인학과 및 동대학원 졸업
(주)FID 총괄 크리에이티브 디렉터(CCO)
(주)FRUM 아트디렉터
현 SK커뮤니케이션즈 UI디자인실 이사
국민대학교 테크노디자인대학원 강의
월간〈웹디자인〉올해의 웹디자이너(2001) 선정

마포디자인지원센터
서울시 마포구 동교동 166-6 스타피카소빌딩 5층
Tel. 02) 323-3506~7

주최 HAECHI SEOUL 　주관 서울디자인재단 Seoul Design Foundation 　후원 Unitas CLASS School of Marketing and Strategy

브랜드가 아닌 브랜딩 입니다

샘파트너스의 리얼 브랜딩은 (Real Branding) 은
산발적인 브랜딩의 포인트와 포인트를 연결하는
실제적이며 통합적인 브랜딩을 의미합니다

Brand?

Branding!

sam partners
Strategic Asset Management for **Brand**

샘파트너스(SAM Partners)는?
다양한 매체를 아우르는 전략을 통한 브랜드 관리(Strategic Asset Management)시스템을
갖춘 최고의 전문집단이라는 목표를 가진 능동적인 브랜딩 전문 회사입니다.
SAM Partners는 단순히 브랜드 개발 중심의 접근 방법에서 벗어나
강력한 브랜드 자산을 구축하기 위한 브랜드 전략체계 및 커뮤니케이션에 대해
끊임없이 연구하고 있습니다.

샘파트너스가 더 나은 모습을 위해
새로운 곳으로 이전하였습니다.

서울특별시 강남구 역삼동 609-25번지
샘파트너스 사옥, 135-907
Telephone 02 508 7871   Facsimile 02 508 7651

절대로 never

영국 최고의 명문대 옥스퍼드대학 졸업식에서 있었던 일입니다. 윈스턴 처칠이 이날 졸업식의 축사를 맡았습니다. 졸업생들은 물론 많은 사람들이 처칠의 축사를 기대하고 있었죠. 드디어 처칠이 모습이 드러냈습니다. 처칠은 큰 소리로 우렁차게 말했습니다.
"Don't give up!(포기하지 마라!)"
청중들은 숨을 죽이며 그의 다음 말을 기다리고 있었습니다. 처칠은 더 큰 목소리로 이렇게 외치고는 단상에서 내려왔습니다.
"Never give up!(절대로 포기 하지 마라)
Never, Never, Never…!(절대로, 절대로, 절대로…!)"

만약, 당신이 그 단상에 섰다면 당신은 졸업생들에게 어떤 축사를 하겠습니까?

그들의 잠언집을 열다

유니타스브랜드가 만든 Life Learning Innovation for Evolution 지침서

당신의 비문碑文에 어떤 글이 새겨지길 원하나요? 이 비문이 바로, 현재 당신이 살고 싶은 모습입니다. 어떻게 죽어야 할까를 생각하면 어떻게 살아야 할 지를 알게 됩니다. 그래서 우리는 유치원 때 배운 것이 아닌 죽기 직전에 깨닫게 되는 지혜를 배워야 합니다. 그 지혜는 인생의 아픔, 실패, 고뇌, 좌절, 후회, 그리고 상실을 통해 배우게 됩니다.
keynote는 이러한 지혜에 목마른 사람들을 위해 유니타스브랜드가 만든 Life Learning Innovation For Evolution 지침서입니다.

Unitas BRAND 서울시 마포구 동교동 203-40 ST B/D 2층 **구독문의** Tel 02)545-6240 Fax 02)517-1921 www.unitasbrand.com

누군가에게는 **상상** 이 되고

'스토리 가 되고

컨셉 이 되고

ART 가 된다.

UNITAS MATRIX 유니디스메트릭스는 창조적인 아이디어와 날카로운 전략을 동시에 구현할 수 있도록 돕는 비즈니스 노트입니다.